엑셀을 활용한

통계학의 이해

제3판

이상석 · 김신중 · 윤민석

도서출판
청람

| 3판 머리말 |

본 교재는 경영/경제 및 사회과학 분야를 전공하는 학생들에게 유용한 내용을 중심으로 최대한 쉽게 배우고 편리하게 현실문제 해결에 활용할 수 있도록 개정되었습니다.

통계학의 중요한 역할 중 하나는 바람직한 의사결정을 위해 표본자료를 이용하여 우리가 알고자 하는 모집단에 대하여 추측하는 것입니다. 방대한 자료를 신속, 정확하게 정리 및 처리하여 개략적인 상황을 효과적으로 파악하기 위해서는 컴퓨터를 사용하여 표, 차트, 그래프 방법 등의 간편한 방법을 이용하게 됩니다. 또한 보다 전문적이고 엄밀한 상황 판단 및 의사결정이 요구되는 경우에는 (고급)확률이론이 적용되는 고급 통계기법을 활용하기도 합니다.

본 개정판은 초급 이론에서부터 경영, 경제 및 사회과학에서 많이 요구되는 문제해결의 기법들을 쉽게 이해할 수 있도록 하는데 역점을 두었습니다.

요즘 Excel은 폭넓게 사용되는 보편적인 소프트웨어가 되어, 학교와 직장에서 학습과 업무처리를 위해서 널리 사용하고 있습니다. 이러한 환경적인 변화와 저자들이 이 책을 교재로 강의하면서 얻게 된 경험과 이 책을 교재로 사용하신 여러 교수님들의 조언과 격려, 그리고 학생들의 요구사항을 반영하여 다음과 같은 점을 중심으로 수정 및 보완하였습니다.

첫째, 이해하기 쉽도록 일부 내용의 순서와 설명을 보정하고 사례를 보완하였습니다.

둘째, 최신 자료를 사용하여 최근 경영, 경제 환경에 적합한 학습이 되도록 하였습니다.

셋째, 다양한 연습문제를 풀어봄으로써 독자들의 실력이 효과적으로 향상될 수 있도록 적합한 연습문제를 추가하였습니다.

넷째, 본문에서 취급한 내용에 관한 예제를 Excel로 풀이하여 Excel을 활용한 문제 해결을 쉽게 익힐 수 있도록 하였습니다.

이 책을 교재로 사용하면서 훌륭한 조언 및 비평을 해주신 많은 분들, 그리고 보다 알찬 개정판이 출간될 수 있도록 모든 편의와 성원을 보내주신 도서출판 청람의 이수영 사장님과 편집부 여러분들께 따뜻한 감사의 말씀을 드립니다.

2022년 1월
저자 일동

| 차례 |

Part 01 기술통계학

Chapter 01 | 통계학의 개념

Chapter 02 | 자료조사방법

Chapter 03 | 자료정리와 요약

Part 02 확률론

Chapter 04 I 기초확률이론

Chapter 05 I 확률변수와 확률분포

Chapter 06 | 표본통계량의 분포

Part 03 추론통계학

Chapter 07 | 단일모집단 모수의 추론

Chapter 08 | 두 모집단 모수 비교의 추론

Part 04 통계모형

Chapter 09 | 분산분석

Chapter 10 | 상관분석과 회귀분석

Chapter 11 | 시계열분석

Chapter 12 | 카이제곱검정의 활용

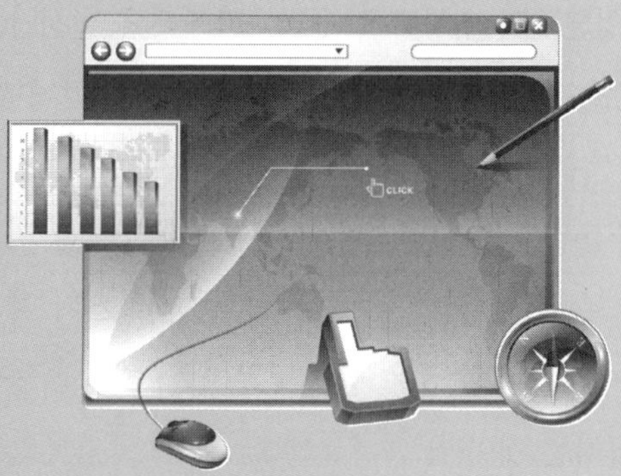

Chapter 01

통계학의 개념

개.요

어느 회사의 주식을 언제 매입하고 언제 팔 것인가? 외출할 때 버스, 지하철, 택시 가운데 어떤 교통수단을 이용할 것인가? 어떤 과목을 수강할 것인가? 등과 같이 우리의 생활은 수많은 의사결정들의 연속으로 이루어져 있다. 그런데 각종 교통수단도 정확한 시간에 운행되지 않거나 사고가 날 수 있으며, 주식가격도 수시로 오르고 내리고 하는 위험(risk) 내지는 불확실(uncertainty)한 측면이 있다. 이런 상황에서 우리는 종종 어떤 의사결정을 내려야만 한다. 이와 같이 위험 또는 불확실한 상황하에서의 의사결정을 가장 효과적으로 할 수 있도록 도와주는 방법이 바로 통계인 것이다.

시간과 공간의 거리감을 없애준 인터넷의 영향으로 우리나라에서도 실시간으로 가장 먼 거리에 있는 다른 나라의 정보도 인터넷을 통해 빠르고 쉽게 검색할 수 있게 되었다. 한 예를 들자면 해외파 축구선수 손흥민, 박지성, 기성용 선수 등의 경기 결과와 다음 경기에 대한 전망도 각 가정에서 쉽게 알 수 있다. 이러한 정보는 어떻게 제공되는 것일까? 일정한 기간 동안 수집된 관련 정보를 요약 · 정리하거나 체계적으로 분석하여 제공하는 것이다. 통계학은 그와 같은 정보의 분석 및 의사결정에 도움이 되는 정보로의 전환 논리를 제공하는 것이다.

즉, 통계학은 과거의 자료를 이용하여 현재의 특징을 객관적으로 파악하여 과학적으로 설명할 수 있는 가설을 도출해내고, 가설의 타당성을 검정하는 능력을 배양하는 지식을 얻기 위한 과목이다.

1.1 통계학의 개념 및 종류

통계학(statistics)의 어원은 국가산술(state arithmetic)에서 유래되었다. 한편, 현대의 통계학은 대통령 선거의 투표 결과의 예측과 분석, 최근 5년간 인구증가율 분석, 기업의 판매예측, 경기예측, 벼의 수확량예측, 일기예보 등 분석과 예측에 있어서 매우 폭넓게 응용되고 있다. 즉, 통계학은 활용목적에 따라 정보분석을 위한 기술통계학(descriptive statistics)과 예측을 위한 추론통계학(inferential statistics)으로 구분할 수 있는 것이다.

기술통계학은 통계자료를 수집(collection), 분류(classification) 및 정리(arrangement)하는 과정을 통해 알고자 하는 미지의 상황을 정확하게 파악하는 것이 주요 목적이다. 예를 들어, 손흥민 선수의 슛 성공확률을 파악하기 위해서는, 손흥민 선수가 지금까지 슛을 시도한 총횟수와 성공횟수라는 모집단(population) 자료를 조사하여야 할 것이고, 이 자료를 요약하여 평균 성공확률 및 표준편차 등을 표나 그림으로 작성할 수 있을 것이다.

이처럼 기술통계학은 분석목적에 적합하게 자료를 정리 및 요약하는 것을 의미한다. 기술통계학의 결과로는 평균, 분산, 표준편차 등이 제공되며, 이를 통해서 우리가 알고자 하는 집단에 대한 분석 또는 해석을 하게 된다. 경우에 따라서는 분석 결과를 도표로 나타내어 알고자 하는 집단을 시각적으로 파악할 수 있게 한다.

추론통계학은 알고자 하는 모집단에 대한 추측을 하기 위한 것으로써, 모집단으로부터 일정한 수의 표본(sample)을 뽑아서 그 표본을 분석함으로써 모집단의 성격 또는 속성을 추측하는 것을 주요 목적으로 한다. 예를 들어 우리나라 대학생들의 직업관을 알고자 한다고 하자. 이 경우 모집단의 규모가 매우 크기 때문에 모집단을 이루는 모든 대학생들을 전수조사(census)하여 분석하는 것은 막대한 시간과 비용이 요구된다. 그러므로 각 지역의 인구수에 비례하게 표본을 뽑아서 조사를 한 후 그 조사된 자료(data)를 통계처리함으로써 모집단의 속성을 유추할 수 있게 되는 것이다. 이처럼 추론통계학은 부분적인 정보(표본)를 통해서 전체(모집단)의 특성을 일반화하거나 추측하는 것을 의미한다. 한편, 표본을 이용한 통계처리의 경우 항상 오차가 발생할 가능성이 있기 마련이다. 따라서 최소의 비용과 인력을 투입해서 허용 가능한 오차의 범위내의 결과를 얻어 내는 것이 통계학이 추구하는 중요한 과제인 것이다.

1.2 통계처리의 의사결정과정

통계적인 의사결정과정에 대해서 알아보자.

통계적인 처리를 위해 먼저 자료를 수집한다. 수집된 자료를 통계분석을 통해 자료를 가공(처리)한다. 자료처리과정을 거친 것으로써 가치가 있는 자료를 정보라고 한다. 자료와 정보의 차이를 알아보기 위해 한 예를 들어보자. 주식투자를 하기 위해 관심대상 기업의 연간 매출액과 종업원수 등의 수치가 크기 순서가 아닌 가나다 순서로 기록된 것을 **자료(data)**라고 한다. 한편, 이러한 자료를 가공해서 총매출액, 수익률, 이익규모별로 분류하거나, 대기업과 중소기업, 사장의 학력과 연봉의 규모 등과 같이 보다 가치 있는 형태로 전환시킨 것을 **정보(information)**라고 한다. 투자자나 은행과 같은 의사결정자는 그 정보를 이용해서 투자결정에 활용하게 된다.

| 그림 1-1 | **통계처리과정과 의사결정**

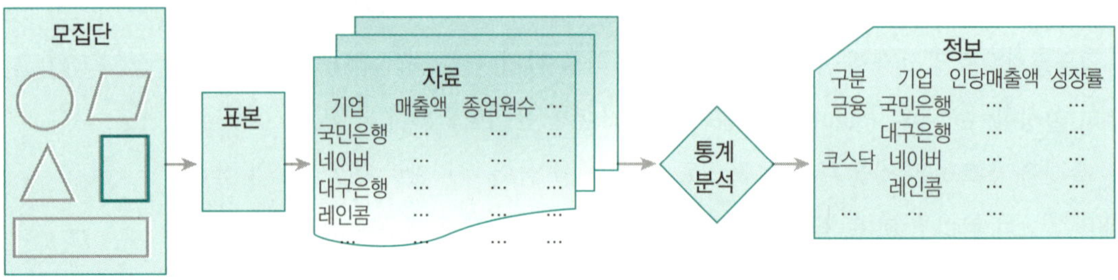

1.3 모집단과 표본

모집단(population)은 연구조사에 있어서 관심의 대상이 되는 전체 집단을 의미한다. 예를 들어 삼성전자의 최신형 스마트폰 모델 A의 평균수명을 알고자 한다고 하자. 조사를 위해서는 생산된 모델 A의 모든 제품이 연구조사의 대상이 되는데, 이처럼 조사대상에 대한 전체집합을 모집단이라 한다.

그런데 모집단에 대한 연구조사는 시간과 비용이 많이 요구된다. 따라서 관심의 대상이 되는 전체 중에서 일부분의 자료를 추출하여 조사하게 된다. 이처럼 전체 집단 중의 일부를 뽑은 것을 표본(sample)이라고 한다. 앞의 삼성전자의 예에서 가령, 최근 1분기 동안 생산된 것만 추출하여 조사하기로 하였다면, 최근 3개월간 생산된 제품이 표본이 되는 것이다.

다른 한 예를 들어보면, 총 2만 명의 학생들로 구성된 모 대학교 학생들의 의식구조를 조사한다고 하자. 2만 명 모두를 각각 조사해서 구한 측정값의 집합을 모집단이라고 하며, 조사기간과 비용 등의 문제로 그 학생들 가운데 각 학과별로 일부 학생들로 이루어진 1천 명을 조사했다면 그 1천 명을 표본이라고 한다. 모집단과 표본의 관계를 그림으로 설명하면 [그림 1-2]와 같다.

지금까지는 한 모집단에 대한 연구에 관련된 설명을 하였는데, 한국과 중국 대학생들의 체력비교를 한다고 하면, 한국 대학생 전체와 중국 대학생 전체가 모집단이 되어 모집단의 크기가 매우 크다. 또한 한 · 중 · 일 세 나라의 의식구조를 연구한다

| 그림 1-2 | **모집단과 표본의 관계**

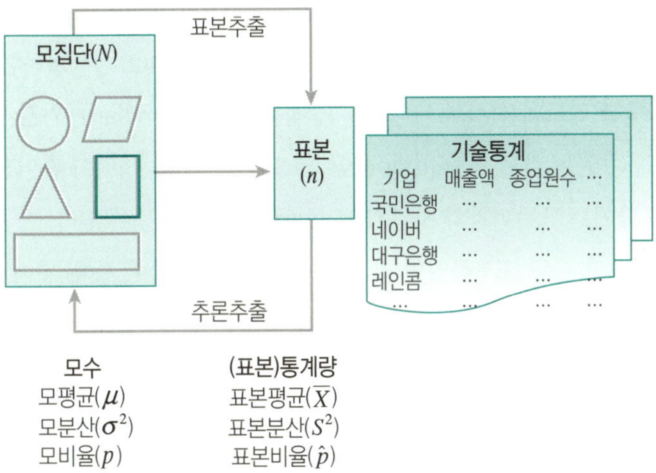

면 모집단의 크기는 더욱 커지게 된다.

이와 같이 모집단의 크기는 연구자가 조사대상의 범위를 어느 정도로 정하느가에 따라 달라진다. 모집단의 크기가 작은 경우에는 모집단 전체를 모두 조사하여 연구의 결론을 내릴 수 있을 것이다. 그러나 모집단의 크기가 매우 큰 경우에는 연구의 중요도에 따라 허용 가능한 표본오차를 고려하면서 모집단에서 일부의 표본을 뽑아서 샘플조사를 통한 연구의 결론을 내릴 수도 있을 것이다.

1.4 모집단과 표본의 대표값

표본조사를 하는 목적은 관심의 대상인 모집단의 어떤 속성/특성의 분포를 파악하기 위한 것이다. 예를 들어, K대학교 학생의 평균 키, 평균 토익점수, 안경착용 비율 등을 조사한다고 하자. K대학의 전체학생 2만 명을 조사한 결과 각각에 대한 평균, 분산, 비율 등이 계산될 것이다. 이 값들은 모집단 전체의 통계적 특성을 반영한다는 의미로 모(母) 자를 붙여 이들을 모평균, 모분산, 모비율이라 칭하고, 각각 μ, σ^2, p로 나타낸다. 이러한 모집단과 관련된 특성값을 **모수(parameter)**라 한다.

모집단의 분포의 위치와 흩어진 형태를 나타내는 몇 가지 대표값을 어느 학급의 통계학 성적을 중심으로 소개하면 다음과 같다. 모평균(population mean)은 우리가 산술평균이라고 하는 것으로 일반적으로 로마자 μ([mju:]로 발음함)로 나타낸다. 그리고 중간 정도의 석차를 나타내는 성적을 중앙값(median), 가장 많은 학생들의 성적이 몰려 있는 값을 최빈값(mode)이라고 한다. 한편 성적이 흩어진 정도를 나타내는 대표값에는 표준편차와 사분위수(quartile range) 등이 있다.

그러나 학생 전체를 조사하려면 시간과 비용이 너무 많이 들게 되어 비효율적이다. 따라서 통계학에서는 특정한 경우를 제외하고는 모수는 알려져 있지 않다고 가정한다. 따라서 전체를 대표할 수 있는 학생수, 예를 들면 10%인 2,000명을 추출한 다음 이들을 조사하는 것이 보다 효율적일 수도 있다.

이 경우 표본 2,000명에 대한 평균, 분산, 비율 등이 나타나는데, 표본집단의 통계적 특성을 반영한다는 의미로 '표본' 자를 붙여 표본평균, 표본분산, 표본비율이라 칭하고, 각각 $\overline{X}$, S^2, $\hat{p}$로 나타낸다. 이처럼 표본과 관련된 특성값을 **표본통계량(statistic)**이라 하는데, 줄여서 통계량이라고도 부른다. 한편, 통계적인 추정의 대부분이 표본의 대표값을 통해서 모집단의 대표값을 추정하는 것이다.

모집단과 표본에 있어서의 평균 및 표준편차 등에 대한 개념은 동일하다. 그러나 값을 구하는 계산식은 조금 다른데, 이는 자유도의 개념에서 기인된다. 모집단과 표본의 대표값에 대한 더 자세한 내용은 제3장에서 설명될 것이다.

1.5 엑셀(Excel) 활용 안내

1.5.1 엑셀에서 통계분석 함수 또는 도구 이용

'엑셀 메뉴에서 수식 > 함수삽입' 을 클릭하면 [그림 1-3]이 보인다.

범주선택의 드롭박스를 클릭하여 통계(또는 모두)를 선택한다. 함수 선택(N)에서 필요한 함수를 선택하여 이용할 수 있다.

| 그림 1-3 | **함수 삽입**

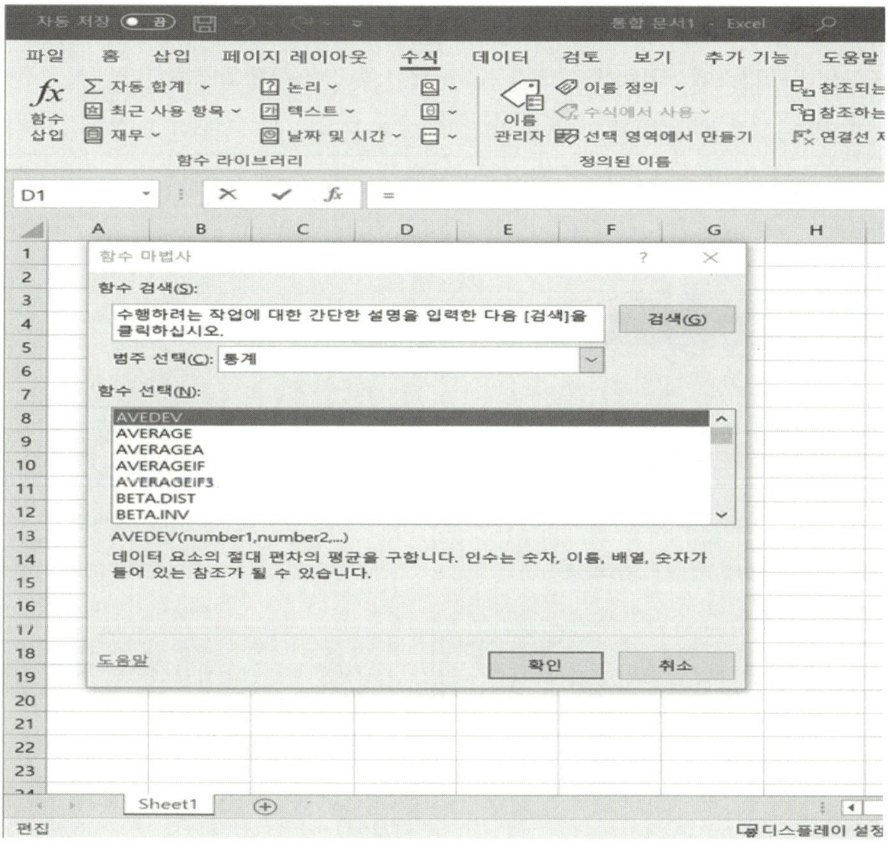

1.5.2 고급 기능 추가 및 사용

예를 들면 본서 후반부의 가설검정, 분산분석, 회귀분석 등 고급 통계 기능의 추가를 위하여 '엑셀 메뉴에서 파일>옵션'을 선택하면 [그림 1-4]의 (a)가 보인다. (a)의 왼쪽 창에서 추가 기능을 선택하면 (a)의 오른쪽 창이 보이는데 여기서 아래쪽 관리 모드의 드롭박스에서 Excel 추가 기능을 선택한 후 '이동' 탭을 클릭한다.

그러면 [그림 1-4] (b)를 만날 수 있다. (b)에서 분석도구를 선택한 후 확인을 클릭하면 고급 기능이 추가된다.

| 그림 1-4 | 추가 기능 삽입

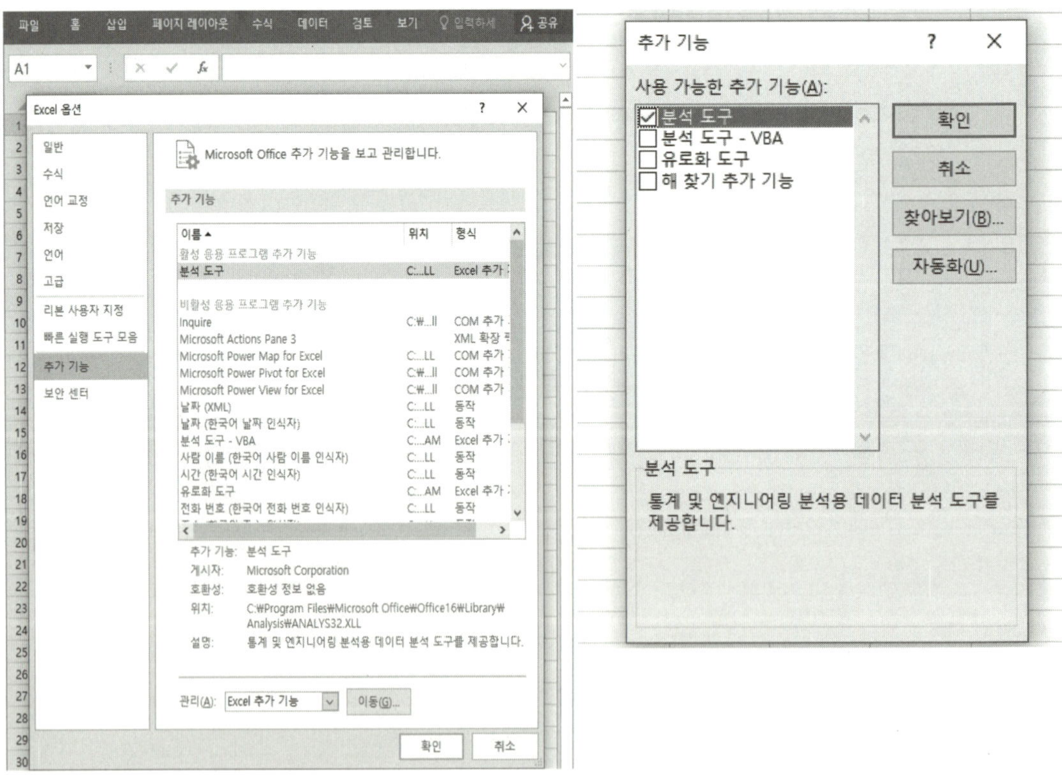

(a) 추가 기능 선택　　(b) 분석도구 삽입

엑셀 메뉴에서 데이터를 선택하면 [그림 1-5]의 (a)와 같이 오른쪽 끝에 '데이터 분석' 도구 탭이 추가되었음을 확인할 수 있고 이를 클릭하면 (b)와 같이 분석도구를 선택할 수 있다.

| 그림 1-5 | 데이터분석과 도구 선택

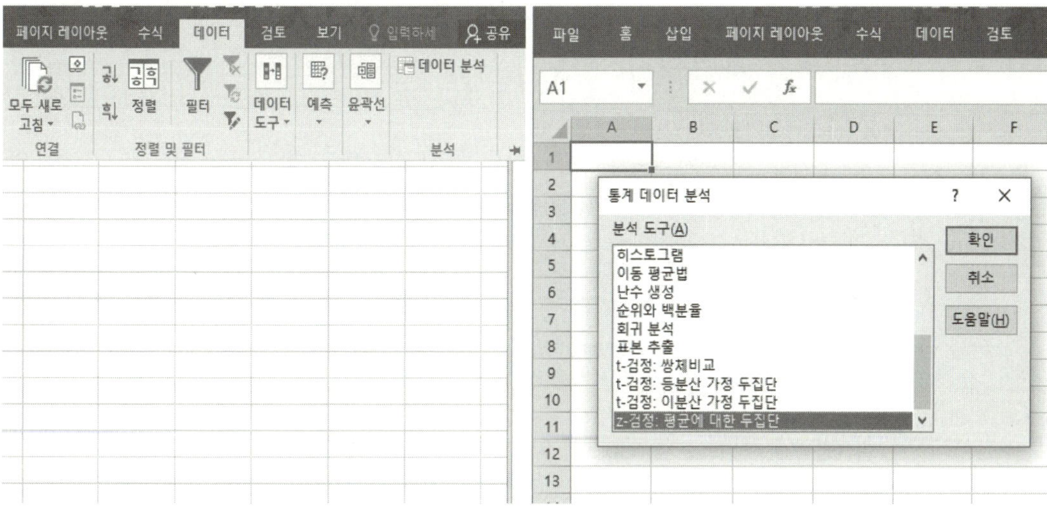

(a) 데이터분석 탭　　　　(b) 분석도구 선택

용 어 정 리

위험(risk)

어떤 조치를 하면 어떤 유형의 사건(event)들 가운데 어느 한 사건이 발생할 것인지는 알 수 있다. 그러나 정확하게 어느 사건이 발생할지는 모르지만 각 사건이 발생할 확률(즉, 잠재적 가능성)을 알 수 있는 상황을 위험이라고 한다.

불확실성(uncertainty)

어떤 조치를 하면 어떤 유형의 사건(event)들 가운데 어느 한 사건이 발생할 것인지는 막연하게 알 수 있다. 불확실성은 각 사건이 발생할 확률조차 모르는 경우를 의미한다.

자료(data)와 변수(variable)

류현진 선수의 연봉, 김연아 선수의 나이, 삼성전자의 연간 총이익 등과 같은 관심의 대상이 되는 통계처리의 기본 재료(raw material)들의 집합을 자료라고 한다. 한편, 변수는 숫자로 표현되는 자료 중에 상황에 따라 변하는 것을 의미한다.

질적변수(qualitative variable)와 양적변수(quantitative variable)

성별(sex), 인종(race) 또는 직책(job title) 등과 같이 조사대상에 따라 몇 개의 범주 가운데 하나의 값을 의미하도록 된 변수를 질적변수라고 한다.

직장근무연수, 학년, 수출총액 등과 같이 조사대상에 따라 다른 수치로 표현하여야 하는 변수를 양적변수라고 한다.

모집단(population)과 표본(sample)

측정하고자 하는 변수에 관련된 연구대상 모든 것의 관측값 또는 측정값들의 집합을 모집단이라 한다. 표본은 모집단에서 뽑힌 부분집합을 의미한다.

모수(parameter)와 통계량(statistic)

모수는 모집단에서 계산된 특성값이다. 모집단의 관측/측정치로부터 모수가 계산되어지는 관계로 모수는 대부분의 경우 알려져 있지 않다.

통계량은 표본평균과 같이 모집단의 일부로부터 뽑힌 표본을 이용하여 표본의 특성을 수치화한 함수값이다.

전수조사(census)와 표본조사(sampling)

전수조사는 모집단 전체를 조사하는 것을 말한다. 표본조사는 모집단 가운데 일부를 표본으로 뽑아서 조사하는 것을 말한다. 자동차 안전도 검사를 위한 충돌시험과 같이 조사를 하고 나면 정상적인 상품으로 이용하는 것이 불가능하게 되는 경우처럼 조사하는 성격에 따라 전수조사를 해서는 안 되는 것이 있다.

통계적 추론(statistical inference)

모집단에서 뽑힌 표본에서 얻어진 정보를 근거로 하여 모집단의 특성을 추정하는 과정이다. 통계적인 추론에는 추정과 가설검정이라는 두 가지 방법이 있다.

추정

모수에 대한 지식이 없는 환경에서 모수의 값을 유추하는 방법이다.

가설검정

모수에 대해 알고 있는 약간의 지식이 있을 때 모수에 대하여 가설을 세운 후에 통계량을 이용하여 가설의 타당성 여부를 검정하는 방법이다.

Part 01

기술통계학

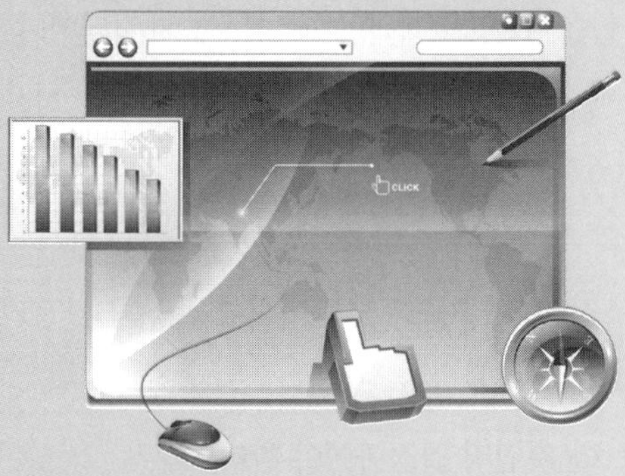

Chapter 02

자료조사방법

개 . 요

연구의 목적과 조사의 종류에 따라 필요한 자료가 결정되며, 원하는 결과를 얻기 위해 사용될 분석기법도 달라야 한다. 따라서 자료조사방법을 선택하는 데 있어서 연구조사목적에 부합되도록 하여야 할 것이다. 이 장에서는 자료조사 방법과 관련하여 조사설계를 어떻게 할 것이며, 측정과 척도는 어떤 유형의 것을 적용하고, 표본추출은 어떤 방법으로 할 것인지 그리고 마지막으로 표본오차와 비표본오차에 관하여 설명한다.

자료조사방법에서는 조사연구 실행을 위한 구체적인 방법들이 계획되어야 하는데, 바람직한 결과를 얻기 위해서는 다음의 사항을 이해하여야 할 것이다. 자료조사설계에 반영되어야 할 내용은 다음의 6가지이다.

① 연구조사에 요구되는 측정대상과 측정변수가 무엇인지 파악되어야 한다.
② 탐색조사, 기술조사 또는 인과조사 중 어떤 연구조사이어야 하는지 결정되어야 한다.
③ 측정방법과 척도를 어떤 것으로 할 것인지 결정하여야 한다.
④ 표본추출방법은 무슨 방법으로 할 것인지가 고려되어야 한다.
⑤ 적절한 표본의 수와 표본조사에 대해서 파악한다.
⑥ 표본오차와 비표본오차를 고려하면서 자료분석을 한다.

2.1 조사설계

조사설계에는 조사의 종류와 조사의 절차에 관한 이해가 요구된다. 즉, 우리가 연구하여 알고자 하는 내용이 탐색조사(exploratory research), 기술조사(descriptive research) 또는 인과조사(causal research) 중 어디에 해당되는지에 대한 파악을 한 후, 그 연구가 어떤 절차를 통해서 이행될 것인지를 알아야 할 것이다.

2.1.1 조사설계의 종류

(1) 탐색조사(exploratory research)

어떤 연구를 해야 할지 자세히 알지 못하는 경우에 유용하게 사용될 수 있는 것으로써, 이 조사의 주된 목적은 문제의 규명이다. 따라서 이 조사는 모집단의 대표성이나 특성을 파악하려는 것이 아니고 새로운 아이디어나 사실을 발견하는 것에 연구의 초점이 맞추어진다. 그러므로 새로운 사실이 발견되면 탐색적 연구의 방향이 바뀌어질 수도 있으므로 연구자의 창의력이나 독창성이 연구의 성공에 결정적으로 작용한다. 탐색조사는 문헌조사, 전문가 경험조사, 사례조사 등을 통해서 이루어진다.

(2) 기술조사(descriptive research)

연구대상이나 어떤 현상을 설명 · 기술하는 것을 목적으로 하는 조사이다. 예를 들어 학력과 소득수준 간의 상호관련 정도, 어떤 특정상황의 발생빈도 등의 경우처럼 변수들의 특성에 대한 조사 요구를 가장 잘 만족시켜 주는 것이 기술조사이다. 그러므로 사회과학조사에서 널리 이용되고 있다. 기술조사에는 횡단조사(cross-sectional analysis)와 종단조사(time series analysis)가 있다.

횡단조사는 관심의 대상인 집단에 대해서 한 번만 조사하는 연구를 의미한다. 한편 종단조사는 시점을 달리 하면서 동일한 변수에 대해서 되풀이하여 조사하는 것이다. 종단조사에는 주로 패널조사를 하는데 패널조사란 특정 조사대상들을 선정해 놓고 일정한 기간마다 반복적으로 조사하는 것이다.

일반적으로 횡단조사는 관측대상의 성격에 따라 집단을 분류하여 한 번만 조사하여 비교 · 분석하는 것이기 때문에 종단조사보다 더 많은 표본을 필요로 한다.

(3) 인과조사(causal research)

원인과 결과 사이의 관계를 밝히는 것이 주요 목적이다. 한류의 열풍이 아시아에서 일어나고 있는 원인이 무엇인가? 작업환경이 생산성에 미치는 영향이 어떤 인과관계에 기인된 것일까? 등과 같이 원인과 결과 간의 관계를 추정하는 것이다. 구체적으로, 첫째 원인이 되는 변수는 무엇이고, 결과가 되는 변수는 무엇인지를 파악하는 것, 둘째 그 변수들 간에 영향을 미치는 정도를 파악하는 것이다. 이 부분에 관해서는 제10장 상관분석과 회귀분석에서 자세히 설명될 것이다.

2.1.2 조사의 절차

조사는 문제의 제기, 조사설계, 자료수집, 자료분석/해석 그리고 보고서의 작성 단계로 구성된다.

① 절차 1 : 문제의 제기

문헌조사, 상황분석, 전문가의견조사 등을 통하여 문제점을 파악하고 요약 및 정리하여 문제점을 밝힌다. 만약 문제의 규정이 잘못되면 아무리 나머지의 조사 절차를 잘 수행하더라도 원하는 연구 결과를 얻기 어렵다.

② 절차 2 : 조사설계

정의된 문제의 조사목적과 가설에 대한 종합적인 검토를 하고, 적용할 조사방법, 예산, 투입가능 인원, 조사일정 등에 관한 설계를 하는 것이다.

③ 절차 3 : 자료의 수집

조사자가 직접 수집하는 1차자료와 기존의 유사한 연구목적으로 만들어진 2차자료를 수집하는 단계를 말한다. 2차자료 수집이 시간과 비용이 적게 들지만 그것만으로는 문제해결이 불가능한 경우에 1차자료를 수집하게 된다.

④ 절차 4 : 자료의 분석/해석

수집된 자료를 주로 통계적인 기법을 통하여 자료분석을 한다. 자료분석에 적용될 통계적인 분석기법은 자료의 성격이 질적인 것인지 양적인 것인지 어떤 척도로 측정된 것인지 그리고 문제해결에 필요한 연구가 탐색조사, 기술조사 중 어떤 것인지에 따라 달라진다.

⑤ 절차 5 : 보고서 작성

분석결과를 토대로 의사결정에 활용할 수 있도록 사용자에게 적합한 보고서를 작성한다.

2.2 측정과 척도

측정이란 조사대상에 내재하는 속성을 파악하기 위해 그 대상물에 기술적으로 수치를 부여하는 것이다. 키나 몸무게처럼 그 크기를 숫자로 나타내거나 토익성적처럼 어학능력을 계량화하여 점수로 나타낼 수도 있다. 또한 인터넷 홈페이지를 만들기 위해 홈페이지 작성용 소프트웨어 회사들에 대한 선호도를 조사한다고 하자. 각 소프트웨어에 대해서 개별적으로 '좋다, 보통이다, 나쁘다' 중에 하나를 선택하도록 할 것인지 '100점 만점' 으로 점수를 부여하게 할 것인지, 또는 '좋아하는 순서로 소프트웨어를 나열' 하게 할 것인지 등의 방법이 고려될 수 있을 것이다.

이처럼 연구대상의 속성 및 연구의 의도에 따라 측정방법이 달라지게 된다. 다시 말하면, 조사대상이 가지고 있는 속성의 값을 수치로 표현하거나, 인터뷰나 설문 등을 통해 말이나 문장으로 표현된 것을 선택하게 하여 계량화하는 것을 측정이라 한다.

2.2.1 자료의 종류

조사대상을 측정하여 수치로 나타낸 값을 **자료(data)**라고 한다. 자료는 측정결과에 따라 양적자료와 질적자료로 구분된다. **양적 자료(quantitative data)**는 측정결과를 수치로 나타낸 자료로써 수치를 구하는 방법에 따라 이산형 자료와 연속형 자료로 나누어진다.

이산형 자료(discrete data)는 판매량이나 학생수와 같이 셀 수 있는(countable) 측정치로 표시되는 것을 의미하고, **연속형 자료(continuous data)**는 몸무게나 키와 같이 정확한 측정을 위해서 소수점 이하의 몇째 자리까지 연속적으로 표시할 수 있는 측정치를 의미한다.

질적 자료(qualitative data)는 수치로 표시될 수 있는 자료가 아닌 것의 분석을 간편하게 하기 위해 수치로 범주화한 것으로써 몇 개의 **범주(category)**로 나눌 수 있느냐에 따라 이분형 자료와 다분형 자료로 나누어진다. **이분형 자료(dichotomous data 또는 binary data)**는 성별, 경험 유무 등과 같이 측정결과가 두 개의 값으로 구분되는 것을 의미하고, **다분형 자료(nondichotomous data)**는 직업, 종교 등과 같이 세 개 이상의 값으로 구분되는 범주 자료를 수치로 표현한 것을 의미한다.

| 그림 2-1 | **자료의 종류**

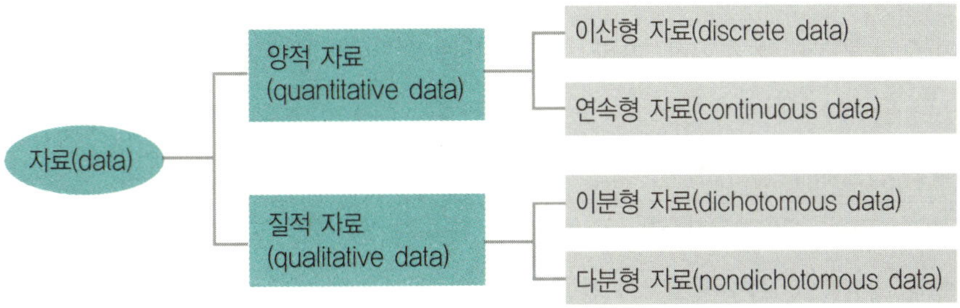

2.2.2 측정척도의 종류

조사대상을 측정하여 자료로 표현하기 위해서는 일정한 규칙이 있는 도구가 있어야 할 것이다. 예를 들어 키를 측정하기 위해서는 자가 필요하고, 몸무게를 측정하기 위해서는 체중계가 필요하며, 온도를 측정하기 위해서는 온도계가 필요하다. 이와 같은 예에서 볼 수 있듯이 척도란 조사대상을 측정하여 그 값을 기호 또는 숫자로 표현하는 일정한 규칙을 의미한다.

한편, 인간의 주관적인 판단을 통해서 나타나는 질적인 자료를 양적인 수치로 표현할 수도 있다. 예를 들면 손흥민 선수의 플레이 능력, 통계학이라는 과목에 대한 선호도, 남자친구에 대한 호감도 등의 주관적인 표현을 수치로 기록할 수 있는 것이다.

즉, 양적인 자료이든 질적인 자료이든 그것을 측정하기 위해서는 어떤 형태의 척도(즉, 자, 체중계, 온도계, 미터, 그램, 시간, 수량, 만족도 등)를 이용해 이루어지는 것이다. 측정을 위한 척도로는 네 가지가 있으며, 측정의 정밀성에 따라 명목척도(nominal scale), 서열척도(ordinal scale), 구간척도(interval scale) 및 비율척도(ratio scale)로 분류된다. 한편, 어떤 척도로 측정되었나에 따라 측정 결과로 얻어진 숫자들의 의미와 사용되는 통계기법(예, 회귀분석, t검정 등)이 달라진다. 측정에 사용되는 척도들을 살펴보자.

(1) 명목척도(nominal scale)

조사대상이 갖는 속성에 따라 몇 개의 범주로 분류하고자 할 때 사용된다. 성별, 직업, 종교, 구매상표, 취미 등과 같은 조사대상을 범주로 나타내기 위해서 다음과 같이 숫자를 부여한 것이다. 따라서 이 숫자는 관측대상을 서로 구분하기 위한 기호로 사용된 것이다.

성별 : 1) 남자, 2) 여자

직업 : 1) 공무원, 2) 회사원, 3) 주부, 4) 자유업, 5) 기타

종교 : 1) 불교, 2) 천주교, 3) 기독교, 4) 기타

구매상표 : 1) 삼성, 2) 현대, 3) LG, 4) SK, 5) 기타

선수등번호 : 7) 손흥민, 36) 류현진

이 숫자는 양적인 의미는 없고, 다만 조사대상의 속성을 분류하는 방법으로 사용된 것에 불과하다. 따라서 이들 숫자들 간의 크기비교나 4칙연산은 의미가 없다.

명목척도로 측정된 자료는 집단별 빈도수(frequency)에 대한 분석만 가능할 뿐이다. 그러므로 전체집단의 속성을 나타내는 대표값은 최빈치(mode)로 나타낸다.

(2) 서열척도(ordinal scale)

이 척도는 조사대상의 속성(예 : 상표, 휴대폰 종류)에 대한 선호도를 크기 순서로 표현하는 것이다. 예를 들어 소비자가 선호하는 휴대폰에 대한 순위를 정하려고 한다고 하자. 어떤 A상표를 가장 좋아하면 1, 어떤 B상표를 두 번째로 좋아하면 2, 어떤 C상표를 세 번째로 좋아하면 3등으로 표현할 수 있다. A상표가 B상표보다 더 선호되며, B상표가 C상표보다 더 선호된다는 것을 의미할 뿐, A가 B나 C보다 얼마나 더 좋아하는지를 반영하지는 못한다. 또 다른 예로 올림픽에서의 나라별 순위를 들 수 있다. 미국이 금메달 30개로 1위이고, 중국이 금메달 27개로 2위, 대한민국이 금메달 25개로 3위라고 하자. 각 순위 간 금메달 수의 차이가 동일하지 않음은 알 수 있다. 즉, 서열척도는 오직 순서에 관한 정보만을 제공하는 것이다. 상업적 마케팅 조사에서는 상표선호도를 측정하기 위해서 종종 서열척도가 활용된다.

(3) 구간척도(interval scale)

조사대상 측정 시 속성의 순위를 정하되, 순위 간의 간격이 동일하게 부여된 척도이다. 간격이 동일하다 하여 등간척도라고도 부른다. 이 척도를 이용하면 측정대상들 간의 차이비교가 가능해진다. 즉, 구간척도는 서열척도의 특성에 조사대상들 간의 차이를 비교할 수 있도록 한 것이다.

예를 들어, 섭씨 70도와 20도 간의 차이는 섭씨 100도와 50도의 차이와 동일하지만 섭씨 100도가 50도보다 2배 더 뜨겁다는 것을 의미하지 않는다. 왜냐하면 섭씨 100도와 50도를 화씨로 표현해서 비율을 구하면 2배가 되지 않기 때문이다. 즉, 섭씨 100도와 50를 각각 화씨로 바꾸면 각각 212도와 122도가 되어 그 비율이 2배가 아닌 1.7배이다. 그 이유는 온도에는 절대영점(absolute zero) 0이 존재하지 않기 때문이다. 즉, 물이 얼고 녹는 기준온도를 0도로 표현하기로 임의로 정한 것이지 온도가 없다고 해서 섭씨 0도로 정한 것이 아니기 때문이다. 이처럼 구간척도에는 절대적인 영점이 존재하지 않는 특징이 있다. 또 다른 예로는 물가지수, 생산성지수 등을 들 수 있으며, 이 척도로 구해진 자료를 통해서 평균값, 표준편차, 범위, 상관계수 등을 구할 수 있다.

(4) 비율척도(ratio scale)

비율척도는 구간척도의 특성에 비율개념을 첨가한 척도이다. 따라서 비율척도로 측정된 자료는 비율계산이 가능하다. 왜냐하면 측정하고자 하는 대상이 존재하지 않은 상태, 즉 절대적인 영점(absolute zero)을 의미하는 0으로 표현할 수 있게 만들어진 척도이기 때문이다.

비율척도에서는 일반적으로 측정을 위한 절대적인 기준값으로 0을 많이 사용하게 되고, 0점으로부터 그 크기를 판단할 수 있게 된다. 임금의 경우, 월급이 전혀 없을

표 2-1 ▮ 척도별 자료의 특성과 분석방법

척도	비교방법 (숫자비교방법)	대표값의 측정	적용가능 분석방법	예
명목척도	집단분류	최빈값	빈도분석, 비모수통계, 교차분석	성별분류, 주택형태 분류, 시장세분화, 존재유무
서열척도	순위비교 (<, =, >)	중앙값	서열상관관계, 비모수통계	수출실적순위, 상품선호순위, 키크기순위, 금메달획득순위
구간척도	간격비교 (+, −)	평균	모수통계	온도, 상표선호도, 물가지수, 광고인지도
비율척도	절대적 크기 비교 (+, −, ×, ÷)	평균	모수통계	길이, 무게, 연봉, 나이, 구매확률, 청취율

때는 0을 부여하게 된다. 그래서 시간당 12,000원의 급여를 받는 갑은 시간당 1,200원을 받는 을보다 급여가 10배 더 많다고 할 수 있다. 그 돈을 달러로 환산해도 그 비율은 마찬가지다. 환율이 1달러가 1,200원이라고 할 때, 갑과 을은 각각 10달러와 1달러를 시간당 급여로 받고 있는 셈이 되므로, 달러로 환산된 돈을 비교해도 두 사람 간의 그 급여수준 비율은 동일하다. 비율척도로 측정되는 예로는 무게, 길이, 부피, 가격, 시청률, 생산원가, 시장점유율 등을 들 수 있다.

2.3 표본추출방법

보통의 경우 모집단 전체를 조사하기에는 비용과 시간의 제약이 따르므로, 모집단의 특성을 잘 반영하는 표본을 선정한 후 이를 분석한 결과를 이용하여 모집단의 정보를 추정할 수 있다. 따라서 표본추출에 있어서 가장 중요한 것은 모집단과 유사한 표본집단을 어떻게 결정할 것인가 하는 것이다. 이 문제는 표본의 크기와 표본을 추출하는 방법과 관련된 사항이다.

표본의 크기를 결정하는 문제는 조사에 대한 기간, 연구의 중요성, 모집단의 다양성 등에 의하여 결정된다. 표본을 추출하는 방법은 **확률적 표본추출(probability sampling)**과 **비확률적 표본추출(non-probability sampling)**로 구분될 수 있다. 비확률적 표본추출법에는 편의표본추출법, 판단표본추출법 그리고 할당표본추출법이 있다.

| 그림 2-2 | **표본추출의 절차**

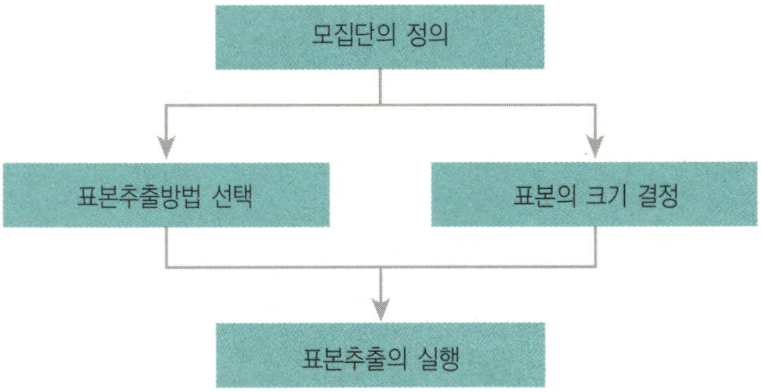

| 그림 2-3 | 표본추출방법의 종류

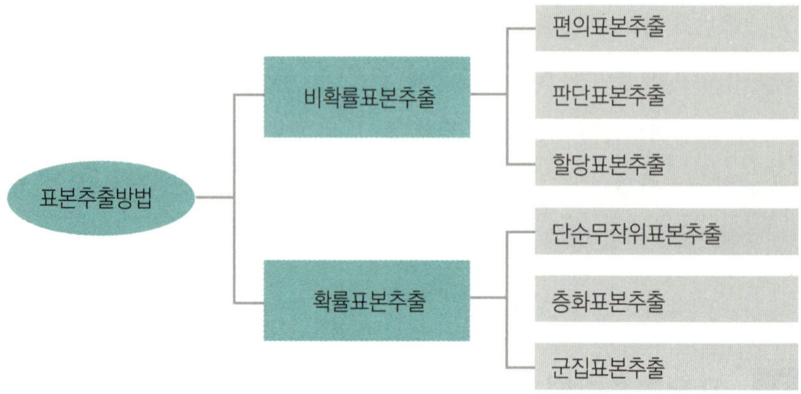

한편 확률적 표본추출법에는 단순무작위표본추출법, 층화표본추출법, 그리고 군집표본추출법이 있다.

2.3.1 비확률표본추출(non-probability sampling)

모집단 내의 대상들이 표본으로 추출될 확률을 모르는 경우로써 표본이 모집단을 어느 정도 대표하는지를 알 수가 없다. 따라서 모집단의 크기가 매우 크거나, 모집단의 구성요소를 잘 알 수 없을 때 이용된다.

(1) 편의표본추출법(convenience sampling)

임의로 선정한 시간과 장소에서 원하는 규모의 사람들을 대상으로 하는 것이다. 국민이 체감하는 경제상황을 조사하기 위해서 어느 거리의 한 지하철 앞을 지나가는 사람들을 무작위로 조사하는 경우를 예로 들 수 있다. 조사비용이 적게 들고 절차가 간단한 장점이 있지만 모집단을 대표하지 못할 가능성이 많다는 것이 단점이다.

(2) 판단표본추출법(purposive sampling, judgement sampling)

조사하고자 하는 특정 문제에 대한 전문적인 지식이 없으면 조사가 불가능할 경우에, 그 문제에 대해서 잘 알고 있을 것으로 판단되는 특정집단을 대상으로 조사하는 것이다. 가령 휴대폰의 성능에 관한 조사를 60대 이상의 노인들을 대상으로 표본조사를 하면 60대 이상의 사람들은 대부분이 휴대폰의 기능에 대해서 잘 알지 못하는 경향이 있기 때문에 의미 있는 결과를 얻기 어렵다. 이때는 휴대폰에 대해서 잘 알고 있고 관심이 많은 10~20대를 중심으로 조사하는 것이 바람직할 것이다. 만약 응답자가 필요한 지식을 충분히 갖고 있지 않다고 판단되면, 조사목적에 적합한 다른 사람을 소개하도록 부탁할 수 있다. 이와 같이 연속적으로 새로운 조사대상을 찾아내는 것을 스노우볼 표본추출법(snowball sampling)이라고 한다. 한편, 판단표본추출법의 성패는 모집단에 대한 전문지식의 정도에 달려 있다.

(3) 할당표본추출법(quota sampling)

전체 모집단을 여러 집단으로 구분하고 미리 정해진 분류기준에 의해 각 집단별로 필요한 표본을 어느 한 부분에 편중되지 않게 모집단의 특성이 잘 반영되도록 표본을 추출하는 것이다. 삼성전자의 휴대폰 판매총액의 30%가 20대에게 판매된 것이라면, 마케팅조사에서 총 표본수의 30%를 20대에 할당해서 조사하는 것이다. 상업적인 마케팅조사에서 할당표본추출법이 많이 활용되는 것은 비확률표본추출법이지만 잡단의 분류를 효과적으로 하면 모집단의 특성을 효과적으로 추정할 수 있기 때문이다. 할당표본추출법에서 집단분류의 기준으로 이용되는 기준으로는 학력, 소득, 성별 등이 활용된다. 게다가 각 집단의 표본의 크기가 30개 이상이면 중심극한정리(central limit theory)에 의해서 측정자료는 근사적인 정규분포로 간주될 수 있어 조사결과 발생하는 오류의 정도를 계산할 수 있는 장점도 있다.

2.3.2 확률표본추출(probability sampling)

모집단 내의 대상들이 표본으로 추출될 확률을 동일하게 할당하는 방법으로써, 표본으로 선택될 확률을 미리 알 수 있으므로 표본이 모집단을 어느 정도 대표하는지 알 수 있다. 따라서 비확률적 표본추출방법에 의한 표본에 비해 보다 객관적인 분석이 가능하다.

(1) 단순무작위표본추출법(simple random sampling)

이 표본추출법은 모집단 내의 모든 구성요소에 대해 일련번호를 부여한 후, 난수(random numbers)를 이용하여 난수에 해당되는 모집단 구성요소를 표본으로 추출하는 것을 말한다.

여기서 난수란 앞과 뒤의 수들 간에 규칙성이 없는 수들의 집합을 의미한다. 예를 들어 상품 마케팅조사에서, 잠재고객이 있을 것으로 추정되는 지역의 전화번호에 일련번호를 부여한 후 컴퓨터 난수 발생기(random number generator)로 난수를 구한다. 그리고 난수규칙에 의해 선택된 표본의 사람을 표본으로 추출한 후, 이 사람과 전화 인터뷰하는 방법이 종종 이용되곤 한다.

이 방법의 특징은 모집단을 구성하는 구성요소들이 표본으로 선택될 확률을 동일하게 한다는 것이다. 그러나 사회과학에서 단순무작위추출법이 사용되는 경우는 거의 없다.

(2) 층화표본추출법(stratified sampling)

이것은 모집단을 동질의 소집단으로 층화시켜서 각 층별로 일정한 수의 표본을 뽑아 조사하는 방법이다. 절차는 다음과 같다.

① 절차 1 : 모집단을 상호 독립적이면서 유사한 특성을 갖는 소집단으로 나눈다. 즉, 한 집단에 속하는 구성원들은 조사대상 변수에 대해서 유사한 특성을 나타낼 것으로 추정되는 것이어야 한다.

② 절차 2 : 각 소집단별로 표본 수를 결정한다. 표본으로 뽑는 수에 따라 비례층화추출법(proportionate stratified sampling)과 불비례층화추출법(disproportionate stratified sampling)으로 나누어진다.

③ 절차 3 : 각 소집단별로 난수를 이용해서 표본을 추출한다.

1) 비례층화추출법(proportionate stratified sampling)

이 방법은 소집단의 크기에 비례해서 각 소집단 내에서 추출하는 표본의 수를 결정하는 방법이다. 예를 들어 어느 회사의 상품을 판매하는 점포들의 매출구성이 '대형점포 : 중형점포 : 소형점포 = 30% : 50% : 20%' 인 경우, 표본 1,000개의 점포를 뽑는다면 대형점포를 300개(즉, 1,000×0.3), 중형점포와 소형점포를 각각 500개 및 200개를 뽑는다.

2) 불비례층화추출법(disproportionate stratified sampling)

이 방법은 모집단을 이루는 소집단에 대한 분산을 알고 있는 경우에 적용할 수 있는 방법이다. 즉, 분산이 적은 소집단은 분산이 큰 소집단보다 상대적으로 동질성이 높은 집단이므로 적은 수의 표본을 뽑고 분산이 큰 집단에서 더 많은 표본을 뽑는 것이다. 이 방법을 적용하기 위해서는 조사자가 모집단에 대한 충분한 지식과 정보가 있어야 할 것이다.

(3) 군집표본추출법(cluster sampling)

층화표본추출법에서는 모집단을 소집단으로 나눈 후 각 소집단으로부터 소집단의 크기에 비례하는(또는 비례하지 않는) 규모의 표본을 뽑는 것이었다. 그러나 군집표본추출법은 모집단을 군집(또는 소집단)으로 나눈 후 일정한 수의 소집단을 뽑은 후, 뽑힌 소집단의 구성원들을 모두 조사하는 방법이다. 이처럼 군집표본추출법에서는 소집단 자체를 표본대상으로 하기 때문에 어떤 소집단은 표본으로 전혀 뽑히지 않을 수도 있다. 따라서 추출된 소집단이 조사대상 모집단을 잘 대표할 수 있으면 이상적일 수 있다.

예를 들어 대형 할인마트를 이용하는 주부들의 쇼핑 행태를 조사하기 위해서는 표본으로 선정된 몇 개의 대형 할인마트를 대상으로 조사를 하되, 주말에만(또는 주중에만) 조사해서는 안될 것이다. 왜냐하면 주부들은 주중에는 보조 쇼핑을 하고 주말에 주요 쇼핑을 하는 경향이 있기 때문이다.

이런 경우, 연구목적 자체를 주말의 쇼핑행태와 주중의 쇼핑행태로 구분해서 조사하든지, 아니면 조사를 3일 또는 4일마다 한 번씩 여러 차례에 걸쳐 실시하면 특정 요일이 과다하게 반영되는 것을 막을 수 있을 것이다.

2.3.3 표본의 크기

표본의 크기를 결정하는 방법에는 질적인 접근방법(정성적 방법)과 양적인 접근방법(정량적 방법)이 있다. 정성적인 접근방법에서는 연구의 중요성, 변수의 수, 사용될 통계방법, 기존 연구에서 사용된 표본의 수 등이 고려된다. 연구의 중요성이 클수록 표본의 크기가 더 커야 한다. 측정오차는 변수의 수가 많으면 변수별 측정오차가 누적되기 때문에, 그 오차를 줄이기 위해서는 더 많은 표본을 뽑아야 할 것이다. 분석을 위해 선택되는 통계적인 방법의 경우도 다변량분석 등과 같이 소그룹으로 세분화된 복잡한 분석을 해야 할 상황에는 표본의 크기가 커져야 바람직할 것이다. 구체적인 방법은 다음 모수의 추론 Part에서 다루기로 한다.

2.4 표본오차와 비표본오차

2.4.1 오차의 분류

통계적인 조사를 통한 연구에서는 모집단에 대한 모수의 참값과 표본조사 결과로 얻어지는 표본통계량 값에는 항상 여러 가지 유형의 오차가 발생하기 마련이다.

전수조사를 실시하더라도 무응답과 누락, 조사항목의 미비, 조사자의 실수 등이 발생하기 마련이며, 이로 인한 오차를 **비표본오차(non-sampling error)**라 한다. 한편 **표본오차(sampling error)**는 모집단에서 뽑힌 일부의 표본을 이용해서 모집단 전체에 대한 추정을 하기 때문에 발생하는 오차를 말한다. 즉, 표본의 크기가 증가함에 따라 표본오차는 감소한다. 통계조사에서 발생하는 이들 두 유형의 오차는 다음 그림과 같이 분류될 수 있다.

| 그림 2-4 | 통계조사에서 발생되는 오차

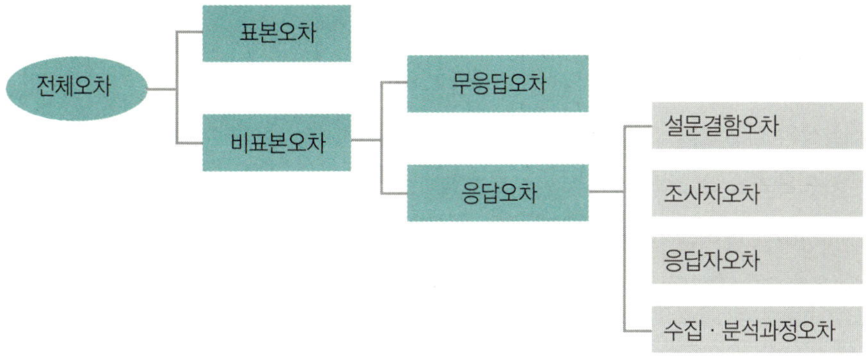

2.4.2 표본오차

표본오차(sampling error)란 모집단을 대표할 수 있는 표본단위들이 표본으로 뽑히지 못함으로써 발생하는 오차로 전수조사를 할 경우에는 표본오차가 발생하지 않는다. 통계이론에 따르면 표본오차는 표본의 크기에 반비례한다.

우리가 일반적으로 적은 표본을 통해서 얻은 결과보다는 많은 표본을 처리해서 얻은 결과를 더 신뢰하는 것은 표본이 많을수록 표본오차가 더욱 작아지기 때문이다. 이처럼 오차의 크기는 신뢰성과 관련되어 오차가 크면 신뢰성이 낮아지고, 오차가 적으면 신뢰성이 높아진다.

2.4.3 비표본오차

비표본오차(non-sampling error)란 조사대상자들을 조사하는 과정에서 발생하는 오차이다. 조사자의 미숙, 설문지의 부정확한 표현, 무응답오차 등과 같은 것이 비표본오차에 해당한다.

비표본오차는 [그림 2-4]에서 볼 수 있는 것처럼 먼저 무응답오차와 응답오차로 분류할 수 있다. 무응답오차는 응답자가 응답을 거부하거나 부재중인 경우에 주로 발생한다. 표본으로 선택된 연구대상들의 일부가 제외됨에 따라 계획된 연구의 기대값과 다른 결과를 얻을 수 있다.

한편 응답오차에는 설문결함에 따른 오차, 조사자 미숙에 따른 오차, 자료수집 및 분석과정에서 발생하는 오차가 있다. 설문결함에 따른 오차는 질문내용이 애매하거나, 조사단위가 누락되어 있거나, 특정한 답을 유도하는 듯한 문항이 존재하는 경우에 실제와 다른 답을 얻게 될 가능성이 높다. 조사자의 미숙에 관련된 것은 조사자가 조사의 목적과 내용을 충분히 이해하지 못하여 응답자에게 부적절한 정보를 제공할 때 발생하는 것이다. 수집 및 분석과정에서 발생하는 오차는 자료/정보의 수집 및 컴퓨터 입력과정에서 잘못하는 것이 원인이 되는 오차이다.

2.4.4 오차의 통제

조사설계과정에서 오차를 줄이기 위해서는 앞서 언급한 오차들 가운데 일부를 줄이기 위한 노력을 하기보다는 총체적 오차를 줄이기 위한 노력을 하는 것이 바람직할 것이다.

표본오차를 줄이기 위해 전수조사를 하면 표본오차는 완벽하게 줄일 수 있겠지만 조사자가 담당하여야 할 자료의 양이 많아지게 되어 조사 및 집계과정에서 발생하게 되는 비표본오차가 증가하는 경향이 있다. 게다가 전수조사를 할 경우에는 표본조사보다 시간과 비용이 많이 요구되며, 표본조사기간이 증가함에 따라 그 기간 동안 조사대상이 되는 사회현상에 변화가 일어날 수도 있다.

조사연구에서는 표본오차보다는 비표본오차를 줄이는데 더 많은 관심과 노력을 기울일 필요가 있다. 왜냐하면 표본오차의 크기는 통계적인 방법에 의해서 측정될 수 있지만 비표본오차는 측정이 불가능하기 때문이다. 예를 들어 인터넷으로 한 번 설문조사를 할 경우 응답률이 25% 정도인 것으로 알려져 있는데, 무응답자들에 대해 동일한 내용의 설문조사를 다시 하면 응답률이 약 40%로 증가한다고 한다면, 이런 유형의 조사에서는 여러 번에 걸쳐 응답을 요구하도록 연구조사 설계를 하는 것이 바람직할 것이다.

용 어 정 리

측정(measurement)과 척도(scale)

측정이란 조사대상에 내재하는 속성을 파악하기 위해 그 대상물에 기술적으로 수치를 부여하는 것이고, 척도는 자, 저울, 사람의 주관적인 평가기준 등과 같은 수단을 통해서 측정의 정밀성을 표현하게 하는 규칙이다.

명목척도(nominal scale)

단순한 분류를 위해 조사대상의 소속 여부나 구분하려고 사용되는 숫자를 명목척도라고 한다. 조사대상을 성별, 직업, 종교, 구매상표, 취미 등과 같은 범주로 나타내기 위한 척도이다.

서열척도(ordinal scale)

조사대상의 속성(예: 올림픽 메달 순위, 상표, 휴대폰 종류)에 대한 선호 정도의 크기를 순서로 표현하는 것이다.

구간척도(interval scale)

조사대상의 측정에서 속성의 순위를 정하되 순위 간의 간격을 동일하게 부여하는 척도이다. 따라서 측정대상들 간의 차이비교가 가능하다.

비율척도(ratio scale)

비율척도는 등간척도의 특성에 비율개념을 추가한 척도이다. 비율척도로 측정된 자료를 이용해서 차이 및 비율계산이 가능하다.

군집표본추출법(cluster sampling)

군집표본추출법은 모집단을 군집(또는 소집단)으로 나눈 후 일정한 수의 소집단을 표본으로 뽑는 것이다.

층화표본추출법(stratified sampling)

모집단을 동질의 소집단들로 층화시켜서 각 층별로 일정한 수의 표본을 뽑아 조사하는 방법이다.

탐색조사(exploratory research)

연구내용에 대해 자세히 알지 못하는 경우에 유용하게 사용될 수 있는 것으로 주된 목적은 문제의 규명이다.

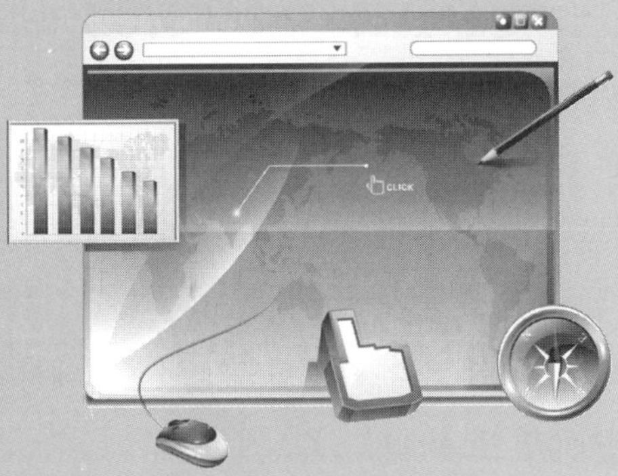

Chapter 03

자료정리와 요약

개 . 요

정보의 손실을 최소화하면서 수집된 자료를 목적에 적합하게 표나 그림으로 요약, 정리하는 것을 자료정리와 요약이라 한다. 표나 그림을 이용한 자료의 요약 이외에도 자료가 지닌 특성을 하나의 수치로 대표하여 나타낼 수 있는데, 이것을 자료의 특성치라 한다. 수집된 자료의 특성을 측정한 특성치로는 대표치와 산포도가 있는데, 대표치는 어디를 중심으로 자료가 분포되어 있는지를 나타내는 특성치이고, 산포도는 중심으로부터 자료가 어느 정도 흩어져 있는지를 보여주는 특성치이다. 본 장에서는 자료를 정리하고 요약하기 위하여 사용되는 다양한 통계적 도구에 대해 소개한다.

통계분석을 위하여 수집된 자료를 정보의 손실을 최소화하면서 목적에 적합하게 요약 정리하는 방법을 기술통계(descriptive statistics)라 한다. 기술통계학은 수집된 자료가 지니고 있는 특성을 어떠한 방법으로 종합하고, 요약 정리하는 것이 가장 효과적인지를 설명하는 분야이다. 자료가 많아질수록 자료의 특성이나 자료가 지니고 있는 정보를 찾기가 어려워지기 때문에 이를 쉽게 찾아내기 위하여 도표를 활용하거나, 자료의 특성을 수치로써 요약 정리하게 된다. 이러한 과정이 자료에서 정보를 추출하는 가장 기초적인 단계라 생각하면 될 것이다.

자료를 정리하고 요약하는 방법은 자료의 종류(형태)에 따라 크게 달라진다. 자료의 척도가 범주와 같은 명목척도로 측정되어 있다면 자료를 정리하는 방법은 도수분포표나 그래프 등을 이용하여 각 범주별 빈도와 어떤 범주에서 자료의 빈도가 가장 많이 나타나고 있는지 정도의 정보만을 제공받게 된다. 하지만 이와 같은 자료의 요약 정리만을 통하여 연구목적에 적합한 정보를 얻기는 한계가 있다. 이러한 한계점을 보완하는 방법으로 기술통계학의 통계적 분석은 자료가 지닌 특성을 하나의 수치, 즉 특성치로 요약하는 작업이다. 수집된 자료의 특성으로는 집중화 경향(대표치), 중심으로부터 흩어진 정도(산포도) 그리고 자료의 분포형태가 있으며, 이들이 대표적인 자료의 특성을 파악하는 도구로서 이용되어진다.

본 장에서는 자료에 대한 요약 정리의 방법으로 많이 이용되어지는 도수분포표와 자료의 특성을 하나의 수치로 요약하는 특성치(대표치, 산포도, 분포형태)에 대하여 설명할 것이다.

3.1 도수분포표

3.1.1 도수분포와 도수분포표

자료를 정리하기 위한 수단으로 많이 이용되어지는 도수분포표는 변수값을 몇 개의 구간으로 나누어 각 구간별 도수(빈도)를 파악하여 요약 정리한 표를 의미한다. 이러한 도수분포표를 작성하기 위해서는 계급(class)과 도수(frequency)라는 두 가지 요소가 필요하다.

일반적으로, 자료를 정리하기 위하여 정해진 기준에 따라 나눈 구간이나, 하나의 변수값 또는 질적 자료의 범주(category)를 계급(class)이라 한다. 이때 각 계급을 대표하는 값을 계급값(class mark)이라 한다. 따라서 단일 변수값 또는 범주를 계급으로 할 때 계급값은 단일 변수값 또는 범주 그 자체가 되나, 구간으로 설정된 계급의 경우 계급값은 각 계급의 상한과 하한의 평균값으로 설정된다. 예를 들어 경영대학이 경영학과, 회계학과, 경영정보학과로 구성되어 있을 때, 이와 같은 질적 자료의 경우 계급은 각 학과를 나타내는 3가지로 구성된다. 또한 자녀의 수를 조사한다고 할 때 0명, 1명, 2명 등 하나의 변수값으로 설정된 계급에 빈도를 기입하면 될 것이다. 그리고 신장(키)을 조사하였을 경우 변수가 가질 수 있는 값이 무수히 많으므로 이러한 경우에는 10cm 크기의 구간으로 계급을 나누어 빈도수를 계산할 수 있을 것이다. 이와 같이 구간으로 주어진 계급의 경우 상한과 하한의 차를 계급의 폭(class interval) 또는 계급의 너비라 하며, 상한과 하한의 평균값이 계급값으로 사용된다. 한편, 각 계급에 속하는 자료의 개수를 빈도나 계급도수 또는 간단히 도수(frequency)라 한다.

계급과 도수와의 대응관계를 **도수분포(frequency distribution)**라 하며, 이것을 표로 정리한 것이 **도수분포표(frequency distribution table)**이다. 또한 도수의 누적치를 누적도수(cumulative frequency)라 하며, 계급과 누적도수와의 대응관계를 표로 정리한 것을 누적도수분포표(cumulative frequency distribution table)라 한다. 또한 도수를 총도수로 나눈 것을 상대도수(relative frequency)라 하며, 이를 이용하여 계급과 상대도수와의 대응관계를 표로 정리한 것을 상대도수분포표(relative frequency distribution table)라 한다. 또한 상대도수의 누적치를 누적상대도수(cumulative relative frequency)라 하며, 계급과 누적상대도수와의 대응관계를 표로 정리한 것을 누적상대도수분포표(cumulative relative frequency distribution table)라 한다. 하지만 수집된 자료가 범주자료(질적 자료)인 경우에는 누적도수분포표와 누적상대도수분포표의 작성이 불가능하다.

도수분포표를 작성하는 방법은 자료의 성격에 따라 약간씩 다르므로 여기에서는 수집된 자료가 범주자료, 이산자료, 연속자료인 경우로 구분하여 도수분포표를 작성하는 방법에 대하여 설명하기로 한다.

3.1.2 범주자료의 도수분포표

다음의 예와 같이 명목척도를 이용하여 수집된 범주자료에 대한 도수분포표 작성 방법을 설명하기로 하자. K대학교 통계학과 재학생의 졸업 후 진로에 대한 희망을 조사한 결과 다음 [표 3-1]과 같다.

표 3-1 ▮ 재학생의 졸업 후 진로

대학원	대학원	취직	취직	유학	유학	유학	취직	군입대	군입대
대학원	취직	취직	취직	취직	취직	취직	취직	취직	군입대
취직	취직	대학원	대학원	대학원	대학원	취직	취직	대학원	대학원
취직	취직	취직	군입대	대학원	대학원	대학원	군입대	대학원	대학원
유학	유학	군입대	취직	군입대	취직	군입대	대학원	군입대	군입대

[표 3-1]만으로는 통계학과 재학생들의 졸업 후 진로에 대한 어떠한 경향이나 특성을 파악하기 힘들므로 학생들의 졸업 후 진로희망을 좀 더 쉽게 알아보기 위하여 도수분포표를 만들어보기로 하자. 도수분포표 작성을 위해서는

첫째, 계급을 설정한다. 본 예제와 같은 명목척도로 측정된 자료의 경우 '졸업 후 진로' 자체가 계급이 된다. 따라서 계급은 취직, 대학원, 군입대, 유학의 4가지이다.

둘째, 각 계급별 도수를 계산한 후 도수분포표를 작성한다.

표 3-2 ▮ 재학생의 졸업 후 진로에 대한 도수분포표

졸업 후 진로	도수
취직	20
대학원	15
군입대	10
유학	5
합계	50

[표 3-2]에서 상대도수를 구하여 상대도수분포표를 작성하면 [표 3-3]과 같다.

표 3-3 ▮ 졸업 후 진로에 대한 도수분포표와 상대도수분포표

졸업 후 진로	도수	상대도수
취직	20	0.4(20/50)
대학원	15	0.3(15/50)
군입대	10	0.2(10/50)
유학	5	0.1(5/50)
합계	50	1.0

상대도수분포표는 자료에서 각 범주가 차지하는 비율을 비교하는 데 이용되지만, 자료의 수가 다른 두 집단을 상대적으로 비교하는데 더욱 유용하게 이용된다. 예를 들어, K대학 통계학과 재학생 50명과 경영학과 재학생 100명을 대상으로 졸업 후 진로에 대한 희망을 조사하여 다음 [표 3-4]를 작성하였다고 하자.

표 3-4 ▮ 두 학과 재학생의 진로에 대한 도수분포표와 상대도수분포표

학과 / 진로	통계학과		경영학과	
	도수	상대도수	도수	상대도수
취직	20	0.40	45	0.45
대학원	15	0.30	20	0.20
군입대	10	0.20	30	0.30
유학	5	0.10	5	0.05
합계	50	1.00	100	1.00

[표 3-4]에서 통계학과 재학생 중 졸업 후 대학원 진학을 희망하는 학생은 15명이고 경영학과에서는 20명이다. 그러나 통계학과와 경영학과의 재학생의 수가 서로 다르므로 졸업 후 대학원 진학을 희망하는 학생이 상대적으로 통계학과에 많은지 또는 경영학과에 많은지 절대도수로는 파악하기 힘들다. 따라서 이 경우 두 집단의 상대도수를 비교하면 두 집단에 대한 특성을 쉽게 비교할 수 있다. [표 3-4]의 상대도수를 분석하면 졸업 후 대학원 진학을 희망하는 통계학과 학생의 비율이 30%로 경영

학과 학생의 비율 20%보다 높다는 것을 알 수 있다.

한편, 이와 같은 범주자료의 경우 계급에 크기의 개념이 존재하지 않으므로 이하 혹은 이상의 크기를 갖는 계급이 존재치 않으므로 누적도수나 누적상대도수의 계산은 무의미한 일이다(제2장 명목척도의 개념 참조).

3.1.3 연속자료의 도수분포표

연속자료에 대한 도수분포표 작성방법을 설명하기 위하여 다음 예를 이용하기로 하자. K대학교 통계학과 1학년 학생 50명의 통계학 성적이 [표 3-5]와 같다.

표 3-5 ▮ 통계학과 1학년 학생들의 통계학 성적

96	40	64	61	47	49	61	77	63	72
59	77	92	73	46	85	62	50	61	79
58	38	62	48	60	78	98	78	76	69
78	31	82	89	50	74	84	89	50	70
58	77	64	88	83	71	56	52	78	71

[표 3-5]의 자료만으로는 통계학과 1학년 학생들의 통계학 성적이 어느 수준인지, 또는 성적이 70점인 학생이 전체에서 어느 위치에 있는지를 파악할 수 없다. 이 자료를 정리하는 가장 간단한 방법은 가장 높은 점수인 98점부터 가장 낮은 점수인 31점까지 성적을 내림차순으로 정리하면 된다. 그러나 성적을 내림차순으로 정리하면 학생의 성적순위는 알 수 있지만, 전체 학생들의 성적이 어떤 모양의 분포를 하고 있는지 또는 70점 이상을 받은 학생은 몇 명인지를 쉽게 알 수가 없다. 이러한 문제를 해결하기 위해서는 도수분포표를 작성하면 된다.

도수분포표를 작성하려면 먼저 계급을 결정하여야 한다. 범주자료나 이산자료인 경우에는 계급을 결정하기가 용이하나, 연속자료의 경우에는 계급의 폭과 계급의 수는 서로 연관되어 있기 때문에 계급의 결정이 간단히 이루어지지는 않는다. 따라서 이를 단계적으로 설명하면 다음과 같다.

① 계급 수의 결정

도수분포표 작성 시 계급의 수는 자료의 양과 성질에 따라 달라질 수 있고 조사자의 취향이나 조사목적에 따라서도 달라질 수 있다. 일반적으로 계급의 수가 너무 적으면 원래의 자료의 분포형태를 알 수 없게 되며, 반대로 계급의 수가 너무 많으면 도수분포표가 원래의 자료에 가까워져 분포형태를 쉽게 파악할 수 없게 된다. 계급의 수를 결정하기 위한 일반적인 방법은 없으나, 자료의 최대값과 최소값의 차이인 범위(R: range)를 고려하여 보통 5개 내지 20개 정도가 적정하다고 한다. 여기서, 계급의 수와 계급의 폭은 서로 영향을 받게 되므로 양자를 고려하여 계급의 수와 폭을 동시에 결정하게 된다.

[표 3-5]에서의 범위는 성적의 최대값이 98점이고 최소값이 31점이므로

범위 $R = 98 - 31 = 67$(점)

본 예제에서는 성적이 0점에서 100점까지의 점수로 평가된다는 점을 고려하여 계급의 폭을 10으로 하여 계급의 수를 7개로 정하고자 한다.

② 계급 폭의 결정

도수분포표에서 계급의 폭이 너무 작으면 계급의 수가 너무 많아지고, 반대로 계급의 폭이 너무 크면 계급의 수가 너무 적어지게 된다. 따라서 계급의 수와 계급의 폭은 상호보완적으로 결정하게 된다. 원칙적으로 계급의 폭을 결정할 때는 원칙적으로 모든 계급의 폭이 같도록 하여야 한다. 따라서 계급의 수가 결정되면, 범위를 계급의 수로 나눈 값을 이용하여 계급의 폭은 적절히 정하면 된다.

③ 계급의 설정

계급의 수와 폭이 결정되면 이에 맞도록 계급을 설정한다. 이때 계급은 중복되지 않아야 하며, 모든 자료가 속할 수 있도록 설정되어야 한다. 계급은 하한(lower limit)과 상한(upper limit)으로 표시되는데 하한은 이상, 상한은 미만의 형식을 취하게 된다.

본 예제에서 계급의 수를 7개로 정하면, 범위 67을 이용하여 $67/7 = 9.57$이므로 계급의 폭을 10점으로 결정하면 된다.

이때 자료에 극단적인 값이 존재하는 경우 처음이나 마지막 계급은 열린 구간으로 설정할 수 있다. 열린 구간이란 '~미만' 또는 '~이상'과 같이 끝이 열린 계급을 의미한다.

④ 도수의 결정

자료에서 각 계급에 속하는 자료의 수를 세어 도수를 구한다.

⑤ 도수분포표 작성

앞선 단계에 따라 만들어진 계급과 도수를 이용하여 도수분포표를 작성한다. 통계학과 신입생의 통계학 성적의 계급, 계급값, 도수, 누적도수, 상대도수, 누적상대도수에 대한 도수분포표를 만들면 [표 3-6]과 같다.

표 3-6 ▮ 통계학 성적의 도수분포표

계급	계급값	도수	누적도수	상대도수	누적상대도수
30~40	35	2	2	0.04	0.04
40~50	45	5	7	0.10	0.14
50~60	55	8	15	0.16	0.30
60~70	65	10	25	0.20	0.50
70~80	75	15	40	0.30	0.80
80~90	85	7	47	0.14	0.94
90~100	95	3	50	0.06	1.00
합계		50		1.00	

3.1.4 이산자료의 도수분포표

이산자료의 도수분포표를 작성하는 방법과 절차에 대하여 다음의 예를 이용하여 살펴보자. K대학교 통계학과에 입학한 신입생 50명의 가족수에 대한 조사결과는 [표 3-7]과 같다.

이때 가족수는 이산자료의 변수가 되며, 본 예제의 경우 해당 변수가 갖는 값은 정수값(integer) 0, 1, 2, 3, 4이다. 이처럼 변수값의 수가 적은 경우에는 범주자료의 경우와 동일한 방법에 의해 도수분포표를 작성할 수 있다.

첫째, 계급을 설정한다. 본 예제의 경우 변수가 가질 수 있는 값이 5종류이므로 이

표 3-7 ▮ 통계학과 신입생 가족수

2	2	3	4	2	3	4	1	2	3
3	3	2	4	4	1	4	3	1	3
4	4	4	3	2	3	2	0	3	3
4	0	1	3	1	3	2	3	2	1
4	4	3	0	4	3	2	1	3	3

를 계급으로 한다.

둘째, 도수를 구한다. 특정 변수값에 해당되는 빈도수를 세어 도수를 계산한다.

셋째, 도수분포표를 작성한다.

표 3-8 ▮ 통계학과 신입생 가족수에 대한 도수분포표

가족수	도수	누적도수	상대도수	누적상대도수
0	3	3	0.06	0.06
1	7	10	0.14	0.20
2	10	20	0.20	0.40
3	18	38	0.36	0.76
4	12	50	0.24	1.00
합계	50		1.00	

이와 같이 양적 자료에서는 누적도수와 누적상대도수가 의미를 갖지만 범주자료에서는 누적도수나 누적상대도수는 의미를 갖지 못한다.

한편, 이산자료에서 변수가 가질 수 있는 값의 수가 많을 때에는 이산자료를 연속자료로 보고 도수분포표를 작성하면 된다. 예를 들어 최근 1년간 구입한 책의 수를 조사한 경우, 책을 거의 안보는 사람에서부터 1주일에 1권씩 구입하는 사람까지 다양하게 나타날 수 있다. 이 경우 자료는 최소값 0, 최대값 52를 갖는 이산형 자료로써 53개의 계급을 갖게 된다. 이와 같이 자료가 가질 수 있는 계급의 수가 많은 경우에는 연속자료에서의 도수분포표 작성 방법과 마찬가지로 계급의 수와 계급의 폭을 적절히 설정한 후 도수분포표를 작성할 수 있을 것이다.

3.1.5 도수분포도

앞에서 설명한 도수분포표는 자료의 특성이나 분포형태를 분석하는 데 그 목적이 있다. 그러나 각 계급에 해당하는 도수가 크거나, 여러 집단의 분포를 비교하고자 할 때에는 자료의 분포상태를 그림으로 나타내면 편리하다. 이때의 그림을 **도수분포도**라 한다. 일반적으로 도수분포도는 도수분포를 도표(diagram)나 그래프(graph)로 표시한 것인데, 자료의 분포상태를 눈으로 보고 알 수 있는 시각적 효과가 있다. 따라서 도수분포도를 이용하면 도수분포표의 분포형태나 성격을 일목요연하게 보여 줄 수 있게 된다.

도수분포도의 종류는 막대그림표(histogram), 도수다각형(frequency plygon), 누적도수다각형(ogive), 줄기잎그림(stem-leaf diagram), 원도표(pie chart) 등 다

| 그림 3-1 | 도수분포도의 종류

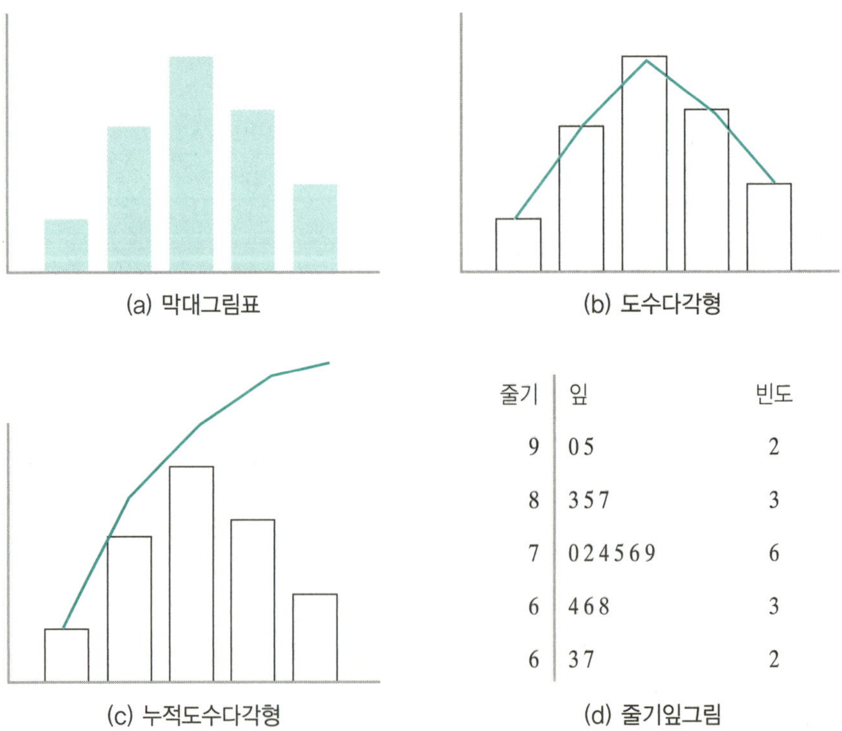

양하다. 그러나 모든 자료를 모든 도수분포도로 나타낼 수 있는 것은 아니므로 자료의 특성이나 유형에 따라 적당한 도수분포도를 선택하여 이용하는 것이 바람직하다.

3.2 자료의 특성치

자료의 특성을 파악하는 방법으로는 도수분포표나 도수분포도 등을 이용하여 표나 그림으로 파악하는 방법과 자료의 특성을 대표적인 수치로 요약하는 방법이 있다. 이렇게 하나의 수치로 요약되어진 자료의 특성을 **특성치**라 하는데, 특성치는 적용되는 집단에 따라 모집단의 특성치인 경우에는 **모수(parameter)**라 하고, 표본의 특성치인 경우에는 **통계량(statics)**이라 한다.

특성치는 성격에 따라 대표치와 산포도로 나눈다. 여기서 대표치란 관찰된 자료가 어디에 집중되어 있는가를 나타내는 집중화 경향(central tendency)의 척도이며, **산포도(분산도, dispersion)**는 자료가 중심으로부터 어느 정도 흩어져 있는가를 나타내는 척도이다.

집중화 경향을 나타내는 대표치는 다시 두 가지로 분류된다. 먼저, 계산에 의해 구해지는 대표치로는 산술평균과 기하평균, 조화평균 등이 있고, 다음으로 위치에 의해 결정되어지는 중앙값과 최빈값이 있다. 한편, 산포도를 측정하는 방법에는 범위, 평균절대편차, 분산, 표준편차 등이 있다. 한편, 분포의 특성을 파악하는 방법에는 대표치나 산포도 이외에도 분포형태가 있는데, 분포형태를 측정하는 척도로서 자료의 전반적인 분포형태가 대칭분포(symmetric distribution)에서 벗어나는 정도를 측정한 **왜도(비대칭도, skewness)**와 봉우리의 고저를 표시하는 **첨도(kurtosis, measure of peakedness)** 등이 있다. 성격에 따른 특성치를 분류하면 [그림 3-2]와 같다.

[그림 3-2]에서 알 수 있듯이 분포의 특성을 나타내는 특성치의 종류는 다양하나, 일반적으로 대표치의 경우에는 산술평균, 산포도의 경우에는 분산과 표준편차가 많이 사용된다.

| 그림 3-2 | 특성 기준에 따른 특성치의 분류

- 특성치
  - 대표치
    - 계산에 의한 대표치
      - 산술평균
      - 기하평균
      - 조화평균
      - 가중평균
    - 위치에 의한 대표치
      - 중앙값
      - 최빈값
  - 산포도
    - 범위
    - 평균절대편차
    - 분산
    - 표준편차
  - 분포형태
    - 왜도
    - 첨도

3.3 대표치

자료의 특성을 나타내는 특성치 가운데 관찰된 자료들이 어디를 중심으로 모여 있는가 하는 집중화 경향(central tendency)을 나타내는 값을 **대표치**라 한다. 이러한 대표치에는 계산에 의해 결정되는 대표치와 위치에 의해 결정되는 대표치가 있다. 계산에 의해 결정되는 대표치로는 산술평균과 기하평균, 조화평균 등이 있으며, 위치에 의해 결정되는 대표치로는 중앙값과 최빈값이 있다. 또한 산술평균은 **단순평균(simple mean)**과 **가중평균(weight mean)**으로 구분할 수 있다. 이 중 일반적으로 가장 널리 사용되어지는 대표치는 산술평균이다.

3.3.1 산술평균

대표치로서 가장 널리 사용되는 **산술평균(arithmetic mean**, 일반적으로 평균이라 함)은 양적 자료에서만 의미를 갖는다. 또한 평균은 모집단에 대한 평균인 경우 **모평**

균(population mean)이라 하여 기호 μ로 표시하며, 표본에 대한 평균인 경우 표본평균(sample mean)이라고 하여 기호 $\overline{X}$로 표시한다. 여기서 평균은 자료의 총합을 자료의 수로 나눈 값으로 단순(산술)평균이라고도 한다.

N개의 개체로 구성된 모집단에 대한 자료가 $x_1, x_2, \cdots, x_N$일 때 모평균 μ를 수식으로 정의하면 다음과 같다.

모평균

$$\mu = \frac{1}{N}(x_1 + x_2 + \cdots + x_N) = \frac{1}{N}\sum_{i=1}^{N} x_i \qquad \text{(식 3.1)}$$

[예제 3-1] 어느날 A병원에서 어떤 산모에게서 태어난 다섯 쌍둥이의 몸무게가 각각 2.1, 2.3, 2.5, 2.7, 2.9kg이었다. 이 다섯 쌍둥이의 몸무게 평균을 구하여라.

| 풀이 |

이 자료는 모집단에 관한 자료이므로 모평균

$$\mu = \frac{1}{5}(2.1 + 2.3 + 2.5 + 2.7 + 2.9) = 2.5(\text{kg})$$

한편, 모집단으로부터 추출된 n개의 표본에 대한 관측치가 $x_1, x_2, \cdots, x_n$일 때 n개의 자료에 대한 표본평균 $\overline{X}$를 수식으로 정의하면 다음과 같다.

표본평균

$$\overline{X} = \frac{1}{n}(x_1 + x_2 + \cdots + x_n) = \frac{1}{n}\sum_{i=1}^{n} x_i \qquad \text{(식 3.2)}$$

[예제 3-2] 어느 어학원에서는 수업을 받는 학생들의 TOEIC 성적이 얼마나 우수한가를 조사하기 위하여 수강생 중 10명을 임의로 뽑아 TOEIC 점수를 알아보았더니 565, 625, 587, 505, 480, 650, 532, 510, 615, 631점으로 나타났다. 이들의 평균점수는 얼마인가?

| 풀이 |

이 자료는 표본자료이므로 표본평균

$$\overline{X} = \frac{1}{10}(565 + 625 + 587 + 505 + 480 + 650 + 532 + 510 + 615 + 631) = 570(\text{점})$$

[예제 3-1]과 [예제 3-2]에서 모평균이나 표본평균은 계산방법이 동일함을 알 수 있다.

한편 n개의 표본자료가 m개의 계급으로 구분되어 있으며, 각 계급을 대표하는 계급값이 $x_1, x_2, \cdots, x_m$이고 각 계급에 속하는 자료의 개수가 $f_1, f_2, \cdots, f_m$개인 도수분포표로 정리되어진 자료에 대한 표본평균 $\overline{X}$를 수식으로 정의하면 다음과 같다.

도수분포표로 정리된 자료의 표본평균

$$\overline{X} = \frac{1}{\sum_{i=1}^{m} f_i}(x_1 f_1 + x_2 f_2 + \cdots + x_m f_m) = \frac{1}{n}\sum_{i=1}^{m} x_i \cdot f_i \qquad \text{(식 3.3)}$$

여기서, $\sum_{i=1}^{m} f_i = n$

다음은 강남사의 영업사원 20명의 영업에 대한 적성검사 성적의 도수분포표이다.

표 3-9 ▮ 적성검사 성적의 도수분포표

성적	35~45	45~55	55~65	65~75	75~85	85~95	계
인원수	1	3	8	3	3	2	20

[표 3-9]에서 계급값(x_i)과 도수(f_i), $x_i \times f_i$ 값을 정리하면 다음 표를 얻는다.

계급	계급값(x_i)	도수(f_i)	$x_i \times f_i$
35～45	40	1	40
45～55	50	3	150
55～65	60	8	480
65～75	70	3	210
75～85	80	3	240
85～95	90	2	180
합계		$n=20$	1,300

따라서 주어진 자료에 대한 평균은

$$\overline{X} = \frac{1}{n}\sum_{i=1}^{m} x_i \cdot f_i = \frac{1}{20}(40\times 1 + 50\times 3 + \cdots + 90\times 2) = \frac{1,300}{20} = 65(\text{점})$$

[표 3-9]에서 45점 이상 55점 미만의 계급에 속하는 인원은 3명인데 요약되어진 도수분포표에서는 이들의 구체적인 점수를 알 수 없으므로 계급값 50점이 이들을 대표하는 값으로 사용되어진다.

특성치로서의 산술평균은 표본의 크기가 작은 상황에서 이상값(극단적으로 큰 값 또는 작은 값)이 표본으로 추출되어 자료에 포함되는 경우 이들에 의해 산술평균이 영향을 많이 받는다는 단점을 가지고 있다.

3.3.2 중앙값

수집되어진 자료 중 어떤 특정한 값이 다른 값들과 비교하여 유난히 크거나 작을 경우 이를 이상값(outlier; extreme value)이라 하는데, 자료에 이와 같은 이상값이 들어 있는 경우 산술평균을 대표치로서 사용하는 것이 부적절할 수도 있다. 이러한 경우 자료를 크기 순으로 나열한 후 중앙에 위치한 자료의 값을 대표치로 취할 수 있는데 이를 중앙값(중위수, median)이라고 하며 M_e로 표시한다. 이러한 중앙값도 산술평균과 마찬가지로 양적 자료에만 존재하게 된다.

중앙값은 n개의 자료를 크기 순으로 나열하였을 때 가운데 위치한 값이다. 이때 만약 자료의 개수가 홀수 개이면 $(n+1)/2$번째의 값이 중앙값이 되나, 자료의 개수가 짝수 개인 경우에는 가운데 있는 두 값($n/2$번째 값과 $[(n/2)+1]$번째 값)의 평균값을 중앙값으로 사용한다.

[예제 3-3] 다음 11개의 측정치에 대한 중앙값을 구하여라.
(20, 14, 3, 8, 11, 19, 7, 5, 3, 4, 15)

| 풀이 |

먼저 자료를 크기순으로 나열하면 (3, 3, 4, 5, 7, 8, 11, 14, 15, 19, 20)이 된다.

본 예제의 경우 $n = 11$로서 홀수이므로 중앙값은 $\frac{(n+1)}{2} = \frac{(11+1)}{2} = 6$번째의 값인 8이 중앙값이 된다.

[예제 3-4] 어느 슈퍼마켓의 요일별 매출액을 조사하였더니 다음과 같았다. 중앙값과 평균을 구하여라.

월	화	수	목	금	토
100만원	120만원	300만원	110만원	90만원	125만원

| 풀이 |

중앙값을 구하기 위하여 요일별 매출액을 순서대로 나열한 후

90, 100, 110, 120, 125, 300(만원)

자료의 수가 $n = 6$으로 짝수 개이므로 중앙값을 구하는 공식에 따라 $n/2$번째, 즉 $6/2 = 3$번째 값 110만원과 $[(n/2)+1]$번째, 즉 $[(6/2)+1] = 4$번째 값인 120만원의 평균값을 중앙값으로 계산한다.

$$Me = \frac{1}{2}(100 + 120) = 115(\text{만원})$$

한편 요일별 매출액의 평균을 계산하면

$$\overline{X} = \frac{1}{6}(100 + 120 + \cdots + 125) = 140.83(\text{만원})$$

[예제 3-4]에서 살펴본 바와 같이 평균은 자료의 개수가 작은 경우 이상값(수요일

의 300만원이 이에 해당)에 의하여 직접 영향을 받지만, 중앙값은 크게 영향을 받지 않으므로 중앙값은 비대칭성 분포의 대표값으로 적합하다고 볼 수 있다.

3.3.3 최빈값

최빈값(mode)은 자료의 분포에서 빈도가 가장 많은 관측치를 말한다. 기호 M_0로 표시되는 최빈값은 범주자료와 양적 자료 모두에서 사용될 수 있으며, 범주자료의 대표치로 적합하다. 범주자료에서의 최빈값은 빈도수가 가장 큰 범주를 선택하면 되고, 양적 자료인 경우에도 빈도수가 가장 큰 변수값이 최빈값이 된다.

[예제 3-5] 다음은 재학생의 졸업 후 진로에 대한 도수분포표이다. 최빈값을 구하여라.

졸업 후 진로	도수
취직	20
대학원	15
군입대	10
유학	5
계	50

| 풀이 |

본 예제에서 재학생의 졸업 후 진로 중 도수가 가장 큰 것은 취직이므로 최빈값은 취직이 된다.

[예제 3-6] 다음은 신입생의 가족수에 대한 도수분포표이다. 최빈값을 구하여라.

가족수	도수
0	3
1	7
2	10
3	18
4	12
합계	50

| 풀이 |

본 예제에서 빈도가 가장 높은 가족수는 3명이다. 따라서 최빈값은 3명이다.

최빈값은 자료의 분포곡선에서 최고점에 대응하는 변수값이므로 주어진 자료의 분포형태에 따라 1개 이상 존재할 수 있다. 예를 들어 [예제 3-6]에서 가족수가 4명인 경우의 도수가 18명으로 조사되었다면, 가장 큰 빈도를 갖는 가족수 3명과 4명이 최빈값이 된다.

3.3.4 자료의 분포형태에 따른 대표치의 위치

자료의 분포형태에 따라 대표치를 나타내는 평균(M), 중앙값(M_e), 최빈값(M_o)의 위치는 서로 다르다. 분포의 모양이 [그림 3-3]의 (a)와 같이 좌우가 대칭인 경우에는 세 개의 대표치는 동일한 값을 갖게 되나, 분포의 모양이 대칭이 아닌 경우에는 세 개의 대표치가 일치하지 않고, 중앙값이 항상 평균과 최빈값 사이에 놓이게 된다.

| 그림 3-3 | 자료의 분포형태에 따른 대표치의 위치

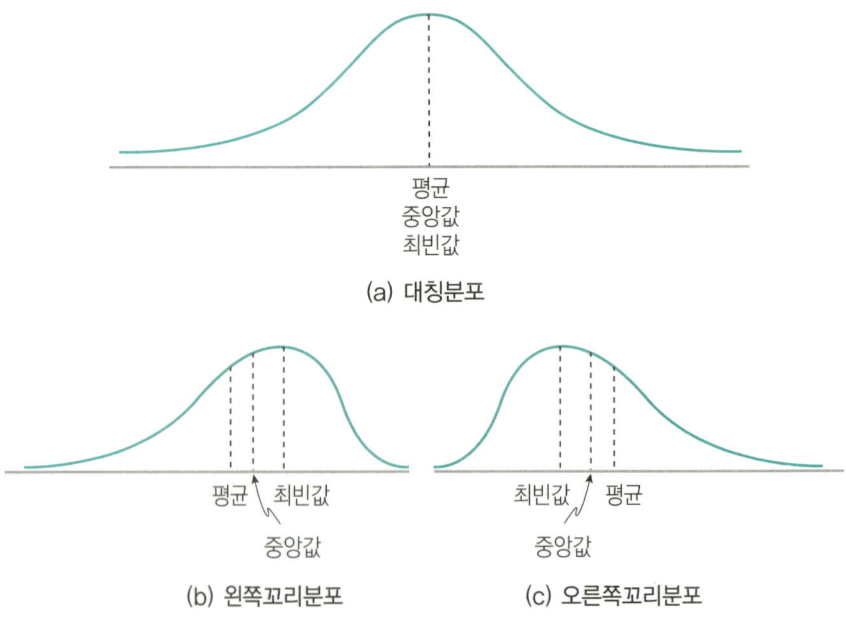

(b)와 같이 왼쪽꼬리분포(skewed to left) 모양에서는 평균과 중앙값은 최빈값의 왼쪽에 위치하게 되며, (c)와 같이 자료의 분포모양이 오른쪽꼬리분포(skewed to right) 모양을 갖는 경우 평균과 중앙값은 최빈값의 오른쪽에 위치하게 된다.

3.3.5 여러 가지 평균

계산에 의해 결정되는 대표치로서 산술평균 이외에도 기하평균, 조화평균, 가중평균 등 여러 유형의 평균이 존재하며, 자료의 특성에 따라 이들이 대표치로서 사용되어질 수 있다.

(1) 기하평균(geometric mean)

시간에 따라 변화하는 비율이나 주요 경제성장률 등과 같은 자료의 경우 산술평균은 대표치로서 적절한 것이 되지 못한다. 예를 들어 어떤 회사의 매출액이 급성장하여 재작년을 기준으로 작년에 4배, 작년을 기준으로 금년에 10배 증가하였다고 하자. 이 경우 작년과 금년 성장률의 평균을 계산하고자 할 때 대표치로서 산술평균을 계산하여 평균 $\left(\frac{4+10}{2}\right)=7$배씩 증가하였다고 하는 것은 올바른 대표치로 볼 수 없다. 기준년도가 되는 재작년 말 매출총액을 k라 하면, 작년 말 매출총액은 $4k$가 될 것이며, 금년 말 매출총액은 $4k$의 10배인 $40k$가 될 것이다. 이때 평균성장률을 g라고 한다면 다음 관계가 성립한다.

$$k \cdot g \cdot g = 40k$$

따라서 $g=\sqrt{40}=6.3$이므로 이 기업의 평균성장률은 6.3배라고 할 수 있다. 이와 같이 기하평균은 변수값의 변화가 등비수열(geometric series, 예 : 1, 2, 4, 8, 16, …)을 이루는 경우 대표치로서 적당하다. n개의 자료에 대한 기하평균(geometric mean) M_G는 다음과 같이 정의된다.

기하평균

$$M_G = \sqrt[n]{X_1 \cdot X_2 \cdot X_3 \cdots X_n} = (X_1 \cdot X_2 \cdot X_3 \cdots X_n)^{\frac{1}{n}} \quad \text{(식 3.4)}$$

[예제 3-7] 현재 1,000원 하던 어떤 제품의 가격이 5년 후 1,079원이 된다면 이 제품 가격의 연평균 인상률을 계산하시오.

| 풀이 |

현재 이 제품의 가격을 $X_0 = 1,000$(원)이라고 하고 앞으로 5년 후까지 이 제품의 연도별 가격을 각각 $X_1, X_2, X_3, X_4, X_5 = 1,079$(원)이라 하자. 그리고 연도별 인상률을 $\frac{X_i}{X_{i-1}}$라 하면 연평균 인상률의 기하평균 M_G는

$$M_G = \left(\frac{X_1}{X_0} \cdot \frac{X_2}{X_1} \cdot \frac{X_3}{X_2} \cdot \frac{X_4}{X_3} \cdot \frac{X_5}{X_4}\right)^{\frac{1}{5}} = \left(\frac{X_5}{X_0}\right)^{\frac{1}{5}}$$

$$= \left(\frac{1,079}{1,000}\right)^{\frac{1}{5}} = 1.0153$$

따라서 이 제품 가격의 연평균 인상률은 약 1.53%가 된다.

(2) 조화평균(harmonic mean)

자료의 특성에 따라 산술평균이나 기하평균이 대표치로서 사용되기 적절치 못한 경우 다른 관점의 평균이 필요하다. 예를 들어 고속도로 순찰차가 두 지점 A, B 사이를 순찰하는데, 갈 때에는 시속 100km, 올 때에는 시속 150km의 속력으로 돌아왔다면 이때의 평균속력을 산술평균을 이용하여 계산하면 평균속력은 $\left(\frac{100+150}{2}\right) =$ 125(km/h)가 된다. 그러나 평균속력은 총운행거리를 총소요시간으로 나눈 값이 되므로 이때의 산술평균은 대표치로 적당하지 못하다. 이 예의 올바른 평균속력은 속력의 정의에 따라 두 지점 간의 거리를 S라 하면 고속도로 순찰차가 왕복에 걸린 총소요시간은 $\frac{S}{100} + \frac{S}{150}$이므로 평균속력 M_H는

$$M_H = \frac{2S}{\frac{S}{100} + \frac{S}{150}} = 120 \text{ (km/h)}$$

따라서 이 순찰차의 평균속력은 시속 120km로 보아야 한다. 이처럼 일정한 거리를 속력을 달리 하여 움직이면 소요되는 시간이 달라지기 때문에 시간과 '조화'를 시켜 그 평균을 구하여야 할 것이다. 이러한 대표치를 **조화평균(harmonic mean)**이라 한다. 조화평균은 변수값의 변화가 조화수열(harmonic sequence, 예 : $1, \frac{1}{2}, \frac{1}{4}, \cdots$)을 따르는 자료의 대표치로서 적합하며, n개의 자료에 대한 조화평균 M_H는 다음과 같이 정의된다. 즉, n개의 양수에 대하여 그 역수를 산술평균한 것의 역수라 할 수 있다.

[예제 3-8] 어떤 운전자가 자동차로 최초 구간 320km를 시속 80km로, 두 번째 구간 550km를 시속 110km로 주행했다고 할 때, 조화평균을 이용한 평균속력을 구하여라.

| 풀이 |

평균속력 M_H는 조화평균이 되므로

$$M_H = \frac{320 + 550}{\frac{320}{80} + \frac{550}{110}} = 96.67\,(\text{km/h})$$

조화평균

$$M_H = \frac{n}{\frac{1}{X_1} + \frac{1}{X_2} + \cdots + \frac{1}{X_n}} = \frac{n}{\sum_{i=1}^{n} \frac{1}{X_i}} \qquad (식\ 3.5)$$

(3) 가중평균(weighted mean)

변수에 대한 상대적인 중요성인 가중치(weight)를 서로 다르게 고려하여 평균값을 구하는 것이 **가중평균(weighted mean)**이다. 가중평균 중 가장 흔히 쓰이는 것이 **가중산술평균(weighted arithmetic mean)**이다.

예를 들어 두 종류의 계산기 A, B를 제조하는 갑전자에서 1년 이내에 제품의 고장이 발생하는 비율을 조사하였더니, A는 10%, B는 30%라 한다. 이때 제품의 평균고장률을 계산할 때 만약 A, B 두 제품의 매출량이 동일한 경우 평균고장률은 제품별 고장률의 단순평균(simple mean)인 20%가 되겠지만, 실제 제품 A의 판매수량이 200대, 제품 B의 판매수량이 600대인 경우 제품의 평균고장률은 판매수량을 가중치로 한 가중평균을 사용하여야 한다.

일반적으로 변수 X의 상대적인 가중치 W가 주어졌다면 가중평균 M_W는 다음과 같이 정의된다.

가중평균

$$M_W = \frac{\Sigma x_i \cdot w_i}{\Sigma w_i} \qquad \text{(식 3.6)}$$

따라서 갑전자에서 생산된 제품의 평균고장률은 판매수량을 가중치로 사용하여 계산하면

$$M_W = \frac{\Sigma x_i \cdot w_i}{\Sigma w_i} = \frac{0.1 \times 200 + 0.3 \times 600}{200 + 600} = 0.25$$

즉, 평균고장률 M_W는 25%

[예제 3-9] 어떤 대학의 A학과, B학과, C학과에 동일 교수가 담당하는 통계학 과목이 개설되어 있다. 학과별 평균성적이 A학과 90점, B학과 85점, C학과 80점인 경우 세 학과를 합한 전체 학생의 통계학 평균성적은 얼마인가? 단, 수강인원은 A학과 60명, B학과 40명, C학과 50명이다.

| 풀이 |

전체 학생들에 대한 통계학 평균성적을 계산하기 위해서는 각 학과의 수강인원이 다르므로 각 학과의 평균성적을 단순히 산술평균하는 것이 아니라 가중평균을 이용하여 전체 학생의 통계학 평균성적을 계산하면

$$M_W = \frac{\Sigma x_i w_i}{\Sigma w_i} = \frac{90 \times 60 + 85 \times 40 + 80 \times 50}{60 + 40 + 50} = 85.33$$

3.4 산포도

단일자료 분석이나 두 자료의 비교 시 앞서 설명한 자료의 집중화 경향을 나타내는 대표치만을 이용하여 분석하는 것으로는 불충분하다. 예를 들어 어떤 대학의 학생수가 같은 두 학과 A, B의 통계학 평균성적이 80점으로 동일하다고 하자. 이때 "두 학과 학생의 통계학 실력이 동일한가?"라고 물을 때, 평균만으로 성적을 평가한다면 평균이 동일하므로 당연히 실력이 같다고 할 것이다. 그러나 점수의 분포상태를 고려하여 평가하면 다른 결론을 내릴 수 있을 것이다. 만약 두 학과 학생 전원이 자격증 취득을 위해 통계학 시험에 응시할 때 평균이 동일하다고 두 학과의 합격자수가 같다고 평가하기는 어려울 것이다. 그렇다면 평균만을 보고 두 집단의 실력이 같다고 하는 주장은 보완되어야 할 것이다. 만약 성적의 분포상태가 A학과는 평균을 중심으로 넓게 퍼져 있고, B학과는 평균 주위에 밀집해 있는 경우 성적이 대칭분포를 이루고 있더라도 합격점의 위치에 따라 두 학과의 합격자수는 달라지게 된다.

또 다른 예로, 어느 대학에 있는 연못의 깊이가 평균 1.5m라고 하자. 이때 사람들이 물에 빠지지 않고 연못을 무사히 건널 수 있겠는가? 연못 깊이가 평균 1.5m란 의미는 연못의 가장자리는 깊지 않고(예 : 30cm) 연못의 중앙은 깊은데(예 : 2m), 보

| 그림 3-4 | 평균의 위험성

통 1.5m 정도의 깊이라는 의미이다. 따라서 사람들은 이 연못에 빠질 수도 있으므로 건너려 하면 위험할 것이다. 이러한 것들이 평균의 위험성을 알려주는 좋은 예들이다. 그러므로 분포의 특성치로서 대표치 이외에도 자료가 평균을 중심으로 어느 정도 퍼져 있는가를 측정하여 자료를 분석하는데 활용할 필요가 있을 것이다. 이와 같이 자료가 흩어져 있는 정도를 측정한 것을 **산포도(measure of dispersion, degree of dispersion, variability)**라 한다. 산포도를 측정하는 대표적인 방법을 설명하면 다음과 같다.

3.4.1 범위

자료가 흩어진 정도를 측정하는 가장 간단한 방법으로 **범위(range)**를 이용할 수 있다. 범위란 주어진 자료의 최대값과 최소값의 차이($X_{max} - X_{min}$)로서 기호 R로 표시한다.

범위

$$R = X_{max} - X_{min} \quad \text{(식 3.7)}$$

[예제 3-10] 자동차의 타이어 수명을 조사하기 위하여 타이어 50개를 표본으로 조사하여 수명을 측정한 결과 최저 60,000km, 최고 100,000km의 수치를 얻었다면, 이 타이어 수명의 범위를 구하라.

| 풀이 |

범위의 정의에 의하여 타이어 수명의 범위를 계산하면

$$R = 100{,}000 - 60{,}000 = 40{,}000(\text{km})$$

범위는 계산이 간단하다는 장점을 가지고 있으나 자료 중 오직 최대값과 최소값만을 이용하므로 다른 자료의 정보를 반영하지 못한다는 점에서 양극단 안쪽의 분포상황은 전혀 설명하지 못하고 있다는 문제점을 지니고 있다.

3.4.2 평균절대편차

산포도를 측정하는 방법으로 **평균절대편차(mean absolute deviation)**를 이용할 수 있다. 편차(deviation)는 관측값에서 평균을 뺀 값으로, 식으로는 $(x_i - \overline{X})$로 표시된다. 이때 편차는 자료가 평균으로부터 떨어진 거리와 방향을 동시에 나타내며, 편차의 합은 항상 0의 값을 갖게 되므로 그 평균 역시 0의 값을 갖게 된다. 따라서 편차의 평균 대신 편차의 절대값(absolute value)의 평균을 계산하여 이를 평균절대편차라 하고, 기호 MAD로 표시한다.

평균절대편차

$$MAD = \frac{1}{n}\sum_{i=1}^{n}|x_i - \overline{X}| \qquad (식\ 3.8)$$

평균절대편차는 각 자료가 평균에서부터 어느 정도 떨어져 있는지를 구체적으로 알려주므로 중요한 의미를 가지고 있으나, 절대값을 취함으로써 대수적인 연산이 불편하여 통계적 추론에서 이용도가 낮다는 단점이 있어 사용상의 제약을 받는다.

| 그림 3-5 | **평균절대편차의 유용성**

관측값	편차	평균절대편차	관측값	편차
5 10 15	5 − 10 = −5 10 − 10 = 0 15 − 10 = 5	|5 − 10| = 5 |10 − 10| = 0 |15 − 10| = 5	10 10 10	10 − 10 = 0 10 − 10 = 0 10 − 10 = 0
합계 = 30	합계 = 0	합계 = 10	합계 = 30	합계 = 0
평균 $= \frac{30}{3} = 10$	평균편차 $= \frac{0}{3} = 0$	평균절대편차 $= \frac{10}{3} = 3.3$	평균 = 10	평균편차 = 0 (평균절대편차 = 0)

[예제 3-11] 주사위를 여섯 번 던져 나온 숫자가 4, 2, 1, 3, 6, 5이었다. 나온 수의 평균절대편차를 구하여라.

|풀이|

주사위를 던져 나온 수의 평균을 계산하면 $\overline{X} = \frac{1}{6}(1 + 2 + 3 + 4 + 5 + 6) = 3.5$이다.

따라서 평균절대편차를 계산하면

$$MAD = \frac{1}{6}(|1 - 3.5| + |2 - 3.5| + |3 - 3.5| + |4 - 3.5| + |5 - 3.5| + |6 - 3.5|) = 1.5$$

3.4.3 분산 및 표준편차

산포도의 측정도구로서의 평균절대편차가 갖는 문제점을 해결하기 위하여 편차의 제곱을 이용하면 편리하고 효과적이라 할 수 있다. 이러한 편차제곱을 이용한 개념이 **분산**(variance)인데 기호로는 $Var(X)$로 표시하며, 분산의 양의 제곱근이 **표준편차**(standard deviation)가 된다.

평균에서와 마찬가지로 분산의 경우에도 모집단과 표본으로 나누어 모집단의 분산과 표준편차는 σ^2과 σ로 표시하고, 표본의 분산과 표준편차는 각각 S^2과 S로 표시한다.

(1) 모분산과 모표준편차

N개의 자료로 구성된 모집단에서 편차제곱의 평균을 **모분산**이라 하고 기호로는 σ^2으로 표시하며, 모분산의 양의 제곱근을 **모표준편차**라 하여 기호 σ로 표시한다.

N개의 모집단 자료가 $x_1, x_2, \cdots, x_N$이고, 모평균이 μ일 때 모분산과 모표준편차를 정의하면 (식 3.9), (식 3.10)과 같다.

모분산과 모표준편차

$$\sigma^2 = \frac{1}{N}\sum_{i=1}^{N}(x_i-\mu)^2 = \frac{1}{N}\sum_{i=1}^{N}x_i^2-\mu^2 \qquad \text{(식 3.9)}^{1)}$$

$$\sigma = \sqrt{\frac{1}{N}\sum_{i=1}^{N}(x_i-\mu)^2} \qquad \text{(식 3.10)}$$

(식 3.9)에서 관측값 x_i와 평균 μ의 차이가 클수록 분산의 값은 커지게 된다. 또한 분산은 편차를 제곱하여 계산하기 때문에 평균으로부터 멀리 떨어진 자료일수록 효과가 증폭되어 나타난다. 하지만 분산의 경우 자료의 단위를 그대로 사용할 수 없다는 문제점을 갖는다. 예를 들어, 자료가 거리를 나타내는 m로 측정되었다면 분산의 단위는 m^2, 즉 면적의 단위로 바뀌게 되는 결과가 된다. 이와 같은 분산의 한계점을 극복하기 위하여 사용하는 산포도 측정방법이 표준편차이다.

[예제 3-12] [예제 3-1]의 다섯 쌍둥이의 몸무게(각각 2.1, 2.3, 2.5, 2.7, 2.9kg)의 분산과 표준편차를 계산하라.

| 풀이 |

[예제 3-1]에서 모평균 $\mu = 2.5$(kg)이므로 모분산과 모표준편차를 구하면

$$\sigma^2 = \frac{1}{N}\sum_{i=1}^{N}(x_i-\mu)^2$$

$$= \frac{1}{5}[(2.1-2.5)^2+(2.3-2.5)^2+(2.5-2.5)^2+(2.7-2.5)^2+(2.9-2.5)^2] = 0.08$$

혹은 $= \frac{1}{N}\Sigma x_i^2-\mu^2 = \frac{1}{5}[(2.1)^2+(2.3)^2+(2.5)^2+(2.7)^2+(2.9)^2]-2.5^2 = 0.08$

$$\sigma = \sqrt{0.08} \fallingdotseq 0.2828\,(\text{kg})$$

(2) 표본분산과 표본표준편차

n개의 표본자료에서 편차제곱의 합을 $(n-1)$로 나눈 값을 **표본분산**이라 하고 기호

1) $\sigma^2 = \frac{1}{N}\sum_{i=1}^{N}(x_i-\mu)^2 = \frac{1}{N}\sum_{i=1}^{N}(x_i^2-2\mu x_i+\mu^2)$

$= \frac{1}{N}\sum_{i=1}^{N}x_i^2-2\mu\frac{1}{N}\sum_{i=1}^{N}x_i+\frac{1}{N}\sum_{i=1}^{N}\mu^2 = \frac{1}{N}\sum_{i=1}^{N}x_i^2-2\mu\mu+\frac{1}{N}N\mu^2 = \frac{1}{N}\sum_{i=1}^{N}x_i^2-\mu^2$

S^2으로 표시하며, 분산의 양의 제곱근을 **표본표준편차**라 하고 기호 S로 표시한다.

표본자료 $x_1, x_2, \cdots, x_n$의 표본평균이 $\overline{X}$일 때 표본분산과 표본표준편차를 수식으로 정의하면 다음과 같다.

표본분산과 표본표준편차

$$S^2 = \frac{1}{n-1}\sum_{i=1}^{n}(x_i - \overline{X})^2 = \frac{\sum x_i^2 - n\overline{X}}{n-1} \quad \text{(식 3.11)}$$

$$S = \sqrt{\frac{1}{n-1}\sum_{i=1}^{n}(x_i - \overline{X})^2} \quad \text{(식 3.12)}$$

앞서 평균을 계산할 때는 그 대상이 모집단이냐 혹은 표본이냐에 관계없이 기호만 달리 사용할 뿐 계산방식은 동일하였다. 그러나 분산과 표준편차를 계산할 때는 그 대상이 모집단인가 또는 표본인가에 따라 계산방식이 약간 다른 점에 유의하여야 한다. 즉, 표본분산과 표본표준편차를 정의할 때에는 모분산이나 모표준편차 계산 때와는 달리 자료의 총수 n으로 나누지 않고, $(n-1)$로 나누어준다는 점에 유의하여야 한다. 하지만 표본분산과 표본표준편차를 구할 때 표본의 크기 n이 상당히 크다면 $(n-1)$ 대신에 n을 사용해도 별 차이가 없게 된다.

[예제 3-13] [예제 3-2]의 자료를 이용하여 어학원 수강학생들의 표본분산과 표본표준편차를 계산하라.

| 풀이 |

[예제 3-2]에서 표본평균은 $\overline{X} = 570$(점)이므로 표본분산과 표본표준편차를 구하면

$$\begin{aligned} S^2 &= \frac{1}{n-1}\sum_{i=1}^{n}(x_i - \overline{X})^2 \\ &= \frac{1}{9}[(565-570)^2 + (625-570)^2 + (587-570)^2 + (505-570)^2 + (480-570)^2 \\ &\quad + (650-570)^2 + (532-570)^2 + (510-570)^2 + (615-570)^2 + (631-570)^2) \\ &= 3650.44 \end{aligned}$$

$$S = \sqrt{3650.44} = 60.419(\text{점})$$

3.4.4 변동계수

앞서 설명한 산포도 측정방법은 측정단위에 의해 그 크기가 영향을 받게 된다. 따라서 측정단위가 상이한 경우에는 측정단위로 인한 효과를 제거한 산포도 측정방법이 필요하게 되었다. 측정단위로 인한 효과를 제거한 자료의 산포도 측정을 위하여 **변동계수(CV: coefficient of variation)**를 이용할 수 있다.

변동계수

$$CV = \frac{\sigma}{\mu} \times 100 = \frac{S}{\overline{X}} \times 100 \quad \text{(식 3.13)}$$

[예제 3-14] 남학생과 여학생 각각 60명, 50명의 키를 조사하여 다음 결과를 얻었다. 변동계수를 구하여라.

통계량 / 성별	조사자수 (명)	평균 (cm)	표준편차 (cm)
남학생	60	171.0	7.0
여학생	50	165.0	6.8

| 풀이 |

남학생의 변동계수 $CV = \frac{S}{\overline{X}} \times 100 = \frac{7.0}{171.0} \times 100 = 4.09(\%)$

여학생의 변동계수 $CV = \frac{S}{\overline{X}} \times 100 = \frac{6.8}{165.0} \times 100 = 4.12(\%)$

본 예제에서 남학생과 여학생 키 분포에 대한 표준편차를 계산하면 남학생의 표준편차가 여학생보다 큰 것으로 나타난다. 즉, 남학생 키의 분포가 여학생에 비해 더 퍼져 있는 것으로 나타난다. 하지만 남, 여학생 집단별 변동계수를 계산하면 여학생 집단의 변동계수가 남학생에 비해 더 큰 값을 갖는 것으로 나타난다. 이와 같이 각 자료 집단의 표준편차만 보고 어느 한 쪽의 산포도가 크다고 말하는 것은 오류를 범할 수 있다.

3.5 분포형태

자료의 분포형태를 평가하기 위하여 흔히 사용되는 측정치로서 왜도와 첨도가 있다. 왜도(skewness)는 분포의 기울기 혹은 분포의 늘어짐의 정도, 즉 좌우로 얼마나 치우쳐 있는가?를 측정하는 개념이며, 첨도(kurtosis)는 분포가 얼마나 중심에 집중되어 있는가? 즉, 분포의 중심이 얼마나 뾰족한가 하는 정도를 측정하는 개념으로 사용된다.

표본자료 $x_1, x_2, \cdots, x_n$의 표본평균이 $\overline{X}$일 때 왜도와 첨도를 정의하면 다음과 같다.

표본의 왜도와 첨도

왜도 $$\frac{1}{(n-1)(n-2)}\frac{\sum_{i=1}^{n}(x_i-\overline{X})^3}{S^3} \qquad \text{(식 3.14)}$$

첨도 $$\frac{1}{n}\frac{\sum_{i=1}^{n}(x_i-\overline{X})^4}{S^4} \qquad \text{(식 3.15)}$$

그림 3-6 왜도에 따른 분포의 모양

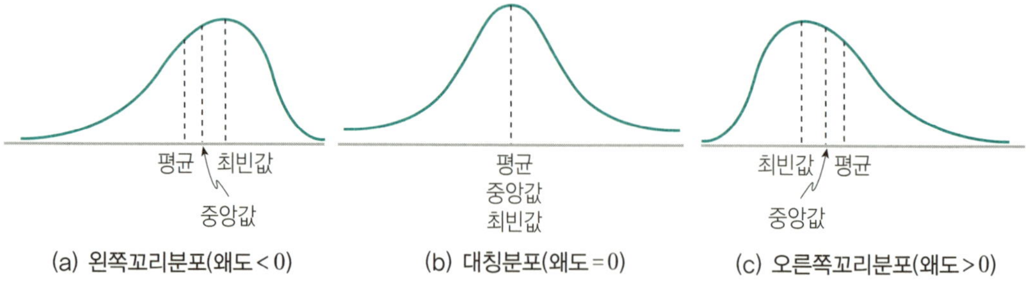

| 그림 3-7 | 첨도에 따른 분포의 모양

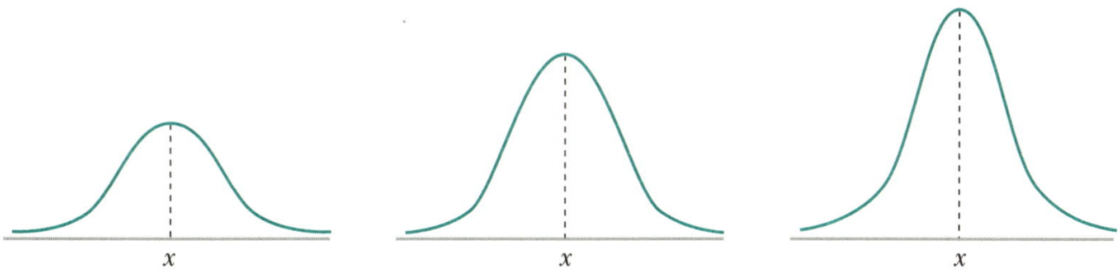

(a) 낮은첨도($k<3$) (b) 보통첨도($k=3$) (c) 높은첨도($k>3$)

한편, 앞서 설명한 자료의 분포형태에 따른 평균, 중앙값, 최빈값의 위치를 이용하여 자료의 비대칭 정도를 평가하기도 하는데 평균과 중앙값과의 차이($\overline{X} - M_e$)가 양(+)의 값을 가지면 분포의 모양이 오른쪽꼬리분포 모양을 갖으며, 음(−)의 값을 가지면 왼쪽꼬리분포, 영(0)의 값을 가지면 대칭을 이루는 것으로 평가할 수 있다. 한편 왜도 대신 많이 이용되어지는 분포의 기울어진 방향과 정도를 평가하는 방법으로 평균과 중앙값의 차이를 이용하여 계산하는 피어슨의 비대칭도(Pearson's Coefficient of Skewness)가 있다.

피어슨의 비대칭도

$$S_k = \frac{3(\text{평균} - \text{중앙값})}{\text{표준편차}} \quad \text{(식 3.16)}$$

3.6 엑셀에 의한 자료의 요약

3.6.1 기술통계분석 도구를 이용한 자료의 요약

엑셀의 [데이터분석] 도구를 이용하면 일반적인 요약 통계량을 용이하게 계산할 수 있다. 다음 예를 이용하여 엑셀의 [데이터분석] 도구의 활용방법을 살펴보도록 한다.

[예제 3-15] 본 예제는 경영통계학을 수강하는 30명 학생들의 성적에 관한 자료이다. 담당교수는 이들 자료에 관한 대표치, 산포도, 그리고 분포형태에 관한 특성치를 계산하고자 한다.

표 3-10 ▮ 경영통계학 점수에 관한 자료

62	91	70	77	91	63	81	65	62	77
72	70	70	88	10	80	80	77	66	84
93	28	53	67	46	83	90	72	32	88

| 풀이 |

본 예제를 이용한 [데이터분석] 도구의 활용방법을 단계적으로 살펴보면 다음과 같다.

(1) [그림 3-8]과 같이 셀A5부터 셀A35까지 변수명과 자료를 입력한다.

| 그림 3-8 | **자료의 입력**

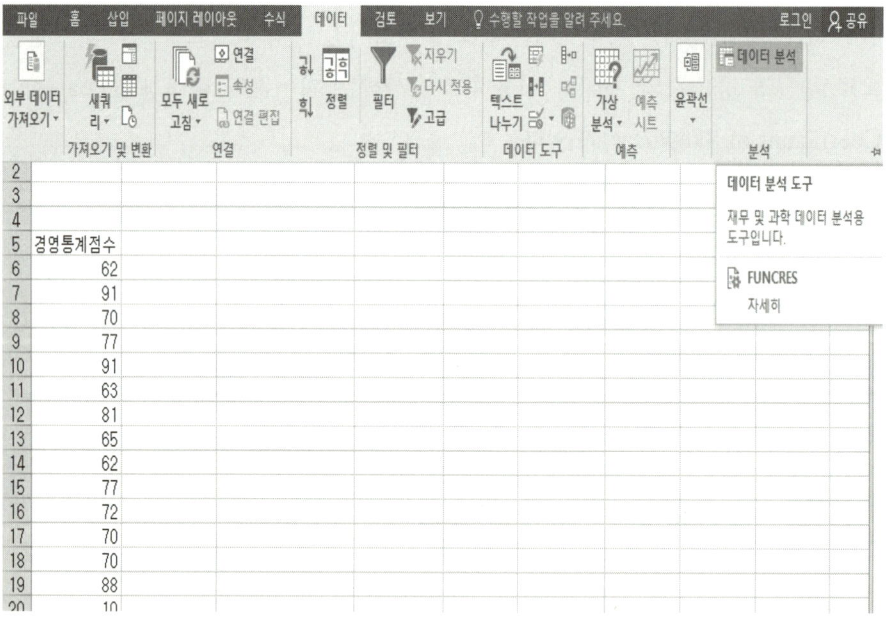

(2) [그림 3-8]과 같이 [데이터 – 데이터분석] 메뉴를 선택하면 [그림 3-9]와 같은 [통계데이터 분석] 대화상자가 나타난다.

| 그림 3-9 | **통계데이터분석 대화상자**

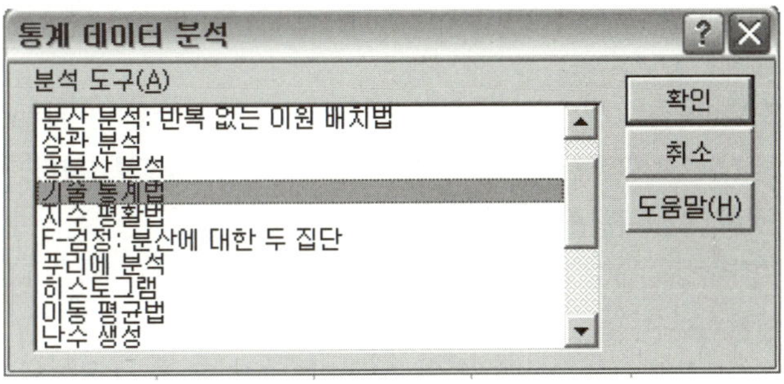

(3) [통계데이터분석] 대화상자에서 [기술통계법]을 선택한 후 [확인] 버튼을 클릭하면 [그림 3-10]과 같은 [기술통계법] 대화상자가 나타난다.

| 그림 3-10 | **기술통계법 대화상자**

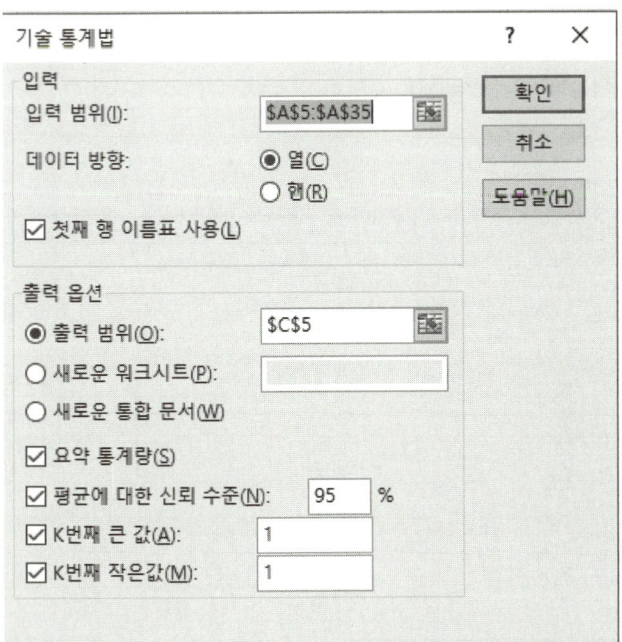

(4) 해당 [기술통계법] 대화상자에 기술통계분석에 필요한 [입력] 및 [출력 옵션]을 지정한다. 우선 마우스 드래그를 이용하여 [입력 범위]로서 변수명을 포함하여 분석하고자 하는 모든 데이터의 영역을 설정하고(본 예제에서는 $A$5:$A$35로 입력 범위 설정), 데이터의

방향과 첫 번째 셀의 변수명 여부를 표시한다. [입력 범위] 지정 시 입력 범위 오른쪽 작은 상자에 셀 포인터를 이동시킨 후, 변수명을 포함한 데이터 범위 A5:A35를 입력하거나, 셀A5로 셀 포인터를 이동한 후 마우스 드래그를 이용하여 셀A35까지 지정하여도 무방하다. 이때 입력 범위는 〈절대번지〉를 의미하는 '$A$5:$A$35' 로 자동적으로 변경되어 입력되어진다.

(5) [출력 옵션]으로서 [출력 범위]에 분석결과를 출력시킬 셀 주소를 입력 혹은 마우스를 이용하여 지정한 후(본 예제에서는 C5를 설정), [요약 통계량]을 체크한다. 이때 추가적인 통계량이 필요한 경우 해당 통계량을 체크하면 확인할 수 있다.

(6) [확인] 버튼을 클릭하면 [그림 3-11]과 같이 입출력 옵션에 따른 기술통계분석 결과가 나타난다. 이때 출력되어지는 측정치들은 해당 셀의 폭 크기만큼만 화면상에 나타나므로 필요에 따라서는 폭의 크기를 조절하여야만 원하는 결과를 볼 수 있다(폭의 크기를 조절하고 싶은 경우 해당 셀의 열 번호와 다음 열 번호 사이 경계에 포인터를 위치시킨 후 드래그하거나 더블클릭함으로써 셀의 폭을 조절할 수 있음).

(7) 해당 시트 및 통합문서를 저장하고자 하면 통합문서 저장절차에 따라 저장하면 된다.

[그림 3-11]의 기술통계분석 결과를 보면 주어진 자료에 대한 대표치와 산포도, 분포형태에 관한 통계량과 추가적으로 확인하고자 선택한 기술통계량들이 제시되어 있다.

| 그림 3-11 | 기술통계법 분석결과

	A	B	C	D
1				
2				
3				
4				
5	경영통계점수		경영통계점수	
6	62			
7	91		평균	69.6
8	70		표준 오차	3.587205873
9	77		중앙값	72
10	91		최빈값	70
11	63		표준 편차	19.64793575
12	81		분산	386.0413793
13	65		첨도	2.142884812
14	62		왜도	-1.423166676
15	77		범위	83
16	72		최소값	10
17	70		최대값	93
18	70		합	2088
19	88		관측수	30
20	10		가장 큰 값(1)	93
21	80		가장 작은 값(1)	10
22	80		신뢰 수준(95.0%)	7.336659784
23	77			
24	66			
25	84			

3.6.2 기술통계함수를 이용한 자료의 요약

자료의 통계적 분석을 위한 [통계데이터분석] 도구에 추가하여 엑셀은 [수식-함수 더보기-통계] 메뉴 선택을 통하여 특정한 통계량을 산출하는 다양한 [기술통계함수]를 사용할 수 있다. 예를 들면 통계함수 [AVERAGE], [MEDIAN], [MODE], [STDEV.S], [VAR.S] 등은 각각 평균, 중앙값, 최빈값, 표본표준편차, 표본분산 등을 계산하는 통계함수이다. [통계데이터분석] 도구 역시 이들 5가지 통계량은 계산하여 준다. 하지만 [수식-함수삽입 fx] 선택 후 [함수 마법사] 대화상자를 이용하거나 [수식-함수 더보기-통계] 메뉴에 나타나는 다양한 기술통계함수를 이용하여 모분산, 모표준편차, 평균절대편차, Z값 등과 같은 다양한 통계량을 계산할 수 있다.

표본의 분산을 계산하는 함수 [VAR.S]와는 달리 함수 [VAR.P]는 모분산을 계산하는 함수이다. 함수 마법사를 이용하여 모집단의 분산을 계산하는 과정을 앞서 제시한 [표 3-10]의 자료를 이용하여 살펴보면 다음과 같다.

① 결과를 출력시킬 임의 셀로 셀 포인트를 이동한 후 [수식-함수삽입 fx] 선택하거나 [수식-함수 더보기-통계] 메뉴를 선택하면 [그림 3-12]와 같은 [함수 마법사] 대화상자가 나타난다.

| 그림 3-12 | 함수 마법사 대화상자와 함수 범주의 선택

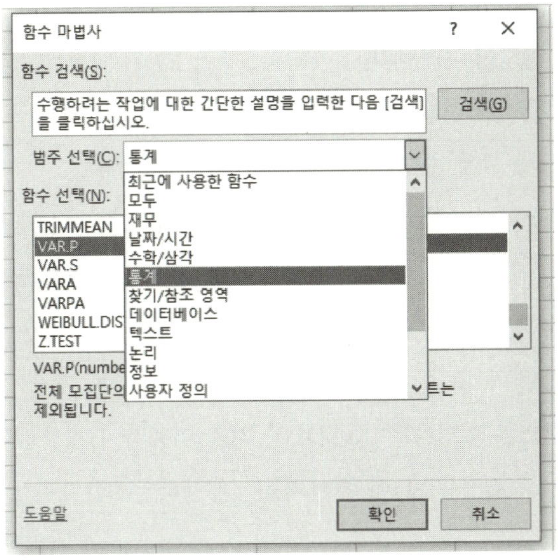

② 대화상자의 [범주 선택]에서 [통계]를 선택하고, [함수 선택]에서 [VAR.P]를 선택한 후 [확인] 버튼을 클릭하면 [그림 3-13]과 같은 모분산 계산을 위한 [함수 인수] 대화상자가 나타난다.

혹은 [수식-함수 더보기-통계] 선택 후 [VAR.P]를 선택하여도 동일한 모분산 계산을 위한 [함수 인수] 대화상자가 나타난다.

| 그림 3-13 | 모분산 함수인수 대화상자

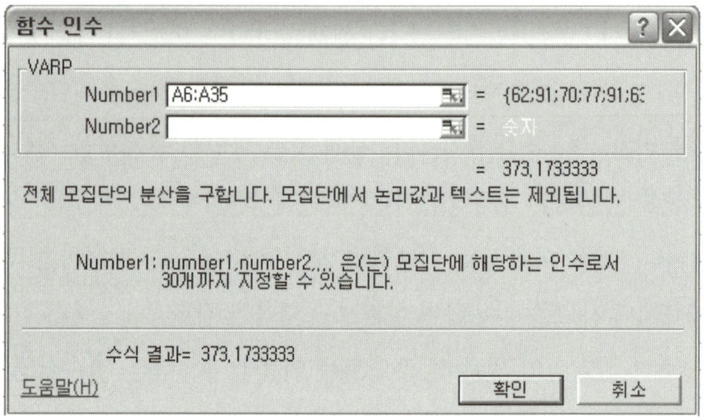

③ 입력자료 범위(변수명이 입력된 셀은 제외)를 Number 1란에 직접 입력하거나 마우스 드래그를 이용하여 해당 영역을 설정한 후(본 예제에서는 A6:A35) [확인] 버튼을 클릭한다. 이때 자료의 범위가 입력되며 대화상자 하단에 모집단의 분산값이 계산되어 나타난다.

이러한 단계를 거치면 [그림 3-14]와 같이 해당 자료에 대한 모분산 값(VAR.P 함수값)이 해당 셀에 계산되어진다.

모분산 계산을 위한 [함수 인수] 대화상자를 이용하는 대신에 모분산을 기록하고자 하는 셀에 함수식 '=VAR.P(A6:A35)'를 직접 입력하여도 동일한 결과를 산출할 수 있다.

한편, 모집단의 표준편차는 표본집단의 표준편차를 계산하는 함수 [STDEV.S]와는 달리 함수 [STDEV.P]를 이용하여 계산한다. [함수 마법사]를 이용하여 모집단의 표준편차를 계산하는 절차는 [함수 선택] 시

[STDEV.P]를 선택한다는 것을 제외하고는 앞에서 살펴본 모분산 계산 절차와 동일하다.

자료의 변동을 나타내는 평균절대편차(MAD)는 함수 [AVEDEV]를 이용하여 앞서 설명한 것과 동일한 과정을 거쳐 계산할 수 있다.

자료의 분포 모양에 관한 측정치로서 왜도에 대한 대안적 척도로 사용되어지는 피어슨의 비대칭계수는 함수 [AVERAGE], [MEDIAN], [STDEV.P]의 세 함수를 이용하여 계산 가능하다. 계산방법은 임의 셀로 셀 포인터를 이동시킨 후 다음과 같은 함수식을 입력하면 피어슨의 비대칭계수를 계산하게 된다. 물론 함수 마법사를 이용하여도 무방하지만 3가지 함수 마법사를 이용하여 계산하기는 복잡하므로 다음과 같이 직접 함수식을 입력하는 것이 용이하다.

'=3*(AVERAGE(A6:A35)-MEDIAN(A6:A35))/STDEV.P(A6:A35)'

| 그림 3-14 | 함수 VARP, STDEVP, AVEDEV의 수행결과

	A	B	C	D	E	F	G
1							
2							
3							
4							
5	경영통계점수			경영통계점수		모분산	373,17333
6	62					모표준편차	19,317695
7	01		평균	69.6		평균절대편차	14,106667
8	70		표준 오차	3,587205873			
9	77		중앙값	72		피어슨비대칭계수	-0,372715
10	91		최빈값	70			
11	63		표준 편차	19,64793575			
12	81		분산	386,0413793			
13	65		첨도	2,142884812			
14	62		왜도	-1,423166676			
15	77		범위	83			
16	72		최소값	10			
17	70		최대값	93			
18	70		합	2088			
19	88		관측수	30			
20	10		가장 큰 값(1)	93			
21	80		가장 작은 값(1)	10			
22	80		신뢰 수준(95.0%)	7,336659784			
23	77						
24	66						

연습문제

1. 다음 용어를 간단히 설명하시오.

(1) 모수(parameter)와 통계량(statics)

(2) 집중화경향(central tendency)

(3) 표준편차(standard deviation)와 분산(variance)

(4) 비대칭도(Pearson's Coefficient of Skewness)

2. 범주형 자료에 대한 도수분포표를 작성하는 경우 누적도수나 누적상대도수의 계산은 의미가 없다. 그 이유에 대하여 설명하시오.

3. 자료의 분포 모양에 따른 산술평균과 중앙값 그리고 최빈값의 상대적 위치에 관하여 설명하시오.

4. 모집단에 관한 다음 자료 (3, 5, 2, 5, 2, 5, 2, 6, 6)를 이용하여

(1) 산술평균, 중앙값, 최빈값을 계산하시오.

(2) 분산 및 표준편차를 계산하시오.

(3) 피어슨의 비대칭도를 구하고 이를 이용하여 분포의 모양에 대하여 설명하시오.

5. 표본에 관한 다음 자료 (4, 5, 2, 5, 2, 5, 2, 4)를 이용하여

(1) 산술평균, 중앙값, 최빈값을 계산하시오.

(2) 분산 및 표준편차를 계산하시오.

(3) 피어슨의 비대칭도를 구하고 이를 바탕으로 분포의 모양에 대하여 설명하시오.

6. 다음 자료는 어떤 회사 전체 사원 41명이 일정량의 자료를 타이핑하는데 소요되는 시간을 조사한 결과이다.

단위(분)	도수(명)
30∼40	1
40∼50	7
50∼60	12
60∼70	11
70∼80	6
80∼90	0
90∼100	3
100∼110	1

(1) 산술평균, 중앙값, 최빈값은 얼마인가?

(2) 분산 및 표준편차 그리고 평균절대편차는 얼마인가?

(3) 피어슨의 비대칭도를 계산한 후 분포의 모양에 대하여 설명하시오.

7. 어떤 K퍼스널 컴퓨터 전무점에서 컴퓨터를 구입한 손님 중 20명을 대상으로 이 전문점에서 컴퓨터를 구입하기 이전에 다른 컴퓨터 전문점을 몇 번 방문했는가를 조사한 결과는 다음과 표와 같다. 기대값(평균)과 분산 그리고 표준편차를 구하시오.

방문횟수	상대도수
1 또는 2	0.15
3 또는 4	0.25
5 또는 6	0.30
7 또는 8	0.30
9 또는 10	0.10

8. 각각 15, 20, 20, 25명으로 구성된 4개의 학급이 있다. 각 학급의 체중평균이 60, 65, 66, 64kg이라면 전체학생들의 평균체중은 얼마인가?

9. 다음은 특정 산업의 생산직 근로자 중에서 50명을 임의 추출하여 조사한 주급(단위 : 천원)을 나타낸 것이다.

계급	도수	누적도수
10 이상 ~ 20 미만	3	3
20 이상 ~ 30 미만	5	8
30 이상 ~ 40 미만	10	18
40 이상 ~ 50 미만	12	30
50 이상 ~ 60 미만	20	50
계	50	

(1) 표본의 산술평균, 중앙값 및 최빈값을 구하시오.

(2) 표본분산 및 표본표준편차 그리고 평균절대편차를 구하시오.

(3) 피어슨의 비대칭도를 계산한 후 분포의 모양에 대하여 설명하시오.

용 어 정 리

도수분포표(frequency distribution table)
계급과 도수와의 대응관계를 표로 정리한 것이다.

범위(range)
자료의 최대값과 최소값의 차이를 말한다.

이상값(outlier; extreme value)
지나치게 작은 값 또는 큰 값으로 측정되어 나타날 수 있는 확률이 거의 없는 값이다, 이상값 발견 시에는 측정의 오류, 기록의 오류는 없었는지 등과 같은 오류에 대한 검토를 하여야 한다.

특성치
하나의 수치로 요약되어진 자료의 특성을 의미하며, 적용되는 집단에 따라 모집단의 특성치를 모수(parameter)라 하고, 표본의 특성치를 통계량(statics)이라 한다.

대표치
자료가 어디를 중심으로 모여 있는가 하는 집중화경향(central tendency)을 나타내는 값을 의미한다. 대표치의 예로는 평균, 중앙값, 최빈값 등이 있다.

산포도(dispersion)
자료가 평균을 중심으로 어느 정도 퍼져 있는가를 측정하는 척도이다. 산포도의 예로는 범위, 평균절대편차, 분산, 표준편차 등이 있다.

변동계수(CV : coefficient of variation)
서로 다른 측정단위로 측정된 자료에 대한 산포도를 비교하기 위한 도구이다.

왜도(skewness)
자료의 분포가 왼쪽 혹은 오른쪽으로 어느 정도 치우쳐 있는가를 측정하는 도구이다.

첨도(kurtosis)
분포의 중심이 얼마나 뾰족한가 하는 정도를 측정하는 도구이다.

Part 02

확률론

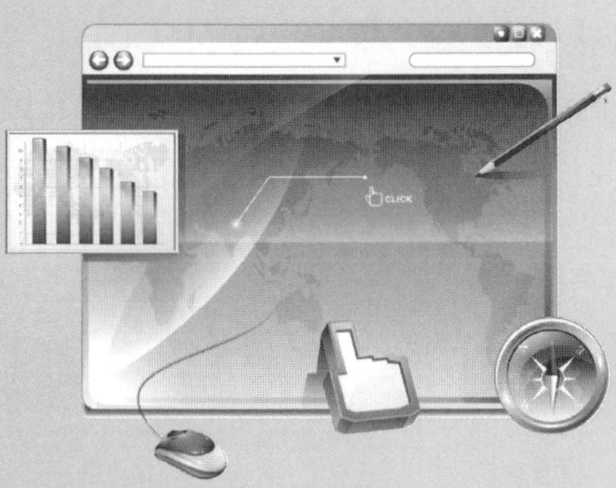

Chapter 04

기초확률이론

개 . 요

어떤 일의 발생 가능성이 어느 정도인가를 나타내주는 비율이 바로 확률(probability)이다. 모집단에서 표본을 뽑기 전에 모집단의 성격을 알고 있다면 우리는 일정한 표본이 뽑일 개연성을 확률로 나타낼 수 있다. 그리고 표본의 특성을 파악한 다음 우리가 알고 싶어 하는 모집단의 특성(모수)을 알아맞힐 개연성 또한 확률로 표시하게 된다.

본 장에서는 확률의 기본개념과 성질에 대하여 살펴보고 추론통계학의 내용에 도움이 될 만한 몇 가지 개념을 아울러 소개한다.

확률(probability)이란 불확실한 상황에서의 특정 사건(event)이나 결과가 발생할 가능성을 0과 1 사이의 수치로 나타낸 것을 말한다. 한편 확률은 모집단과 표본의 연결통로로서 제3부의 추론통계학을 이해하기 위해서 반드시 알아두어야 할 개념이다.

4.1 표본공간과 사건

4.1.1 표본공간

결과를 확실하게 예측하지 못하는 출현 현상에 관한 자료를 관찰 · 수집하는 과정을 **확률실험(random experiment)**이라 한다. 예를 들어 한 개의 주사위를 던진다고 하자. 이때 나타날 수 있는 결과는 1, 2, 3, 4, 5, 6 여섯 가지 중 하나가 될 것이나, 확실하게 예측하는 것은 곤란하므로 확률실험이라 할 수 있다. 여기서 1~6까지 각각의 경우를 기본사건(elementary event) 또는 표본점(sample point)이라 한다. 한편, 실험의 결과로 발생할 수 있는 모든 사건의 집합을 **표본공간(sample space)**이라 한다.

[예제 4-1] 동전을 던지면 앞면(H) 또는 뒷면(T)이 나온다. 두 개의 동전을 던질 때 표본공간(S)은 다음과 같은 기본사건들의 집합으로 표현된다.

$$S = \{(HH),\ (HT),\ (TH),\ (TT)\}$$

[예제 4-2] 동전을 던져 앞면이 나올 때까지의 횟수를 k라 하면 k는 어떤 양의 정수도 될 수 있다. 이 경우 표본공간은 다음과 같다.

$$S = \{k : k = 1,\ 2,\ 3,\ \cdots\}$$

[예제 4-3] 대학생들의 키를 측정한다고 하자. 현실적으로 성인의 키는 50cm 이상, 300cm 이하일 것이다. 따라서 학생들의 키를 측정하였을 경우 표본공간은 다음과 같이 나타낼 수 있을 것이다.

$$S = \{x\text{는 실수} : 50 \le x \le 300\}$$

앞의 세 가지 예제에서 표본공간의 특성을 구분해 볼 수 있다. [예제 4-1]에서 기본사건의 개수는 유한(finite)하며 나머지 두 예제의 경우 기본사건은 무한(infinite)하다. 한편 [예제 4-3]의 기본사건은 하나씩 구분하여 셀 수 없는 연속형(continuous type)이며, 다른 두 예제의 기본사건은 구분하여 셀 수 있는 이산형(discrete type)이다.

4.1.2 사건

표본공간의 부분집합을 사건(event)이라 한다.

[예제 4-4] 동전 두 개를 던져 하나 이상의 앞면이 나오는 경우를 사건 A라 하면 사건 A를 다음과 같이 표현할 수 있을 것이다.

$$A = \{(HH), (HT), (TH)\}, \qquad A \subset S$$

이때 사건을 구성하는 원소가 하나도 없는 경우가 발생할 수도 있는데, 이러한 사건을 공사건(empty event)이라 하고, 기호 ϕ로 표시한다. 또, 사건 A가 일어날 경우의 수는 사건 A를 구성하고 있는 원소의 수와 같으며 $n(A)$로 표시한다.

4.2 확률의 개념

일반적으로 **확률(probability)**이란 어떤 사건이 일어날 가능성의 정도를 표시하는 척도이다. 이러한 확률의 개념은 접근방법에 따라 객관적 접근(objective approach)과 주관적 접근(subjective approach)으로 나눌 수 있다. 객관적 접근에서는 확률의 논리적 접근인 수학적 확률과 빈도적 접근인 통계적 확률로 나눈다. 한편 객관적 접근이 불가능한 경우에는 주관적 접근을 할 수밖에 없는데, 이와 같이 개인의 주관에 따라 정하는 확률을 주관적 확률이라 한다.

- 확률
  - 객관적 접근
    - 고전이론 … 수학적 확률, 기하학적 확률
    - 상대도수이론 … 통계적 확률
  - 주관적 접근 : 주관적 이론 … 주관적 확률

4.2.1 수학적 확률

수학적 확률은 베르누이(Jacques Bernoulli, 1645~1705)의 **불충분한 이유의 원리(principle of insufficient reason)**에 근거하고 있다. 이 원리는 특별한 이유가 없다면, 표본공간을 이루는 각 사건이 발생할 가능성은 동일하다는 것이다. 예를 들어, 동전을 한 번 던져서 앞면과 뒷면이 나올 확률에 관한 실험을 할 때, 특별한 이유가 없다면(동전이 정상적이라면), 앞면과 뒷면이 나올 확률은 각각 $\frac{1}{2}$의 확률로 동일하다는 것이다.

표본공간 S에서 사건 A가 일어날 가능성의 비율을 **수학적 확률(mathematical probability)**이라 하고 기호로는 $P(A)$로 표시한다. 즉, 일정한 시행 또는 실험의 결과로 얻어지는 모든 경우의 수가 n가지이고, 그 중에서 사건 A가 일어날 것이 기대되는 경우의 수가 a가지이면 사건 A가 일어날 수학적 확률은 다음과 같다.

수학적 확률

$$P(A)=\frac{n(A)}{n(S)}=\frac{a}{n}$$

$$=\frac{(\text{사건 } A\text{의 원소의 수})}{(\text{표본공간 } S\text{의 원소의 수})}=\frac{(\text{사건 } A\text{가 일어날 경우의 수})}{(\text{모든 경우의 수})}$$

4.2.2 기하학적 확률

수학적 확률이나 통계적 확률은 이산변수에 대한 확률로 정의되는데, 우리 주변에는 연속변수도 존재하므로 연속변수에 대한 확률을 다시 정의할 필요가 있겠다. 표본공간에는 셀 수 없는(uncountable) 무한개의 원소로 구성되어 있는 연속표본공간(continuous sample space)이 존재한다. 이러한 연속표본공간에서의 확률은 이산표본공간에서의 수학적 확률이나 통계적 확률과는 다른 관점에서 접근되어야 한다. 이때 표본공간은 전체영역이 되며 사건은 부분영역이 되는 것이다.

연속표본공간 S에서의 한 사건을 A라 할 때, 사건 A의 영역 $m(A)$를 표본공간 S의 영역 $m(S)$로 나눈 값을 사건 A가 일어날 기하학적 확률(geometrical probability)이라 한다. 이를 수식으로 표시하면 다음과 같다.

기하학적 확률

$$P(A)=\frac{m(A)}{m(S)}=\frac{(\text{사건 } A\text{가 이루는 영역의 크기})}{(\text{전체 영역의 크기})}$$

[예제 4-5] 반지름이 10cm인 과녁을 반드시 맞출 수 있는 사수가 있다. 이 과녁에는 중심에서부터 반지름이 1, 2, ⋯, 9cm인 동심원이 그려져 있고, 득점은 중심부에서부터 차례로 10, 9, 8, ⋯, 1점이라 한다. 이 사수가 총 한 발을 쏠 때,

(1) 득점이 10점이 될 확률

반지름이 r인 원넓이는 πr^2으로 구해지는데, 10점을 득점하기 위해서는 반지름 1cm인 원 안에 맞추면 되므로 기대되는 영역의 크기는 $1^2\pi=\pi(\text{cm}^2)$

따라서 구하는 확률 $p = \frac{1\pi}{100\pi} = \frac{1}{100}$

(2) 득점이 8점이 될 확률

반지름 2cm인 원과 3cm인 원의 사이를 맞추면 되므로

기대되는 영역의 크기는 $3^2\pi - 2^2\pi = 5\pi(\text{cm}^2)$

따라서 구하는 확률 $p = \frac{5\pi}{100\pi} = \frac{1}{20}$

4.2.3 통계적 확률

반복적인 실험(repetitive experiments)을 통해 객관적인 확률을 계산하는 이론이다. 즉, 실험의 결과로 나타나는 상대도수를 이용하여 경험적인 확률을 계산해내는 것이다. 예를 들어 정상적인 동전을 100번 던지는 실험을 할 경우, 앞면이 53번 나왔다면, 앞면이 나올 확률은 $\frac{53}{100}$이라고 인식하는 것이다. 이와 같은 실험의 결과로 나타나는 확률은 수학적인 확률과 같으리라 기대하기는 힘들 것이다. 하지만, 실험횟수를 1,000번, 10,000번으로 증가시킬수록 확률값이 0.5에 가까워질 것이다. 즉, 반복적인 실험에 의해서 실제확률을 구하기는 힘들지만, 실험의 횟수를 증가시키면 실제확률에 가까운 값을 얻을 수는 있을 것이다.

일반적으로 n번의 실험에서 특정한 사건 A가 a회 발생하였을 경우 $\frac{a}{n}$를 **상대도수(relative frequency)**라 한다. 여기에서 실험의 횟수 n을 무한대로 증가시킬 때 발생하는 상대도수 $\frac{a}{n}$의 극한값을 사건 A의 **통계적 확률(statistical probability)** 또는 **경험적 확률(empirical probability)**이라고 한다. 즉, 실험을 충분히 많은 횟수 반복하였을 때 특정 사건이 발생한 상대도수를 그 사건의 통계적 확률이라 한다. 이를 수식으로 정리하면 다음과 같다.

통계적 확률

상대도수 $\frac{a}{n} = \frac{(\text{사건이 발생한 도수})}{(\text{총도수})}$

통계적 확률 $\lim_{n \to \infty} \frac{a}{n} = P(A)$

한편, 통계적 확률은 객관적인 실험에 의해 모든 사람이 동의할 수 있는 확률이므로 객관적 확률로 분류된다.

[예제 4-6] 한 개의 주사위를 600번 던졌더니 1의 눈이 99번 나왔다. 이를 토대로 주사위를 던질 때 1의 눈이 나오는 사건 A에 대하여 다음을 살펴보자.

(1) 수학적 확률 : 주사위를 한 번 던질 때 6가지 기본사건이 존재하며 1의 눈이 나오는 사건은 이 중 1가지이므로 $P(A) = \frac{1}{6}$

(2) 상대도수는 $\frac{a}{n} = \frac{99}{600} = 0.165$

(3) 통계적 확률과 관련하여 분모인 발생 가능한 경우의 수를 무한히 크게 할 수는 없으므로 통계적 확률을 정확히 구할 수는 없으나 근사값은 다음과 같이 추정된다.

통계적 확률 $p = \frac{99}{600} \fallingdotseq \frac{1}{6}$

4.2.4 주관적 확률

단 한 번밖에 발생되지 않거나 동일한 조건하에서 반복실험을 할 수 없는 사건의 확률은 객관적인 접근이 불가능하므로 주관적인 접근을 할 수밖에 없게 된다. 예를 들면 결혼, 기상이변, 새로 개발한 상품의 판매, 사람의 생사문제 등이 이에 속한다고 볼 수 있다.

일반적으로 아직 경험하지 않은 사건이나 단 한 번밖에 일어나지 않고 반복적인 실험이 불가능한 사건에 대하여는 개인의 주관적인 확신의 정도에 따라 확률을 측정하게 되는데, 이것을 **주관적 확률(subjective probability)**이라 한다.

주관적 확률
개인이 가진 신념이나 정보에 의하여 그 사건이 일어날 것이라고 기대되는 정도를 나타내는 비율 예를 들어 상암구장에서 축구 한일전이 개최된다고 하자. 무승부는 허용하지 않는다고 할 경우, 수학적인 확률을 이용하면 한국이 승리할 확률은 50%이다. 그러나 역대전적이 6승 4패라면 통계적인 확률은 60%가 된다. 한편, 이번 경기는 과거와 동일한 조건에서 열리는 실험은 아닌 것이다. 선수도 다르고, 경기장도 다르다. 이런 상황에서 한국의 경우 홈경기이기 때문에 해외파를 모두 소집한 반면, 일본의 경우 그렇지 못했다고 할 때, 축구 전문가의 입장에서 한국이 승리할 확률이 70% 라고 평가할 수도 있을 것이다. 이와 같은 전문가 확률이 주관적 확률의 대표적인 예라 할 수 있다.

우리 주변에는 아직 경험하지 못한 새로운 사건들이 수시로 발생하고 있다. 이러한 경우의 확률은 객관적인 접근이 불가능하므로 부득이 주관적인 접근을 하게 되며 확률도 주관적 확률에 의존할 수밖에 없다. 물론 주관적 확률은 객관성을 보장받지 못하지만 별다른 방법이 없으므로 우리 주변에서 자주 이용되고 있다. 또한 학문분야에서도 그 중요성이 인정되어 이에 대한 연구가 활발히 이루어지고 있다.

4.3 확률의 계산

4.3.1 확률의 기본성질

확률의 기본성질을 전개하기 위한 확률의 기본성질은 다음과 같다.

> **확률의 공리(axioms)**
>
> 표본공간 S에서 임의의 사건 A, B에 대하여
>
> ① $0 \le P(A) \le 1$
>
> ② $P(S) = 1$이고 $P(\phi) = 0$
>
> ③ 만약 A, B가 상호배타적이면 $P(A \cup B) = P(A) + P(B)$

확률이론은 이 세 개의 공리를 출발점으로 하여 전개된 수학적 체계라 할 수 있다. 한편, 특정 사건이 발생할 확률은 확률의 기본성질을 이용하여 간단히 구해지는 경우도 있지만, 사건의 구조나 관계가 복잡할 때에는 그 계산 역시 복잡해진다.

이러한 경우 확률의 계산에 관한 법칙을 알아두면 확률을 구하는데 큰 도움이 된다. 또한, 집합의 개념과 성질을 적용하면 사건에 대한 새로운 개념이나 연산 그리고 성질을 설명하는 데 편리하다. 즉, 집합이론은 확률이론을 전개하는데 명확하고 합리적이면서도 이해가 쉬운 장점이 있다. 따라서 사건의 기호도 집합의 기호를 그대로 사용하고, 사건의 그림 표시도 집합의 벤다이어그램(Venn-diagram)을 그대로 이용한다.

4.3.2 확률의 덧셈정리

사건 A에 속하지 않는 모든 사건을 사건 A의 여사건(complementary event)이라 하고, 기호 A^c로 표시한다([그림 4-1]의 (a)). 두 사건 A, B 중 적어도 한쪽이 일어나는 사건을 합사건(union event)이라 하고, 기호 $A \cup B$로 표시한다([그림 4-1]의 (b)).

| 그림 4-1 | 집합의 벤다이어그램

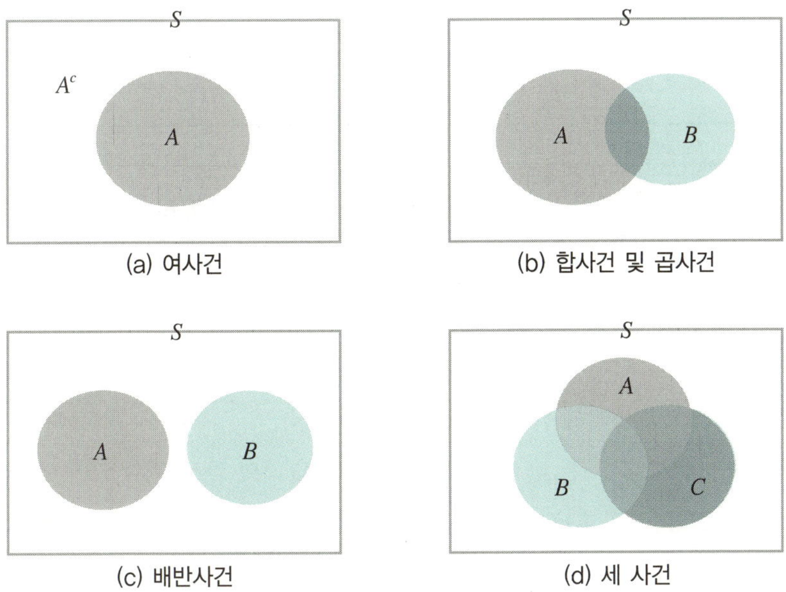

두 사건 A, B가 동시에 모두 일어나는 사건을 **곱사건(intersection event)**이라 하고, 기호 $A \cap B$로 표시한다([그림 4-1]의 (b)에서 A와 B가 겹쳐지는 부분). 두 사건 A, B가 동시에 발생하는 경우가 없을 때 두 사건은 상호배반(mutually exclusive)이라 하고, 두 사건을 **배반사건**이라 한다. 즉, $A \cap B = \phi$ 일 때 사건 A, B는 배반사건이 된다([그림 4-1]의 (c)). 세 가지 사건의 일반적인 경우는 [그림 4-1]의 (d)와 같이 표현한다.

위에 나타난 [그림 4-1]의 (a)에서 표본공간 S와 사건 A, A의 여사건 A^c의 관계에서

$A \cup A^c = S$이므로

$\therefore P(A \cup A^c) = P(S)$

여기서 A와 A^c는 배반사건이므로 $A \cap A^c = \phi$이므로

$\therefore P(A) + P(A^c) = P(S)$

따라서 $P(A) + P(A^c) = 1$이 된다. 이 식을 여사건의 확률공식이라 한다.

여사건의 확률

$P(A) + P(A^c) = 1$

$P(A) = 1 - P(A^c)$

표본공간 S에서 임의의 두 사건 A, B의 합사건 $A \cup B$의 확률을 [그림 4-1]의 (b)를 이용하여 계산하면

$$P(A \cup B) = P(A) + P(B) - P(A \cap B)$$

이것을 확률의 덧셈정리라 한다.

표본공간 S에서 두 사건 A, B가 서로 배반사건일 때의 합사건 $A \cup B$의 확률은 확률의 덧셈정리와 [그림 4-1]의 (c)에서

$$P(A \cup B) = P(A) + P(B)$$

임을 쉽게 알 수 있다. 이 식을 배반사건의 덧셈정리라 한다.

두 사건의 덧셈정리를 세 개의 사건 경우로 확장하면 다음과 같다. 표본공간 S에서 임의의 세 사건 A, B, C에 대하여 [그림 4-1]의 (d)로부터

$$P(A \cup B \cup C) = P(A) + P(B) + P(C) - P(A \cap B) - P(B \cap C) - P(C \cap A) + P(A \cap B \cap C)$$

확률의 덧셈정리

$$P(A \cup B) = P(A) + P(B) - P(A \cap B)$$

$P(A \cup B) = P(A) + P(B)$ (단, A, B는 배반사건)

$$P(A \cup B \cup C) = P(A) + P(B) + P(C) - P(A \cap B) - P(B \cap C) - P(C \cap A) + P(A \cap B \cap C)$$

[예제 4-7] 표본공간 S와 세 사건 A, B, C가 그림과 같이 주어져 있고, $P(A) = 0.5$, $P(B) = 0.4$, $P(C) = 0.1$, $P(A \cap B) = 0.2$, $C \subset B$, $A \cap C = \phi$일 때 다음 각 사건의 확률을 구해보자.

(1) $A \cup C$ (2) $A \cup B$ (3) $B \cup C$ (4) $A^c \cap B$ (5) $A \cup B^c$

|풀이|

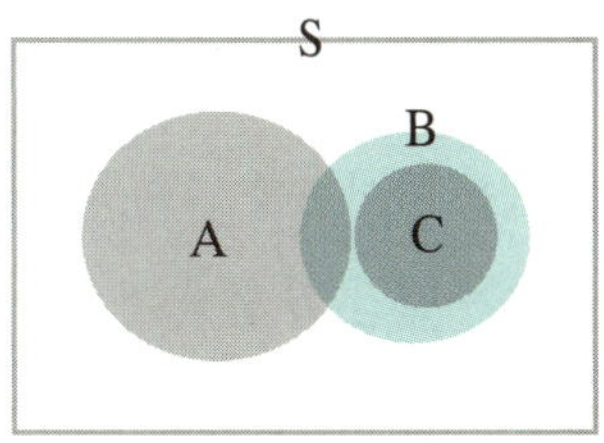

(1) $A \cap C = \varphi$이므로 $P(A \cup C) = P(A) + P(C) = 0.5 + 0.1 = 0.6$

(2) $P(A \cup B) = P(A) + P(B) - P(A \cap B) = 0.5 + 0.4 - 0.2 = 0.7$

(3) $C \subset B$이므로 $P(B \cup C) = P(B) = 0.4$

(4) $P(A^c \cap B) = P(B - A^c) = P(B - A) = P(B) - P(A \cap B) = 0.4 - 0.2 = 0.2$

(5) $P(A \cap B^c) = P(A - B) = P(A) - P(A \cap B) = 0.5 - 0.2 = 0.3$이므로

$P(A \cup B^c) = P(A) + P(B^c) - P(A \cap B^c) = 0.5 + 0.6 - 0.3 = 0.8$

4.3.3 결합확률과 주변확률

실험의 결과에 영향을 주는 변수의 수가 두 개 이상인 경우에는 변수들 간의 관계에 의한 새로운 확률이 나타나게 된다. 즉, 변수들 간의 교집합에 대한 확률로써 두 변수가 결합된 확률의 개념이 등장하는 것이다. 예를 들면 주택 보유 여부와 자동차 보유 여부, 어학연수 경험유무와 토익성적수준, 기업의 규모와 고객만족도, 컴퓨터 판매수준과 프린터 판매수준 등 변수 간의 결합적 형태를 나타내는 것이다. 즉, **결합확률(joint probability)**은 두 개 이상의 사건이 동시에 발생할 가능성을 나타내는 확률을 말하는 것이다. 따라서 세 개 이상의 사건에 대한 결합확률도 존재하지만, 여기서는 두 사건의 결합확률에 대해서만 살펴보기로 한다. 한편, 이러한 결합확률을 표의 형태로 일목요연하게 표시한 것을 **결합확률분포표(joint probability distribution table)**라고 한다.

한편, **주변확률(marginal probability)**은 결합확률분포표의 가장자리 또는 주변에 있는 개별사건의 확률을 말한다.

표 4-1 ▮ 결합확률과 주변확률

	남학생(A)	여학생(A^c)	행의 주변확률
통계 수강(B)	**0.4**	**0.3**	0.7
통계 비수강(B^c)	**0.2**	**0.1**	0.3
열의 주변확률	0.6	0.4	1

예를 들어 A를 남학생일 사건, A^c를 여학생일 사건이라고 하고, B를 통계학을 수강하는 사건, B^c를 통계학을 수강하지 않는 사건이라고 할 때, 여학생이면서 통계학을 수강하는 학생일 확률은 $P(A^c \cap B)$로 표시한다. 한편, 통계학을 수강하는 확률 $P(B)$는 다음과 같이 계산된다.

$$P(B) = P(A \cap B) + P(A^c \cap B)$$

4.3.4 조건부 확률과 곱셈정리

표본공간 S에서 사건 A가 일어났다는 조건하에서 사건 B가 일어날 확률을 조건부 확률(conditional probability)이라 하며, 기호로는 $P_A(B)$ 혹은 $P(B \mid A)$로 표시한다. 예를 들어, 지금 남녀 100명에 대하여 안경 쓴 사람을 조사하여 다음과 같은 분류표를 얻었다고 하자.

표 4-2 ▮ 안경착용자 분류표

	남학생(A)	여학생(A^c)
안경 착용자(B)	40	30
안경 미착용자(B^c)	20	10

이 중에서 임의로 한 명을 뽑았을 때 남자가 뽑혔다. 이 사람이 안경을 끼었을 확률을 구해보자.

남자인 사건을 A, 안경착용 사건을 B라 하면, 남자라는 조건하에서 안경을 끼었을 확률을 구하는 문제이므로 그 확률은 P(안경착용자 | 남자)로 표시되는 조건부 확률이 된다. 이때 확률 계산은 남자 60명을 새로운 표본공간으로 생각하면 되므로 구하는 확률은 P(안경착용자 | 남자) = $\frac{40}{60} = \frac{2}{3}$임을 알 수 있다. 여기서 다음을 확인할 수 있다.

$$P(B \mid A) = \frac{40}{60} = \frac{40/100}{60/100} = \frac{P(A \cap B)}{P(A)}$$

조건부 확률 $P(B \mid A)$의 계산은 조건이 되는 사건인 A를 표본공간으로 보고 계산하면 된다. 따라서 사건 A가 일어났다는 조건하에서 사건 B가 일어날 조건부 확률은 다음과 같이 계산할 수 있다.

$$P(B \mid A) = \frac{n(A \cap B)}{n(A)} = \frac{n(A \cap B)/n(S)}{n(A)/n(S)} = \frac{P(A \cap B)}{P(A)}$$

이를 정리하면 다음과 같다.

조건부 확률

$$P_A(B) = P(B \mid A) = \frac{P(A \cap B)}{P(A)}$$

조건부 확률공식을 변형하면 $P(A \cap B) = P(A)\,P(B \mid A)$이 되는데 이 식을 확률의 곱셈정리라 한다. 따라서 표본공간 S 위에서 사건 A와 사건 B가 동시에 발생되는 사건이 곱사건이므로 확률의 곱셈정리는 곱사건의 확률공식이 된다.

또한 $P(A \mid B) = \dfrac{P(A \cap B)}{P(B)}$이므로 $P(A \cap B) = P(B)P(A \mid B)$

이를 정리하면 다음과 같은 확률의 곱셈정리를 얻는다.

확률의 곱셈정리

$$P(A \cap B) = P(A)P(B \mid A) = P(B)P(A \mid B)$$

곱사건의 확률을 구할 때 사건의 관계를 수형도(나무그림)로 그리고 대응확률을 표시한 것을 확률나무라 한다. 이 확률나무는 확률을 구하는 데 유용하다. 예를 들어 [표 4-2]의 안경 착용자 분류표에 대하여 남녀를 기준으로 확률나무를 그려보자.

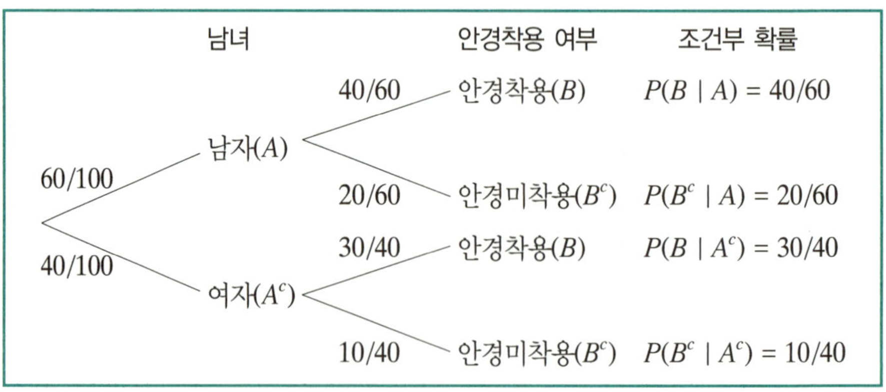

이 중에서 임의로 한 사람을 뽑을 때 안경을 착용한 남자일 확률을 구하면

i) 확률의 정의를 이용하면

$$P(A \cap B) = \frac{40}{100} = 0.4$$

ii) 확률의 곱셈정리를 이용하면

$$P(A \cap B) = P(A)P(B \mid A) = \frac{60}{100} \times \frac{40}{60} = 0.4$$

확률나무는 자료가 조건부 확률 형태로 주어지거나 이를 활용할 필요가 있을 때 유용하게 쓰이는 수단이 된다. 또한 [표 4-2]에 대하여 안경착용 여부를 기준으로 하여서도 확률나무를 그릴 수 있다.

[예제 4-8] 불량품이 2개, 우량품이 8개 들어 있는 주머니에서 비복원 추출(한 번 꺼낸 것을 다시 넣지 않음) 방식에 의하여 한 개씩 두 번 뽑을 때

(1) 둘 다 불량품일 확률 :

우선 첫 번째 뽑은 것이 불량일 확률은 $\frac{2}{10}$이다.

그러면, 불량품은 1개, 우량품은 8개의 총 9개의 제품이 남아 있게 된다.

이 중 임의로 하나를 또 뽑았을 때 이것이 불량일 확률은 $\frac{1}{9}$이다.

따라서 구하는 확률 $P_1 = \frac{2}{10} \times \frac{1}{9} = \frac{1}{45}$

(2) 두 번째 뽑은 것이 불량품일 확률 :

두 번째 뽑은 것이 불량품일 경우는 첫 번째 것이 우량품일 경우와 불량품일 경우 두 가지 경우가 있으므로 두 경우의 확률을 구하여 더하면 된다.

첫 번째 우량품, 두 번째 불량품일 경우 $P_a = \frac{8}{10} \times \frac{2}{9} = \frac{8}{45}$

첫 번째도 불량품, 두 번째도 불량품일 경우 $P_b = \frac{2}{10} \times \frac{1}{9} = \frac{1}{45}$

따라서 구하는 확률 $P_2 = \frac{8}{45} + \frac{1}{45} = \frac{1}{5}$

(3) 두 번째 뽑힌 것이 불량품이라는 조건하에 첫 번째 뽑힌 것이 우량품일 확률 :

구하는 확률 $P_3 = \frac{P_a}{P_a + P_b} = \frac{\frac{8}{45}}{\frac{8}{45} + \frac{1}{45}} = \frac{8}{9}$

4.3.5 독립사건과 곱셈정리

벤다이어그램을 이용하면 사건들 간의 배반성과 중복성을 쉽게 찾을 수 있지만, 사건들 간의 인과관계는 벤다이어그램상에는 잘 표현되지 않는다. 그러나 이러한 인과관계는 조건부 확률에서 살펴본 바와 같이 대단히 중요하다.

표본공간 S의 두 사건 A와 B의 영향의 관계를 생각하면 서로 어떤 영향을 줄 때와 영향을 주지 않을 때로 나눌 수 있다. 이때 사건 A의 발생이 사건 B의 발생에 영향을 줄 때 두 사건 A, B는 상호 종속(mutually dependent)이라 하고, 두 사건을 **종속사건(dependent event)**이라 한다. 반대로 사건 A의 발생이 사건 B의 발생에 영향을 주지 않을 때 두 사건 A, B는 상호 독립(mutually independent)이라 하고, 두 사건을 **독립사건(independent event)**이라 한다. 이를 수식으로 표시하면 다음과 같다.

> 종속사건과 독립사건
>
> A, B가 종속 $\quad P(B \mid A) = \dfrac{P(A \cap B)}{P(A)} \neq P(B) \Leftrightarrow P(B \mid A) \neq P(B \mid A^c)$
>
> A, B가 독립 $\quad P(B \mid A) = \dfrac{P(A \cap B)}{P(A)} = P(B) \Leftrightarrow P(B \mid A) = P(B \mid A^c)$

대표적인 예로 임의의 집단에서 표본을 추출할 경우에 복원추출을 하면 독립사건이 되고 비복원추출을 하면 종속사건이 된다.

그러면 배반사건과 독립사건의 차이점을 살펴보자. 배반사건은 단순한 포함관계만을 생각한 것이지만 독립사건은 포함관계와 별도로 두 사건의 영향관계를 생각한 것이므로 근본적으로 차원이 다르다는 점이다.

확률의 곱셈정리를 독립사건의 경우에 적용해보자. 표본공간 S에서 사건 A와 사건 B가 독립사건이면 정의에서 $P(B \mid A) = P(B)$이므로 확률의 곱셈정리는

$$P(A \cap B) = P(A)\, P(B)$$

로 변형된다. 이 식을 확률에서 독립사건의 곱셈정리라 한다. 이 정리는 역이 성립하므로 두 사건이 독립이기 위한 필요충분조건이 되기도 한다. 이를 정리하면 다음과

같다.

독립사건의 곱셈정리

$P(A \cap B) = P(A)\ P(B)$ (단, A, B는 독립)

확률의 곱셈정리는 독립, 종속에 관계없이 성립하지만 주로 종속일 때 곱사건의 확률 계산에 사용되며, 독립일 때의 곱사건의 확률 계산에는 독립사건의 곱셈정리가 쓰인다.

독립사건의 성질을 정리하면 다음과 같다.

독립사건의 필요충분조건

사건 A, B가 독립 $\Leftrightarrow P(A \cap B) = P(A)P(B)$

$\Leftrightarrow A$, B^c가 독립

$\Leftrightarrow A^c$, B가 독립

$\Leftrightarrow A^c$, B^c가 독립

[예제 4-9] 표본공간 S의 두 사건 A, B에 대하여 $P(A) = 0.5$, $P(B) = 0.6$, $P(A \cap B) = 0.3$일 때 다음 두 사건의 관계를 판별해보자.
(1) A와 B는 서로 독립인가? 종속인가?
(2) A^c와 B는 서로 독립인가? 종속인가?
(3) A^c와 B^c는 서로 독립인가? 종속인가?

| 풀이 |

(1) 독립성의 판별은 정의인 $P(B \mid A) = P(B)$를 이용하여도 무방하지만, 독립사건의 곱셈정리 $P(A \cap B) = P(A)\ P(B)$를 이용하여도 된다.

$P(A)P(B) = 0.5 \times 0.6 = 0.3$이며 $P(A \cap B) = 0.3$이다.

$\therefore (A \cap B) = P(A)\ P(B)$ 즉, A, B는 서로 독립이다.

(2) $P(A^c) = 1 - P(A) = 1 - 0.5 = 0.5$

$P(A^c)P(B) = 0.5 \times 0.6 = 0.3$

$P(A^c \cap B) = P(B - A) = P(B) - P(A \cap B) = 0.6 - 0.3 = 0.3$

$\therefore P(A^c \cap B) = P(A^c)P(B)$ 즉, A^c, B는 서로 독립이다.

(3) $P(A^c) = 1 - P(A) = 1 - 0.5 = 0.5$, $P(B^c) = 1 - P(B) = 1 - 0.6 = 0.4$

$P(A^c)P(B^c) = 0.5 \times 0.4 = 0.2$

$P(A^c \cap B^c) = P((A \cup B)^c) = 1 - P(A \cup B) = 1 - 0.8 = 0.2$

$\therefore P(A^c \cap B^c) = P(A^c)P(B^c)$ 즉, A^c, B^c는 서로 독립이다.

4.4 베이스의 정리

18세기 영국의 성직자인 베이스(Thomas Bayes, 1702~1761)는 어떤 현상을 관찰하고, 그 관찰에서 얻어진 정보를 토대로 조건부 확률을 변형하여 그 원인에 대한 확률을 계산하였다.

베이스의 정리를 설명하기 위하여 우선 사건의 분할에 대한 개념에 대하여 이해할 필요가 있다. 사건의 분할은 집합의 분할과 같이 생각하면 된다. 예를 들어 전체집합 S를 세 부분집합 A, B, C로 분할하려면, 첫째 세 집합 A, B, C 사이에는 겹친 부분이 없도록 한다. 즉, 서로 배반이 되도록 한다. 둘째, 빠진 부분이 없도록 한다. 즉 A, B, C의 합집합이 전체집합 S가 되도록 한다. 이렇게 집합 S를 분할하면 [그림 4-2]의 (a)와 같으며, 집합 A, B, C를 집합 S의 분할이라고 한다.

일반적으로 다음 세 조건에 만족하도록 집합 S를 $A_1, A_2, \cdots, A_n$으로 나눌 때 집합 $A_1, A_2, \cdots, A_n$을 집합 S의 분할(partition)이라 한다([그림 4-2]의 (b) 참조).

i) $\forall\, i \in \{1, 2, \cdots, n\}, \quad A_i \subset S$

ii) $\forall\, i, j \in \{1, 2, \cdots, n\}, \quad A_i \cap A_j = \phi$

iii) $A_1 \cup A_2 \cup \cdots \cup A_n = S$

이러한 사건의 분할을 이용하여 어떤 사건의 확률을 분할해보자. 사건 $A_1, A_2, \cdots, A_n$이 표본공간 S의 분할일 때, S의 임의의 사건 X의 확률은 다음과 같이 변형된다.

$$
\begin{aligned}
P(X) &= P(X \cap A_1) + P(X \cap A_2) + \cdots + P(X \cap A_n) \\
&= P(A_1)\, P(X \mid A_1) + P(A_2)\, P(X \mid A_2) + \cdots + P(A_n)\, P(X \mid A_n) \\
&= \sum_{i=1}^{n} P(A_i)\, P(X \mid A_i)
\end{aligned}
$$

| 그림 4-2 | **확률의 분할**

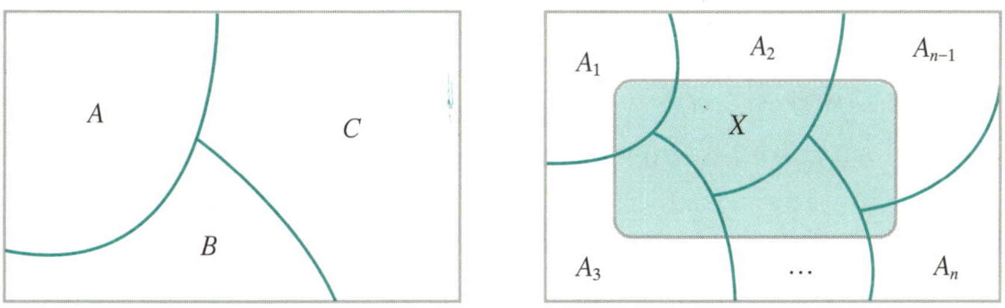

(a) 세 개로 분할　　　(b) n개로 분할

이것을 확률의 분할법칙 또는 전확률 정리(total probability theorem)라 한다.

> 전확률 정리
>
> $P(X) = \sum_{i=1}^{n} P(A_i)\, P(A_i) P(X \mid A_i)$
>
> 여기서, $X \subset S$, $A \subset S$, A_i는 S의 분할

[예제 4-10] 평소에 하는 말 중에서 70%가 거짓말인 사람 K가 있다. 어느 날 K는 어떤 질문에 대하여 답변을 하였다. 이 답변을 정확도가 90%인 거짓말 탐지기로 조사할 때, 거짓말 탐지기가 그 답변이 거짓이라고 판단할 확률을 구하여라.

| 풀이 |

해를 구하기 위하여 K가 거짓말을 하는 사건을 A, 거짓말 탐지기가 거짓이라고 판단할 사건을 X라 하고, 확률나무를 그려보자.

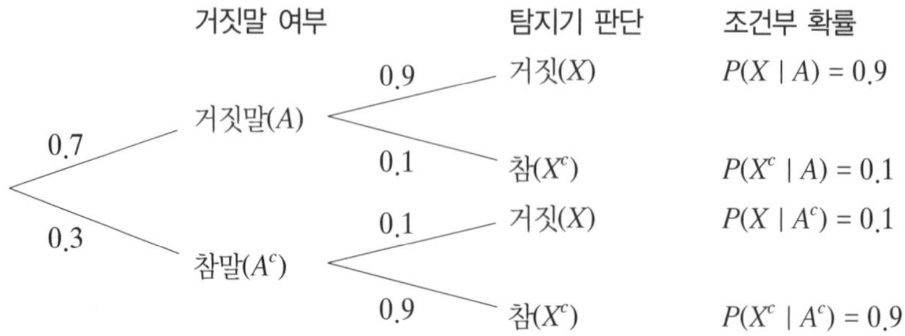

$\therefore\ P(A) = 0.7 \quad P(A^c) = 0.3 \quad P(X \mid A) = 0.9 \quad P(X \mid A^c) = 0.1$

확률의 분할법칙을 이용하면

$$P(X) = P(X \cap A) + P(X \cap A^c) = P(A)P(X|A) + P(A^c)\,P(X \mid A^c)$$
$$= 0.7 \times 0.9 + 0.3 \times 0.1 = 0.66$$

앞 예에서 거짓말 탐지기 조사를 하기 전에는 이 사람이 거짓말을 하였을 확률 $P(A) = 0.7$인데, 거짓말 탐지기가 거짓이라고 판단했을 때 그 답변이 거짓일 확률은 조건부 확률이므로

$$P(A \mid X) = \frac{P(A \cap X)}{P(X)} = \frac{P(A)P(X \mid A)}{P(X)} = \frac{0.7 \times 0.9}{0.66} = \frac{0.63}{0.66} \fallingdotseq 0.955$$

가 되어 그 답변이 거짓일 확률이 높아진 것을 알 수 있다. 이 결과는 거짓말 탐지기의 조사가 작용했기 때문인 것이다. 이러한 사실이 베이스의 정리의 근원이 되는 것이다.

이와 같이 확률의 분할법칙을 이용하여 조건부 확률을 변형하면 조건이 바뀌는 새로운 확률공식을 얻을 수 있다. 일반적으로 표본공간이 [그림 4-3]과 같이 두 사건의 분할일 경우를 이용하여 조건부 확률을 변형시켜 보자.

| 그림 4-3 | 두 개의 사건으로의 분할

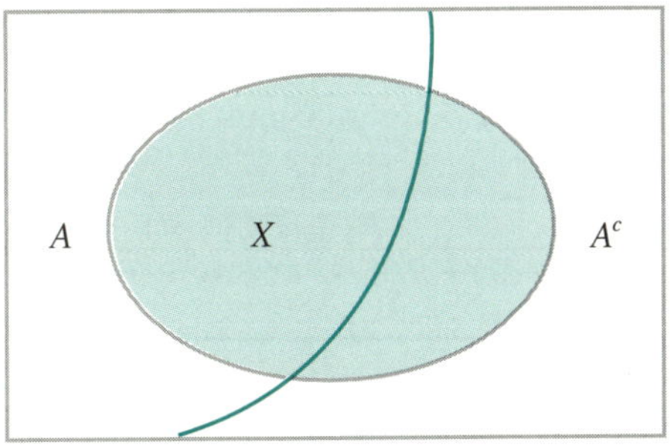

사건 A, A^c이 표본공간 S의 분할일 때 S의 임의의 사건 X에 대한 사건 A의 조건부 확률을 확률의 분할법칙을 이용하여 변형하면 다음과 같다.

$$\begin{aligned} P(A \mid X) &= \frac{P(A \cap X)}{P(X)} \\ &= \frac{P(A \cap X)}{P(A \cap X) + P(A^c \cap X)} \\ &= \frac{P(A)P(X \mid A)}{P(A)P(X \mid A) + P(A^c)P(X \mid A^c)} \end{aligned}$$

다음에는 이러한 사실을 일반화하여 보자. 사건 $A_1, A_2, \cdots, A_n$이 표본공간 S의 분할이고, S의 임의의 사건 X에 대한 사건 A_i의 조건부 확률을 확률의 분할법칙을 이용하여 변형하면 다음과 같다.

$$\begin{aligned} P(A_i \mid X) &= \frac{P(A_i \cap X)}{P(X)} \\ &= \frac{P(A_i \cap X)}{P(A_1 \cap X) + P(A_2 \cap X) + \cdots + P(A_n \cap X)} \\ &= \frac{P(A_i)P(X \mid A_i)}{P(A_1)P(X \mid A_1) + P(A_2)P(X \mid A_2) + \cdots + P(A_n)P(X \mid A_n)} \end{aligned}$$

이 식을 베이스의 정리(Bayes' theorem)라 한다. 이를 정리하면 다음과 같다.

베이스의 정리

$$P(A \mid X) = \frac{P(A)P(X \mid A)}{P(A)P(X \mid A) + P(A^c)P(X \mid A^c)}$$

$$P(A_i \mid X) = \frac{P(A_i)P(X \mid A_i)}{P(A_1)P(X \mid A_1) + P(A_2)P(X \mid A_2) + \cdots + P(A_n)P(X \mid A_n)}$$

여기에서 $P(A_i \mid X)$는 사건 X가 일어났다는 전제하에서 사건 A_i가 일어날 조건부 확률로써 사건 X가 일어났을 때 그 원인이 A_i였을 확률을 뜻한다. 또한 사건 X를 기준으로 하여 $P(A_i)$를 **사전확률(prior probability)**이라 하고, $P(A_i \mid X)$를 **사후확률(posterior probability)**이라 한다.

베이스의 정리는 사건 A의 확률을 개선하기 위하여 사후적으로 사건 X를 결합시킴으로써 보다 새로운 정보가 추가되었을 때의 확률을 도출해 내는 특성을 가지고 있다. 따라서 조건부 확률을 이용한 베이스의 정리는 불확실성하의 의사결정론에 활용되어 경제, 경영현상을 다루는 데 효과적으로 활용되고 있다.

| 그림 4-4 | 베이스 정리의 개념

[예제 4-11] 공장에서 어떤 제품을 A, B 두 기계에서 생산하는데 A, B기계가 각각 40%, 60%를 생산하고 있다. 또 A, B 두 기계가 생산한 제품 중 불량품은 각각 3%, 4%라고 한다. 이 제품 더미에서 임의로 한 개의 제품을 꺼

> 낼 때 해당 제품이 불량품이었다. (1) 이 불량품이 A기계에서 생산되었을 확률(P_1)과 (2) 이 불량품이 B기계에서 생산되었을 확률(P_2)을 구해보자.

| 풀이 |

첫째, 조건부 확률을 직접 이용하여 확률을 구하면 다음과 같다.

i) A기계에서 불량품이 생산되었을 확률 $P_a = 0.4 \cdot 0.03 = 0.012$

ii) B기계에서 불량품이 생산되었을 확률 $P_b = 0.6 \cdot 0.04 = 0.024$

따라서

(1) 구하고자 하는 확률 $P_1 = \frac{P_a}{P_a + P_b} = \frac{0.012}{0.012 + 0.024} = \frac{1}{3}$

(2) 구하고자 하는 확률 $P_2 = \frac{P_b}{P_a + P_b} = \frac{0.024}{0.012 + 0.024} = \frac{2}{3}$

둘째, 베이스의 정리를 이용하여 확률을 구하면 다음과 같다.

불량품일 사건을 X라 하고, A기계의 제품일 사건을 A라 하면 B기계의 제품일 사건은 A^c가 된다. 베이스의 정리를 이용하여 확률을 구하면 된다.

먼저 확률나무를 그려보면,

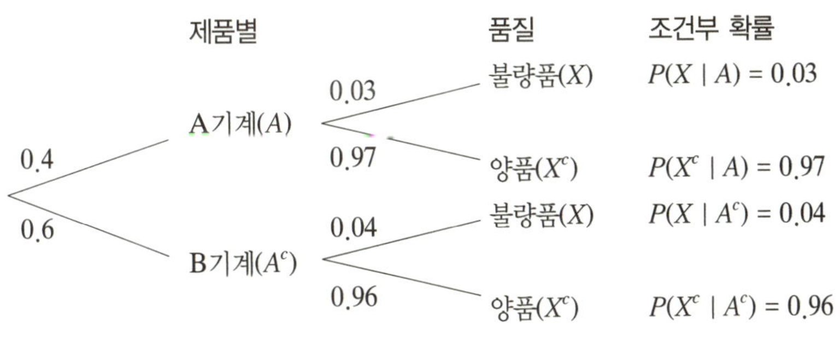

$P(A) = 0.4 \quad P(A^c) = 0.6$

$P(X \mid A) = 0.03 \quad P(X \mid A^c) = 0.04$

(1) 구하고자 하는 확률(P_1)은

$$P(A \mid X) = \frac{P(A)P(X \mid A)}{P(A)P(X \mid A) + P(A^c)P(X \mid A^c)} = \frac{0.4 \times 0.03}{0.4 \times 0.03 + 0.6 \times 0.04} = \frac{1}{3}$$

(2) 구하고자 하는 확률(P_2)은

$$P(A^c \mid X) = \frac{P(A^c)P(X \mid A^c)}{P(A)P(X \mid A) + P(A^c)P(X \mid A^c)} = \frac{0.6 \times 0.04}{0.4 \times 0.03 + 0.6 \times 0.04} = \frac{2}{3}$$

연습문제

1. 표본공간 S의 두 사건 A, B가 서로 독립이고, $P(A) = 0.6$, $P(B) = 0.7$일 때 다음 확률을 구하여라.

(1) $P(A \cap B)$　　　(2) $P(A \cup B)$

(3) $P(B \mid A)$　　　(4) $P(A \mid B^c)$

2. 어느 여성단체의 구성원 중 50%가 기혼이며, 그 중 60%가 학력이 대졸 이상이라 한다. 또 전체의 40%가 학력이 대졸 이상이라 한다. 이 단체에서 임의로 한 명을 뽑을 때

(1) 대졸이고 기혼일 확률을 구하여라.

(2) 미혼이거나 학력이 고졸 이하일 확률을 구하여라.

3. 한 상자 속에 우량품 8개, 불량품 2개 도합 10개의 제품이 들어 있다. 한 개씩 뽑아 검사할 때 불량품을 모두 가려내면 검사가 끝나는 것으로 한다.

(1) 3회 째에 검사가 끝날 확률 P_3을 구하여라.

(2) n회 째에 검사가 끝날 확률 P_n을 구하여라.

(3) n회 이내에 검사가 끝날 확률을 구하여라.

4. 어느날 A, B 두 사람이 지정된 장소에서 10시에서 11시 사이에 만나기로 하였다. 먼저 도착한 사람이 기다리는 시간은 최대 20분이라 한다. 두 사람 모두 임의로 도착한다고 할 때 만날 수 있을 확률을 구하여라.

5. 목이 붓고 열이 나는 증상 때문에 병원에 찾아오는 환자 중 25%는 목에 염증 증상이 있고, 50%는 알레르기 증상이 있으며, 10%는 두 가지 증상이 모두 있다고 한다. 여기에서 임의로 한 명의 환자를 뽑을 때 다음을 구하여라.

(1) 뽑힌 환자가 병이 없을 확률을 구하여라.

(2) 이때 증상이 염증일 사건과 알레르기일 사건은 서로 독립이라고 할 수 있는가?

(3) 뽑힌 환자의 증상이 알레르기임을 알았을 때 염증증상을 갖고 있을 확률을 구하여라.

6. 명중률이 각각 0.8, 0.4인 두 명의 포수가 동시에 한 마리의 산토끼를 쏠 때

(1) 두 명이 모두 명중할 확률을 구하여라.

(2) 한 명만 명중할 확률을 구하여라.

7. 모자를 쓴 K씨는 다섯 번 방문 중 한 번 꼴로 모자를 두고 오는 버릇이 있다. 이 사람이 차례로 A, B, C 세 집을 방문하고 집으로 돌아왔다.

(1) B집에서 모자를 두고 집에 돌아올 확률을 구하여라.

(2) 집에 돌아와 모자를 두고온 것을 알았을 때, B집에 모자를 두고왔을 확률을 구하여라.

8. 석유회사가 특정 대륙붕 지역에 대한 석유탐사를 계획하고 있다. 이 지형이 배사구조일 확률은 70%라 한다. 과거의 경험에 의하면 배사구조에서 석유가 시추될 확률은 60%이고 기타구조에서는 10%라 한다.

(1) 시추를 하여 석유가 나올 확률을 구하여라.

(2) 시추를 하여 석유가 나왔을 때 그것이 배사구조에서 나왔을 확률을 구하여라.

용 어 정 리

확률(probability)
불확실한 상황에서의 특정 사건(event)이나 결과가 발생할 가능성을 의미하며, 0과 1 사이의 값을 가진다.

확률실험(random experiment)
결과를 확실하게 예측하지 못하는 출현 현상에 관한 자료를 관찰 · 수집하는 과정을 말한다.

표본공간(sample space)
실험의 결과로 발생할 수 있는 모든 사건의 집합을 의미한다.

사건(event)
표본공간의 부분집합을 의미한다.

불충분한 이유의 원리(principle of insufficient reason)
특별한 이유가 없다면, 표본공간을 이루는 각 사건이 발생할 가능성은 동일하다는 것이다.

결합확률(joint probability)
두 개 이상의 사건이 동시에 발생할 가능성을 나타내는 확률을 말한다.

주변확률(marginal probability)
결합확률분포표의 가장자리 또는 주변에 있는 개별 사건의 확률을 말한다.

종속사건(dependent event)
특정 사건의 발생이 다른 사건의 발생에 영향을 주는 것을 의미한다.

독립사건(independent event)
특정 사건의 발생이 다른 사건의 발생에 영향을 주지 않는 것을 의미한다.

전확률 정리(total probability theorem)
결합확률의 합으로 주변확률을 구하는 방법을 말한다.

사전확률(prior probability)
경험적 증거를 얻기 전에 현재 알고 있는 확률을 의미한다.

사후확률(posterior probability)

새로운 정보를 통해 사전확률을 개선시킨 확률을 의미한다.

베이스의 정리(Bayes' theorem)

사전확률을 이용하여 사후확률을 추정하는 데 활용되는 통계적인 이론이다.

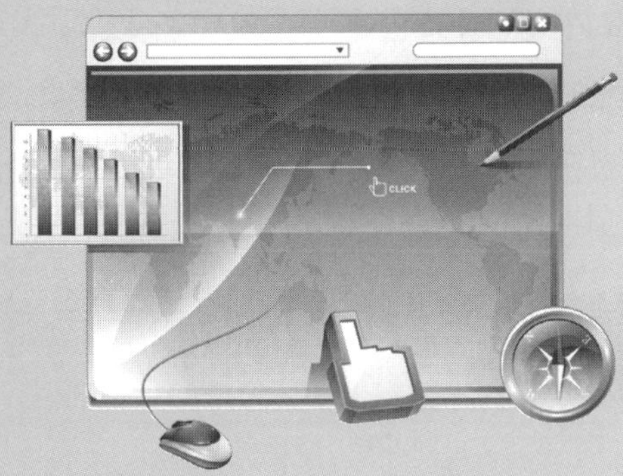

Chapter 05

확률변수와 확률분포

5.1 확률변수
5.2 이산확률분포
5.3 두 확률변수의 결합확률분포
5.4 이항분포
5.5 포아송분포
5.6 연속확률분포
5.7 균등분포
5.8 정규분포

개.요

앞 장에서 학습한 확률개념을 토대로 확률변수의 개념, 유형과 종류 그리고 확률변수가 만들어 내는 확률분포에 대하여 살펴보고자 한다. 확률변수 및 확률분포의 개념을 이해하여야만 모집단에서 추출된 표본의 통계량이 만들어 내는 확률분포, 즉 표본통계량의 분포(제6장에서 다룸)의 개념을 이해할 수 있으므로 기본이 되는 개념이다. 한편, 본 장에서는 추론통계학에서 사용될 주요 확률분포를 확률변수의 종류에 따라 설명한다.

우리의 실생활에는 다양한 확률분포가 존재하고 있다. 동전던지기 실험의 경우 이항분포를 따르며, 시간당 은행에 들어오는 고객의 수는 포아송분포를 따른다. 또한 키나 몸무게, 성적 등은 일반적으로 정규분포를 따른다. 본 장에서는 확률변수를 이산형과 연속형 확률변수로 구분하여 설명한다. 이산형 확률분포에는 이항분포, 포아송분포, 초기하분포 등이 있으며, 연속형 확률분포에는 균등분포, 정규분포, t분포, F분포, 카이제곱분포, 지수분포 등이 있다.

5.1 확률변수

5.1.1 확률변수의 정의

어떤 실험의 발생 가능한 결과를 사건(event)이라 하며, 발생 가능한 모든 사건의 집합을 표본공간(sample space, S)이라 한다. 예를 들어, 동전을 던지는 실험에서 발생 가능한 실험의 결과는 앞면(H) 혹은 뒷면(T)이 나올 수 있으므로, 이러한 실험에서 표본공간 $S = \{H, T\}$로 표시될 수 있다. 이 경우 실험의 결과를 문자로 표시하지 않고 수치를 부여하여 표시할 수 있는데, 예를 들어 앞면이 나오면 0, 뒷면이 나오면 1의 값을 부여한다면 표본공간 $S = \{0, 1\}$로 표현될 수 있다.

이와 같이 발생 가능한 실험의 결과가 다수 개인 경우, 일정한 확률을 가지고 발생하는 실험의 결과(사건)에 수치를 부여한 것을 **확률변수(random variable)**라 하며 보통 X로 표시한다. 따라서 동전을 던지는 실험에서 앞면이 나오는 경우 확률변수 X에 0의 값을 부여한다면, 확률변수 X가 0의 값을 갖게 될 확률, 즉 $P(X = 0) = P(0) = \frac{1}{2}$이 된다.

> **확률변수(random variable)**
> 일정한 확률을 가지고 발생하는 실험의 결과(사건)에 수치를 부여한 것으로써 보통 X로 표시한다.

[예제 5-1] 주사위를 던질 때 나오는 눈의 수를 확률변수 X로 하여 확률변수 X가 가질 수 있는 값과 그 값을 가질 확률을 계산하시오.

|풀이|

주사위를 던지는 실험에 대한 표본공간 S = {1, 2, 3, 4, 5, 6}이 된다.
따라서 주사위를 던질 때 나오는 눈의 수를 확률변수 X라 하면

$$P(X=1)=\frac{1}{6} \qquad P(X=2)=\frac{1}{6} \qquad P(X=3)=\frac{1}{6}$$

$$P(X=4)=\frac{1}{6} \qquad P(X=5)=\frac{1}{6} \qquad P(X=6)=\frac{1}{6}$$

한편, 동전을 두 번 던지는 실험에서 발생 가능한 사건은 (H, H), (H, T), (T, H), (T, T) 4가지이므로 표본공간 $S = \{(H, H), (H, T), (T, H), (T, T)\}$가 된다. 이 경우 각 사건의 발생확률은 [표 5-1]과 같다.

표 5-1 ▮ 동전 2회 던지는 실험의 사건 발생

사건	(H, H)	(H, T)	(T, H)	(T, T)	계
확률	$\frac{1}{4}$	$\frac{1}{4}$	$\frac{1}{4}$	$\frac{1}{4}$	1

본 예제에서 동전을 2회 던져서 앞면이 나오는 횟수를 확률변수 X라 하면 확률변수 X가 가질 수 있는 값은 0, 1, 2가 되며, 이는 다시 [표 5-2]와 같이 정리될 수 있다.

표 5-2 ▮ 사건, 확률변수, 확률과의 관계

사건	$\{(T, T)\}$	$\{(H, T), (T, H)\}$	$\{(H, H)\}$	계
확률변수 X	0	1	2	
확률 P	$\frac{1}{4}$	$\frac{2}{4}$	$\frac{1}{4}$	1

| 그림 5-1 | **앞면의 수를 변수값으로 하는 확률변수 X의 확률분포**

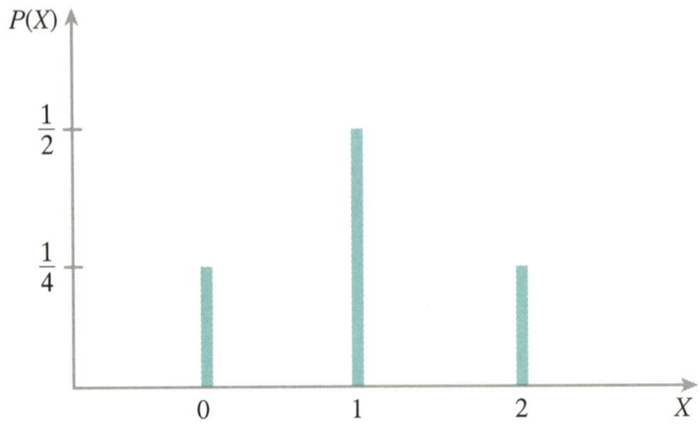

이와 같이 어떤 실험에서 확률변수 X가 가질 수 있는 값과 그 값을 가질 확률을 모아놓은 것을 **확률분포(probability distribution)**라 하며, 이를 표로 요약한 것을 **확률분포표(probability distribution table)**라 한다.

> 확률분포(probability distribution)
>
> 확률변수 X가 가질 수 있는 값과 그 값을 가질 확률을 모아 놓은 것

5.1.2 확률변수의 종류

확률변수 X는 확률변수가 가질 수 있는 값의 개수를 셀 수 있느냐 없느냐에 따라 이산확률변수와 연속확률변수로 분류된다. **이산확률변수(discrete random variable)**는 일정구간 내의 특정한 값만을 확률변수가 가질 수 있는 경우를 말하며, **연속확률변수(continuous random variable)**는 일정범위 내의 모든 값을 확률변수가 가질 수 있는 확률변수를 말한다.

예를 들어, 동전을 1,000번 던지는 실험에서 앞면이 나오는 횟수를 확률변수 X라 하면 확률변수 X는 0과 1,000 사이의 정수값만을 갖게 되며, 이 경우 그 수가 유한하므로 이때의 확률변수 X는 이산확률변수가 된다. 하지만 몸무게를 확률변수 X로 하면 확률변수 X는 일정구간 내의 모든 값을 가질 수 있으므로 이때의 확률변수 X는

연속확률변수가 된다.

5.2 이산확률분포

확률분포는 확률변수의 특성에 따라 이산확률분포와 연속확률분포로 구분된다. 이산확률분포는 확률변수가 가질 수 있는 값이 한정되어 있거나, 한정되어 있지 않더라도 셀 수 있는 이산확률변수의 확률분포를 의미한다. 이산확률분포의 종류로는 이항분포, 포아송분포, 초기하분포, 다항분포 등이 있다.

5.2.1 이산확률변수와 이산확률분포

이산확률분포(discrete probability distribution)란 이산확률변수 X가 가질 수 있는 값과 그 값을 가질 확률 $P(X=x)$을 모아 놓은 것을 의미한다. 이때 확률변수 X가 가질 수 있는 값이 여러 개인 경우 모든 경우에 대하여 해당 값을 가질 확률을 계산하여 나열하는 것은 복잡한 일이다. 이에 이산확률변수 X가 특정한 값 x를 가질 확률을 함수식 $P(x)$로 표현하면 확률분포를 매우 간단하게 나타낼 수 있을 것이다. 이때의 함수식 $P(x)$를 **확률질량함수(PMF : Probability Mass Function)**라 하며, 연속확률변수의 **확률밀도함수(PDF : Probability Density Function)** $f(x)$와 구분하여 사용된다. 한편, 특정 x값에 대한 확률질량함수의 값 $P(x)$는 확률변수 X가 x값을 가질 확률 $P(X=x)$을 의미한다.

> 이산확률분포의 확률질량함수의 특징
>
> ① 모든 확률변수값 x에 대하여 $0 \le P(x) \le 1$
>
> ② 모든 x값에 대한 확률질량함수값의 합은 1이다. $\Sigma P(x) = 1$
>
> ③ 확률변수 X가 일정구간의 값을 가질 확률은 확률변수 X가 구간 내의 각 값을 가질 확률의 합에 의해 구한다.

$$P(a \le X \le b) = \sum_{x=a}^{b} P(x)$$

한편, 누적분포함수(cumulative distribution function)는 확률변수 X가 해당 값 이하의 값을 가질 확률을 함수식으로 나타낸 것으로 $F(x)$로 표시한다. 따라서 확률변수 X가 c 이하의 값을 가질 확률 $P(X \le c) = F(c) = \sum^{c} P(x)$에 의해 계산된다.

이산확률분포의 누적분포함수의 특징

① 모든 확률변수값 x에 대하여 $0 \le F(x) \le 1$

② $F(x)$는 비감소함수(nondecreasing function)로서 만약 $x_1 \le x_2$이면 $F(x_1) \le F(x_2)$가 된다.

③ $\lim_{x \to \infty} F(x) = 1$이며, $\lim_{x \to -\infty} F(x) = 0$의 값을 갖는다.

④ 이산확률변수의 $F(x)$는 계단모양(step function)을 이루며, 확률변수값 x에서의 계단 높이는 $P(X = x)$와 같다.

[예제 5-2] 흰돌 3개, 검은돌 2개가 들어 있는 주머니에서 3개의 돌을 비복원추출하였을 때,

(1) 나오는 흰돌의 수 X에 대한 확률분포표를 구하여라.

(2) 나오는 검은돌의 수 Y에 대한 확률분포표를 구하여라.

| 풀이 |

(1) 흰돌의 수를 확률변수 X라 하면 확률변수 X가 가질 수 있는 값 $X = 1, 2, 3$이다.

(흰돌의 수, 검은돌의 수) = (1, 2) : $P(X = 1) = \frac{{}_3C_1 \cdot {}_2C_2}{{}_5C_3} = \frac{3}{10}$

(흰돌의 수, 검은돌의 수) = (2, 1) : $P(X = 2) = \frac{{}_3C_2 \cdot {}_2C_1}{{}_5C_3} = \frac{6}{10}$

(흰돌의 수, 검은돌의 수) = (3, 0) : $P(X = 3) = \frac{{}_3C_3}{{}_5C_3} = \frac{1}{10}$

이를 이용하여 확률변수 X에 대한 확률분포표를 만들면 다음과 같다.

확률변수 X	1	2	3	계
확률 P	$\frac{3}{10}$	$\frac{6}{10}$	$\frac{1}{10}$	1

(2) 확률변수 Y는 검은돌의 수이므로 가질 수 있는 값 $Y = 0, 1, 2$이다.

(흰돌의 수, 검은돌의 수) = (3, 0) : $P(Y = 0) = \frac{{}_3C_3}{{}_5C_3} = \frac{1}{10}$

(흰돌의 수, 검은돌의 수) = (2, 1) : $P(Y = 1) = \frac{{}_3C_2 \cdot {}_2C_1}{{}_5C_3} = \frac{6}{10}$

(흰돌의 수, 검은돌의 수) = (1, 2) : $P(Y = 2) = \frac{{}_3C_1 \cdot {}_2C_2}{{}_5C_3} = \frac{3}{10}$

이를 이용하여 확률변수 Y에 대한 확률분포표를 만들면 다음과 같다.

확률변수 Y	0	1	2	계
확률 P	$\frac{1}{10}$	$\frac{6}{10}$	$\frac{3}{10}$	1

5.2.2 이산확률분포의 기대값과 분산

제3장 자료의 정리와 요약에서와 마찬가지로 확률분포에서도 분포의 특성을 나타내는 특성치로 내표치와 산포도를 정의하세 된나. 이에 이산확률분포의 내표치로서 평균인 기대값과 산포도로 분산과 표준편차를 정의하고, 그 성질을 알아보기로 한다.

(1) 이산확률분포의 기대값

기대값(expected value)은 평균(mean)과 동일한 개념으로 확률변수 X가 취할 수 있는 값들의 평균을 의미한다. 따라서 이산확률변수 X가 가질 수 있는 값이 x_1, x_2, x_3, ⋯, x_n이며, 해당 값을 가질 확률 $P(X = x_i) = p(x_i)$라 할 때, 이산확률변수가 가질 수 있는 값과 해당 값을 가질 확률의 곱의 합을 이산확률변수 X의 기대값이라 하며, 기호로는 $E(X)$ 또는 모평균인 경우에는 μ로 표시하기도 한다.

이산확률분포의 기대값(평균)

$$E(X) = x_1\,p(x_1) + x_2\,p(x_2) + \cdots + x_n\,p(x_n) \quad \text{(식 5.1)}$$
$$= \sum_{i=1}^{n} x_i\,p(x_i)$$

[예제 5-3] K대 경영학과 학생 100명의 가족수를 조사한 결과 다음과 같았다. 조사가구의 평균 가족수를 계산하라.

가족수 X의 확률분포표

확률변수(X)	1	2	3	4	5	6	계
빈도(f)	10	15	20	30	20	5	100
확률(P)	$\frac{10}{100}$	$\frac{15}{100}$	$\frac{20}{100}$	$\frac{30}{100}$	$\frac{20}{100}$	$\frac{5}{100}$	1

|풀이|

도수분포에서 평균을 구하는 방식에 따라 평균을 계산하면

$$\overline{X} = \frac{\Sigma x_i \cdot f(x_i)}{n} = \frac{1\cdot 10 + 2\cdot 15 + 3\cdot 20 + 4\cdot 30 + 5\cdot 20 + 6\cdot 5}{100} = 3.5$$

이산확률분포의 기대값 계산 방식에 따라 평균을 계산하면

$$E(X) = \Sigma x_i \cdot p(x_i)$$
$$= 1\cdot\frac{10}{100} + 2\cdot\frac{15}{100} + 3\cdot\frac{20}{100} + 4\cdot\frac{30}{100} + 5\cdot\frac{20}{100} + 6\cdot\frac{5}{100}$$
$$= 3.5$$

한편, 이산확률변수 X의 기대값을 알고 있으면 이산확률변수 X의 선형변환을 통해 만들어지는 새로운 이산확률변수 $aX + b$의 기대값은 다음의 기대값 성질을 이용하면 쉽게 계산할 수 있다.

기대값의 성질

① 상수값의 기대값은 상수 자체이다.

$$E(a) = a$$

② 확률변수 X에 상수 a를 곱하여 만들어지는 새로운 확률변수 aX의 기대값은 확률변수 X의 기대값에 a를 곱한 것과 같다.

$E(aX) = aE(X)$

③ 확률변수 X에 일정한 상수값 b를 더하며 만들어지는 새로운 확률변수 $X + b$의 기대값은 확률변수 X의 기대값에 b를 더한 것과 같다.

$E(X + b) = E(X) + b$

④ 위의 결과를 결합하면

$E(aX + b) = aE(X) + b$ [1)]

[예제 5-4] 흰돌 3개, 검은돌 2개가 들어 있는 주머니에서 3개의 돌을 비복원추출할 때, 나오는 흰돌의 수를 확률변수 X라 한다.
(1) 흰돌의 수 X의 기대값을 구하여라.
(2) 새로운 확률변수 $5X+3$, $-5X+2$의 기대값을 구하여라.

|풀이|

(1) 힌돌이 수를 확률변수 X라 하여 확률변수 X에 대한 확률분포표를 작성하면

확률변수 X	1	2	3	계
확률 P	$\frac{3}{10}$	$\frac{6}{10}$	$\frac{1}{10}$	1

따라서 $E(X) = 1 \cdot \frac{3}{10} + 2 \cdot \frac{6}{10} + 3 \cdot \frac{1}{10} = \frac{18}{10} = \frac{9}{5}$

(2) 기대값의 성질을 이용하면

$E(5X + 3) = 5E(X) + 3 = 5 \cdot \frac{9}{5} + 3 = 12$

$E(-5X + 2) = -5E(X) + 2 = -5 \cdot \frac{9}{5} + 2 = -7$

---

1) $E(aX + b) = \sum_{i=1}^{n}(ax_i + b)p(x_i) = \sum_{i=1}^{n}(ax_i p(x_i) + bp(x_i))$
$= a\sum_{i=1}^{n}x_i p(x_i) + b\sum_{i=1}^{n}p(x_i)$
$= aE(X) + b \qquad (\because \sum_{i=1}^{n}p(x_i) = 1)$

(2) 이산확률분포의 분산과 표준편차

확률분포에서 분포의 특성으로 대표값과 함께 산포도가 정의되어야 하는데 산포도로는 분산 및 표준편차가 가장 많이 사용된다. 이산확률분포에서 확률변수 X의 분산을 계산하는 방법은 다음과 같다.

> 이산확률분포의 분산과 표준편차
>
> ① 분산 $Var(X) = E[(x-\mu)^2]$ (모집단의 관점)
>
> $= E[(x - E(X))^2]$ (표본의 관점) (식 5.2)
>
> $= \sum_{i=1}^{n}[x_i - E(X)]^2 p(x_i)$
>
> $= E(X^2) - E(X)^2$ [2]
>
> ② 표준편차 $\sigma(X) = \sqrt{Var(X)}$ (식 5.3)

한편, 이산확률변수 X의 선형변환을 통해 만들어지는 새로운 확률변수 $aX + b$의 분산과 표준편차는 다음의 성질을 이용하면 쉽게 구할 수 있다.

> 분산의 성질
>
> ① 상수값에 대한 분산은 0이다.
>
> $Var(a) = 0$
>
> ② 확률변수 X에 상수 a를 곱하여 만들어지는 새로운 확률변수 aX의 분산은 확률변수 X의 분산에 a^2을 곱한 것과 같다.
>
> $Var(aX) = a^2\ Var(X)$
>
> ③ 확률변수 X에 일정한 상수값 b를 더하며 만들어지는 새로운 확률변수 $X + b$의

---

2) $\sum_{i=1}^{n}[x_i - E(X)]^2 p(x_i)$

$= \sum_{i=1}^{n} x_i^2 p(x_i) - 2E(X)\sum_{i=1}^{n} x_i p(x_i) + [E(X)]^2 \sum_{i=1}^{n} p(x_i)$

$= \sum_{i=1}^{n} x_i^2 p(x_i) - [E(X)]^2$ $(\because \sum_{i=1}^{n} x_i p(x_i) = E(X)$이고 $\sum_{i=1}^{n} p(x_i) = 1)$

$= E(X^2) - E(X)^2$ $(\because \sum_{i=1}^{n} x_i^2 p(x_i) = E(X^2))$

분산은 확률변수 X의 분산과 같다.

$Var(X+b) = Var(X)$

④ 위의 결과를 결합하면

$Var(aX+b) = a^2\, Var(X)$[3]

[예제 5-5] 한 개의 주사위를 던질 때 나오는 눈의 수를 확률변수 X라 할 때
(1) X의 분산과 표준편차를 구하여라.
(2) 새로운 확률변수 $(-12X+10)$의 분산과 표준편차를 구하여라.

|풀이|

(1) 본 예제에 대한 확률분포표를 작성하여 기대값을 계산하면

확률변수 X	1	2	3	4	5	6	계
확률 $P(X)$	$\frac{1}{6}$	$\frac{1}{6}$	$\frac{1}{6}$	$\frac{1}{6}$	$\frac{1}{6}$	$\frac{1}{6}$	1

기대값 $E(X) = \frac{7}{2}$

분산 $Var(X) = E[(X-E(X))^2] = \sum_{i=1}^{n}(x_i - E(x))^2\, p(x_i)$

$$= \left(1-\frac{7}{2}\right)^2 \cdot \frac{1}{6} + \left(2-\frac{7}{2}\right)^2 \cdot \frac{1}{6} + \left(3-\frac{7}{2}\right)^2 \cdot \frac{1}{6}$$
$$+ \left(4-\frac{7}{2}\right)^2 \cdot \frac{1}{6} + \left(5-\frac{7}{2}\right)^2 \cdot \frac{1}{6} + \left(6-\frac{7}{2}\right)^2 \cdot \frac{1}{6}$$
$$= \frac{35}{12}$$

표준편차 $\sigma = \sqrt{Var(X)} = \sqrt{\frac{35}{12}} = 1.7078$

한편, 분산의 간편식을 이용하면

---

3) $Var(aX+b) = \sum_{i=1}^{n}[ax_i + b - E(aX+b)]^2\, p(x_i)$
$= \sum_{i=1}^{n}[ax_i + b - aE(X) - b)]^2\, p(x_i)$
$= \sum_{i=1}^{n}[ax_i - aE(X)]^2\, p(x_i)$
$= a^2\, Var(X)$

$$Var(X) = E(X^2) - E(X)^2 = \sum_{i=1}^{n} x_i^2\, p(x_i) - \left\{ \sum_{i=1}^{n} x_i\, p(x_i) \right\}^2$$
$$= 1^2 \cdot \frac{1}{6} + 2^2 \cdot \frac{1}{6} + 3^2 \cdot \frac{1}{6} + 4^2 \cdot \frac{1}{6} + 5^2 \cdot \frac{1}{6} + 6^2 \cdot \frac{1}{6} - \left(\frac{7}{2}\right)^2$$
$$= \frac{35}{12}$$

(2) 분산의 성질에 의해

$$Var(-12X + 10) = (-12)^2\, Var(X) = 144 \cdot \frac{35}{12} = 420$$

5.3 두 확률변수의 결합확률분포

5.3.1 결합확률분포와 주변확률분포

지금까지는 하나의 확률변수에 대하여서만 설명하였으나, 우리 주위에는 두 개 이상의 확률변수가 동시에 발생하는 경우도 있다. 이와 같이 두 개 이상의 확률변수가 관련된 확률분포를 결합확률분포라 한다.

즉, 두 개 이상의 확률변수가 가질 수 있는 값과 각 확률변수가 해당 값을 가질 확률을 모아 놓은 것을 **결합확률분포(joint probability distribution)**라 하며, 이것을 표로 나타낸 것이 **결합확률분포표(joint probability distribution table)**이다.

만약 두 개의 확률변수 X, Y에서 확률변수 X가 가질 수 있는 값이 k개이고 확률변수 Y가 가질 수 있는 값이 m개인 경우 X와 Y 값의 조합은 $(k \times m)$개의 서로 다른 (x_i, y_j) 값을 가질 수 있으며, 각 변수들이 해당 값을 가질 확률은 $P(X = x_i, Y = y_j)$로 나타낸다.

예를 들어, 두 확률변수 X, Y가 각각 1, 2, 3의 값을 가질 때, 확률변수 X, Y의 값과 그 값을 가질 확률, 즉 결합확률분포를 정리하면 다음과 같은 결합확률분포표를 작성할 수 있다.

표 5-3 ▌ 확률변수 X, Y의 결합확률분포표

X \ Y	1	2	3	X의 주변확률
1	$P_{11}=\frac{1}{20}$	$P_{12}=\frac{2}{20}$	$P_{13}=\frac{2}{20}$	$P_{1\cdot}=\frac{1}{4}$
2	$P_{21}=\frac{2}{20}$	$P_{22}=\frac{4}{20}$	$P_{23}=\frac{4}{20}$	$P_{2\cdot}=\frac{2}{4}$
3	$P_{31}=\frac{1}{20}$	$P_{32}=\frac{2}{20}$	$P_{33}=\frac{2}{20}$	$P_{3\cdot}=\frac{1}{4}$
Y의 주변확률	$P_{\cdot 1}=\frac{1}{5}$	$P_{\cdot 2}=\frac{2}{5}$	$P_{\cdot 3}=\frac{2}{5}$	1

여기서, P_{ij}는 $P(X=x_i, Y=y_j)$을 의미함.
$P_{i\cdot}=P(X=x_i)$, $P_{\cdot j}=P(Y=y_j)$을 의미함.
'콤마(,)' 는 'and' 를 의미함.

한편, 결합확률분포표에서 X 또는 Y 중 어느 하나의 확률변수에 대한 확률분포를 X 또는 Y의 **주변확률분포(marginal probability distribution)**라 하고, 그 확률은 결합확률분포표에서 각 행 또는 열의 각 결합확률의 합으로 계산된다. 예를 들어 $P(X=1)=P_{1\cdot}$은 관련 결합확률의 합 $P_{11}+P_{12}+P_{13}=\frac{1}{20}+\frac{2}{20}+\frac{2}{20}=\frac{1}{4}$의 값을 갖게 된다. 마찬가지로 $P(Y=2)=P_{\cdot 2}$는 $P_{12}+P_{22}+P_{32}=\frac{2}{5}$에 의해 계산된다.

5.3.2 결합확률분포의 평균, 분산, 공분산

결합확률분포에서의 특성치는 기대값과 분산 이외에 공분산이라는 특성치가 추가되므로 여기에서는 결합확률분포의 기대값, 분산 및 공분산에 대하여 설명하기로 한다.

먼저 각각의 확률변수 X, Y에 대한 개별적인 기대값과 분산은 앞서 설명한 확률변수에 대한 기대값과 분산 계산방식에 의해 계산된다. 즉, 결합확률분포표의 가장자리에 위치한 주변확률을 이용하여 각 확률변수에 대한 기대값과 분산을 정의하면 다음과 같다.

> **결합확률분포에서 각 확률변수의 기대값과 분산**
>
> ① 기대값 : 확률변수의 값과 그 값에 대한 주변확률의 곱의 합
>
> $$E(X) = \sum x_i P(X = x_i) \qquad \text{(식 5.4)}$$
>
> $$E(Y) = \sum y_j P(Y = y_j) \qquad \text{(식 5.5)}$$
>
> ② 분 산 : 확률변수의 값과 해당 확률변수의 기대값과의 차이의 제곱에 대한 기대값
>
> $$Var(X) = S_X^2 = E[(X - E(X))^2] \qquad \text{(식 5.6)}$$
>
> $$Var(Y) = S_Y^2 = E[(Y - E(Y))^2] \qquad \text{(식 5.7)}$$

주어진 예에서 확률변수 X와 Y의 기대값을 구하면

$$E(X) = 1 \times \left(\frac{1}{4}\right) + 2 \times \left(\frac{2}{4}\right) + 3 \times \left(\frac{1}{4}\right) = 2$$

$$E(Y) = 1 \times \left(\frac{1}{5}\right) + 2 \times \left(\frac{2}{5}\right) + 3 \times \left(\frac{2}{5}\right) = \frac{11}{5}$$

분산을 구하면

$$Var(X) = 1^2 \times \left(\frac{1}{4}\right) + 2^2 \times \left(\frac{2}{4}\right) + 3^2 \times \left(\frac{1}{4}\right) - 2^2 = \frac{1}{2}$$

$$\text{또는} = (1-2)^2 \times \left(\frac{1}{4}\right) + (2-2)^2 \times \left(\frac{2}{4}\right) + (3-2)^2 \times \left(\frac{1}{4}\right) = \frac{1}{2}$$

$$Var(Y) = 1^2 \times \left(\frac{1}{5}\right) + 2^2 \times \left(\frac{2}{5}\right) + 3^2 \times \left(\frac{2}{5}\right) - \left(\frac{11}{5}\right)^2 = \frac{14}{25}$$

$$\text{또는} = \left(1 - \frac{11}{5}\right)^2 \times \left(\frac{1}{5}\right) + \left(2 - \frac{11}{5}\right)^2 \times \left(\frac{2}{5}\right) + \left(3 - \frac{11}{5}\right)^2 \times \left(\frac{2}{5}\right) = \frac{14}{25}$$

결합확률분포에서 중요한 특성치 중 하나인 **공분산(covariance)**은 기호로는 $Cov(X, Y)$로 표시하며, 모집단의 공분산은 σ_{XY}, 표본의 공분산은 S_{XY}로 표시하기도 한다. 공분산이란 두 확률변수의 결합확률분포의 분산을 측정한 것으로 표본에 대한 공분산은 다음에 의해 계산된다.

공분산

$$Cov(X, Y) = S_{XY} = E[(X - E(X))(Y - E(Y))]$$
$$= E[XY - X \cdot E(Y) - Y \cdot E(X) + E(X)E(Y)]$$
$$= E(XY) - E(X)E(Y) - E(Y)E(X) + E(X)E(Y)$$
$$= E(XY) - E(X)E(Y) \qquad \text{(식 5.8)}$$
$$= \sum_i \sum_j [x_i - E(X)][y_j - E(Y)]P(x_i, y_j)$$

공분산의 값은 두 확률변수 X, Y의 관련성을 나타내는데 두 확률변수의 변화 방향이 동일하면, 즉 X가 커지면 Y도 커지는 경우 공분산의 값은 (+)값을 갖게 되며, 반대로 변화 방향이 다른 경우에는 (−)값을 갖게 된다.

[예제 5-6] 두 확률변수 X, Y가 서로 독립적이고 주변확률분포는 다음과 같다.

X의 주변확률분포표

X	1	2	3	계
$P(X)$	$\frac{1}{2}$	$\frac{1}{3}$	$\frac{1}{6}$	1

Y의 주변확률분포표

Y	1	2	3	계
$P(Y)$	$\frac{1}{4}$	$\frac{2}{4}$	$\frac{1}{4}$	1

(1) 두 확률변수의 결합확률분포표를 작성하라.
(2) 기대값 $E(X)$, $E(Y)$를 구하여라.
(3) 분산 $Var(X)$, $Var(Y)$를 구하여라.
(4) 공분산 $Cov(X, Y)$를 구하여라.

| 풀이 |

(1) 두 확률변수 X와 Y가 서로 독립이므로 결합확률은

$$P(X = x_i, Y = y_j) = P(X = x_i) \times P(Y = y_j)$$

따라서 이를 이용하여 결합확률분포표를 만들면 다음과 같다.

Y \ X	1	2	3	X의 주변확률
1	$\frac{1}{8}$	$\frac{2}{8}$	$\frac{1}{8}$	$\frac{1}{2}$
2	$\frac{1}{12}$	$\frac{2}{12}$	$\frac{1}{12}$	$\frac{1}{3}$
3	$\frac{1}{24}$	$\frac{2}{24}$	$\frac{1}{24}$	$\frac{1}{6}$
Y의 주변확률	$\frac{1}{4}$	$\frac{2}{4}$	$\frac{1}{4}$	1

(2) X, Y의 주변확률분포를 이용하여 기대값을 구하면

$$E(X) = 1 \cdot \frac{1}{2} + 2 \cdot \frac{1}{3} + 3 \cdot \frac{1}{6} = \frac{5}{3}$$

$$E(Y) = 1 \cdot \frac{1}{4} + 2 \cdot \frac{2}{4} + 3 \cdot \frac{1}{4} = 2$$

(3) X, Y의 주변확률분포를 이용하여 분산을 구하면

$$Var(X) = 1^2 \cdot \frac{3}{6} + 2^2 \cdot \frac{2}{6} + 3^2 \cdot \frac{1}{6} - \left(\frac{5}{3}\right)^2 = \frac{5}{9}$$

$$Var(Y) = 1^2 \cdot \frac{1}{4} + 2^2 \cdot \frac{2}{4} + 3^2 \cdot \frac{1}{4} - 2^2 = \frac{1}{2}$$

(4) 두 확률변수 X, Y의 공분산은

$$\begin{aligned} Cov(X, Y) &= E(XY) - E(X)E(Y) \\ &= 1 \cdot 1 \cdot \frac{1}{2} \cdot \frac{1}{4} + 1 \cdot 2 \cdot \frac{1}{2} \cdot \frac{2}{4} + 1 \cdot 3 \cdot \frac{1}{2} \cdot \frac{1}{4} \\ &\quad + 2 \cdot 1 \cdot \frac{1}{3} \cdot \frac{1}{4} + 2 \cdot 2 \cdot \frac{1}{3} \cdot \frac{2}{4} + 2 \cdot 3 \cdot \frac{1}{3} \cdot \frac{1}{4} \\ &\quad + 3 \cdot 1 \cdot \frac{1}{6} \cdot \frac{1}{4} + 3 \cdot 2 \cdot \frac{1}{6} \cdot \frac{2}{4} + 3 \cdot 3 \cdot \frac{1}{6} \cdot \frac{1}{4} \\ &\quad - \frac{5}{3} \cdot 2 = 0 \end{aligned}$$

여기서 공분산이 0의 값을 갖는 것은 두 확률변수 X, Y 간에는 어떠한 비례적인 관련성이 존재하지 않는 경우이다.

본 예제에서처럼 두 변수가 서로 독립적이면 공분산값은 0이 된다. 그러나 공분산값이 0이라고 해서 반드시 두 변수가 독립인 것은 아니다.

5.3.3 엑셀을 이용한 공분산의 계산

공분산은 앞서 살펴본 바와 같이 두 변수 사이에 어떠한 관련성이 있으며, 어느 정도 밀접한 관련이 있는가를 측정하는 척도로서 엑셀을 이용한 계산방법에 대하여 설명하고자 한다. 예를 들어, 경기산업의 종업원 10명의 근무월수에 따른 현재의 급여수준은 [그림 5-2]와 같다. 이 자료를 이용하여 근무월수와 급여와 공분산을 측정하여 보자.

| 그림 5-2 | 입력 데이터

	A	B	C	D
1				
2	번호	근무월수	현재급여	
3	1	56	57000	
4	2	42	40200	
5	3	21	21450	
6	4	33	21900	
7	5	38	45000	
8	6	40	32100	
9	7	35	36000	
10	8	10	21900	
11	9	15	27900	
12	10	22	24000	
13				
14				

① 결과를 출력시킬 임의 셀로 셀 포인트를 이동한 후 [수식-함수삽입 fx] 메뉴 선택하면 [그림 5-3]과 같은 [함수 마법사] 대화상자가 나타난다.

| 그림 5-3 | 함수 마법사 대화상자와 함수, 범주의 선택

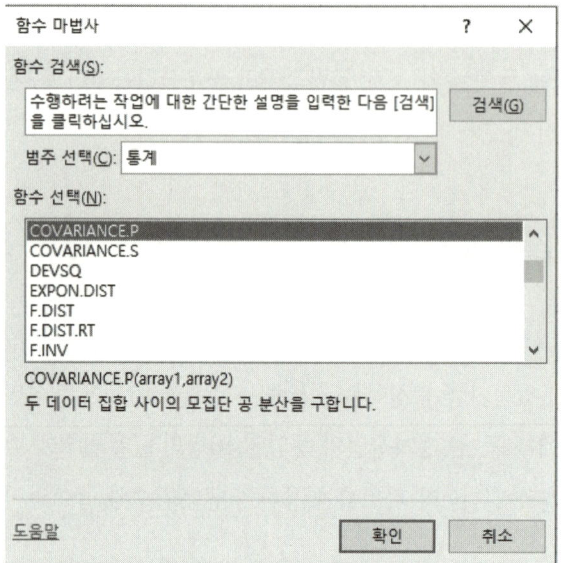

② 대화상자의 [범주 선택]에서 [통계]를 선택하고 [함수 선택]에서 [COVARIANCE.P]를 선택 후 [확인] 버튼을 클릭하면 [그림 5-4]와 같은 공분산 계산을 위한 대화상자가 나타난다.
혹은 [수식-함수 더보기-통계] 선택 후 [COVARIANCE.P]를 선택하여도 동일한 공분산 계산을 위한 대화상자가 나타난다.

| 그림 5-4 | 공분산분석 대화상자

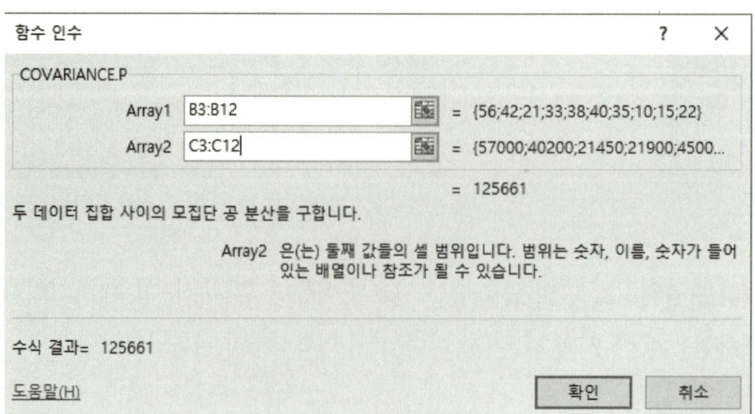

③ 공분산분석 대화상자에 각 변수의 입력 데이터 영역(본 예제에서는 Array1으로 'B3:B12', Array2로 'C3:C12')을 각각 지정한 후 확인을 클릭하면 두 변수에 대한 공분산이 계산되어진다. 공분산분석 결과 본 예제의 경우 두 변수 간의 공분산 값은 125661이다.

| 그림 5-5 | 공분산분석 결과

	A	B	C	D	E	F	G
1							
2	번호	근무월수	현재급여				
3	1	56	57000				
4	2	42	40200				
5	3	21	21450				
6	4	33	21900		근무월수와 급여 간의 공분산	125661	모집단
7	5	38	45000			139623.333	표본집단
8	6	40	32100				
9	7	35	36000				
10	8	10	21900				
11	9	15	27900				
12	10	22	24000				
13							
14							

공분산 값을 계산하기 위하여 이상과 같은 [함수 마법사]를 이용할 수도 있으나 모집단인 경우에는 해당 셀에 통계함수 '=COVAR(B3:B12, C3:C12) 혹은 =COVARIANCE.P(B3:B12,C3:C12)' 를 직접 입력하여도 무방하다. 또한 표본집단의 공분산을 계산하고자 하는 경우에는 '=COVARIANCE.S(B3:B12, C3:C12)' 를 입력 계산할 수 있다. 모집단의 공분산은 함수 [COVARIANCE.P]를 이용하며, 표본집단의 공분산은 함수 [COVARIANCE.S]를 이용하여 계산한다.

5.4 이항분포

5.4.1 베르누이시행

어떤 실험의 경우 그 실험에서 나타날 수 있는 결과가 상호 배타적인 두 가지 사건, 즉 원하는 결과(성공, Success)와 원치 않는 결과(실패, Failure)로 구분되어지는 경우가 있다. 예를 들면 동전을 던질 때의 앞면과 뒷면, 주사위를 던질 때 나온 눈이 1과 1이 아닌 수, 시험에서의 합격과 불합격, 품질검사에서의 양품과 불량품, 출산에서의 아들과 딸, 자동차 색깔을 빨강과 다른 색으로 구분하는 경우 등은 실험의 결과가 두 종류의 범주로 구분되어질 수 있을 것이다. 이러한 시행을 **베르누이시행(Bernoulli trial)**이라 하며, 이러한 베르누이시행은 이항분포의 기초가 된다.

일반적으로 베르누이시행은 다음과 같은 조건을 만족시키는 시행을 의미한다.

> **베르누이시행의 조건**
>
> ① 각 시행의 결과는 상호 배타적인 두 개의 범주로 구분되어진다.
> 즉, 원하는 결과(성공, S)와 원하지 않는 결과(실패, F)로 구분되어질 수 있다.
>
> ② 각 시행에서 원하는 결과가 나타날 확률 $P(S)$는 일정한 값 p를 가지며, 이에 따라 원하지 않는 결과가 발생할 확률 $P(F)$는 $(1-p)$의 값을 갖게 된다.
>
> ③ 각 시행은 서로 독립적이다. 즉, 한 시행의 결과가 다음 시행의 결과에 아무런 영향을 미치지 않는다.

이러한 조건을 갖춘 베르누이시행을 n회 반복하였을 때 원하는 결과가 발생한 횟수 또는 성공횟수를 확률변수 X라 할 때, 이러한 확률변수 X를 이항확률변수(binomial random variable)라 하며, 이항확률변수 X가 취할 수 있는 값에 대한 확률분포를 이항확률분포(binomial probability distribution) 혹은 간단히 **이항분포(binomial distribution)**라 한다.

예를 들어 동전을 던져 앞면이 나오는 사건을 성공으로 보고, 3회 동전을 던지는 실험에서 앞면이 나오는 횟수를 확률변수 X라 하면 확률변수 X는 이항확률변수가 되며, 이항확률변수 X가 가질 수 있는 값과 그 값을 가질 확률을 모아 놓은 표가 이항분포표가 된다.

표 5-4 ▮ 동전 3회 던질 때 앞면 횟수 X에 대한 이항분포표

앞면의 횟수(X)	$P(X = x_i)$
0	$\frac{1}{8}$ $\left(= {}_3C_0\left(\frac{1}{2}\right)^0\left(\frac{1}{2}\right)^3\right)$
1	$\frac{3}{8}$ $\left(= {}_3C_1\left(\frac{1}{2}\right)^1\left(\frac{1}{2}\right)^2\right)$
2	$\frac{3}{8}$ $\left(= {}_3C_2\left(\frac{1}{2}\right)^2\left(\frac{1}{2}\right)^1\right)$
3	$\frac{1}{8}$ $\left(= {}_3C_3\left(\frac{1}{2}\right)^3\left(\frac{1}{2}\right)^0\right)$

5.4.2 이항분포

이항분포는 베르누이시행의 반복 시행에서 얻어지는 분포로서 널리 이용되어지는 분포형태이다. 예를 들어, 한 개의 동전을 100회 던지는 실험에서 앞면이 나오는 횟수에 관심을 둔다면 이는 100회의 베르누이시행에 해당된다. 이 경우 앞면이 나오는 횟수가 만들어내는 분포가 이항분포가 된다.

이와 같이 n회의 베르누이시행에서 얻어지는 성공횟수를 확률변수 X라 할 때 이를 이항확률변수 또는 이항변수(binomial variable)라 한다. 이때 이항변수 X는 $0 \sim n$ 사이의 값을 가질 수 있으며, 이항변수 X가 각 값을 가질 확률을 계산하여 놓은 표를 이항확률분포 또는 이항분포라 한다. 이항분포를 기호로 나타내는 방법은 시행횟수가 n이고 성공확률이 p일 때 $X \sim B(n, p)$로 표시한다. 이항분포에서 확률변수값에 대응하는 확률의 계산은 다음과 같은 이항분포에 대한 확률질량함수를 이용하여 구할 수도 있으나 부록에 있는 이항분포표를 이용하면 쉽게 계산할 수 있다.

이항분포 $X \sim B(n, p)$

확률질량함수 $P(X = x) = {}_nC_x\, p^x(1 - p)^{n - x}$ (식 5.9)

여기서, n은 시행횟수, p는 성공확률, x는 성공횟수

이항분포 $X \sim B(n, p)$의 분포모양은 n과 p값의 변화에 따라 변화하게 된다. 시행횟수 n이 일정하고 성공확률 p값이 0.5에 접근할수록 분포의 모양은 대칭형에 가까워지는 성질이 있으며, p값이 일정하고 n값이 커질수록 분포 모양이 대칭형에 가까워지는 성질이 있다. 이러한 성질을 이용하여 시행횟수가 크거나 성공확률이 0.5에 접근한 이항분포의 경우 정규분포를 이용하여 확률을 계산할 수 있게 된다. 이러한 내용은 추후 정규분포에서 설명하고자 한다.

이항분포 $X \sim B(n, p)$의 기대값과 분산을 구하면 다음과 같다.

이항분포 $X \sim B(n, p)$에서의 기대값과 분산

기대값 $E(X) = np$ (식 5.10)

분 산 $Var(X) = np(1 - p)$ (식 5.11)

[예제 5-7] 병아리 감별사가 10마리의 병아리를 추출하여 감별한 결과 나타나는 암병아리 수를 확률변수 X라 할 때 다음을 구하여라.

(1) 확률변수 X에 대한 확률질량함수를 구하여라.

(2) 2마리 이상의 암병아리가 나올 확률을 구하여라.

(3) 확률변수 X의 기대값과 분산을 구하여라.

| 풀이 |

(1) 암병아리의 수 X가 가질 수 있는 값은 0부터 10 사이이며, 암병아리가 추출될 확률은 $\frac{1}{2}$이므로 성공확률이 $\frac{1}{2}$인 베르누이시행으로 볼 수 있다. 따라서 확률변수 X는 이항확률변수가 되며, $X \sim B\left(10, \frac{1}{2}\right)$로 표현할 수 있다. 따라서 이항확률변수 X의 확률질량함수는 다음과 같다.

$$P(X=x) = {}_{10}C_x\left(\frac{1}{2}\right)^x\left(1-\frac{1}{2}\right)^{10-x}$$

(2) 두 마리 이상의 암병아리가 추출될 확률 $P(X \geq 2)$은 이항확률변수 X가 2부터 10까지의 값을 갖는 경우이므로 $P(X \geq 2) = P(X=2) + P(X=3) + P(X=4) + P(X=5) + P(X=6) + P(X=7) + P(X=8) + P(X=9) + P(X=10)$에 의하여 계산되어질 수 있다. 하지만 이 경우 계산이 너무 복잡하므로 여사건의 개념을 이용하면 쉽게 계산할 수 있다.

두 마리 이상의 암병아리가 추출되는 사건에 대한 여사건은 한 마리 이하의 암병아리가 추출되는 사건이므로

$$\begin{aligned} P(X \geq 2) &= 1 - P(X \leq 1) = 1 - \{P(X=0) + P(X=1)\} \\ &= 1 - \left\{ {}_{10}C_0\left(\frac{1}{2}\right)^0\left(\frac{1}{2}\right)^{10} + {}_{10}C_1\left(\frac{1}{2}\right)^1\left(\frac{1}{2}\right)^{10-1} \right\} \\ &= \frac{1,013}{1,024} = 0.989 \end{aligned}$$

부록에 제시된 이항분포표를 이용하는 경우 실험횟수 n은 10이고 성공확률이 0.5이므로 $P(X \geq 2) = 1 - P(X \leq 1) = 1 - 0.011 = 0.989$

(3) 이항분포 $X \sim B\left(10, \frac{1}{2}\right)$에서 $n=10,\ p=\frac{1}{2}$이므로

기대값 $E(X) = np = 10 \cdot \frac{1}{2} = 5$

분 산 $Var(X) = np(1-p) = 10 \cdot \frac{1}{2} \cdot \frac{1}{2} = \frac{5}{2}$

5.4.3 엑셀을 이용한 이항분포의 확률값 계산

다음 예제를 이용하여 엑셀을 이용한 이항분포의 확률값과 누적확률값의 계산 과정에 대하여 살펴보기로 하자.

[예제 5-8] A중국집 고객 중 20%가 자장면을 주문하는 경우, 12명의 고객 중 자장면을 주문하는 고객이 한 명도 없을 확률은? 3명의 고객이 자장면을 주문할 확률은? 4명 이하가 자장면을 주문할 확률은?

| 풀이 |

이러한 질문에 대한 해답은 다음 절차에 따라 엑셀을 이용하여 계산할 수 있다.

(1) [그림 5-6]과 같이 셀A5에 '자장면 주문수'라 입력한 후 12명의 고객 중 발생 가능한 자장면 주문자의 수, 즉 0~12까지를 입력하고 셀B5, 셀C5에 각기 '확률값', '누적확률값'이라 입력한다.

| 그림 5-6 | 엑셀을 이용한 이항분포의 확률계산

	A	B	C	D	E
1					
2					
3					
4					
5	자장면 주문 수	확률값	누적확률값		
6	0	0.068719477	0.068719477		
7	1	0.20615843	0.274877907		
8	2	0.283467842	0.558345748		
9	3	0.236223201	0.79456895		
10	4	0.132875551	0.9274445		
11	5	0.05315022	0.980594721		
12	6	0.015502148	0.996096868		
13	7	0.003321889	0.999418757		
14	8	0.000519045	0.999937802		
15	9	5.76717E-05	0.999995474		
16	10	4.32538E-06	0.999999799		
17	11	1.96608E-07	0.999999996		
18	12	4.096E-09	1		
19					
20					

(2) 셀 포인터를 셀B6로 이동 후 메뉴에서 [수식 – 함수삽입 fx] 메뉴 선택하면 [그림 5-7]과 같은 [함수 마법사] 대화상자가 나타난다.

| 그림 5-7 | 함수 마법사 대화상자

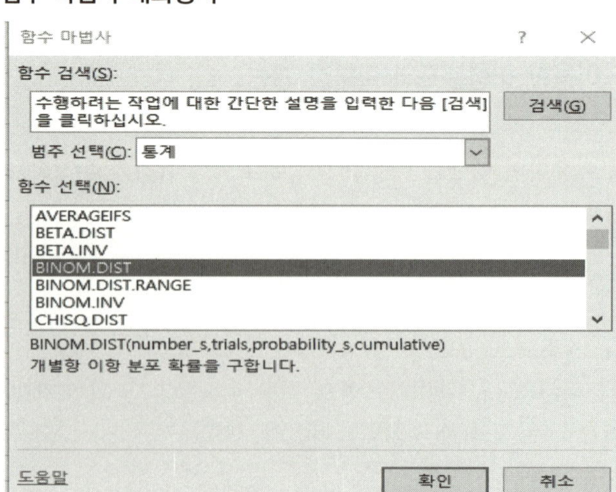

(3) [함수 마법사] 대화상자에서 [함수 범주]로 [통계], [함수이름]으로 [BINOM.DIST]를 선택한 후 [확인]을 선택하면 [함수 인수 BINOM.DIST] 대화상자가 나타난다.

| 그림 5-8 | 함수 인수 BINOM.DIST 대화상자

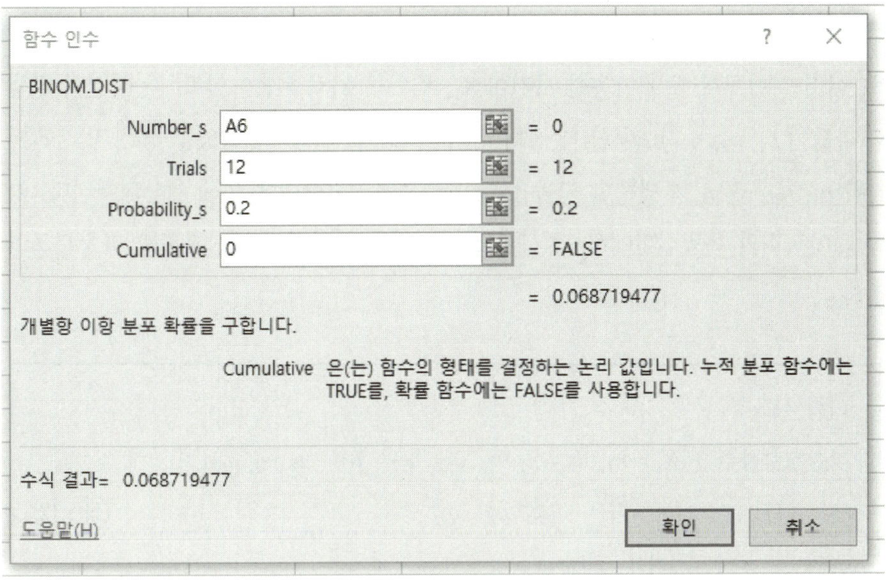

(4) [함수 인수 BINOM.DIST] 대화상자의 [Number_s] 란에는 확률변수의 값이 입력되어 있는 첫 번째 셀의 주소(본 예제에서는 셀A6)를 입력한다. [Trials] 란에는 실행횟수 n을 입력한다(본 예제의 경우에는 12). [Probability_s]란에는 원하는 사건이 발생할 확률을 입력한다(본 예제의 경우 자장면을 주문할 확률 0.2). 마지막으로 [Cumulative] 란에는 특정 확률변수 값 x에 대한 이항분포의 확률값 계산을 원하는 경우에는 논리값 'False (혹은 0)' 를 입력한 후 확인을 선택하면 [그림 5-6]과 같이 자장면 주문고객이 0명일 확률이 계산되어진다. 이 후 해당 셀의 내용을 마우스 드래그를 이용 복사하면 확률변수 X가 해당 값을 가질 확률이 계산되어진다.

한편, 누적확률 값을 계산하기 위해서는 앞서 설명한 이항분포의 확률값 계산 절차 2단계부터 반복 수행하면 된다. 다만 마지막으로 [Cumulative] 란에 논리값 'True (혹은 1)' 을 입력한다는 점을 제외하고는 동일하다.

5.4.4 다항분포

다항분포는 실험의 결과로서 상호 배타적인 k개의 사건이 발생 가능한 경우 나타나는 분포이다. 이때 만약 $k=2$라면 이는 앞서 설명한 이항분포와 동일하게 된다. 즉, 어떤 실험에서 발생 가능한 사건이 $X_1, X_2, \cdots, X_k$로 k개가 있고, 각 사건이 발생할 확률이 $p_1, p_2, \cdots, p_k$라 할 때, n회 이러한 실험을 반복시행하였을 경우 각 사건이 각각 $n_1, n_2, \cdots, n_k$회 발생할 확률은 다음의 확률질량함수에 의해 계산되어진다. 이와 같이 n회의 독립실험에서 각 사건별 발생횟수가 만들어내는 분포를 다항분포라 한다.

> 다항분포
>
> 확률질량함수 $P(X_1 = n_1, X_2 = n_2, \cdots, X_k = n_k) = f(n_1, n_2, \cdots, n_k)$
>
> $$= \frac{n!}{n_1!n_2!\cdots n_k!} p_1^{n_1} p_2^{n_2} \cdots p_k^{n_k} \qquad \text{(식 5.12)}$$
>
> 여기서, $n_1 + n_2 + n_3 + \cdots + n_k = n$
>
> 기대값 $E(X_1) = np_1, E(X_2) = np_2, \cdots, E(X_k) = np_k$ (식 5.13)

[예제 5-9] 어떤 실험의 결과로서 1, 2, 3, 4의 값이 나타날 수 있으며, 각 사건이 발생할 확률은 각각 $\frac{1}{10}, \frac{2}{10}, \frac{3}{10}, \frac{4}{10}$라 한다. 이 실험을 20회 반복 시행하였을 때 각 결과의 발생횟수가 3, 4, 5, 8회일 확률을 계산하시오.

| 풀이 |

실험의 발생 가능한 결과가 상호 배타적인 4종류이며, 각 결과의 발생확률은 일정하고 독립적인 실험이므로 다항분포를 이용하여 확률 계산이 가능하다.

$$P(X_1 = 3, X_2 = 4, X_3 = 5, X_4 = 8) = \frac{20!}{3!4!5!8!}\left(\frac{1}{10}\right)^3\left(\frac{2}{10}\right)^4\left(\frac{3}{10}\right)^5\left(\frac{4}{10}\right)^8$$

$$= 0.009$$

5.5 포아송분포

5.5.1 포아송분포의 개념

포아송분포(Poisson distribution)는 일정한 시간이나 공간에서 어떠한 사건이 무작위적으로 발생할 때 해당 사건의 발생횟수가 만들어내는 분포형태이다. 즉, 단위시간(공간)당 사건의 발생횟수를 나타내는 포아송확률변수 X의 값과 이에 대응하는 확률이 만들어내는 분포를 포아송분포라 한다. 포아송분포는 다음 조건이 전제되어야 한다.

> 포아송분포의 전제조건
>
> ① 독립성이 전제되어야 한다. 즉, 한 단위시간(공간)에서의 사건 발생횟수는 다른 단위시간(공간)에서의 사건 발생횟수와 서로 독립적이다.
>
> ② 단위시간(공간)당 발생하는 사건 수에 대한 확률분포는 모든 시간(공간)에 대하여 동일하다. 즉, 단위시간(공간)에서 특정 횟수의 사건이 발생할 확률은 항상 일정하다.
>
> ③ 단위시간(공간)은 아주 작은 시간(공간)으로 나눌 수 있으며, 작은 시간(공간)에서 둘 이상의 사건이 동시에 발생할 확률은 극히 작으므로 0으로 본다.
>
> ④ 비례성이 전제되어야 한다. 즉, 사건의 발생 확률은 시간(공간)의 크기에 의해 결정된다. 따라서 작은 시간(공간)에서 사건이 발생할 확률은 큰 시간(공간)에서 사건이 발생할 확률보다 작다.

포아송분포에서 단위시간이나 단위공간에서 주어진 사건의 평균 발생횟수가 μ일 때 해당 사건이 x회 발생할 확률은 다음의 확률질량함수에 의해 계산할 수 있다.

포아송분포

확률질량함수 $P(X=x)=\frac{e^{-\mu}\mu^{x}}{x!}\quad (x=0, 1, 2, \cdots)$ (식 5.14)

여기서, 자연로그의 밑수 $e = 2.7182\cdots$

기대값 및 분산 $E(X)=Var(X)=\mu$ (식 5.15)

여기서, μ : 단위시간(공간)에서 사건의 평균 발생횟수

포아송분포에서 확률 계산은 확률질량함수를 이용하여 계산할 수도 있으나 부록에 있는 포아송확률분포표를 이용하면 쉽게 계산할 수 있다.

예를 들어 단위시간당 사건이 평균 3회 발생하는 경우 해당 사건이 단위시간 동안 5회 발생할 확률, 즉 $X = 5$일 확률을 포아송 확률밀도함수 $P(X=5)=\frac{e^{-3}3^{5}}{5!}\fallingdotseq 0.1008$을 이용하여 계산하려면 매우 복잡하다. 하지만 포아송확률분포표를 이용하면 $\mu = 3$과 $X = 5$의 교차점을 보면 0.1008로서 간단히 확률을 계산할 수 있다.

한편, 이항분포 $X \sim B(n, p)$에서 시행횟수 n의 값이 크고($n \geq 20$), 성공확률 p의 값이 작은($p \leq 0.05$) 경우($np < 5$), 이항분포에 의한 확률값과 포아송분포를 이용한 확률값은 비슷한 값을 갖게 된다. 이를 이항분포의 포아송분포 근사법이라 한다. 예를 들어, 어떤 기계에서 생산되는 제품의 평균 불량률이 3%인 경우, 표본으로 20개를 추출하여 검사할 때 2개가 불량품일 확률을 계산하여 보자. 불량품 개수 X는 이항확률변수로서 이항분포를 이용하여 해당 사건의 발생확률을 계산하면 $P(X=2) = {}_{20}C_2(0.03)^2(0.97)^{18} = 0.09883$이다.

포아송분포를 이용하여 해당 확률을 계산하기 위해서는 먼저 표본 20개에 포함되어 있는 불량품의 평균갯수를 계산하여야 한다. 이항분포에서의 기대값 $E(X) = np$이므로 평균 불량품수 $E(X) = 0.03 \times 20 = 0.6$개가 된다. 따라서 포아송분포를 이용하여 확률을 계산하면 $P(X=2)=\frac{e^{-0.6}(0.6)^{2}}{2!}$가 되며, 그 값은 포아송확률분포표를 이용하면 0.0988이 됨을 알 수 있다.

5.5.2 엑셀을 이용한 포아송분포의 확률값 계산

엑셀을 이용한 포아송분포의 확률값과 누적확률값 계산 절차는 앞서 설명한 이항분포와 거의 동일하다. 다음 예제를 이용하여 포아송분포의 확률값과 누적확률값 계산방법에 대하여 살펴보기로 한다.

> [예제 5-10] 한국대학 구내식당에 고객이 시간당 평균 4명이 도착한다고 할 때 1시간 동안 고객이 1명도 도착하지 않을 확률은? 3명의 고객이 도착할 확률은? 4명 이하의 고객이 도착할 확률은?

| 풀이 |

다음 절차에 따라 포아송분포를 이용하여 계산할 수 있다.

(1) [그림 5-9]와 같이 셀B4에 '도착고객 수'라 입력한 후 0~16까지를 입력하고 셀C4, 셀D4에 각기 '확률값', '누적확률값'이라 입력한다.

| 그림 5-9 | 엑셀을 이용한 포아송분포의 확률값 계산

	A	B	C	D	E
4		도착고객 수	확률값	누적확률값	
5		0	0.018315639	0.018315639	
6		1	0.073262556	0.091578194	
7		2	0.146525111	0.238103306	
8		3	0.195366815	0.43347012	
9		4	0.195366815	0.628836935	
10		5	0.156293452	0.785130387	
11		6	0.104195635	0.889326022	
12		7	0.059540363	0.948866384	
13		8	0.029770181	0.978636566	
14		9	0.013231192	0.991867757	
15		10	0.005292477	0.997160234	
16		11	0.001924537	0.999084771	
17		12	0.000641512	0.999726283	
18		13	0.000197388	0.999923672	
19		14	5.63967E-05	0.999980068	
20		15	1.50391E-05	0.999995107	
21		16	3.75978E-06	0.999998867	

(2) 셀 포인터를 셀C5로 이동 후 [수식-함수삽입 fx] 메뉴 선택하면 [함수 마법사] 대화상자가 나타난다.

(3) [함수 마법사] 대화상자에서 [함수 범주]로 [통계], [함수 이름]으로 [POISSON.DIST]을 선택한 후 [확인]을 선택하면 [그림 5-10]과 같은 [함수 인수 POISSON.DIST] 대화상자가 나타난다.

| 그림 5-10 | 함수 인수 POISSON.DIST 대화상자

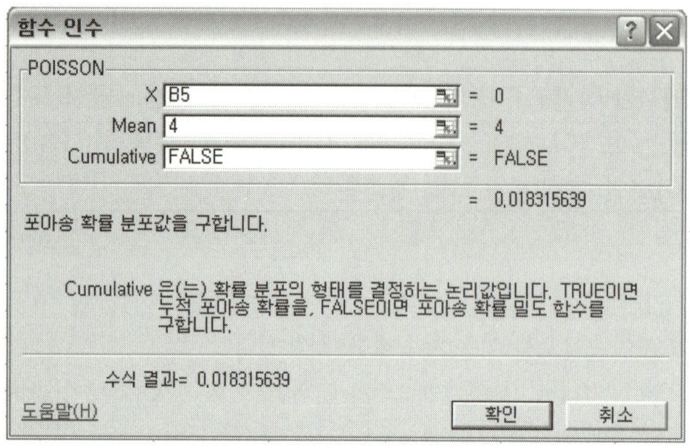

(4) [함수 인수 POISSON.DIST] 대화상자 [X] 란에는 확률변수의 값이 입력되어 있는 첫 번째 셀의 주소(본 예제에서는 셀B5)를 입력한다. [Mean]란에는 평균값을 입력한다 (본 예제의 경우에는 4). 마지막으로 [Cumulative]란에는 특정 확률변수값 x에 대한 포아송 분포의 확률값 계산을 원하는 경우 논리값 'False(혹은 0)'를 입력한 후 확인을 선택하면 [그림 5-9]와 같이 고객이 0명일 확률이 계산되어진다. 이후 해당 셀의 내용을 복사하여 사용하면 확률변수 X가 해당 값을 가질 확률이 계산되어진다.

한편, 누적확률값을 계산하기 위해서는 앞서 설명한 포아송분포의 확률값 계산 절차 2단계부터 반복 수행하면 된다. 다만 마지막으로 [Cumulative]란에 논리값 'True(혹은 1)'를 입력한다는 점을 제외하고는 동일하다.

5.6 연속확률분포

확률분포는 확률변수의 특성에 따라 이산형 확률분포와 연속형 확률분포로 구분된다. **연속확률분포**는 확률변수가 일정범위 내의 모든 값을 가질 수 있는 연속확률변수의 분포를 의미한다. 연속확률분포의 종류로는 균등분포, 정규분포, t분포, F분포,

카이제곱분포, 지수분포 등이 있다.

5.6.1 연속확률변수와 연속확률분포

이산확률변수에 대한 확률분포가 이산확률분포인 것처럼, 일정한 범위 내에서 무수히 많은 값을 가질 수 있는 **연속확률변수(continuous random variable)** X가 만들어내는 확률분포를 **연속확률분포(continuous probability distribution)**라 한다.

연속확률변수는 확률변수가 일정구간 내에 무한히 많은 값을 가질 수 있으므로 확률변수가 어떤 특정한 값을 가질 확률, 즉 $P(X = x) = 0$으로 정의한다. 따라서 연속확률변수의 경우에는 확률변수가 특정한 값을 가질 확률 대신 일정한 범위의 값을 가질 확률을 계산한다. 예를 들면 몸무게가 55~56kg 사이일 확률 $P(55 \le X \le 56)$, 키가 165~170cm 사이일 확률 $P(165 \le X \le 170)$ 등과 같이 일정구간의 값을 확률변수가 갖게 될 확률을 계산하게 된다.

따라서 이산확률변수에 대한 확률질량함수의 값 $P(x)$는 확률변수가 특정한 값을 가질 확률을 의미하지만, 연속확률변수 X에 대한 확률밀도함수의 경우 확률밀도함수의 값 $f(x)$는 분포의 모양을 나타내는 것으로 확률과는 무관하다. 따라서 연속확률변수가 일정구간의 값을 가질 확률, 즉 $P(a \le X \le b)$는 구간 $[a, b]$와 확률밀도함수 $f(x)$ 사이의 면적($= \int_a^b f(x)\,dx$)에 의하여 계산된다.

연속확률변수에 대한 확률밀도함수는 다음과 같은 특징을 지닌다.

> 연속확률변수에 대한 확률밀도함수의 특징
>
> ① 연속확률변수 X가 특정한 값 a를 가질 확률 $P(X = a) = f(a) = 0$이다.
>
> ② 확률밀도함수 $f(x)$는 모든 x에 대하여 $f(x) \ge 0$이다.
>
> ③ 연속확률변수에서의 확률은 확률변수가 일정구간의 값을 가질 확률로 계산되며, $P(a \le X \le b)$은 확률밀도함수 $f(x)$와 일정구간 $[a, b]$의 사이의 면적($= \int_a^b f(x)\,dx$)에 의하여 계산된다.
>
> ④ 확률밀도함수와 X축 사이의 면적은 1이다. 즉, $\int_{-\infty}^{\infty} f(x)\,dx = 1$

5.6.2 연속확률분포의 기대값과 분산

연속확률분포에서도 이산확률분포와 마찬가지로 분포의 특성치로서 대표치와 산포도를 정의하여 분포의 특성을 찾는 것은 중요한 사항이다. 여기에서는 연속확률분포에서의 대표치로 평균인 기대값과 산포도로 분산과 표준편차를 정의하고 그 성질을 알아보기로 한다.

연속확률변수 X의 확률밀도함수가 $f(x)$일 때 연속확률변수 X의 기대값과 분산은 다음에 의해 계산된다.

연속확률분포의 기대값(평균)과 분산

확률밀도함수 $f(x)$ $(-\infty < x < \infty)$

① 기대값 $E(X) = \int_{-\infty}^{\infty} xf(x)\,dx$ (식 5.16)

② 분 산 $Var(X) = (\text{편차})^2$ 의 기대값

$= E[(X-\mu)^2]$ (모집단의 관점)

$= E[(X-E(X))^2]$

$= E(X^2) - E(X)^2$ (표본의 관점)

혹은 $= \int_{-\infty}^{\infty} (x-E(X))^2 f(x)\,dx$

$= \int_{-\infty}^{\infty} x^2 f(x)\,dx - \left\{\int_{-\infty}^{\infty} xf(x)\,dx\right\}^2$ (식 5.17)

③ 표준편차 $S(X) = \sqrt{Var(X)}$ (식 5.18)

[예제 5-11] 연속확률변수 X의 확률밀도함수 $f(x) = 2x$ $(0 \le x \le 1)$일 때 확률변수 X의 기대값과 분산 및 표준편차를 구하시오.

| 풀이 |

연속확률변수 X의 기대값

$$E(X) = \int_0^1 xf(x)\,dx = \int_0^1 x\cdot 2x\,dx = \int_0^1 2x^2\,dx = \left[\frac{2}{3}x^3\right]_0^1 = \frac{2}{3}$$

확률변수 X의 분산과 표준편차를 구해보면 기대값 $E(X) = \frac{2}{3}$이므로

$$Var(X) = \int_0^1 (x - E(X))^2 f(x)\,dx = \int_0^1 \left(x - \frac{2}{3}\right)^2 \cdot 2xdx = \int_0^1 \left(2x^3 - \frac{8}{3}x^2 + \frac{8}{9}x\right) dx$$
$$= \left[\frac{2}{4}x^4 - \frac{8}{9}x^3 + \frac{8}{18}x^2\right]_0^1 = \frac{1}{18}$$

$$S(X) = \sqrt{Var(X)} = \sqrt{\frac{1}{18}} = \frac{\sqrt{2}}{6}$$

한편, 간편식을 이용하여 분산을 계산하면

$$Var(X) = E(X^2) - E(X)^2$$
$$= \int_0^1 x^2 f(x)\,dx - \left(\frac{2}{3}\right)^2 = \int_0^1 2x^3\,dx - \frac{4}{9} = \left[\frac{2}{4}x^4\right]_0^1 - \frac{4}{9} = \frac{1}{18}$$

한편, 확률밀도함수가 $f(x)$인 연속확률변수 X의 선형변환을 통해 만들어지는 새로운 확률변수 $aX + b$의 기대값과 분산은 이산확률분포와 동일한 특성을 지닌다.

연속확률분포의 선형변환식 $aX + b$의 기대값 및 분산

기대값	$E(aX + b) = aE(X) + b$	(식 5.19)
분 산	$Var(aX + b) = a^2\,Var(X)$	(식 5.20)

기대값의 선형변환 공식을 이용하여 [예제 5-11]에서 선형변환 $(3X + 2)$의 기대값 및 분산을 구하면 다음과 같다.

$$E(3X + 2) = 3E(X) + 2 = 3 \cdot \frac{2}{3} + 2 = 4$$

$$Var(3X + 2) = 3^2 Var(X) = 9 \cdot \frac{1}{18} = \frac{1}{2}$$

[예제 5-12] 연속확률변수 X의 확률밀도함수가 다음과 같다.

$$f(x) = \begin{cases} ax^2\,(0 \le x \le 1 \\ ax \ \ (1 < x \le 2) \\ 0 \ \ (x < 0,\ x > 2) \end{cases}$$

(1) 상수 a의 값을 구하여라.
(2) 확률 $P(0 \le X \le 1.5)$를 구하여라.
(3) X의 기대값과 새로운 확률변수 $(-22X+10)$의 기대값을 구하여라.
(4) X의 분산과 새로운 확률변수 $(-2X+10)$의 분산을 구하여라.

| 풀이 |

(1) 확률밀도함수와 X축 사이의 면적은 1이므로 $\int_0^2 f(x)\,dx = 1$이어야 한다.

$$\int_0^2 f(x)\,dx = \int_0^1 ax^2\,dx + \int_1^2 ax\,dx = \left[\frac{a}{3}x^3\right]_0^1 + \left[\frac{a}{2}x^2\right]_1^2 = \frac{a}{3} + \left(\frac{4a}{2} - \frac{a}{2}\right) = \frac{11}{6}a$$

$$\frac{11}{6}a = 1 \quad \therefore a = \frac{6}{11}$$

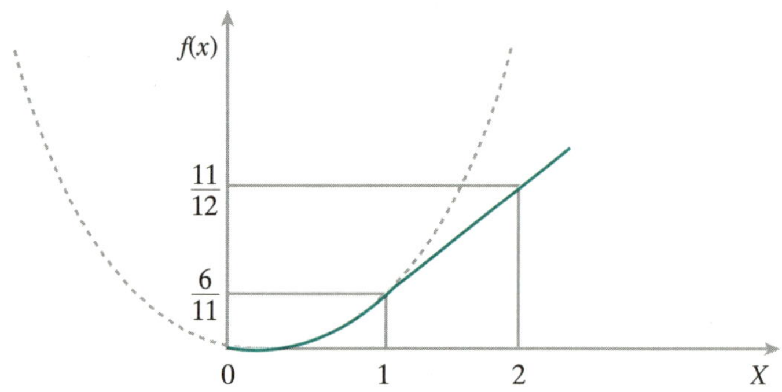

(2) $$P\left(0 \le X \le \frac{3}{2}\right) = \int_0^{\frac{3}{2}} f(x)\,dx = \int_0^1 \frac{6}{11}x^2\,dx + \int_1^{\frac{3}{2}} \frac{6}{11}x\,dx$$

$$= \left[\frac{6}{33}x^3\right]_0^1 + \left[\frac{6}{22}x^2\right]_1^{\frac{3}{2}} = \frac{6}{33} + \left(\frac{6}{22} \times \frac{9}{4} - \frac{6}{22}\right)$$

$$= \frac{23}{44}$$

(3) 확률변수 X의 기대값

$$E(X) = \int_0^2 xf(x)\,dx = \int_0^1 \frac{6}{11}x^3\,dx + \int_1^2 \frac{6}{11}x^2\,dx$$

$$= \left[\frac{6}{44}x^4\right]_0^1 + \left[\frac{6}{33}x^3\right]_1^2 = \frac{6}{44} + \left(\frac{48}{33} - \frac{6}{33}\right) = \frac{31}{22}$$

새로운 확률변수 $(-22X+10)$의 기대값

$$E(-22X+10) = -22E(X) + 10 = -22 \cdot \frac{31}{22} + 10 = -21$$

(4) 확률변수 X의 분산

$$Var(X) = E(X^2) - E(X)^2$$

$$= \int_0^2 x^2 f(x)\,dx - \left(\frac{31}{22}\right)^2 = \int_0^1 \frac{6}{11} x^4\,dx + \int_1^2 \frac{6}{11} x^3\,dx - \left(\frac{31}{22}\right)^2$$

$$= \left[\frac{6}{55} x^5\right]_0^1 + \left[\frac{6}{44} x^4\right]_1^2 - \left(\frac{31}{22}\right)^2 = \frac{6}{44} + \left(\frac{6 \times 16}{44} - \frac{6}{44}\right) - \left(\frac{31}{22}\right)^2 = \frac{409}{2,420}$$

새로운 확률변수 $(-2X + 10)$의 분산은

$$Var(-2X + 10) = (-2)^2\, Var(X) = 4 \cdot \frac{409}{2,420} = \frac{409}{605}$$

5.7 균등분포

균등분포(uniform distribution, 일양분포)는 연속확률분포 중에서 가장 간단한 분포로서 직사각형분포(rectangular distribution)라고도 한다. 균등분포는 임의의 구간 $[a, b]$에 있어서는 확률밀도함수 $f(x)$가 일정하고 나머지 값에 대하여서는 0의 값을 갖는 확률분포로서 다음과 같은 확률밀도함수로 정의된다.

$$f(x) = \begin{cases} \dfrac{1}{b-a} & (a \le x \le b) \\ 0 & (x < a,\ b < x) \end{cases}$$

균등분포의 기대값과 분산

$$E(X) = \frac{a+b}{2}, \qquad Var(X) = \frac{(b-a)^2}{12}$$

[예제 5-13] 연속확률변수 X의 확률밀도함수가 다음과 같다.

$$f(x) = \begin{cases} a & (0 \le x \le 4) \\ 0 & (\text{그 이외의 값}) \end{cases}$$

(1) a의 값을 구하여라.
(2) $P(2 \le X \le 3)$을 구하여라.
(3) 확률변수 X의 기대값과 분산을 구하여라.

| 풀이 |

(1) 확률밀도함수와 X축 사이의 면적은 1이므로 $\int_0^4 f(x)\,dx = 1$

$\int_0^4 f(x)\,dx = \int_0^4 a dx = 4a$이므로 $4a = 1$ $\quad \therefore a = \frac{1}{4}$

(2) 확률변수 X에 대한 확률분포가 다음과 같은 확률밀도함수를 갖는 균등분포를 이루게 된다.

$$f(x) = \begin{cases} \frac{1}{4} & (0 \le x \le 4) \\ 0 & (\text{그 이외의 값}) \end{cases}$$

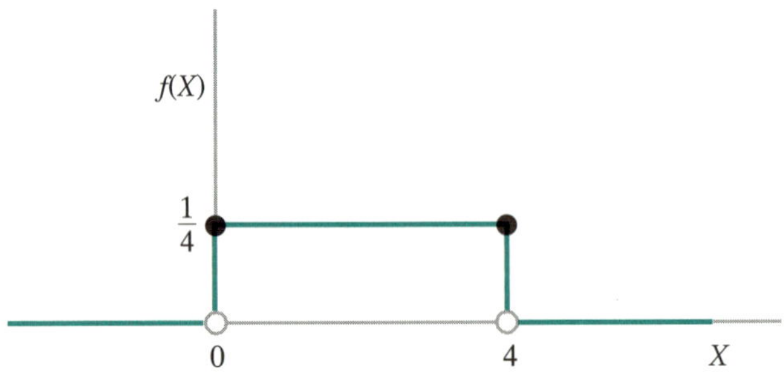

따라서 $P(2 \le X \le 3) = \int_2^3 \frac{1}{4}\,dx = \frac{1}{4}$

(3) 균등분포를 이루는 확률변수 X의 기대값과 분산은

$$E(X) = \frac{a+b}{2} = \frac{0+4}{2} = 2$$

$$Var(X) = \frac{(b-a)^2}{12} = \frac{(4-0)^2}{12} = \frac{4}{3}$$

5.8 정규분포

5.8.1 정규분포

가우스분포(Gaussian distribution)라고도 불리는 정규분포는 연속확률분포의 대표적인 유형으로 통계적 추론에 가장 많이 활용되는 중요한 분포 형태이다.

모집단의 평균이 μ이고 분산이 σ^2인 확률변수 X의 확률밀도함수 $f(x)$가 $f(x) = \frac{1}{\sqrt{2\pi\sigma^2}} e^{-\frac{1}{2}\left(\frac{x-\mu}{\sigma}\right)^2} \ (-\infty < x < \infty)$로 주어질 때 확률변수 X의 분포를 **정규분포**(normal distribution)라 하고, 기호 $X \sim N(\mu, \sigma^2)$로 표시한다. 정규분포의 확률밀도함수가 표시하는 곡선을 정규분포라 하는데, 이 분포는 두 개의 모수 μ, σ를 가지고 있으며, 이들에 의해 정규분포의 모양과 위치가 결정된다.

정규분포의 특성은 다음과 같다.

> 정규분포의 특성
>
> ① 정규분포의 모양과 위치는 분포의 표준편차와 평균에 의하여 결정된다.
>
> ② 정규분포 곡선의 모양은 평균을 중심으로 좌우 대칭인 종모양을 이룬다.
>
> ③ 정규분포 곡선은 X축과 닿지 않으므로 확률변수 X가 가질 수 있는 값의 범위는 $-\infty \leqq X \leqq \infty$이다.
>
> ④ 정규분포 곡선과 X축 사이의 면적은 1이다. 즉, $\int_{-\infty}^{\infty} f(x)\,dx = 1$이다.

확률변수 $X \sim N(\mu, \sigma^2)$인 경우 확률변수 X가 일정구간 $[a, b]$ 사이의 값을 가질 확률 $P(a \leqq X \leqq b) = \int_a^b f(x)\,dx$에 의해 계산된다. 하지만 이러한 확률값을 정규분포의 확률밀도함수를 이용하여 계산하는 것은 매우 어려운 일이다. 또한 정규분포의 모양과 위치는 정규분포의 평균과 표준편차에 따라 변화하므로 이항분포나 포아송분포 등과 같이 정규분포표를 만드는 것 또한 불가능한 일이다. 이에 따라 무수히 많은 정규분포를 하나의 통일된 분포형태, 즉 표준정규분포(standard normal distribution)로 전환하여 확률을 계산하는 방식을 채택하게 된다.

5.8.2 표준정규분포

정규분포는 평균과 표준편차에 의해 모양과 위치가 변하므로 확률변수 X가 특정 구간의 값을 가질 확률을 계산하기 위해서는 앞서 설명한 바와 같이 모든 정규분포를 표준화된 하나의 분포, 즉 표준정규분포로 전환하여 확률을 계산하게 된다. 이를 위하여 새로운 확률변수 Z를 도입하여 모든 정규분포를 평균이 0이고, 표준편차가 1인 **표준정규분포(standard normal distribution)**, $Z \sim N(0, 1^2)$로 표준화한다. 여기서 Z는 표준화 변수로서 확률변수 X의 값이 분포의 평균으로부터 표준편차의 몇 배 떨어져 있는가를 나타내는 것이다.

표준정규분포의 확률밀도함수는 다음과 같다.

표준화 변수 $Z = \dfrac{X-\mu}{\sigma} \sim N(0, 1^2)$

확률밀도함수 $f(z) = \dfrac{1}{\sqrt{2\pi}} e^{-\frac{1}{2}z^2} \, (-\infty < z < \infty)$ **(식 5.21)**

평 균 $E(Z) = 0$ **(식 5.22)**

분 산 $Var(Z) = 1$ **(식 5.23)**

이때 확률밀도함수의 그래프를 표준정규분포라 하며, 표준정규분포는 $z = 0$을 중심으로 좌우 대칭인 종모양의 곡선으로 정규분포곡선과 동일한 특성을 지니고 있다.

표준정규분포를 이용하여 확률을 계산하는 방법은 표준정규분포표를 이용하면 쉽게 계산할 수 있다. 표준정규분포표를 이용하여 확률을 계산하는 방법에 대하여 살펴보면 다음과 같다.

예를 들어 표준정규분포에서 확률 $P(0 \le Z \le 1)$을 구하려면 표준정규분포표에서 좌측 z의 열에서 1.0의 행과 상단 z의 .00의 열이 만나는 교차점(z = 1.00)인 .3413이 확률값이 되는 것이다. 즉, $P(0 \le Z \le 1) = 0.3413$이 된다.

표준정규분포표에서 z값과 확률값을 혼동하지 않도록 주의하여야 한다. z값은 확률값을 읽을 수 있는 기준이 되므로 좌측의 열과 상단의 행으로 구성되며, 나머지 값

| 그림 5-11 | 표준정규분포와 확률

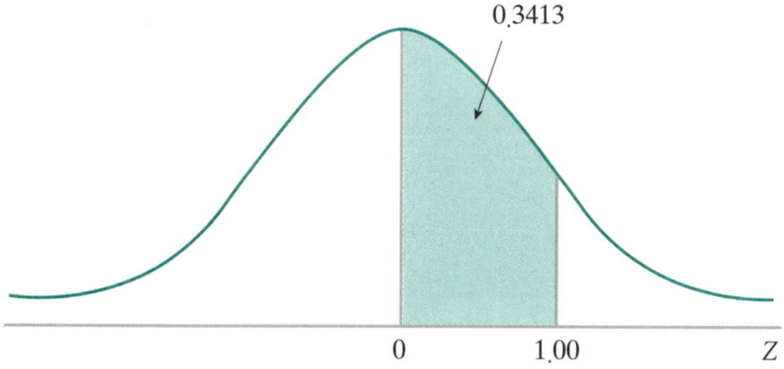

들은 모두 특정 z값에 대응되는 확률값인 것이다.

[예제 5-14] 확률변수 $X \sim N(80,\ 4^2)$인 경우 다음 확률을 구하여라.

(1) $P(80 \le X \le 84)$ (2) $P(72 \le X \le 80)$ (3) $P(72 \le X \le 84)$

| 풀이 |

확률변수 X가 해당 구간의 값을 가질 확률은 확률변수 X를 $Z = \dfrac{X-\mu}{\sigma}$를 이용하여 표준화 변수로 전환한 후 표준정규분포표를 이용하여 계산할 수 있다.

(1) $P(80 \le X \le 84) = P\left(\dfrac{80-80}{4} \le \dfrac{X-\mu}{\sigma} \le \dfrac{84-80}{4}\right)$

$= P(0 \le Z \le 1) = 0.3413$

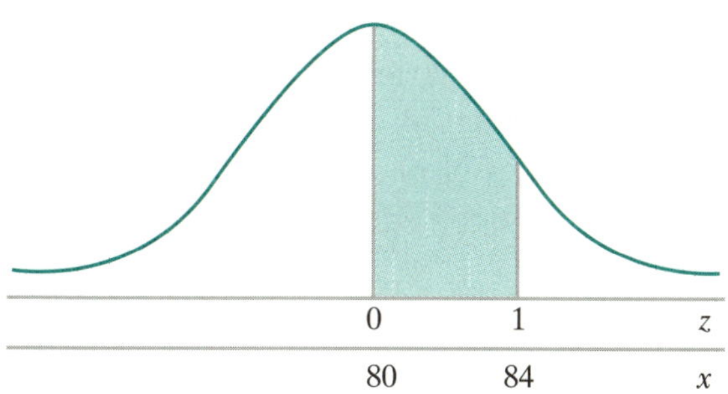

(2) $P(72 \le X \le 80) = P\left(\dfrac{72-80}{4} \le \dfrac{X-\mu}{\sigma} \le \dfrac{80-80}{4}\right)$

$= P(-2 \le Z \le 0) = P(0 \le Z \le 2) = 0.4772$

표준정규분포는 좌우대칭이므로 = $P(-2 \le Z \le 0)$ 값은 $P(0 \leqq Z \leqq 2)$의 값을 통해 얻을 수 있다.

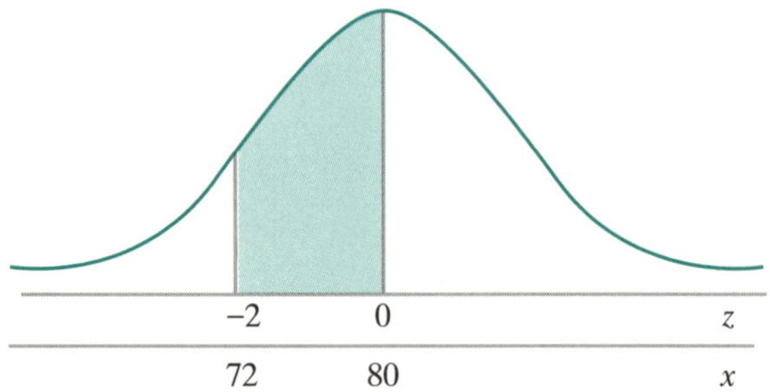

(3) $P(72 \le X \le 84) = P(-2 \le Z \le 1) = P(-2 \le Z \le 0) + P(0 \le Z \le 1)$

$= P(0 \le Z \le 2) + P(0 \le Z \le 1) = 0.4772 + 0.3413 = 0.8185$

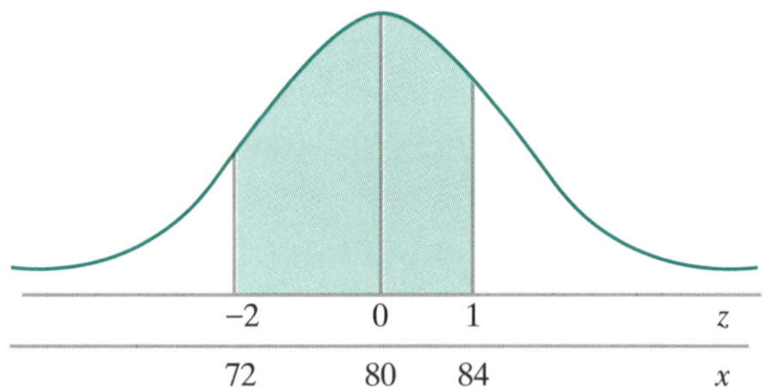

[예제 5-15] 토익점수로 신입사원 40명을 모집하는 공채에 지원자가 400명이었다. 이들의 토익성적 $X \sim N(800,\ 50^2)$에 따른다고 할 때 다음을 구하여라.

(1) 900점 이상인 지원자는 모두 몇 명인가?

(2) 합격자의 최저점을 구하여라.

(3) 예비 합격자의 수를 20%로 할 때 예비합격자의 최저점을 구하여라.

| 풀이 |

표준화변수 $Z = \dfrac{X-\mu}{\sigma} = \dfrac{X-800}{50}$를 이용하여 확률변수 X를 표준화 확률변수 Z로 변환시킨 후 표준정규분포표를 이용하여 확률과 Z값을 계산하면 된다.

(1) 900점 이상인 지원자의 수이므로

$$P(X \ge 900) = P\left(Z \ge \frac{900-800}{50}\right) = P(Z \ge 2)$$

$= 0.5 - P(0 \le Z \le 2) = 0.5 - 0.4772 = 0.0228$

$\therefore 400 \times 0.0228 = 9.12 \fallingdotseq 9$(명)

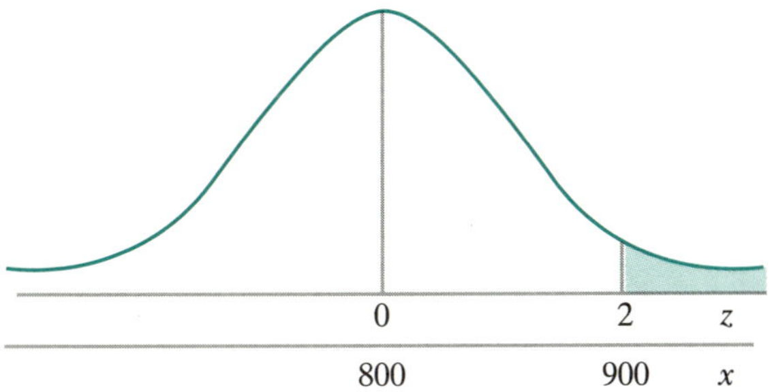

(2) 합격자의 최저점은 순위 40등인 지원자의 점수를 a라 하고 a를 구하면 된다. 먼저 상위 40명에 해당하는 확률은 $\frac{40}{400}$이므로

$P(X \ge a) = \frac{40}{400} \qquad \therefore P\left(Z \ge \frac{a-800}{50}\right) = 0.1$

$P\left(0 \le Z \le \frac{a-800}{50}\right) = 0.4$로 해주는 z값을 찾으면 약 1.28이 된다.
($z = 0.4$의 확률값을 읽는 것이 아니라, 확률값이 0.4인 z값을 찾아야 한다)

$\frac{a-800}{50} = 1.28$

$\therefore a = 800 + 50 \times 1.28 = 864$(점)

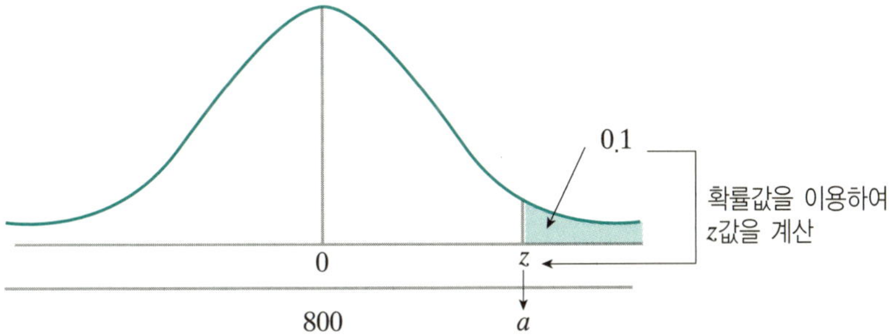

(3) 예비합격자의 수가 20%이므로 예비합격자수는 8명이 된다. 따라서 순위 48등의 점수가 최저점이 된다.
예비합격자의 최저점인 순위 48등 지원자의 점수를 a라 하고 a를 구하면 된다. 먼저 상위 48명에 해당하는 확률은 $\frac{48}{400}$이므로

$P(X \ge a) = \frac{48}{400} \qquad \therefore P\left(Z \ge \frac{a-800}{50}\right) = 0.12$

$P\left(0 \leq Z \leq \frac{a-800}{50}\right) = 0.38$로 해주는 z값을 찾으면 약 1.175가 된다.

$$\frac{a-800}{50} = 1.175$$

$$\therefore a = 800 + 50 \times 1.175 = 858.75 \fallingdotseq 859(\text{점})$$

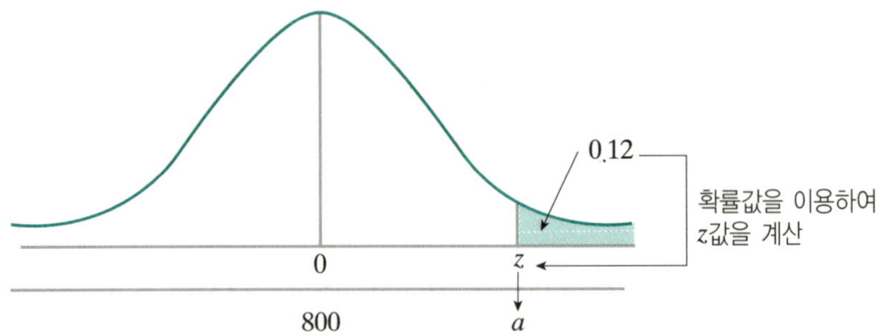

한편, 이항분포에서 시행횟수 n이 크고 성공확률이 0.5에 접근할 경우 해당 사건의 발생확률 계산은 대단히 복잡하고 이항분포표를 이용할 수 없게 된다. 이때에는 정규분포를 이용하여 확률을 계산할 수 있는데, 이를 이항분포의 정규근사법(normal approximation of binomial distribution)이라 한다.

[예제 5-16] ○, ×문제 10문제에 대하여 무작위로 선택하였을 경우 7~8개가 맞을 확률을 구하여라.

| 풀이 |

이항분포 이용 시 : 이항분포를 이용하여 확률을 계산하면

$$P(7 \leqq X \leqq 8) = P(X=7) + P(X=8) = {}_{10}C_7\left(\frac{1}{2}\right)^7\left(\frac{1}{2}\right)^3 + {}_{10}C_8\left(\frac{1}{2}\right)^8\left(\frac{1}{2}\right)^2$$
$$= 0.1611$$

정규분포 이용 시 : 정규분포를 이용하기 위하여서는 먼저 기대값과 표준편차를 구하여야 한다.

이항분포의 $E(X) = np = 10 \times 0.5 = 5$

$$S(X) = \sqrt{np(1-p)} = \sqrt{10 \times 0.5 \times 0.5} = 1.58$$

따라서 정규분포를 이용하는 경우 $X \sim N(5,\ 1.58^2)$과 유사하다.

$$P(7 \leqq X \leqq 8) = P\left(\frac{2}{1.58} \leqq Z \leqq \frac{3}{1.58}\right) = 0.0733$$ 이 된다.

본 예제의 결과에 의하면 이항분포를 이용한 경우와 정규분포를 이용하여 계산된 확률 간에 큰 차이가 존재함을 알 수 있다. 이러한 확률의 오차를 줄이기 위하여 n이 크지 않을 경우에는 수정계수 $\pm\frac{1}{2}$을 이용하여 연속성에 대한 수정(correction for continuity)을 하게 된다.

연속성의 수정(보간법)

$$P(a \leqq X \leqq b) = P\left(\frac{a - 0.5 - np}{\sqrt{np(1-p)}} \leqq Z \leqq \frac{b + 0.5 - np}{\sqrt{np(1-p)}}\right)$$

따라서 연속성의 수정 개념을 도입하여 본 예제에 대한 정규분포를 이용하여 확률을 다시 계산하면

$$P(7 \leqq X \leqq 8) = P\left(\frac{7-0.5-5}{1.58} \leqq Z \leqq \frac{8+0.5-5}{1.58}\right) = P(0.95 \leqq Z \leqq 2.22) = 0.1579$$

로서 이항분포를 이용하였을 경우와 비슷한 값을 갖게 된다.

[예제 5-17] 불량률이 20%인 제품에서 400개의 제품 검사 시 불량품의 수가 다음과 같게 될 확률을 구하여라.

(1) 90개 이하 (2) 100개 이상 (3) 72개 이상~96개 이하

| 풀이 |

검사 시 불량품수를 확률변수 X라 하면, $X \sim B(400,\ 0.2)$임을 알 수 있다.

이때 시행횟수가 많아서 이항분포표를 이용할 수 없으므로 정규분포를 이용하여야 할 것이다. 이를 위하여 이항분포의 기대값과 표준편차를 계산하면

$$E(X) = 400 \times 0.2 = 80$$

$Var(X) = 400 \times 0.2 \times (1 - 0.2) = 64 = 8^2$

본 예제의 경우 시행횟수가 400으로 크기 때문에 연속성의 수정없이 정규분포를 이용하여 확률을 계산할 수 있다. 즉, $X \sim N(80, 8^2)$

(1) 불량품이 90개 이하인 경우이므로

$$P(X \leq 90) = P\left(Z \leq \frac{90-80}{8}\right) = P(Z \leq 1.25)$$

$$= 0.5 + P(0 \leq Z \leq 1.25) = 0.8944$$

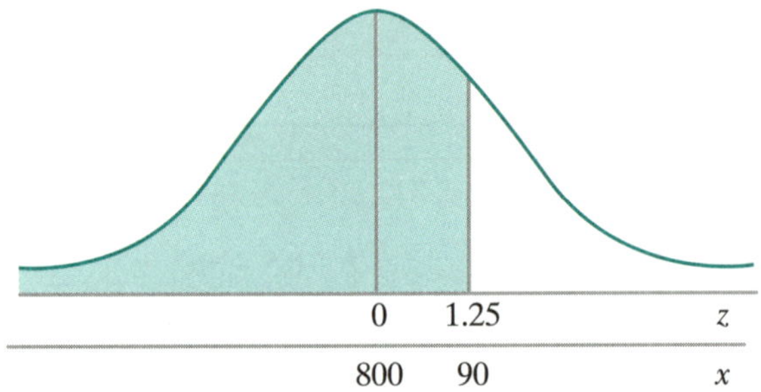

(2) 불량품이 100개 이상인 경우이므로

$$P(X \geqq 100) = P\left(Z \geqq \frac{100-80}{8}\right) = P(Z \geqq 2.5)$$

$$= 0.5 - P(0 \leq Z \leq 2.5) = 0.0062$$

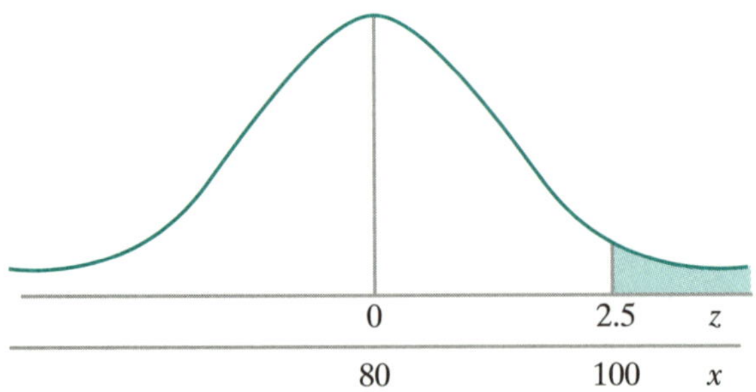

(3) 불량품이 72개 이상 96개 이하인 경우이므로

$$P(72 \leq X \leq 96) = P\left(\frac{72-80}{8} \leq Z \leq \frac{96-80}{8}\right) = P(-1 \leq Z \leq 2)$$

$$= 0.3413 + 0.4772 = 0.8185$$

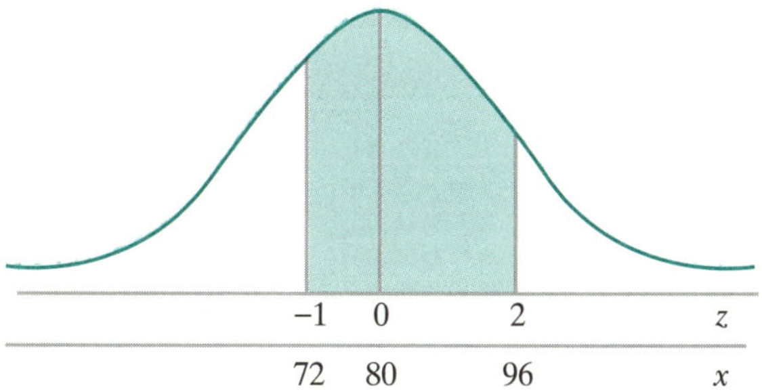

5.8.3 엑셀을 이용한 정규분포의 확률값 계산

엑셀에는 정규분포와 표준정규분포의 확률값 계산을 위한 함수가 포함되어 있다. 표준정규분포의 확률값 계산을 위해서는 [NORM.S.DIST]를 이용하고, 정규분포의 확률값 계산을 위해서는 [NORM.DIST]를 이용한다. 여기서는 [NORM.DIST]를 이용한 확률계산 방법만을 소개하기로 한다. [NORM.S.DIST] 이용 시에는 분포의 평균과 표준편차값을 입력하지 않는다는 점만 다를 뿐 나머지는 모두 동일하기 때문이다. 다음 예제를 이용하여 정규분포의 확률값 계산방법을 설명하기로 한다.

> [예제 5-18] 에어컨을 생산 · 판매하는 A사는 금년 7월 중 일일 매출액을 조사한 결과 1일 판매량이 $X \sim N(485, 105^2)$로 나타났다.

| 풀이 |

(1) [그림 5-12]와 같이 셀A1, 셀B1, 셀C1에 각기 판매량, 확률값, 누적확률값을 입력한 후 판매량에 적절한 값을 입력한다. 본 예제에서는 65를 시작으로 40씩 증가시켜 745까지를 입력하였다.

| 그림 5-12 | **엑셀을 이용한 정규분포의 확률값 계산**

	A	B	C	D
1	판매량	확률값	누적확률값	
2	65	1.27457E-06	3.29704E-05	
3	105	5.44043E-06	0.00015338	
4	145	2.00852E-05	0.000622051	
5	185	6.41343E-05	0.002202381	
6	225	0.000177124	0.006818862	
7	265	0.000423097	0.018502256	
8	305	0.000874125	0.04411942	
9	345	0.001562001	0.092783156	
10	385	0.002414136	0.172876989	
11	425	0.003227123	0.287090455	
12	465	0.003731147	0.428202477	
13	505	0.003731147	0.579259709	
14	545	0.003227123	0.719363726	
15	585	0.002414136	0.831951277	
16	625	0.001562001	0.910340882	
17	665	0.000874125	0.957628883	
18	705	0.000423097	0.982343981	
19	745	0.000177124	0.993535414	
20				
21				

(2) 셀 포인터를 셀B2로 이동 후 [수식-함수삽입 fx] 메뉴 선택하면 [함수 마법사] 대화상자가 나타난다.

(3) [함수 마법사] 대화상자에서 [함수 범주]로 [통계]와 [함수 이름]으로 [NORM.DIST]을 선택한 후 [확인]을 선택하면 [그림 5-13]과 같은 [함수 인수 NORM.DIST] 대화상자가 나타난다.

| 그림 5-13 | **함수 인수 NORM.DIST 대화상자**

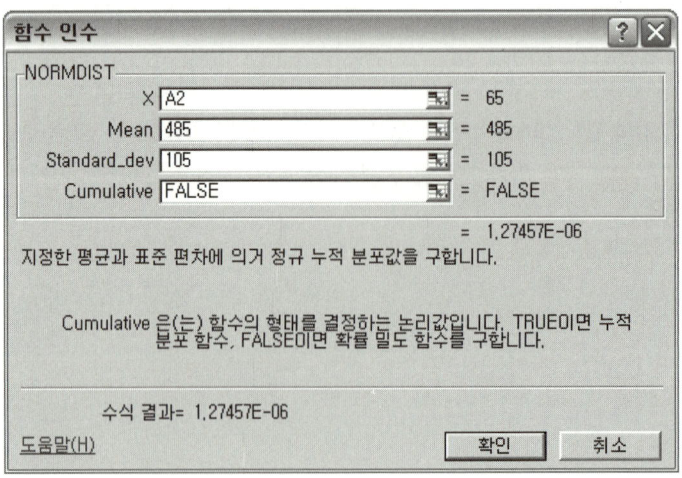

(4) [함수 인수 NORM.DIST] 대화상자 [X]란에는 확률변수의 값이 입력되어 있는 첫 번째 셀의 주소(본 예제에서는 셀A2)를 입력한다. [Mean]란에는 평균값(본 예제의 경우에는 485), [Standard_dev]란에는 표준편차값(본 예제에서는 105)을 입력한다. 마지막으로 [Cumulative] 란에는 특정 확률변수값 x에 대한 정규분포의 확률값 계산을 위하여 논리값 'False(혹은 0)'를 입력한 후 확인을 선택하면 [그림 5-12]와 같이 확률이 계산되어진다.

누적확률값을 계산하기 위해서는 앞서 설명한 정규분포의 확률값 계산 절차를 반복 수행하면 된다. 다만 마지막으로 [Cumulative]란에 논리값 'True(혹은 1)'을 입력한다는 점을 제외하고는 동일하다.

하지만 여기서 계산된 확률값은 해당 확률변수값에서의 정규분포함수의 값, 즉 정규분포함수의 높이를 계산한 값으로서 해당 값을 가질 확률과는 무관한 개념이다(연속확률분포에서 확률변수가 특정한 값을 가질 확률은 0). 또한 누적확률값은 확률변수 X가 해당 값 이하의 값을 가질 확률을 계산한 값이다.

연습문제

1. 다음 용어를 간단히 설명하시오.

(1) 이산확률변수(discrete random variable)와 연속확률변수(continuous random variable)

(2) 이산확률분포의 확률질량함수(probability mass function)와 연속확률분포의 확률밀도함수(probability density function)의 특징

(3) 확률변수 X의 기대값과 분산의 성질

2. 동전을 세 번 던지는 실험에서

(1) 발생 가능한 모든 결과를 나열하시오.

(2) 앞면이 나오는 횟수를 확률변수 X로 하여 확률분포표를 작성하시오.

(3) 확률변수 X에 대한 기대값과 분산을 구하시오.

(4) 확률변수 X에 대하여 (10X+5)를 하여 새로운 확률변수를 만들 때 새로운 확률변수의 기대값과 분산을 구하시오.

3. 200대의 제빵기를 보유하고 있는 A사의 지난 3개월간 1일 고장기계대수를 조사한 결과 다음과 같은 확률분포표를 구할 수 있었다.

고장기계대수	0	1	2	3	4	5
발생 확률	0.45	0.2	0.15	0.10	0.05	0.05

(1) 1일 고장기계대수의 평균과 분산을 구하시오.

(2) A사는 고장기계의 신속 수리를 위하여 기계 고장의 발생 여부와 관계없이 매일 수리요원이 방문하고 있으며, 이때 출장비 200원과 고장기계당 수리비용 150원을 지급하고 있다. 출장비는 수리대수와 무관하게 일정 지급하다고 가정한다. 1일 예상되는 고장기계 수리비용의 평균과 분산을 구하시오.

4. 어떤 탄광회사에서는 10개의 석탄 탄맥검사를 계획하고 있다. 탄맥검사에서 사업이 성공할 확률은 각각 0.1이라 하고 다음을 구하시오.

(1) 단 1개의 사업이 성공할 확률을 구하시오.

(2) 적어도 1개의 사업이 성공할 확률을 구하시오.

5. K백화점의 20대의 운송트럭 중에서 6대가 기준치 이상의 매연을 방출한다고 하는데 이러한 트럭을 매연트럭이라 하자. 어느 날 5대의 트럭을 무작위로 추출하였을 때 다음을 구하시오.

(1) 3~4대가 매연트럭일 확률을 구하시오.

(2) 매연트럭이 한 대도 없을 확률을 구하시오.

6. A초등학교는 반 학생들 중 선거위원 9명을 뽑아 이들의 투표를 통하여 과반수 이상(5명 이상)의 득표를 한 사람을 반장으로 선발한다. 반장에 출마한 철수 군은 반 학생들 중 20%에 해당하는 학생들과 친분을 유지하고 있다. 철수 군과 친분이 있는 학생이 선거위원이 되는 경우 반드시 철수 군을 선출한다고 할 때

(1) 철수 군을 지지하는 선거위원의 수를 확률변수 X라 할 때 확률변수 X에 대한 확률질량함수를 구하시오.

(2) 9명의 선거위원 중 2명 이하가 철수 군을 지지할 확률을 구하시오.

(3) 철수 군이 반장으로 선출될 확률을 구하시오.

7. 어느 항공회사는 국내선 항공권 예약 승객 중 1% 정도가 탑승 전까지 예약을 취소한다는 사실을 과거의 경험으로 알았다.

(1) 예약 승객 1,000명 중 예약 취소 승객수의 기대값과 분산을 구하시오.

(2) 예약 취소 승객이 7~8명일 확률을 구하시오.

8. 어느 소방서에 하루 동안 전화로 걸려오는 화재신고의 건수는 평균 5회인 포아송분포를 따른다고 한다

(1) 하루에 3번 이상 화재 신고전화가 올 확률을 구하여라.

(2) 하루에 2~3번 화재 신고전화가 올 확률을 구하여라.

9. 한국대학에서 통계학 수업을 듣는 학생 100명 중 1학년은 30명, 2학년 50명, 3, 4학년 각기 10명씩이라 하자. 복원추출 방법으로 15명의 학생을 뽑을 때 순서에 관계없이 1, 2학년 학생 4명씩과 3, 4학년 학생 2명씩 추출될 확률을 계산하기 위한 확률질량함수를 제시하시오.

10. 확률밀도함수가 다음과 같을 때

$$f(x) = ax \qquad 0 \le x \le 2$$
$$\phi \qquad \text{otherwise}$$

(1) $f(x)$가 확률밀도함수가 되기 위한 a의 값을 구하시오.

(2) 연속확률변수 X의 기대값과 분산을 구하시오.

(3) $P(X \le 3/2)$일 확률을 구하시오.

11. 연속확률변수 X의 확률밀도함수가 다음과 같은 균일분포를 이룬다.

$$f(x) = \begin{cases} a & 1.0 \le x \le 1.5 \\ 0 & \text{otherwise} \end{cases}$$

(1) a의 값을 구하시오.

(2) 확률변수 X의 기대값과 분산을 구하시오.

(3) 확률변수 X가 $1.2 \le X \le 1.5$ 사이의 값을 가질 확률을 구하시오.

12. 어느 대학 5,000명 전체 학생의 키는 평균이 171cm, 표준편차가 5cm인 정규분포를 따른다고 한다.

(1) 한 학생을 임의로 선택하였을 때 그 학생의 키가 165cm보다 작을 확률을 구하시오.

(2) 키가 180cm 이상인 학생은 몇 명 정도인가 구하시오.

13. 어떤 대학교의 학생생활연구소 조사에 의하면 학생 중 50%가 흡연을 하는 것으로 나타났다. 임의로 100명의 학생을 조사하였을 경우 45명 이하가 습관적으로 흡연을 할 확률을 구하시오.

14. 어느 회사에서 생산되는 전구의 수명 $X \sim N(900, 42^2)$이다. 1,000개의 전구 중에서 921시간 이하의 수명을 가진 전구는 몇 개가 되겠는가?

15. 통계시험 점수가 평균점수 66, 표준편차 12인 정규분포를 이룬다면

(1) 60점 이하를 받은 학생은 전체의 몇 %인가 구하시오.

(2) 하위 5%에 속하는 학생은 보충수업을 받는다면 몇 점 이하가 보충수업을 받는가 구하시오.

(3) 상위 10%에 해당하는 학생은 A학점을 주려 한다. 최소한 몇 점 이상이어야 하는가 구하시오.

16. 두 확률변수 X, Y가 서로 독립이며 각 변수에 대한 주변확률분포가 다음과 같다.

X의 주변확률분포

X	1	2	3	계
$P(X)$	1/2	1/3	1/6	1

Y의 주변확률분포

Y	1	2	3	계
$P(Y)$	1/4	2/4	1/4	1

(1) 두 확률변수의 결합확률분포표를 작성하시오.

(2) 각 확률변수의 기대값과 분산을 구하시오.

(3) 두 확률변수 간의 공분산을 구하고, 확률변수 간의 관련성에 대하여 설명하시오.

용 어 정 리

확률변수(random variable)
일정한 확률을 가지고 발생하는 실험의 결과(사건)에 수치를 부여한 것을 말한다.

이산확률변수(discrete random variable)
셀 수 있는 특정한 값만을 가질 수 있는 확률변수를 말한다.

연속확률변수(continuous random variable)
일정범위 내의 모든 값을 확률변수가 가질 수 있는 확률변수를 말한다.

확률분포(probability distribution)
확률변수가 가질 수 있는 값과 그 값을 가질 확률을 모아놓은 것을 의미한다.

확률질량함수(PMF : Probability Mass Function)
이산형 확률변수의 확률함수를 일컫는다. 일반적으로 $P(x)$로 표기한다.

확률밀도함수(PDF : Probability Density Function)
연속형 확률변수의 확률함수를 일컫는다. 일반적으로 $f(x)$로 표기한다.

누적분포함수(cumulative distribution function)
확률변수가 특정값 이하의 값을 가질 확률을 함수식으로 나타낸 것으로, 일반적으로 $F(x)$로 표기한다.

공분산(covariance)
두 변수 간의 관련성의 정도 및 관련 방향을 파악하는 도구이다.

베르누이시행(Bernoulli trial)
상호 배타적인 두 가지 사건에 대한 확률시험을 의미한다.

이항분포(binomial distribution)
독립적인 베르누이실험을 반복하였을 때 나타나는 결과값을 확률변수로 하는 확률분포를 의미한다.

포아송분포(Poisson distribution)
단위당 발생하는 사건의 횟수를 확률변수로 하는 확률분포를 의미한다.

균등분포(uniform distribution)
특정 구간에 있어서만 동일한 확률함수값을 갖는 확률변수의 확률분포를 의미한다.

정규분포(normal distribution)

좌우가 대칭인 종모양의 확률분포를 말하며, 평균이 0이고 분산이 1인 특수한 경우의 정규분포를 표준정규분포(standard normal distribution)라 한다.

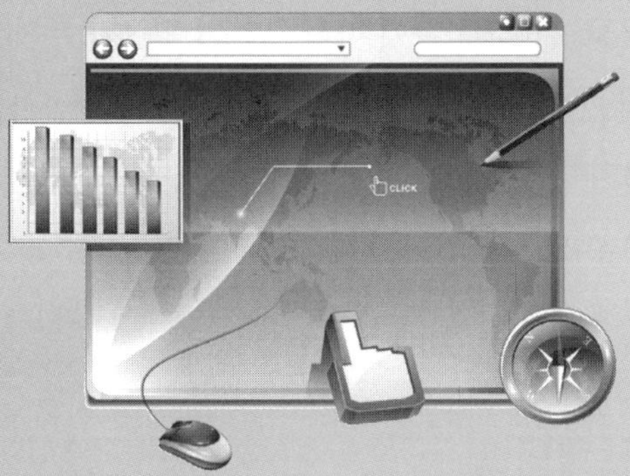

Chapter 06

표본통계량의 분포

개 . 요

일반적으로 통계학에서 가장 많이 사용되어지는 분포는 표본통계량의 분포이다. 모집단에 대한 전수조사를 통하여 필요로 하는 정보를 획득하기에는 시간과 비용이 너무 많이 소요되기 때문에 대부분의 경우 표본을 통하여 정보를 획득하게 된다. 따라서 본 장에서는 표본통계량의 분포 종류, 표본통계량의 분포가 가지는 특성을 주로 설명하게 된다. 또한 표본을 이용할 때 사용되어지는 t분포, χ^2분포, F분포 등에 대해 설명한다.

모집단에서 어떤 개체들이 표본으로 추출되느냐에 따라 표본의 평균과 분산은 달라질 수 있다. 따라서 표본의 통계량을 이용한 모수의 통계적 추론을 위하여서는 표본의 통계량이 어떻게 변화하는가에 대한 분석이 필요하다. 본 장에서는 추론 통계학의 근거가 되는 표본의 통계량이 만들어내는 분포에 대해 알아본다.

6.1 표본통계량의 분포 개념

우리는 자료수집 후 이에 대한 분석을 통하여 필요로 하는 정보를 추출하고 의사결정에 사용하게 된다. 이때 자료수집 대상은 크게 모집단과 표본집단으로 구분된다. 모집단이란 우리가 관심을 가지고 연구하고자 하는 대상 전체를 의미하며, 표본집단은 모집단 중 조사대상으로 선택된 일부를 말한다. 일반적으로 정확한 정보를 얻기 위해서는 모집단 전체를 대상으로 자료를 수집하고, 수집된 자료의 분석을 통하여 정보를 추출하는 것이 필요하다.

그러나 모집단 전체를 대상으로 자료를 수집하는 것은 모집단의 크기가 작을 때는 가능하지만, 그렇지 않은 경우에는 시간과 비용이 많이 소요된다는 단점이 있다. 따라서 대부분의 경우 모집단에 관한 정보획득을 위하여 모집단 전체를 대상으로 자료를 수집하기보다는 모집단의 일부를 표본으로 추출하여 표본에 대한 자료를 수집 · 분석하여 통계량을 계산하고, 이를 통하여 알고자 하는 모집단의 특성을 추정하여 의사결정에 활용하게 된다.

이러한 표본조사는 분석대상이 모집단 전체가 아닌 일부분만을 대상으로 하여 자료를 수집하기 때문에 항상 오류의 가능성을 내포하고 있다. 따라서 표본집단을 대상으로 자료를 수집하였을 경우 예상되어지는 오류를 줄이기 위하여 우리는 하나의 표본집단을 대상으로 정보를 추출하기보다는 다수 개의 표본집단에 대하여 자료를 수집하고 정보를 획득하여 종합하게 된다.

이와 같이 모집단으로부터 추출된 여러 개의 표본집단에 관한 통계량이 만들어내는 확률분포를 표본통계량의 분포(표본분포, 표집분포; sampling distribution)라 한다. 즉, 표본통계량의 분포란 모집단에서 일정한 크기 n으로 표본을 추출하여 표

| 그림 6-1 | 표본평균의 분포

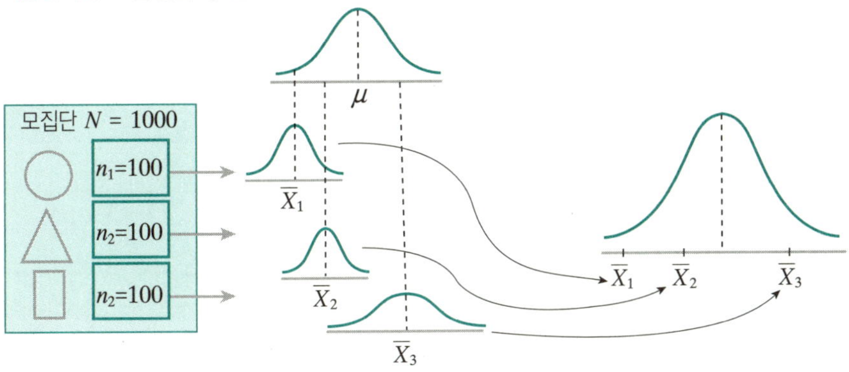

본의 통계량을 계산하는 과정을 k번 반복하면 k개의 통계량을 얻게 되는데, 이때 k개의 표본 통계량이 만들어내는 분포를 표본통계량의 분포라 한다.

표본통계량의 분포는 표본을 추출하여 특성치로서 계산하는 통계량이 표본평균, 표본분산 혹은 표본비율이냐에 따라 표본평균의 분포, 표본분산의 분포 그리고 표본비율의 분포로 구분된다.

표본통계량의 분포의 형태에 영향을 미치는 요인은 여러 가지가 있지만 일반적으로 모집단의 분포형태와 크기, 표본의 추출방법 및 표본의 크기 등 세 가지가 표본통계량의 분포의 형태에 영향을 미치는 중요한 요인이 된다.

첫째, 모집단의 분포형태와 크기이다. 모집단이 정규분포인지 아닌지?, 또는 무한모집단인가 유한모집단인가?에 따라 표본통계량의 분포의 형태가 달라진다. 일반적으로 모집단이 정규분포를 이루고 있는 경우에는 무한모집단으로 보며, 모집단이 정규분포가 아닌 경우에는 무한모집단과 유한모집단으로 나누어 접근하게 된다.

둘째, 표본의 추출방법이다. 표본을 추출하는 방법이 복원추출인가 비복원추출인가?에 따라 표본통계량의 분포의 형태가 달라진다. 복원추출을 하게 되면 모집단의 크기가 극단적으로 작지 않으면 자료를 지속적으로 추출할 수 있으므로 무한모집단으로 가정하여 통계적 추론을 하게 된다. 한편, 비복원추출인 경우에는 모집단의 크기가 매우 크지 않으면 자료를 추출할 수 있는 범위나 크기가 제한되므로 무한모집단으로 가정하기 어렵다.

셋째, 표본의 크기이다. 표본통계량의 분포의 형태는 표본의 크기에 민감한 영향을 받는다. 일반적으로 표본은 크기가 클수록 모집단의 특성이 잘 반영된다고는 하지만, 시간과 비용의 문제로 표본의 수를 많이 확보하기는 어렵다. 따라서 모집단의 특성을 잘 반영할 수 있는 적절한 수의 표본추출은 중요하다.

6.2 표본평균의 분포

6.2.1 단일모집단에 대한 표본평균의 분포

모집단에서 일정한 크기 n으로 표본을 추출한 후 이들의 표본평균을 $\overline{X}_1$라 하자. 이러한 과정을 k번 반복하면 k개의 표본에 대한 표본평균 $\overline{X}_1, \overline{X}_2, \cdots, \overline{X}_k$ 를 얻게 된다. 이때 표본평균 $\overline{X}$가 만들어내는 분포를 **표본평균의 분포(sampling distribution of means)**라 한다.

표본평균의 분포 역시 다른 확률분포와 마찬가지로 분포의 특성을 파악하기 위하여 기대값(평균)과 분산 같은 특성치 계산이 필요하다. 표본평균 분포의 기대값과 분산은 다음과 같다.

표본평균 분포의 기대값과 분산

기대값 $$E(\overline{X}) = \mu_{\overline{X}} = \Sigma \overline{X}_i \cdot P(\overline{X}_i) = \mu \quad \text{(식 6.1)}$$

분 산 $$Var(\overline{X}) = \sigma^2_{\overline{X}} = E\left[(\overline{X}_i - \mu_{\overline{X}})^2\right] = \Sigma(\overline{X}_i - \mu_{\overline{X}})^2 \cdot P(\overline{X}_i) = \frac{\sigma^2}{n} \quad \text{(식 6.2)}$$

즉, 표본평균의 기대값은 모집단의 평균(모평균) μ와 동일하며, 분산은 모집단의 분산 σ^2을 표본의 크기 n으로 나누어준 것과 동일하다.

[예제 6-1] 우리나라 대학생의 몸무게는 평균이 55kg이고 분산이 16으로 나타났다. 16명의 학생을 임의로 추출하여 이들의 평균 몸무게를 계산하였을 때 평균 몸무게의 기대값과 분산을 계산하시오.

| 풀이 |

표본의 크기가 n일 때 표본평균의 기대값 $E(\overline{X}) = \mu$이므로 표본평균의 기대값은 모평균과 동일한 55kg이 된다. 한편 표본평균의 분산은 $Var(\overline{X}) = \frac{\sigma^2}{n}$이므로 $Var(\overline{X}) = \frac{16}{16} = 1$이 된다.

6.2.2 모집단의 분포와 표본평균의 분포

표본통계량의 분포형태에 영향을 미치는 요인은 여러 가지가 있지만 일반적으로 모집단의 분포형태와 크기, 표본의 추출방법, 표본의 크기 등이 영향을 미치는 것으로 평가된다.

(1) 모집단이 정규분포인 경우

모집단이 정규분포를 이루고 있는 경우에는 복원추출이나 비복원추출과 같은 표본의 추출방법이나 표본의 크기에 관계없이 표본평균의 분포 역시 정규분포를 따른다. 모집단의 확률변수가 정규분포를 이루는 경우, 즉 $X \sim N(\mu, \sigma^2)$에서 n개의 표본을 추출하였을 때 표본평균 $\overline{X}$는 기대값 $E(\overline{X}) = \mu$이고, 분산 $Var(\overline{X}) = \frac{\sigma^2}{n}$인 정규분포를 이루게 된다. 즉,

$$\overline{X} \sim N(\mu_{\overline{X}}, \sigma^2_{\overline{X}}) = N\left(\mu, \frac{\sigma^2}{n}\right)$$

따라서 정규분포를 이루는 표본평균 $\overline{X}$를 표준화하면 다음과 같다.

$$Z = \frac{\overline{X} - \mu_{\overline{X}}}{\sigma_{\overline{X}}} = \frac{\overline{X} - \mu}{\sigma / \sqrt{n}} \sim N(0, 1^2)$$

[예제 6-2] 정규분포를 이루며 평균이 100이고 표준편차가 8인 모집단으로부터 16개의 표본을 임의 추출하였을 때 다음을 구하여라.

(1) 표본평균의 평균과 분산을 구하고 그 분포형태를 구하여라.

(2) $P(98 \le \overline{X} \le 103)$를 구하여라.

| 풀이 |

(1) $\mu = 100$, $\sigma^2 = 8^2$인 정규모집단으로부터 표본의 크기 $n = 16$으로 추출된 표본의 표본평균 $\overline{X}$의 분포는

기대값 $E(\overline{X}) = \mu = 100$

분 산 $Var(\overline{X}) = \dfrac{\sigma^2}{n} = \dfrac{8^2}{16} = 4$인 정규분포를 이루게 된다. 즉,

$$\overline{X} \sim N\left(\mu, \frac{\sigma^2}{n}\right) = N(100,\ 2^2)$$

(2) $\overline{X} \sim N(100,\ 2^2)$에서 표본평균이 일정한 구간의 값을 가질 확률을 계산하기 위해서는 표준화 후 표준정규분포를 이용하여 계산하면 된다.

따라서 $P(98 \le \overline{X} \le 103) = P\left(\dfrac{98-100}{2} \le Z \le \dfrac{103-100}{2}\right)$

$$= P(-1 \le Z \le 1.5) = 0.7745$$

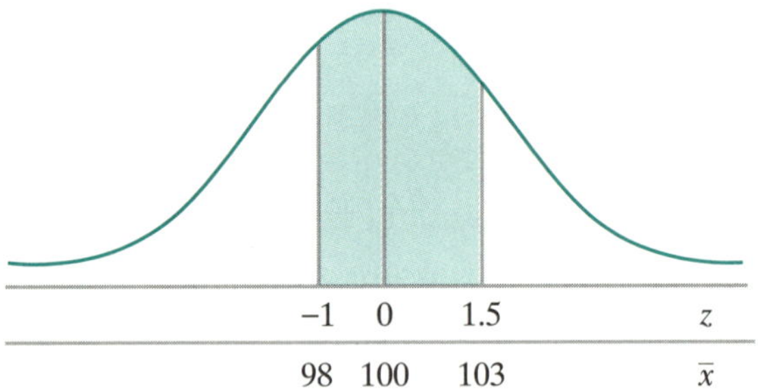

(2) 모집단이 정규분포가 아닌 경우

모집단이 정규분포를 이루고 있는 경우, 표본평균의 분포는 언제나 정규분포를 이룬다. 하지만 모집단이 정규분포를 이루고 있지 않는 경우에는 무한모집단인가 유한모집단인가, 표본의 크기가 대표본인가 소표본인가에 따라 표본평균의 분포형태가 달라지므로 상황에 따라 나누어 생각하여야 한다.

1) 모집단의 크기가 크거나 무한모집단일 때

모평균이 μ이고 모분산이 σ^2인 무한모집단에서 크기 n의 표본을 임의추출할 때 추출방법에 관계없이 표본평균 $\overline{X}$의 기대값 $E(\overline{X}) = \mu$이고, 분산 $Var(\overline{X}) = \dfrac{\sigma^2}{n}$이 된다. 그러나 표본평균의 분포형태는 모집단의 분포형태에 따라 달라지므로 모집단이

정규분포가 아닌 경우에는 표본평균의 분포가 정규분포를 따른다고 할 수 없으며 조건에 따라서 다른 분포형태를 갖게 된다.

모집단이 무한모집단이지만 정규분포가 아닌 경우에는 표본의 크기가 대표본인가 소표본인가에 따라 표본평균의 분포형태가 영향을 받게 된다. 평균이 μ이고 분산이 σ^2인 무한모집단에서 n개의 표본을 임의추출할 때 표본의 크기 n이 충분히 크면 표본평균 $\overline{X}$의 분포는 정규분포에 접근해 간다. 이를 **중심극한정리(central limit theorem)**라 한다. 보통 표본의 수 n이 30보다 클 때 중심극한정리는 성립하는 것으로 보고 있다. 하지만 표본의 크기가 작은 경우에는 중심극한정리가 성립되지 않으므로 표본평균의 분포형태는 정규분포를 이루지 않게 된다.

[예제 6-3] 건강한 성인의 혈청 철분의 평균과 표준편차는 각각 120과 16(단위는 microgram per 100ml)이라 한다. 64명의 성인을 표본으로 추출하였을 때
(1) 표본평균 $\overline{X}$의 분포를 구하여라.
(2) 표본평균이 115와 125 사이에 있을 확률을 구하여라.

| 풀이 |

모집단의 분포형태가 제시되어 있지 않으나 건강한 성인을 대상으로 자료를 수집하였으므로 무한모집단으로 볼 수 있으며, 표본의 크기가 30보다 크므로 중심극한정리에 따라 표본평균의 분포는 정규분포를 따른다고 볼 수 있다.

(1) $E(\overline{X}) = \mu = 120, \qquad Var(\overline{X}) = \dfrac{\sigma^2}{n} = \dfrac{16^2}{64} = 2^2$

$\therefore \overline{X} \sim N(120,\ 2^2)$

(2) $P(115 \le \overline{X} \le 125) = P\left(\dfrac{115-120}{2} \le Z \le \dfrac{125-120}{2}\right) = P(-2.5 \le Z \le 2.5)$
$= 0.9876$

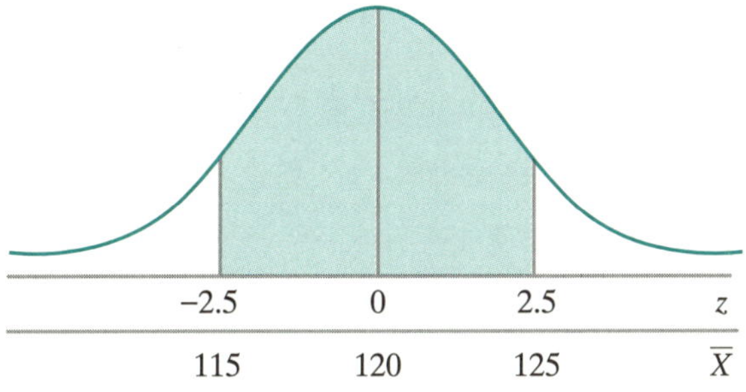

2) 유한모집단일 때

모집단을 구성하는 원소의 개수가 유한개인 유한모집단에서 표본을 복원추출할 경우에는 무한모집단에서와 동일하게 표본평균 $\overline{X}$의 기대값 $E(\overline{X}) = \mu$이고, 분산 $Var(\overline{X}) = \frac{\sigma^2}{n}$이 된다. 따라서 정규분포를 이루지 않는 유한모집단에서 복원추출을 할 경우에도 무한모집단의 경우와 마찬가지로 표본의 크기 n이 충분히 크면 중심극한정리에 의해 표본평균의 분포는 정규분포를 이룬다고 볼 수 있으나, 표본의 크기가 작은 경우에는 정규분포를 이루지 않게 된다.

그러나 정규분포를 이루지 않는 유한모집단에서 비복원추출을 하는 경우에는 표본평균 $\overline{X}$의 기대값 $E(\overline{X}) = \mu$로 동일하지만, 표본평균의 표준편차는 복원추출 때와는 달리 유한모집단 수정계수(finite population correction factor)를 이용한 다음과 같은 조정이 필요하다.

$$\sigma_{\overline{X}} = \frac{\sigma}{\sqrt{n}} \times \sqrt{\frac{N-n}{N-1}}$$

여기서, $\sqrt{\frac{N-n}{N-1}}$: 유한모집단 수정계수

이 수정계수는 모집단의 크기 N이 표본 n에 비해 커지면 커질수록 1에 가까운 값을 가지게 된다. 따라서, N이 n에 비해 상당히 큰 경우 $\frac{n}{N} < 0.1$ (또는 0.05)인 경우에는 유한모집단 수정계수를 고려하지 않아도 무방하다. 또한 크기 N인 유한모집단에서 n개의 표본을 비복원추출할 경우에도 표본의 크기 n이 충분히 크면 표본평균 $\overline{X}$의 분포는 중심극한정리에 따라 정규분포에 접근하며, 표본의 크기가 작은 경우에는 정규분포를 이루지 않게 된다.

이상과 같이 표본평균의 분포는 모집단의 분포가 정규분포인 경우에는 정규분포를 따르며, 정규분포가 아닌 경우에도 표본의 크기가 충분히 크면 중심극한정리에 의해 정규분포를 따르게 된다. 다만 유한모집단에서 비복원추출을 하며, 모집단에서 표본이 차지하는 비율, 즉 표본추출률이 작지 않을 때에는 표본평균의 분산만 유한모집단 수정계수를 이용하여 조정하면 된다.

[예제 6-4] 제품 한 개의 평균무게가 20kg이고 표준편차가 4kg인 10,000개의 제품더미에서 표본 64개를 비복원추출하였을 때 표본평균 $\overline{X}$가 19.5kg 이상 21.0kg 이하일 확률을 구하여라.

|풀이|

모집단의 분포형태가 제시되지 않았으나 표본의 크기가 64개로서 충분히 크므로 중심극한정리에 따라 표본평균의 분포는 정규분포를 이루는 것으로 볼 수 있으며, 유한모집단이지만 모집단에서 표본이 차지하는 비율, 즉 표본추출률이 0.0064로 아주 작으므로 유한모집단 수정계수는 고려하지 않아도 무방하다. 따라서 표본평균의 분포는 평균 $E(\overline{X}) = \mu = 20$, 분산 $Var(\overline{X}) = \frac{\sigma^2}{n} = \frac{16}{64} = 0.5^2$인 정규분포를 따른다고 볼 수 있다. 즉, $\overline{X} \sim N(20,\ 0.5^2)$이 된다.

$$\begin{aligned} P(19.5 \leqq \overline{X} \leqq 21.0) &= P\left(\frac{19.5-20}{0.5} \leqq Z \leqq \frac{21.0-20}{0.5}\right) = P(-1 \leqq Z \leqq 2) \\ &= 0.8185 \end{aligned}$$

[예제 6-5] 제품 1상자에는 평균길이가 40cm이고 표준편차가 4cm인 제품 200개씩이 포장되어 있다. 이러한 제품 상자에서 50개의 제품을 임의로 뽑아 품질검사를 할 때 표본의 평균길이가 39~41cm 이하이면 이 상자는 합격 판정한다고 한다. 이러한 검사에서 어떤 제품상자가 합격 판정될 확률은 얼마인가?

|풀이|

모집단의 분포형태가 제시되지 않았으나 표본의 크기가 크기 때문에 표본평균의 분포는 중심극한정리에 따라 정규분포를 따른다고 볼 수 있다. 한편, 모집단은 유한모집단이며 품질검사이므로 비복원추출로 보아야 하고, 표본추출률이 0.25이므로 유한모집단 수정계수를 사용하여야 한다. 따라서 표본평균의 분포는 $E(\overline{X}) = \mu = 40$이며, $\sigma_{\overline{X}} = \frac{\sigma}{\sqrt{n}} \cdot \sqrt{\frac{N-n}{N-1}} = \frac{4}{\sqrt{50}} \cdot \sqrt{\frac{200-50}{200-1}} \fallingdotseq 0.49$인 정규분포를 따르게 된다.

$\therefore \overline{X} \sim N(40,\ 0.49^2)$

$$\begin{aligned} P(39 \leq \overline{X} \leq 41) &= P\left(\frac{39-40}{0.49} \leq Z \leq \frac{41-40}{0.49}\right) = P(-2.04 \leq Z \leq 2.04) \\ &= 0.9586 \end{aligned}$$

6.2.3 두 모집단의 표본평균 차이(합)의 분포

두 모집단 평균의 합이나 차이를 추정하거나, 이에 관한 가설검정을 위해서는 두 모집단의 표본평균의 차이 또는 합의 분포를 알아야 한다. 예를 들면, 표본조사를 통하여 학생의 몸무게나 키에 대한 두 학교 간의 차이를 추정하거나 검정하는 경우, 동종의 제품을 생산하는 두 회사 제품 간의 양이나 질의 차이를 분석하는 경우에는 표본평균의 차이(합)의 분포를 알아야 이에 대한 추정과 통계적 추론이 가능하게 된다.

이에 단일모집단의 경우와 동일하게 두 표본평균의 차이(합)의 분포에 대하여 모집단이 정규분포를 이루는 경우와 정규분포를 이루지 않는 경우로, 또한 무한모집단과 유한모집단으로 나누고, 다시 유한모집단의 경우에는 복원추출과 비복원추출로 나누어 살펴보기로 한다. 이때에도 단일모집단에 관한 표본평균의 분포 이론을 두 모집단에 관한 분포의 이론에 적용시키면 된다.

(1) 두 모집단 모두 정규분포를 이루는 경우

두 집단의 표본평균의 차이 혹은 합의 분포란 정규분포를 이루는 두 모집단 A와 B에서 각각 n_1, n_2개씩의 표본을 추출하여 이들의 표본평균을 각각 $\overline{X}_1$, $\overline{X}_2$라 할 때 모집단 A에서 추출된 표본평균 $\overline{X}_1$과 모집단 B에서 추출된 표본의 표본평균 $\overline{X}_2$의 차이(합) $(\overline{X}_1 \mp \overline{X}_2)$가 만들어내는 분포를 의미한다.

모집단 A의 확률변수 $X \sim N(\mu_1, \sigma_1^2)$이며 모집단 B의 확률변수 $X \sim N(\mu_2, \sigma_2^2)$를 이룰 때, 각 집단에서 각각 n_1 ,n_2개의 표본을 추출하여 표본평균 계산시 모집단 A에서 추출된 표본의 표본평균 $\overline{X}_1 \sim N\left(\mu_1, \dfrac{\sigma_1^2}{n_1}\right)$을 이루며, 모집단 B에서 추출된 표본의 표본평균 $\overline{X}_2 \sim N\left(\mu_2, \dfrac{\sigma_2^2}{n_2}\right)$을 따르게 된다. 이와 같이 두 모집단에 대한 표본평균의 분포가 각각 독립적인 정규분포를 이룰 때에는 두 표본평균의 차이(합) $(\overline{X}_1 \mp \overline{X}_2)$는 정규분포를 이루게 되며, 기대값(평균)과 분산은 다음과 같다.

$$\text{평균} \quad E(\overline{X}_1 \mp \overline{X}_2) = \mu_{\overline{X}_1 \mp \overline{X}_2} = \mu_1 \mp \mu_2$$

$$\text{분산} \quad Var(\overline{X}_1 \mp \overline{X}_2) = \sigma_{\overline{X}_1 \mp \overline{X}_2} = \frac{\sigma_1^2}{n_1} + \frac{\sigma_2^2}{n_2}$$

따라서 표본평균의 차이(합) $(\overline{X}_1 \mp \overline{X}_2) \sim N\left(\mu_1 \mp \mu_2,\ \frac{\sigma_1^2}{n_1} + \frac{\sigma_2^2}{n_2}\right)$를 이루게 되며, 이를 표준화하면 $Z = \frac{(\overline{X}_1 \mp \overline{X}_2) - (\mu_1 \mp \mu_2)}{\sqrt{\frac{\sigma_1^2}{n_1} + \frac{\sigma_2^2}{n_2}}} \sim N(0, 1)$이 된다.

[예제 6-6] 모집단 A의 확률변수 $X \sim N(30, 4^2)$, 모집단 B의 $X \sim N(20, 5^2)$을 이룰 때 각 집단별로 25개, 16개의 표본을 추출하여 표본평균을 각각 $\overline{X}_1$, $\overline{X}_2$라 할 때

(1) 표본평균의 합 $(\overline{X}_1 + \overline{X}_2)$의 분포를 구하여 표본평균의 합 $(\overline{X}_1 + \overline{X}_2)$가 52 이상일 확률을 구하여라.

(2) 표본평균의 차이 $(\overline{X}_1 - \overline{X}_2)$의 분포를 구하여 표본평균의 차이 $(\overline{X}_1 - \overline{X}_2)$가 12 이상일 확률을 구하여라.

| 풀이 |

(1) 두 모집단 모두 정규분포를 이루고 있으므로 이들 표본평균의 분포도 모두 정규분포를 이루게 되고, 이에 따라 표본평균의 합의 분포도 정규분포를 따르게 된다. 즉,

$$(\overline{X}_1 + \overline{X}_2) \sim N\left(\mu_1 + \mu_2,\ \frac{\sigma_1^2}{n_1} + \frac{\sigma_2^2}{n_2}\right) = N\left(30 + 20,\ \frac{4^2}{25} + \frac{5^2}{16}\right) = N(50,\ 1.48^2)$$

한편, $P[(\overline{X}_1 + \overline{X}_2) \geq 52] = P\left(Z \geq \frac{52 - 50}{1.48}\right) = P(Z \geq 1.35) = 0.0885$

(2) 표본평균의 차이의 분포도 정규분포를 따르게 된다. 즉,

$$(\overline{X}_1 - \overline{X}_2) \sim N\left(\mu_1 - \mu_2,\ \frac{\sigma_1^2}{n_1} + \frac{\sigma_2^2}{n_2}\right) = N\left(30 - 20,\ \frac{4^2}{25} + \frac{5^2}{16}\right) = N(10,\ 1.48^2)$$

한편, $P[(\overline{X}_1 - \overline{X}_2) \geq 12] = P\left(Z \geq \frac{12 - 10}{1.48}\right) = P(Z \geq 1.35) = 0.0885$

(2) 두 모집단이 정규분포를 이루지 않는 경우

두 모집단이 정규분포를 이루지 않는 경우에는 무한모집단과 유한모집단으로 나누어 생각하여야 한다. 모집단이 무한모집단인 경우에는 복원, 비복원추출에 관계없이 표본의 크기만 크다면 중심극한정리에 따라 표본평균의 분포는 정규분포를 이루게 되며, 이에 따라 표본평균의 차이(합) $(\overline{X}_1 \mp \overline{X}_2)$의 분포도는 정규분포를 따

른다.

한편, 두 모집단이 유한모집단으로 표본추출 시 복원추출을 하는 경우에는 표본의 크기만 충분히 크면 무한모집단의 경우와 마찬가지로 표본평균의 차이(합) $(\overline{X}_1 \mp \overline{X}_2)$의 분포는 정규분포를 이루게 된다.

또한 두 모집단이 유한모집단으로 표본추출 시 비복원추출하는 경우에도 표본의 크기만 크다면 중심극한정리에 따라 표본평균 차이(합)의 분포는 정규분포를 이루게 되며, 이에 따라 표본평균의 차이(합) $(\overline{X}_1 \mp \overline{X}_2)$의 분포도 정규분포를 따른다. 이때 표본평균의 차이(합) $(\overline{X}_1 \mp \overline{X}_2)$ 분포의 평균은 다른 경우와 동일하나, 분산의 경우에는 유한모집단 수정계수를 이용하여 조정하면 된다. 이때에도 표본추출률 $\frac{n}{N} < 0.1$ (또는 0.05)인 경우에는 유한모집단 수정계수를 무시해도 무방하다.

$$E(\overline{X}_1 \mp \overline{X}_2) = \mu_{\overline{X}_1 \mp \overline{X}_2} = \mu_1 \mp \mu_2$$

$$Var(\overline{X}_1 \mp \overline{X}_2) = \sigma^2_{\overline{X}_1 \mp \overline{X}_2} = \frac{\sigma_1^2}{n_1} \cdot \left(\frac{N_1 - n_1}{N_1 - 1}\right) + \frac{\sigma_2^2}{n_2} \cdot \left(\frac{N_2 - n_2}{N_2 - 1}\right)$$

6.3 표본비율의 분포

6.3.1 모비율과 표본비율

우리는 주변에서 결과를 성공과 실패라는 두 범주로 구분하는 경우를 많이 접할 수가 있다. 예를 들면 품질검사에서의 합격 여부, 시험에서의 합격 여부, 선거에서의 당선 여부 등 일의 성취에 관한 것들이 이에 속한다. 이 경우 성공횟수의 분포는 이항분포를 이루게 되는데, 여기서 한걸음 나아가 성공비율에 관심을 두는 경우도 많다.

일반적으로 성공과 실패의 두 범주로 구분되는 이항모집단에 대하여 모집단의 성공비율을 **모비율(population proportion)**이라 하고, 기호 p로 표시한다. 이러한 모집단에서 추출한 n개의 임의표본에서 성공횟수 X의 비율은 **표본비율(sample propor-**

tion)이라 하고, 기호 $\hat{p}$로 표시한다.

6.3.2 단일모집단에서 표본비율의 분포

표본비율의 분포는 성공확률이 p인 모집단에서 크기 n으로 표본을 추출하여 표본비율을 계산하는 과정을 반복하였을 때 표본비율 $\hat{p}$이 만들어내는 분포를 의미한다.

모비율이 p인 모집단에서 추출된 n개의 표본에서의 성공횟수 X의 분포는 이항분포 $X \sim B(n, p)$를 따른다. 이 경우 확률변수 X의 평균과 분산은 다음과 같다.

평균 $E(X) = np$

분산 $Var(X) = np(1-p)$

이때 표본의 크기 n이 충분히 크고 p가 0 또는 1에 가깝지 않으면, 성공횟수 X의 분포는 평균 $E(X) = np$이고, 분산 $Var(X) = np(1-p)$인 정규분포 $X \sim N(np, np(1-p))$를 따른다. 이때 성공횟수 X의 분포에서 $\frac{X}{n} = \hat{p}$로 치환하면 $\hat{p}$은 표본비율이 된다. 따라서 표본비율 $\hat{p}$의 평균과 분산을 선형변환의 공식을 이용하여 구하면 다음과 같다.

$$E(\hat{p}) = E\left(\frac{X}{n}\right) = \frac{E(X)}{n} = \frac{np}{n} = p$$

$$Var(\hat{p}) = Var\left(\frac{X}{n}\right) = \frac{Var(X)}{n^2}$$

$$= \frac{np(1-p)}{n^2} = \frac{p(1-p)}{n}$$

따라서 모비율이 p인 모집단에서 n개의 표본을 추출하였을 때, n이 충분히 크고 p가 0 또는 1에 가깝지 않으면 표본비율 $\hat{p}$의 분포는 평균이 p이고, 분산이 $\frac{p(1-p)}{n}$인 정규분포, 즉 $\hat{p} \sim N\left(p, \frac{p(1-p)}{n}\right)$가 됨을 알 수 있다.

[예제 6-7] 어느 회사의 신제품 불량률이 20%로 알려져 있다. 임의로 100개의 제품을 뽑아 검사 시 다음을 구하여라.

(1) 표본에서 불량품의 수 X에 대한 확률질량함수와 평균과 분산을 구하여라.

(2) 표본에서 불량품의 비율 $\hat{p}$의 평균과 분산을 구하여 표본비율 $\hat{p}$의 확률분포를 구하여라.

(3) 표본비율 $\hat{p}$이 25% 이상일 확률, $P(\hat{p} \geq 0.25)$를 구하여라.

| 풀이 |

(1) 표본의 크기 $n = 100$이고, 불량률이 20%이므로 불량품이 나올 확률, 즉 모비율 $p = 0.2$가 된다. 따라서 표본 100개 중 불량품의 수를 확률변수 X라 하면 확률변수 X에 대한 확률질량함수 $P(X = x) = {}_{100}C_x\,0.2^x\,(1 - 0.2)^{100-x}$로 나타낼 수 있다.

불량품의 수 $X \sim B(100, 0.2)$이므로

평균 $E(X) = np = 100 \times 0.2 = 20$

분산 $Var(X) = np(1 - p) = 100 \times 0.2 \times 0.8 = 16$

(2) $\hat{p}$의 평균 $E(\hat{p}) = p = 0.2$

$\hat{p}$의 분산 $Var(\hat{p}) = \dfrac{p(1-p)}{n} = \dfrac{0.2(1-0.2)}{100} = \dfrac{16}{10{,}000} = 0.04^2$

표본의 수가 크므로 중심극한정리에 따라 $\hat{p}$의 분포는 정규분포를 따르므로

$\hat{p} \sim N(0.2, 0.04^2)$

(3) 표본비율의 표준편차 $S_{\hat{p}} = \sqrt{\dfrac{16}{10{,}000}} = 0.04$이므로

$P(\hat{p} \geq 0.25) = P(Z \geq \dfrac{0.25 - 0.2}{0.04}) = P(Z \geq 1.25) = 0.1056$

한편, 모집단의 모비율이 p이며 크기 N인 유한모집단에서 n개의 표본을 비복원추출할 때 성공횟수 X의 평균과 분산은 유한모집단 수정계수를 이용하여 조정하면 다음과 같다.

평균 $E(X) = np$

분산 $Var(X) = np(1 - p)\dfrac{N-n}{N-1}$

여기서 $\frac{X}{n} = \hat{p}$로 치환하면 $\hat{p}$는 표본비율이 된다. 따라서 표본비율 $\hat{p}$의 평균과 분산은 다음과 같다.

$$E(\hat{p}) = E\left(\frac{X}{n}\right) = \frac{E(X)}{n} = \frac{np}{n} = p$$

$$Var(\hat{p}) = Var\left(\frac{X}{n}\right) = \frac{Var(X)}{n^2} = \frac{np(1-p)}{n^2} \cdot \frac{N-n}{N-1} = \frac{p(1-p)}{n} \cdot \frac{N-n}{N-1}$$

여기서, $\frac{N-n}{N-1}$은 유한모집단 수정계수

이때에도 표본의 크기 n이 충분히 크고 p가 0 또는 1에 가깝지 않을 때 표본비율 $\hat{p}$의 분포는 중심극한정리에 의하여 평균 $E(\hat{p}) = p$이고, 분산 $Var(\hat{p}) = \frac{p(1-p)}{n} \cdot \left(\frac{N-n}{N-1}\right)$인 정규분포에 접근한다. 이 경우 표본추출률 $\frac{n}{N} < 0.1$ (또는 0.05)일 경우에는 유한모집단 수정계수는 무시해도 무방하다.

6.3.3 두 모집단에서 표본비율 차이의 분포

우리는 두 집단의 특성에 대한 비율을 비교 · 분석하는 경우가 있다. 예를 들어, 새로 설치한 기계와 종전 기계와의 불량률에 차이가 있는지의 여부 등과 같은 분석이 이에 속한다.

서로 독립이고 모비율이 각각 p_1, p_2인 두 이항모집단에서 각각 n_1, n_2개씩의 표본을 추출하여 이들의 표본비율을 $\hat{p}_1$, $\hat{p}_2$라 할 때, n_1, n_2가 모두 크면 이들 각각의 표본비율의 분포는 정규분포에 접근하게 된다. 이에 따라 표본비율의 차이가 만들어내는 분포 역시 정규분포를 이루게 되며, 이들의 기대값과 분산은 다음과 같다.

기대값 $E(\hat{p}_1 - \hat{p}_2) = p_1 - p_2$

분 산 $Var(\hat{p}_1 - \hat{p}_2) = \frac{p_1(1-p_1)}{n_1} + \frac{p_2(1-p_2)}{n_2}$

[예제 6-8] 경기상사는 두 개의 생산라인 A, B를 가지고 있으며, A, B 두 라인에서의 불량률은 각각 10%, 5%이다. A, B 두 라인의 제품에서 각각 55개 표본을 추출하였을 때 표본불량률의 차이 $(\hat{p}_1-\hat{p}_2)$가 4% 이상일 확률을 구하여라.

|풀이|

$p_1=0.1$, $p_2=0.05$이고 $n_1=n_2=55$로 대표본이므로 이들의 표본비율을 $\hat{p}_1$, $\hat{p}_2$라 할 때, 이 두 표본비율의 분포는 정규분포에 접근하게 된다. 이에 따라 $(\hat{p}_1-\hat{p}_2)$의 분포도 정규분포를 이루게 된다.

$$(\hat{p}_1-\hat{p}_2)\sim N\left(p_1-p_2,\ \frac{p_1(1-p_1)}{n_1}+\frac{p_2(1-p_2)}{n_2}\right)$$

$$=N\left(0.1-0.05,\ \frac{0.1\,(1-0.1)}{55}+\frac{0.05\,(1-0.05)}{55}\right)$$

$$=N(0.05,\ 0.05^2)$$

따라서 $P[(\hat{p}_1-\hat{p}_2)\geq 0.04]=P\left(Z\geq\frac{0.04-0.05}{0.05}\right)=P(Z\geq -0.2)$

$$=0.5793$$

한편, 모비율이 p, 크기가 N인 유한모집단에서 n개의 표본을 비복원추출할 때, 성공횟수 X는 초기하분포를 이루며, 성공횟수 X의 평균과 분산은 다음과 같다.

평균 $E(X)=np$

분산 $Var(X)=np(1-p)\,\frac{N-n}{N-1}$

따라서 상호 독립이고 모비율이 각각 p_1, p_2이며 크기가 N_1, N_2인 2개의 유한모집단에서 n_1, n_2개의 표본을 비복원추출할 때 n_1, n_2가 모두 크면 표본비율 $\hat{p}_1$, $\hat{p}_2$의 분포는 모두 정규분포에 접근한다. 이에 따라 표본비율의 차이 $(\hat{p}_1-\hat{p}_2)$도 정규분포를 이루게 되며, 평균은 (p_1-p_2)이고 분산은 유한모집단 수정계수를 고려하면 $\frac{p_1(1-p_1)}{n_1}\cdot\left(\frac{N_1-n_1}{N_1-1}\right)+\frac{p_2(1-p_2)}{n_2}\cdot\left(\frac{N_2-n_2}{N_2-1}\right)$이 된다. 이때에도 두 모집단의 표본추출률 $\frac{n}{N}<0.1$ (또는 0.05)인 경우에는 유한모집단 수정계수는 무시해도 무방하다.

6.4 t분포

연속확률분포 중에서 표준정규분포와 유사한 형태의 분포인 t분포는 통계적 추론에서 매우 중요한 분포이다. t분포(t-distribution)는 영국의 통계학자 고셋(W. S. Gosset)이 발견한 분포로서 그의 필명을 따서 Student의 t분포(Student's t-distribution)라 부르기도 한다.

t분포란 정규모집단 $X \sim N(\mu, \sigma^2)$로부터 추출된 n개의 표본 $X_1, X_2, \cdots, X_n$에 대한 표본평균 $\overline{X}$와 표본분산 S^2을 이용하여 계산되어지는 새로운 통계량 $t\left(=\dfrac{\overline{X}-\mu}{S/\sqrt{n}}\right)$의 확률분포를 자유도가 $(n-1)$인 t분포라 한다.

t분포는 표준정규분포와 유사한 형태로서 $t=0$을 기준으로 좌우대칭인 종모양을 이루고 있지만, 표준정규분포에 비해 최고점이 약간 낮고, 양쪽꼬리가 조금 더 높게 위치해 있는 특징을 갖는다. 이러한 t분포의 모양은 자유도(degree of freedom) df에 의해 결정되어진다.

즉, t분포는 표본의 크기 n이 커지면 점차 표준정규분포에 가까워져 자유도가 30보다 큰 경우에는 t분포 대신에 Z분포를 이용하여도 큰 무리가 없다. 일반적으로 t분포는 품질관리, 연도별 통계자료의 분석 등 소표본의 통계적 추론에 아주 유용하게 사용되어진다.

특히, 모집단의 분산을 모르고 있는 경우에 통계적 추론을 위하여 사용할 수 있다. 자유도가 $(n-1)$일 때의 우측확률(오른쪽꼬리 면적)이 α가 되는 t값을 표시하기 위하여 기호로 $t_{(\alpha,\ n-1)}$ 또는 $t_{\alpha}(n-1)$로 표시한다. t값은 부록에 첨부된 t분포표(t-table)를 이용하면 쉽게 계산할 수 있다.

| 그림 6-2 | t분포와 표준정규분포

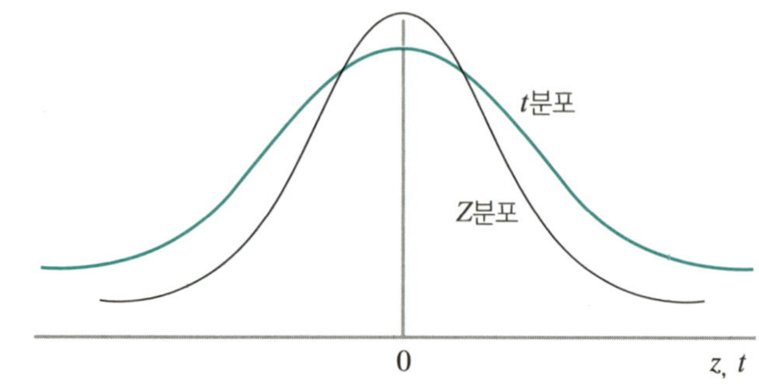

[예제 6-9] t분포표를 이용하여 다음 t값을 구하여라.
(1) 자유도 20인 t분포에서 우측 5%의 점 $t_{(0.05,\ 20)}$
(2) 자유도 20인 t분포에서 좌측 5%의 점 $t_{(0.95,\ 20)}$

| 풀이 |

(1) t분포표를 이용하면

$t_{(0.05,\ 20)}$의 값은 t분포표에서 $df = 20$행과 $\alpha = 0.05$열의 교차점 1.725가 된다.

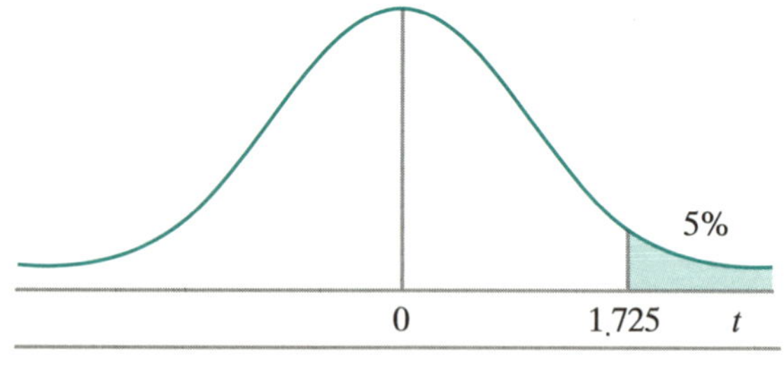

(2) $t_{(0.95,\ 20)} = -t_{(0.05,\ 20)}$이므로 $t_{(0.95,\ 20)}$의 값은 −1.725가 된다.

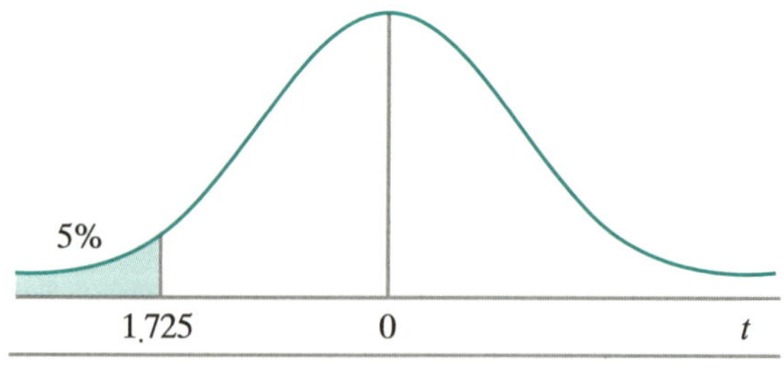

6.5 표본분산의 분포

표본분산의 분포는 모집단에서 크기 n으로 표본을 추출하여 표본의 분산을 계산하는 과정을 반복할 때 계산되어진 표본의 분산들이 만들어내는 분포이다. 이러한 표본분산의 분포는 분석 대상집단에서 평균으로부터 변화하는 정도가 관심대상인 경우에 주로 이용된다. 단일모집단을 대상으로 분산을 분석하는 경우에는 χ^2분포를 이용하며, 두 모집단의 분산을 비교 · 분석하는 경우에는 F분포를 이용하게 된다.

6.5.1 χ^2 분포

χ^2분포(chi-square distribution)는 표본분산이 만들어내는 분포로서 통계적 추론에 많이 이용되는 중요한 연속확률분포 중의 하나이다. χ^2분포의 기본가정은 모집단이 정규분포를 이룬다는 것이다. 즉, χ^2분포는 분산이 σ^2인 정규분포를 이루는 모집단으로부터 n개의 표본을 추출하여 표본의 분산을 S^2이라 할 때, 표본의 분산이 만들어내는 분포로서 $\chi^2_{n-1} = \frac{(n-1)S^2}{\sigma^2}$이 된다. $\frac{S^2}{\sigma^2}$에서 알 수 있듯이 χ^2값은 모집단 분산에 대한 표본분산의 비율(ratio)을 의미한다. 이러한 χ^2분포는 원점을 지나 오른쪽으로 긴 꼬리를 가지는 형태를 보이며, 항상 양수 값만을 갖는 비대칭 모양을 이루고 있다. χ^2분포의 모양도 자유도 $(n-1)$에 따라 달라지는데 자유도가 커질수록 정규분포에 접근하게 된다.

| 그림 6-3 | 자유도에 따른 χ^2분포의 변화

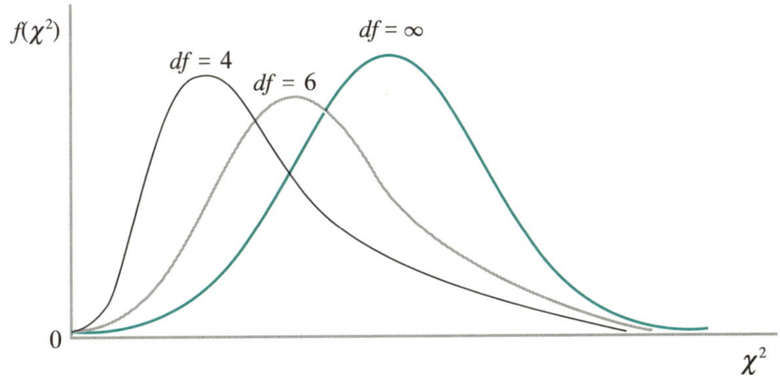

χ^2분포표(χ^2-table)는 χ^2분포에서 자유도 *df*와 우측확률(오른쪽꼬리 면적) α를 기준으로 χ^2값을 계산해놓은 표이다. χ^2분포곡선은 좌우대칭이 아니므로 χ^2분포표는 $0 < \alpha < 1$인 α값에 대하여 분포표가 주어진다. 이때 자유도가 $(n-1)$일 때의 우측확률이 α가 되는 χ^2값은 보통 $\chi^2_{(\alpha, n-1)}$ 또는 $\chi^2_\alpha(n-1)$로 표시한다. χ^2분포는 좌우대칭이 아니기 때문에 χ^2분포표의 좌측확률에 대응되는 χ^2값은 우측확률로 바꾸어 χ^2값을 계산하면 된다.

[예제 6-10]

(1) 자유도가 10인 χ^2값이 특정값 a보다 크게 나타날 확률이 0.05라면, 이때의 a값은 얼마인가?

(2) 자유도가 10이고 χ^2분포를 따를 때, 무작위로 선택한 표본의 χ^2값이 20을 초과할 확률은 얼마인가?

(3) 자유도가 10이고 χ^2분포를 따를 때, 무작위로 선택한 표본의 χ^2의 값이 5보다 작을 확률은 얼마인가?

| 풀이 |

(1) 부록의 χ^2 분포표에서 자유도 10이고 $\chi^2 = 0.05$를 찾아 읽으면 된다. 즉, 18.31이 된다.

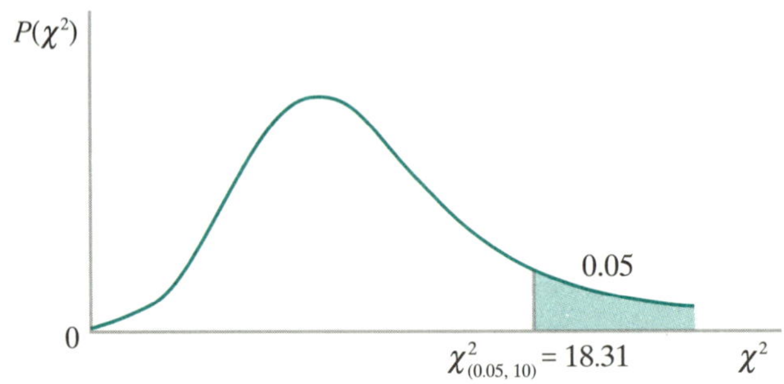

(2) 자유도 10을 찾은 다음 우측으로 가면서 20을 초과하는 수를 찾은 후 상단의 확률값을 읽으면 된다. 즉, 0.025가 된다.

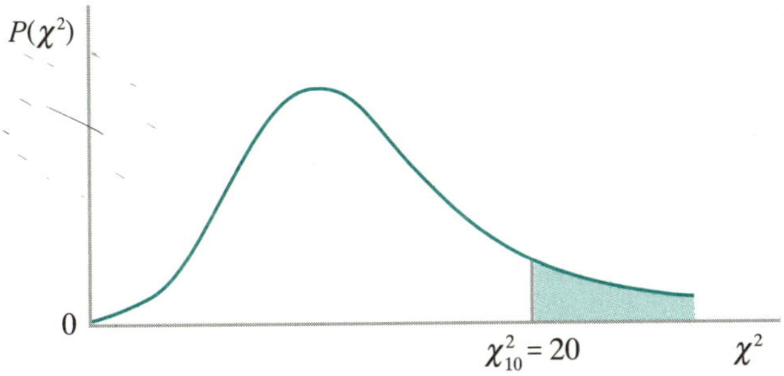

(3) $P(\chi^2_{10} < 5) = 1 - P(\chi^2_{10} \geq 5) = 1 - 0.9 = 0.1$

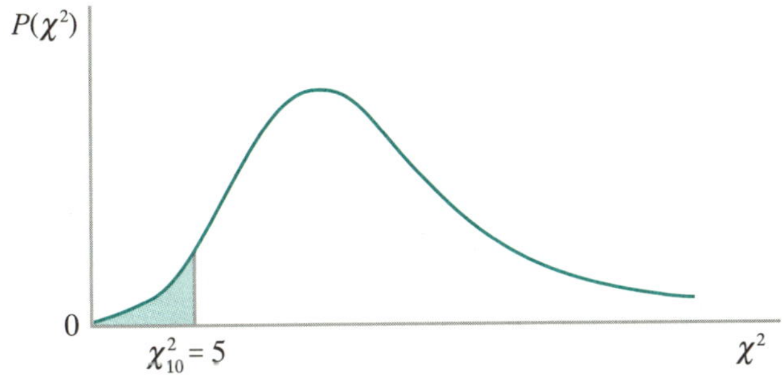

6.5.2 *F*분포

*F*분포는 영국의 통계학자 피셔(R. A. Fisher)에 의하여 1924년 제시된 분포로서, 정규분포를 이루는 두 모집단에서 추출된 두 표본집단의 분산의 비율(ratio)이 만드는 분포형태이다. 일반적으로 *F*분포에서 두 모집단은 정규분포를 이루며, 각 집단으로부터 추출된 표본은 서로 독립적이라는 전제가 필요하다. 각 모집단에서 크기 n_1, n_2로 표본을 추출하여 분산을 계산하였을 때 χ^2분포를 이루는 서로 독립인 두 확률변수를 각각 χ^2_1, χ^2_2라 할 때, 다음 값은 자유도 $(n_1-1,\ n_2-1)$인 *F*분포를 이루게 된다.

$$F(n_1-1,\ n_2-1) = \frac{\dfrac{\chi^2_1}{(n_1-1)}}{\dfrac{\chi^2_2}{(n_2-1)}} = \frac{\dfrac{(n_1-1)S^2_1}{(n_1-1)\sigma^2_1}}{\dfrac{(n_2-1)S^2_2}{(n_2-1)\sigma^2_2}} = \frac{\dfrac{S^2_1}{\sigma^2_1}}{\dfrac{S^2_2}{\sigma^2_2}} = \frac{\dfrac{S^2_1}{S^2_2}}{\dfrac{\sigma^2_1}{\sigma^2_2}} = \frac{S^2_1}{S^2_2}\ (if\ \sigma^2_1 = \sigma^2_2)$$

즉, F값은 각 표본집단의 χ^2값을 각각의 자유도로 나누어서 이들 간의 비율(ratio)을 변수값으로 하는 확률분포이다. 위의 식에서 보듯이 결과적으로 F분포는 모분산이 동일하다고($\sigma_1^2 = \sigma_2^2$) 가정하게 되면, 표본분산 간의 비율$\left(\dfrac{S_1^2}{S_2^2}\right)$을 의미하게 되며, 두 집단의 분산을 비교하는 데 적합하다.

F분포는 자유도에 의해 형태가 결정되기 때문에 자유도 $(n_1-1,\ n_2-1)$의 명확한 제시를 위하여 $F(n_1-1,\ n_2-1)$분포라고 표시하기도 한다. F분포는 표본분산의 비율을 표현하기 때문에 항상 0보다 큰 값을 갖는 연속확률분포가 된다.

F분포의 확률밀도함수 그래프인 F분포곡선은 원점을 지나며, 오른쪽꼬리분포 형태의 비대칭형 분포이고, F축을 오른쪽 점근선으로 갖는다. F분포는 표본의 크기 n_1, n_2가 모두 커지면 표준정규분포에 가까워진다. F분포는 소표본의 통계적 추론이나 두 모집단의 분산 비교 등에 이용되는 아주 유용한 분포이다.

| 그림 6-4 | 자유도에 따른 F분포의 변화

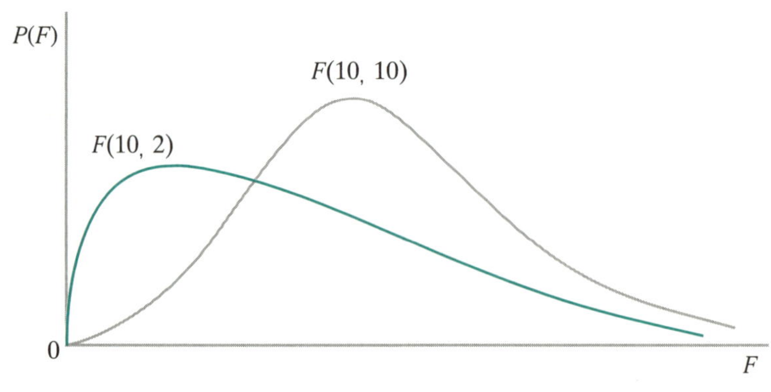

F분포표(F-table)는 F분포에서 자유도 $(n_1-1,\ n_2-1)$와 우측확률(오른쪽꼬리 면적) α를 기준으로 F값을 구해 놓은 표이다. F분포표에서는 $0 < \alpha \leq 0.5$인 α값에 대하여 분포표가 주어진다.

이때 자유도가 $(n_1-1,\ n_2-1)$일 때의 오른쪽꼬리 면적이 α가 되는 F값을 기호로는 우측확률이 α이고 자유도가 $(n_1-1,\ n_2-1)$임을 표시하기 위하여 보통 $F_\alpha,(n_1-1,\ n_2-1)$ 또는 $F_\alpha(n_1-1,\ n_2-1)$로 표시한다. F분포곡선은 좌우대칭도 아니고 F분포표도 $0 < \alpha \leq 0.5$인 범위에서만 주어지기 때문에 F분포의 좌측확률은 $\dfrac{1}{F}$을 이용하여

구하게 된다. 즉, $F_{\alpha,(n_1-1,\, n_2-1)} = \dfrac{1}{F_{(1-\alpha),(n_2-1,\, n_1-1)}}$의 관계가 성립한다.

[예제 6-11]

(1) 오른쪽꼬리의 면적이 $\alpha = 0.05$이고 $df_1 = 5$, $df_2 = 6$일 때 F값은 얼마인가?

(2) 왼쪽꼬리의 면적이 $\alpha = 0.05$이고 $df_1 = 5$, $df_2 = 6$일 때 F값은 얼마인가?

| 풀이 |

(1) 오른쪽꼬리 면적 $\alpha = 0.05$에 해당되는 표에서 $df_1 = 5$의 열과 $df_2 = 6$의 행이 교차하는 값을 읽는다.

즉, $F_{0.05,(5,\,6)} = 4.39$

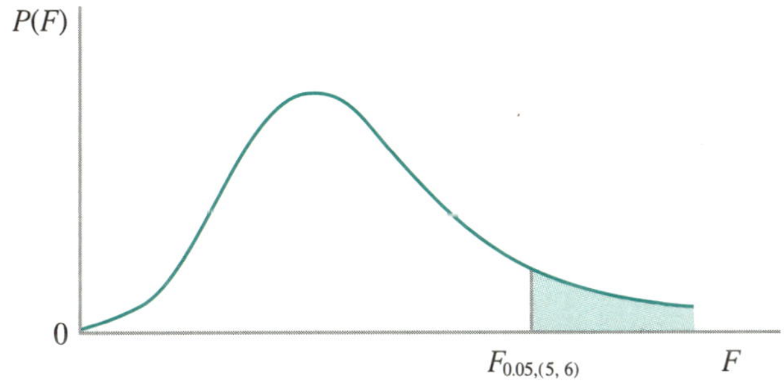

(2) 왼쪽꼬리 면적이 0.05이므로 오른쪽꼬리 면적은 0.95가 된다. 따라서 $F_{0.95,(5,\,6)}$을 구하라는 의미이다. 그러나 오른쪽꼬리 면적이 0.95인 F값은 F분포표에서 제공해주지 않으므로 변환공식을 이용하여 계산하여야 한다.

즉, $F_{0.95,(5,\,6)} = \dfrac{1}{F_{0.05,(6,\,5)}} = \dfrac{1}{4.95} = 0.20$

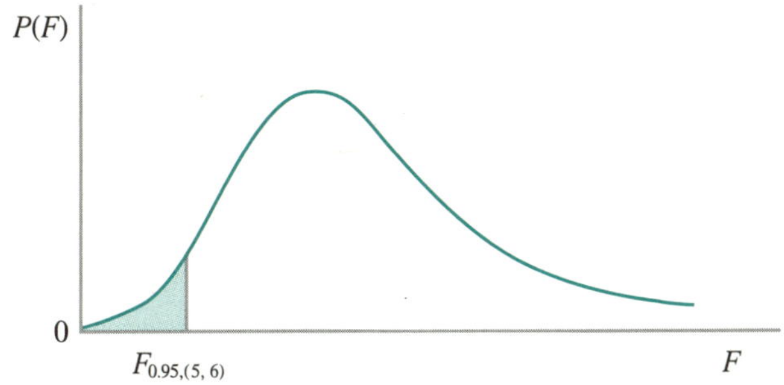

6.6 엑셀에 의한 표본통계량의 분포

표본통계량의 분포란 표본평균, 표본분산, 표본비율 등과 같이 표본집단의 통계량에 관한 분포이다. 본 절에서는 엑셀을 활용한 표본집단의 표본평균과 표본비율의 분포에 대하여 살펴보기로 한다.

6.6.1 표본평균의 분포

중심극한정리(central limit theorem)에 의하면 표본의 크기가 큰 경우 모집단의 분포형태에 관계없이 표본평균의 분포는 정규분포를 이루는 것으로 되어 있다. 이러한 중심극한정리는 엑셀의 난수생성 분석도구를 이용하면 쉽게 증명할 수 있다.

난수생성 분석도구는 워크시트의 일정한 셀 영역 내에 특정한 확률분포로부터 난수를 발생시켜 수치를 부여하는 것이다. 일반적으로 엑셀에서는 특정한 확률분포로서 일양(균등)분포, 정규분포, 베르누이분포, 이항분포, 포아송분포, 패턴분포와 이산분포 등 7가지 분포형태 중 하나를 선택할 수 있다.

분포형태가 확률변수값 50부터 150 사이에서 일양분포를 이루는 모집단으로부터 표본을 추출한다고 가정하면 다음 절차에 따라 난수생성 분석도구를 활용할 수 있다.

① 새로운 워크시트의 셀B3에 '관측치 1', 셀C3에 '관측치 2', 셀D3에 '표본평균'이라 입력한 후([그림 6-7] 참조), 메뉴의 [데이터-데이터분석] 선택하여 [통계데이터분석] 대화상자에서 [난수 생성] 선택 후 확인을 클릭하면 [그림 6-5]와 같은 [난수 생성] 대화상자가 나타난다.

② [그림 6-5]에서와 같이 [난수 생성] 대화상자의 [변수의 개수]란에 2, [난수의 개수]란에 60을 입력한다. 대화상자에서 변수의 개수는 일양분포에서 난수를 발생시켜 채우고자 하는 열(column)의 개수이며, 난수의 개수는 하나의 열에 대하여 채우고자 하는 셀의 개수를 의미한다. 따라서 본 예제에서는 2개의 열에 60개씩의 난수를 발생시키고자 하므로 총 120개의 난수를 발생시키라는 명

| 그림 6-5 | 일양분포에서의 [난수 생성] 대화상자

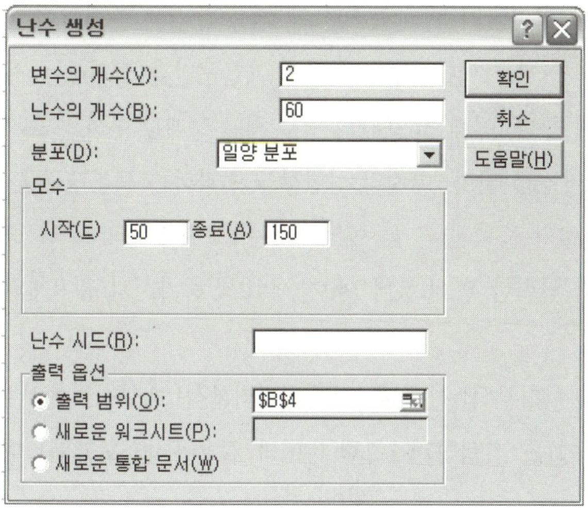

령이다. 본 예제에서는 각 행에 추출된 2개의 난수를 표본의 크기가 2인 하나의 표본집단으로 하여 총 60개의 표본을 추출한 것으로 가정한다.

③ 다음으로 입력해야 하는 내용은 [분포]에서 모집단의 분포형태를 선택하는 것이다. 본 예제에서는 모집단의 분포형태가 일양분포를 이루며 상한과 하한이 각각 150과 50이라 가정하였으므로 이를 입력하면 [그림 6-5]와 같다.

④ [난수 시드]는 무시하고, 다음으로 [출력 옵션]으로 출력 범위를 지정한 후(본 예제에서는 셀B4를 지정), [확인] 버튼을 클릭하면 [그림 6-7]과 같이 정의된 분포형태로부터 지정된 개수만큼의 난수가 발생된다(이때 여러분들이 실제 시행한 결과는 예제와 다를 수 있음).

⑤ 추출된 60개의 표본 중 첫 번째 표본의 표본평균을 계산하기 위하여 셀D4에 '=average(B4:C4)' 라 입력 계산한 후, 이를 복사하여 나머지 표본의 평균을 셀D5에서 셀D63에 걸쳐 계산한다.

⑥ 마지막으로 엑셀을 이용하여 계산되어진 60개의 표본평균에 대한 히스토그램을 그리는 것이다. 일단 표본평균의 최대값과 최소값 파악을 위하여 셀D65에 '=max(D4:D63)' 이라 입력하고 셀D66에 '=min(D4:D63)' 이라 입력한다([그림 6-7] 참조). 이들 값은 나중에 히스토그램에 포함하고자 하는 계급값의

구간 설정에 사용하고자 하는 것이다.

⑦ 표본평균의 범위(=최대값-최소값)와 계급의 수에 근거하여 계급의 구간설정이 가능하다. 계급구간 설정을 위하여 계급구간을 정의하는 경계값(상한값)을 지정하여야 한다. 이때 첫 구간의 경우 해당 경계값 이하의 표본평균을 갖는 표본의 개수가 계산되며, 마지막 상한값을 초과하는 표본평균을 갖는 표본의 개수는 기타로써 출력된다. 본 예제에서는 [그림 6-7]과 같이 경계값을 셀F2에 '경계값' 라 입력한 후 60부터 140까지 10씩 증가시켜 총 9개의 경계값을 설정하였다.

⑧ [데이터-데이터분석] 선택 후 [통계데이터분석] 대화상자에서 [히스토그램] 선택 후 [확인]을 선택하면 [그림 6-6]과 같은 [히스토그램] 대화상자가 나타난다.

[그림 6-6]에서와 같이 [히스토그램] 대화상자의 [입력 범위]란에는 분석하고자 하는 데이터 영역(본 예제에서는 셀D4에서 셀D63까지)을 지정, [계급 구간]란에 경계치 영역(본 예제에서는 셀F4에서 셀F12까지)을 입력한다. 해당 영역

| 그림 6-6 | [히스토그램] 대화상자

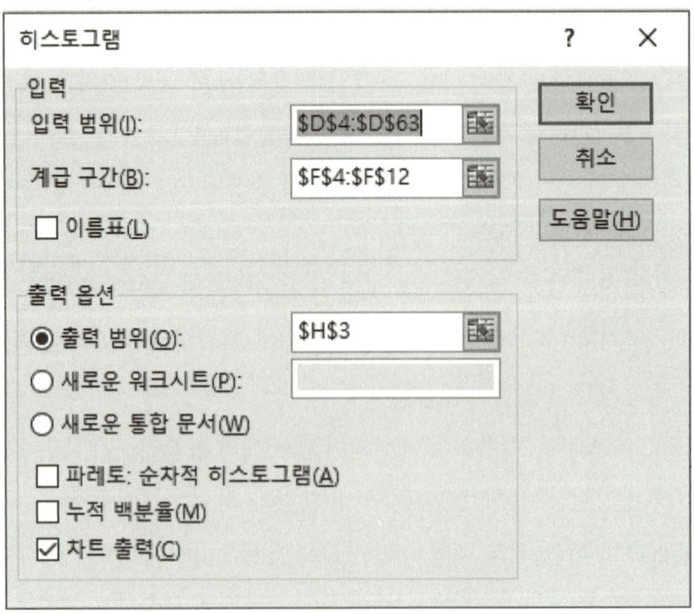

에는 데이터의 변수명이 포함되지 않았으므로 [이름표]는 무시한다. 다음으로 출력 옵션으로 출력 범위를 지정한 후(본 예제에서는 셀H3를 지정), [차트 출력]을 체크한 후 [확인] 버튼을 클릭하면 [그림 6-7]과 같은 표본크기가 2일 때의 표본평균의 분포표와 히스토그램을 계산할 수 있다.

[그림 6-7]의 히스토그램을 보면 표본크기가 2인 경우 표본평균의 분포는 정규분포 형태의 분포를 이루고 있지 않음을 알 수 있다.

표본크기를 30으로 하여 동일한 과정을 다시 실행하여 보자. 이때 앞에서 설명한 내용과 달라지는 점은 [그림 6-5]의 대화상자에 [변수의 수(표본의 크기)]를 2 대신 30으로 설정하면 된다. 난수 생성도구를 이용하여 총 1,800개의 난수를 생성하고 표본평균을 계산한 후 [그림 6-8]과 같이 표본평균의 분포에 대한 히스토그램을 작성하면 된다.

[그림 6-7]과 [그림 6-8]을 비교하여 보면 두 가지 중요한 변화를 알 수 있다. 하나

| 그림 6-7 | 표본크기가 2일 때의 표본평균의 분포

	A	B	C	D	E	F	G	H	I	J
1										
2										
3		관측치 1	관측치 2	표본평균		경계값	의미	계급	빈도수	
4		68.36604	52.59407	60.48005615		60	60 이하	60	0	
5		56.93686	66.49831	61.71758171		70	60 초과 - 70 이하	70	9	
6		70.24903	53.30821	61.77861873		80	70 초과 - 80 이하	80	8	
7		59.76592	67.68548	63.72569964		90	80 초과 - 90 이하	90	11	
8		57.64183	70.01099	63.82641072		100	90 초과 - 100 이하	100	5	
9		54.42518	75.26322	64.84420301		110	100 초과 - 110 이하	110	14	
10		70.21546	61.30711	65.76128422		120	110 초과 - 120 이하	120	2	
11		53.79345	79.89593	66.84469131		130	120 초과 - 130 이하	130	4	
12		81.22044	57.70592	69.46317942		140	130 초과 - 140 이하	140	7	
13		88.47468	54.66933	71.57200842				기타	0	
14		92.09723	53.72631	72.91177099						
15		94.60585	54.79446	74.70015564						
16		52.35603	101.0117	76.68385876						
17		66.02527	89.11863	77.57194739						
18		92.12165	64.79537	78.45851009						
19		84.04645	74.20423	79.12533952						
20		55.1149	103.1388	79.12686544						
21		59.99176	100.4074	80.19959105						
22		69.72411	91.62114	80.67262795						
23		99.46135	61.93884	80.70009461						
24		99.10123	65.10666	82.10394604						
25		113.744	52.71615	83.23007904						
26		103.5661	64.09345	83.82976775						

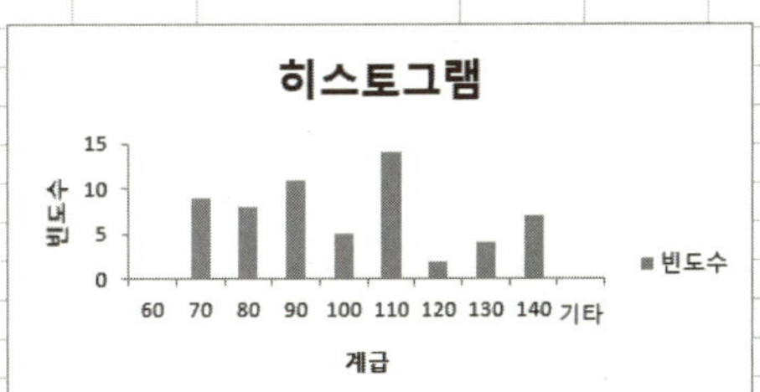

| 그림 6-8 | 표본크기가 30일 때의 표본평균의 분포

AF	AG	AH	AI	AJ	AK	AL
표본평균	최대값	111.7469812				
107.8078555	최소값	88.95891191				
101.6297901	경계값		계급	빈도수		
93.36924345	85		85	0		
92.37942646	90		90	1		
90.76489558	95		95	8		
98.3810948	100		100	20		
106.3624989	105		105	23		
111.7469812	110		110	7		
103.18776	115		115	1		
98.37631357			기타	0		
101.8281604						
97.95485295						
103.0096337						
101.3547166						
107.4860886						
109.4066184						
95.51581367						
103.6680197						
98.23725089						
96.4680929						
103.2119714						
97.5314595						

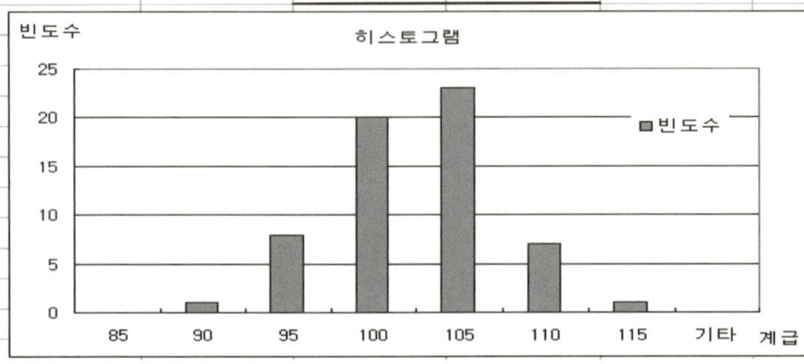

는 표본평균값의 범위(range)가 상당히 작아졌다는 것이며, 이에 따라 본 예제의 계급구간 크기도 작게 설정하였다. 두 번째는 표본평균에 대한 히스토그램이 좀 더 정규분포에 근접한 형태를 갖는다는 것이다. 따라서 본 예제를 통하여 모집단의 분포형태가 정규분포가 아니더라도 표본의 크기가 증가할수록 표본평균의 분포형태가 정규분포에 근접함을 알 수 있다. 표본의 크기를 100으로 하여 동일한 내용을 반복 수행하여 보면 이러한 변화를 좀 더 확실히 알 수 있을 것이다.

6.6.2 표본비율의 분포

표본비율은 표본평균에 이어 가장 널리 사용되는 표본통계량으로서 표본비율의 분포는 일반적으로 이항분포를 이룬다. 하지만 중심극한정리에 의해 표본크기가 충분히 큰 경우에는 표본비율의 분포도 정규분포를 이루므로, 정규분포를 이용하여 확률값을 추정할 수 있다. 베르누이 분포로부터 표본을 난수생성 분석도구를 이용하여 추출한 후 이를 확인해보기로 하자. 베르누이 분포에서 발생 가능한 값은 0과 1이므로 표본집단의 평균값은 1의 값이 발생한 비율과 동일하다. 이들 표본비율을 히스토그램으로 나타내면 표본비율의 분포모양을 알 수 있다.

| 그림 6-9 | 베르누이 분포에서의 〈난수 생성〉 대화상자

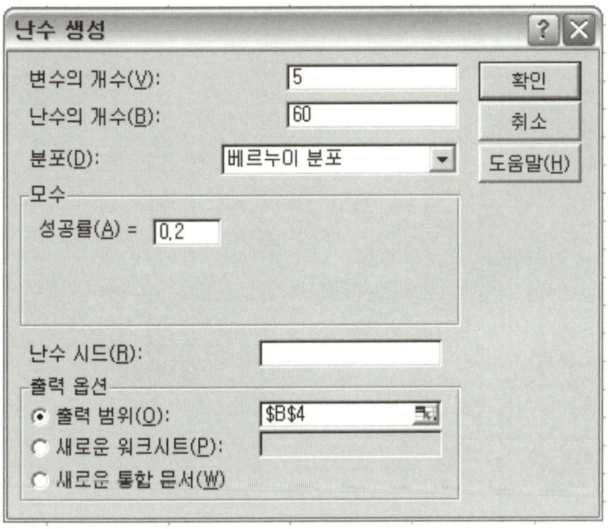

[난수 생성] 대화상자를 나타나게 한 후 [그림 6-9]와 같이 성공확률을 0.2로 하여 베르누이 분포로부터 표본크기 5(열의 수)로 하여 60개의 표본집단(행의 수)을 추출하자.

[그림 6-10]에서와 같이 추출된 표본에 대한 표본비율을 계산하고 계급상한을 설정한 후, 추출된 60개 표본집단의 표본비율에 대한 히스토그램을 그려보면 [그림 6-11]과 같다. [그림 6-11]에서 보면 히스토그램의 형태가 정규분포의 모양과는 차이가 있음을 알 수 있다. 물론 난수 생성 도구를 이용하였으므로 시행할 때마다 결과는 차이를 보이게 된다.

| 그림 6-10 | 표본크기 5, 표본개수 60일 때의 난수 생성 결과 및 표본비율

B	C	D	E	F	G	H	I
관측치 1	관측치 2	관측치 3	관측치 4	관측치 5	표본비율		계급상한
1	1	0	0	1	0.6		0
0	0	1	0	0	0.2		0.2
0	0	0	0	0	0		0.4
0	0	0	0	0	0		0.6
0	0	0	0	0	0		0.8
0	0	0	0	0	0		1
0	1	0	0	0	0.2		
0	0	0	1	0	0.2		
1	1	0	1	1	0.8		
0	0	0	0	0	0		
1	1	0	0	0	0.4		
0	1	1	0	1	0.6		
0	0	0	0	0	0		
0	0	1	1	0	0.4		
0	0	0	0	0	0		
0	0	1	0	0	0.2		
0	1	0	0	1	0.4		
0	0	0	1	0	0.2		
0	0	0	1	0	0.2		
0	0	0	0	0	0		
0	0	0	1	0	0.2		

| 그림 6-11 | 표본크기 5, 표본개수 60개일 때의 표본비율의 히스토그램

계급	빈도수
0	20
0.2	22
0.4	13
0.6	4
0.8	1
1	0
기타	0

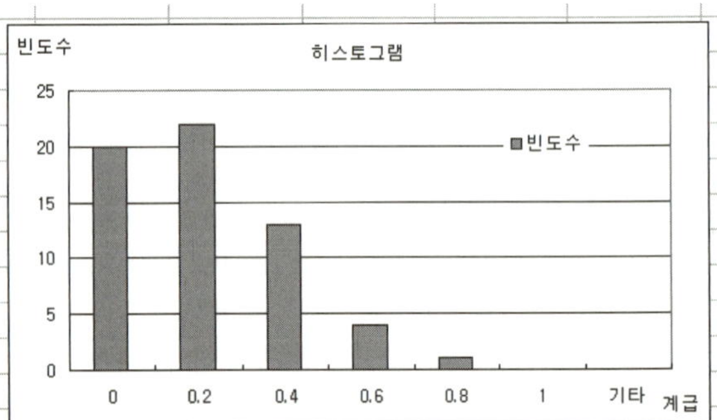

이러한 과정을 표본크기를 50으로 증가시켜 반복 수행하면 [그림 6-12]와 같이 60개 표본비율의 분포모양이 중심극한정리에서 주장하는 바와 같이 정규분포 모양에 근접하고 있음을 알 수 있다.

| 그림 6-12 | 표본크기 50, 표본크기 60개일 때의 표본비율의 히스토그램

계급	빈도수
0.05	0
0.1	4
0.15	11
0.2	26
0.25	15
0.3	3
0.35	1
기타	0

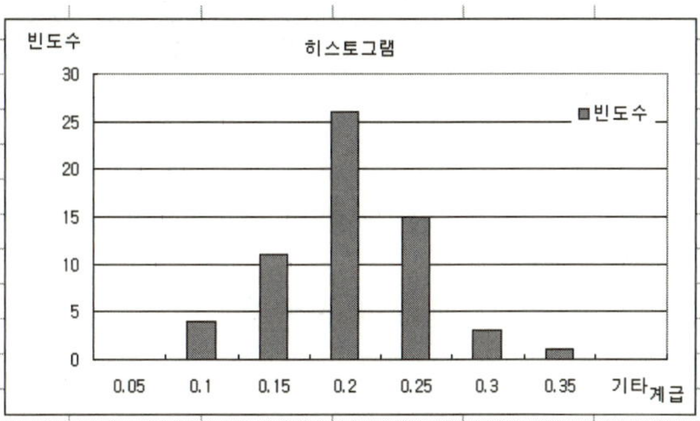

연습문제

1. 세 학생의 통계학 성적은 70점, 80점, 90점이다. 여기에서 임의로 한 명씩 두 학생을 뽑아 그 점수를 표본으로 한다.

(1) 모평균 μ와 모분산 σ^2을 구하시오.

(2) 복원추출 시의 표본평균 $\overline{X}$의 평균 $E(\overline{X})$와 분산 $Var(\overline{X})$을 구하시오.

(3) 비복원추출 시의 표본평균 $\overline{X}$의 평균 $E(\overline{X})$와 분산 $Var(\overline{X})$을 구하시오.

2. A중학교 학생 3,000명의 하루 용돈 $X \sim N(500, 40^2)$로 조사되었다.

(1) 하루 용돈이 420원부터 540원 사이인 학생은 전체 학생 중 몇 명인지 구하시오.

(2) 100명을 표본으로 추출 조사하였을 경우 표본평균의 분포형태 및 평균과 표준편차를 구하시오.

(3) 표본으로 추출된 100명의 용돈 평균이 510원 이상일 확률을 구하시오.

3. 하루에 10만개를 생산하는 비누회사의 비누 한 개의 무게는 평균이 100g이고, 표준편차가 5g인 정규분포를 이루고 있는 것으로 알려져 있다.

(1) 제품검사에서 비누 한 개의 무게가 95g 미만일 때 불량품으로 판정한다면 하루에 몇 개의 불량품이 생산되는지 구하시오.

(2) 하루 생산된 10만개의 비누를 비누 4개씩 한 상자로 포장하여 선물용으로 판매할 때 한 상자의 무게가 380g 이하일 때 불량품으로 판정한다면 총 25,000박스 중 몇 상자의 불량품이 생기는지 구하시오

4. 비행기 승객 한 사람의 짐의 무게는 평균 20kg이고, 표준편차가 5kg인 정규분포를 이루는 것으로 알려져 있다. 어떤 날 임의 추출한 16명 승객 짐의 무게 평균이 22kg 이상일 확률을 구하시오.

5. A대학교 경영학과 학생 전체 200명의 체중 평균이 68kg이고 표준편차가 3kg인 것으로 나타났다. 다음과 같은 방법으로 표본 25명을 선발하였을 경우 표본평균의 평균과 표준편차는 얼마인가?

(1) 복원추출 하는 경우

(2) 비복원추출 하는 경우(유한모집단 수정계수 사용)

6. 평균수명이 2,000시간, 표준편차가 400시간으로 알려져 있는 1,000개의 제품 더미에서 다음과 같이 표본을 추출할 때 표본평균이 2,100시간 이상일 확률을 구하시오.

(1) 25개의 표본을 복원추출할 경우

(2) 100개의 표본을 비복원추출할 경우

7. 평균이 각각 27.3, 15.3이고 분산이 4와 3인 정규분포를 이루는 두 모집단으로부터 각각 $n1=8$, $n2=6$으로 표본을 추출하여 표본평균을 계산하였을 때

(1) $(\overline{X}_1 - \overline{X}_2)$분포의 평균과 분산을 구하시오.

(2) 표본평균의 차이가 10 이하일 확률을 구하시오.

(3) 표본평균의 차이가 13이상일 확률을 구하시오.

8. 많은 젖소를 사육하는 A, B 두 목장의 젖소 한 마리당 하루 우유생산량은 각각 평균이 $15l$, $12l$이고, 표준편차는 $3l$, $2l$인 정규분포를 이루는 것으로 알려져 있다. 지금 각 목장에서 표본으로 16마리, 25마리의 젖소를 추출하여 계산된 하루 우유생산량의 표본평균을 각각 $\overline{X}_1$, $\overline{X}_2$라 할 때

(1) 목장별 하루 우유생산량의 표본평균이 만드는 분포형태 및 기대값, 분산을 구하시오

(2) A목장과 B목장의 표본평균의 차이가 만드는 확률분포 형태 및 기대값, 분산을 구하시오.

(3) 두 목장의 표본평균 차이가 4리터 이상일 확률을 구하시오.

9. 어느 양계장의 하루 산란율은 80%라 한다. 어느 날 표본으로 100마리의 닭을 추출하였을 때 표본산란율이 70% 이상 90% 이하일 확률을 구하시오.

10. 어느 공장에서 생산되는 나사못의 10%가 불량품이다. 400개의 표본을 추출하였을 때 불량품의 수를 확률변수 X라 할 때

(1) 불량품 개수 X에 대한 확률질량함수를 제시하고 기대값과 분산을 계산하시오

(2) 표본 중 불량품이 46개 이상 52개 이하일 확률을 계산하시오.

(3) 불량품의 표본비율 $\hat{p}$분포의 평균과 표준편차를 계산하시오.

(4) 표본의 불량률이 8% 이하일 확률을 계산하시오.

(5) 표본의 불량률이 15% 이상일 확률을 계산하시오.

11. 경영당 김 후보는 선거결과 46%의 지지를 받고 낙선하였다. 만일 유권자 중 200명만을 임의 표본으로 추출하여 선거를 시행하였을 때

(1) 김 후보에 대한 표본지지율이 만들어내는 분포형태, 기대값, 분산을 계산하시오.

(2) 추출된 표본만을 대상으로 선거를 실시한다면 김 후보가 50% 이상의 지지를 받고 당선될 확률을 계산하시오.

12. 보리음료에 대한 서울과 부산의 선호도가 각각 45%, 40%로 알려져 있다. 지금 서울과 부산에서 각각 90명, 60명의 임의표본을 추출할 때

(1) 서울과 부산 각각의 보리음료 선호에 관한 표본비율이 만들어내는 분포형태, 기대값, 분산을 계산하시오.

(2) 서울과 부산의 표본비율 차이가 만드는 확률분포의 형태와 기대값, 분산을 계산하시오.

(3) 서울과 부산의 표본비율 차이가 6% 이상일 확률을 계산하시오.

13. χ^2분포표를 이용하여 다음을 구하시오.

(1) 자유도 15이고, $\chi^2 = 24.996$인 우측확률을 구하여라.

(2) 자유도 24이고, $\chi^2 = 12.401$인 좌측확률을 구하여라.

14. F분포표를 이용하여 다음을 구하시오.

(1) 자유도 $(15, df_2)$이고, 우측확률이 1%인 F값이 $F = 3.09$일 때 df_2를 구하시오.

(2) 자유도 $(6, df_2)$이고, 좌측확률이 5%인 F값이 $F = 0.25$일 때 df_2를 구하시오.

용 어 정 리

추정(estimation), 통계적 추론(statistical inference)
표본통계량을 이용하여 모집단의 특성치인 모수에 관한 정보를 유추하는 과정을 말한다.

표본통계량의 분포(sampling distribution)
모집단에서 일정 크기의 표본을 추출하여 통계량을 구하는 과정을 반복하였을 때 각 표본들의 통계량이 만들어내는 분포를 의미한다.

중심극한정리(central limit theorem)
표본의 수가 충분히 클 때 모집단의 분포형태가 어떠한 것인지에 관계없이 표본통계량의 분포 형태가 정규분포와 비슷해지는 현상을 의미한다.

모비율(population proportion)
모집단에 있어서 특정 값이 차지하는 비율을 의미한다.

표본비율(sample proportion)
추출된 n개의 표본에서 특정 값이 차지하는 비율을 의미한다.

자유도(df: degree of freedom)
자유롭게 변화할 수 있는 자료의 총 개수를 의미한다.

t 분포
자유도에 의하여 분포의 형태가 결정되는 연속확률분포로써 0을 기준으로 좌우대칭인 종모양의 그래프이다. 형태는 표준정규분포와 비슷하나 최고점이 약간 낮고, 양쪽꼬리가 조금 더 높게 위치해 있는 특징을 가지고 있다.

χ^2분포
표본분산을 이용하여 얻은 분포로서 0보다 큰 범위를 갖는 연속확률분포이다.

F분포
정규모집단에서 독립적으로 추출된 두 표본의 표본분산의 비(ratio)를 나타내는 분포이다.

Part 03

추론통계학

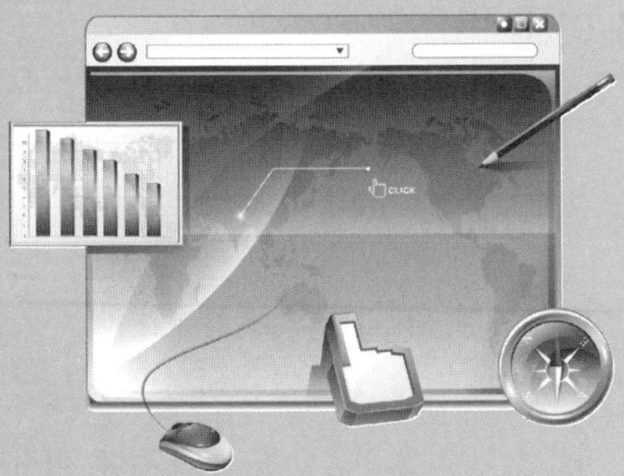

Chapter 07

단일모집단 모수의 추론

개 . 요

앞서 학습했던 표본 통계량은 결국 모집단의 특성을 나타내는 모수에 대한 정보를 알기 위함이다. 이 장에서부터는 표본 통계량으로부터 모수, 즉 모평균, 모비율, 모분산의 추론에 관하여 설명한다. 이는 다시 단일모집단 모수에 대한 추정과 두 모집단 모수 비교에 대한 추정으로 구체화되는데 이 장에서는 단일모집단 모수에 대한 구간추정과 가설검정을 다룬다.

7.1 추정과 신뢰구간의 이해

7.1.1 점추정과 구간추정

관심있는 모집단의 특성(모수)을 알아내기가 현실적으로 불가능한 경우가 많다. 예를 들어 제품의 평균수명을 알아보고 싶다고 하자. 수명을 알아낼 수 있는 실험을 해야 하는데, 이 경우 실험에 사용된 제품은 더 이상 사용할 수 없게 된다. 따라서 생산되는 모든 제품을 대상으로 실험을 할 수는 없다. 다른 예로 선거를 앞두고 후보자의 지지율을 사전에 알아보고 싶다고 하자. 이를 위하여 모든 유권자의 의견을 다 조사하기에는 시간과 비용이 너무 많이 든다. 즉, 목적에 비하여 소요되는 비용이 과도하여 비효율적이다.

이럴 때 목적을 달성할 수 있는 방법은 무엇이겠는가? 모집단으로부터 표본을 추출하고 표본으로부터 얻은 정보로 모수를 설명하는 것이다. 모수의 예로는 모평균(μ), 모분산(σ^2), 모비율(p) 등이 있다. 물론 표본으로부터 얻은 정보가 모수와 일치할 확률이 100%가 될 수는 없지만, 불일치 정도에 비하여 비용은 현저하게 줄어드는 것이 일반적이다. 이것이 통계적 추론의 주요 목적 중 하나이다. 이때 표본의 정보를 요약하는 통계량 중 모수 추정에 사용되는 것이 추정량인데, 만약 이의 분포를 알 수 있다면 표본정보로부터 모수를 추론하는 데 있어 정확도를 제공할 수 있다.

미지의 상수인 모수를 추정하는 데는 두 가지 방법이 있다. 첫째는 하나의 숫자로 모수를 추정하는 **점추정(point estimation)**이며, 둘째는 모수가 속하리라고 생각되는 구간을 설정하는 **구간추정(interval estimation)**이다.

모수(θ) 추정을 위한 점추정량($\hat{\theta}$)은 여러 가지가 있을 수 있는데 모평균(μ), 모분산(σ^2), 모비율(p) 추정에 대하여 각각 표본의 크기가 n인 표본평균($\overline{X}$), 표본분산(S^2), 표본비율($\hat{p}$)을 사용한다(제6장 참조). 즉,

$$\overline{X}=\frac{\Sigma X_i}{n},\quad S^2=\frac{\Sigma(X_i-\overline{X})^2}{n-1},\quad \hat{p}=\frac{\text{발생횟수}}{n}$$

7.1.2 점추정량의 바람직한 성질

모수 추정을 위한 추정량은 여러 가지가 있을 수 있다. 바람직한 추정량의 조건으로는 불편성(unbiasedness), 효율성(efficiency), 일관성(consistency), 충분성(sufficiency)이 있다.

(1) 불편성(unbiasedness)

불편성이란 추정량($\hat{\theta}$)의 기대치가 모수(θ)와 일치함을 말한다. 즉,

$$E(\hat{\theta}) = \theta$$

표본평균($\overline{X}$)은 모평균(μ)을 위한 불편추정량이고, 표본분산(S^2)은 모분산(σ^2)을 위한 불편추정량이며, 표본비율($\hat{p}$)은 모비율(p)을 위한 불편추정량이다. 즉,

$$E(\overline{X}) = \mu$$
$$E(S^2) = \sigma^2$$
$$E(\hat{p}) = p$$

(2) 효율성(efficiency)

불편성을 만족시키는 여러 추정량 중 분산이 적은 것이 더욱 바람직하다. 불편추정량 중에서 가장 작은 분산을 갖는 추정량을 **최소분산불편추정량(MVUE : Minimum Variance Unbiased Estimator)**이라 한다. 표본평균($\overline{X}$), 표본중위수(M_e), 표본최빈값(M_o)이 모두 모평균의 불편추정량이지만 이 중 표본평균의 분산이 제일 작으므로 가장 효율적인 불편추정량이 된다. 즉,

$$Var(\overline{X}) < Var(M_e) \text{ 그리고 } Var(\overline{X}) < Var(M_o)$$

예를 들어, 국가대표 양궁선수를 선발한다고 할 때, A선수는 화살 3발을 쏘면 10점 만점에 3발 모두 9점을 받고, B선수는 10점, 9점, 8점을 받는다고 하자. 어떤 선수를 국가대표로 선발하여야 할 것인가? 다시 말하면, 두 선수의 실력, 즉 평균은 비슷하고, A선수의 분산이 B선수에 비해 작다면, 보다 안정적인 A선수를 선발해야

| 그림 7-1 | 효율성 비교

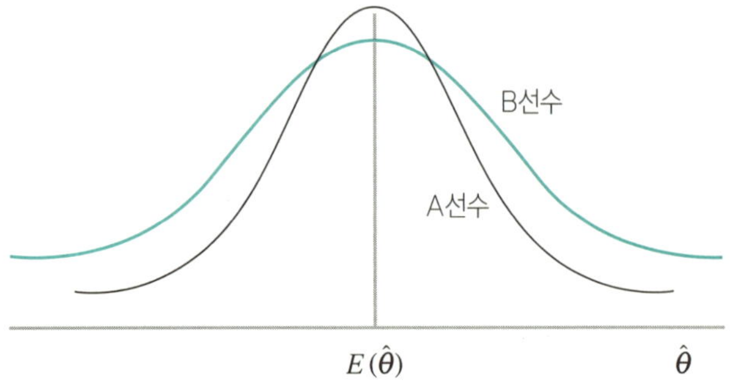

할 것이다.

(3) 일관성(consistency)

표본의 크기가 무한히 커질 때 추정량이 모수에 접근하면 일관추정량이라고 한다. 즉, 아주 작은 수 $\varepsilon > 0$에 대하여 $\lim_{n \to \infty} P[|\hat{\theta}_n - \theta| < \varepsilon] = 1$ 또는 $\lim_{n \to \infty} E[(\hat{\theta}_n - \theta)^2] = 0$이다. 표본평균 $\overline{X}$는 모평균에 대한 일관추정량이다. 표본의 크기가 아주 커져서 모집단의 크기와 같아진다면 표본평균은 모평균과 같다. 표본표준편차(S)는 모표준편차(σ)에 대한 불편추정량은 아니지만 일관추정량은 된다.

(4) 충분성(sufficiency)

추정량이 표본자료에 담겨 있는 모수에 관한 정보를 포괄적으로 요약해 줄 때 충분추정량이라 한다. 예를 들면, 동일한 표본에서 모평균의 추정량으로 표본평균이 충분추정량인데, 이는 표본평균보다 더 많은 정보를 제공할 수 있는 추정량이 없음을 의미한다.

앞서 보았듯이 모수를 추정하기 위한 일반적인 점추정량으로는 최소분산불편추정량(MVUE)이면 좋다. 표본평균($\overline{X}$)은 모평균(μ)에, 표본분산(S^2)은 모분산(σ^2)에, 표본비율($\hat{p}$)은 모비율(p)에 대한 최소분산불편추정량이다.

7.1.3 신뢰구간의 의미

신뢰구간(confidence interval) 추정이란 모수가 포함될 실수구간을 모수가 포함될 수준과 함께 제시함으로써 모수를 추정하는 방법을 말한다. 이때 구간은 상한값과 하한값, 즉 두 개의 추정량으로 표현되며 이 구간에 모수가 포함될 정도를 **신뢰수준**(level of confidence)이라 한다. 모수(θ)에 대한 $1-\alpha$ 신뢰수준의 신뢰구간은 다음과 같이 흔히 표현된다.

$$P(\text{하한값} \le \theta \le \text{상한값}) = 1-\alpha(\text{단, } 0 \le \alpha \le 1)$$

여기서 모수가 구간 안에 포함되지 않을 수준 α를 허용오차수준이라 한다. 이 다음에 다룰 가설검정에서 α는 유의수준이라는 용어로 사용된다.

7.2 모수의 신뢰구간

7.2.1 모평균의 구간 추정

(1) 모집단이 정규분포이고 모표준편차(σ)가 알려진 경우

모평균이 μ이고 모표준편차가 σ인 정규분포로부터 추출된 n개의 확률변수의 평균, 즉 표본평균 $\overline{X}$는 다음과 같은 정규분포를 이룸을 제6장에서 배웠다.

$$\overline{X} \sim N\left(\mu_{\bar{x}},\, \alpha_{\bar{x}}^2\right) = N\left(\mu,\, \left(\frac{\sigma}{\sqrt{n}}\right)^2\right) \qquad \text{(식 7.1A)}$$

만일 모평균 μ와 모표준편차 σ를 알고 있다면 $\overline{X}$를 표준정규분포로 정규화시키면 다음과 같다([그림 7-2] 참조).

$$\frac{\overline{X}-\mu}{\sigma/\sqrt{n}} = Z \sim N(0, 1^2) \quad \text{(식 7.1B)}$$

| 그림 7-2 | $\overline{X}$의 정규화 – 표준정규분포

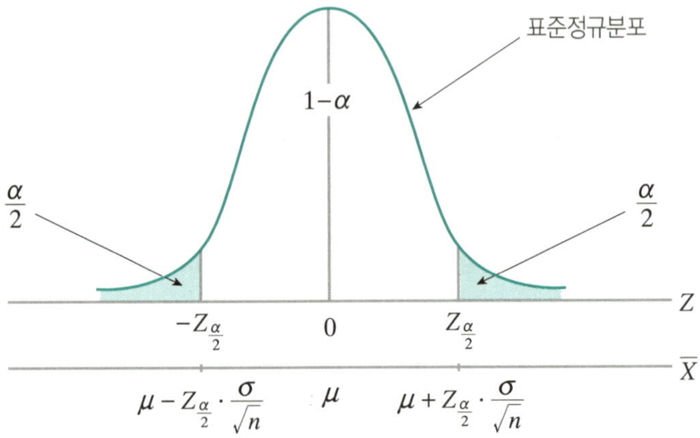

이처럼 확률변수가 표준정규분포를 따르면, 모평균(μ)을 중심으로 분포의 $(1-\alpha)$ 확률을 가져다 주는 상한값 및 하한값을 유도할 수 있다.

$$P(-Z_{\frac{\alpha}{2}} \le Z \le Z_{\frac{\alpha}{2}}) = (1-\alpha)$$
$$\Leftrightarrow P(-Z_{\frac{\alpha}{2}} \le \frac{\overline{X}-\mu}{\frac{\sigma}{\sqrt{n}}} \le Z_{\frac{\alpha}{2}}) = (1-\alpha)$$
$$\Leftrightarrow P(\overline{X} - Z_{\frac{\alpha}{2}} \cdot \frac{\sigma}{\sqrt{n}} \le \mu \le \overline{X} + Z_{\frac{\alpha}{2}} \cdot \frac{\sigma}{\sqrt{n}}) = (1-\alpha) \quad \text{(식 7.2)}$$

이를 정리하면 신뢰구간은 다음과 같다.

만약 모평균이 μ이고 모표준편차가 σ인 정규분포로부터 독립적으로 n개의 표본을 실제로 추출하여 이들의 평균으로 $\bar{x}$라는 구체적인 실수값을 얻었다고 하자. 그러면 $\bar{x}$는 모평균 추정의 추정치가 되고, (식 7.2)로부터 **모평균 μ의 $1-\alpha$ 신뢰구간**은 다음과 같이 구한다.

모평균 μ에 대한 $1-\alpha$ 신뢰구간

$$\left[\bar{x} - Z_{\frac{\alpha}{2}} \cdot \frac{\sigma}{\sqrt{n}} \leq \mu \leq \bar{x} + Z_{\frac{\alpha}{2}} \cdot \frac{\sigma}{\sqrt{n}}\right] \quad \text{(식 7.3)}$$

이때 $Z_{\frac{\alpha}{2}}$는 표준정규분포 $(1-\alpha)$ 신뢰도의 임계치라 하며 임계치는 나중에 가설검정에도 사용된다.

[예제 7-1] K유통의 매출액(단위 : 만원)은 정규분포를 따르며, 모표준편차(σ)는 150으로 알려져 있다. 36개의 지점을 무작위로 선정하여 매출액을 조사한 결과 표본평균($\overline{X}$)은 1,000으로 나타났다. 모평균 μ에 대한 95% 신뢰구간을 구하시오.

| 풀이 |

$n = 36$, $\sigma = 150$, 표준정규분포표로부터 $Z_{\frac{\alpha}{2}} = z_{0.025} = 1.96$이므로

$$\left[\overline{X} - Z_{\frac{\alpha}{2}} \cdot \frac{\sigma}{\sqrt{n}} \leq \mu \leq \overline{X} + Z_{\frac{\alpha}{2}} \cdot \frac{\sigma}{\sqrt{n}}\right]$$

$$\therefore \text{신뢰구간} = \left[1,000 - 1.96\frac{150}{\sqrt{36}},\ 1,000 + 1.96\frac{150}{\sqrt{36}}\right] = [951,\ 1049]$$

(2) 모집단의 분포를 모르지만 표본의 크기가 충분한 경우

일반적으로 모평균의 신뢰구간을 구하는 공식은 (식 7.3)과 같이 나타나지만, 이 공식을 적용하기 위해서는 (1) 모집단이 정규분포를 따라야 하고, (2) 모표준편차(σ)를 알고 있어야 한다. 그러나, 일반적으로 모표준편차는 알려져 있지 않는 것이 보통이다. 이럴 경우 만약 표본의 크기가 30 이상이면 제6장의 중심극한정리에 따라 (식 7.3)을 그대로 사용하되 모표준편차의 추정치로 표본표준편차를 이용할 수 있다.

모평균 μ에 대한 $(1-\alpha)$ 신뢰구간

$$\left[\overline{X}-Z_{\frac{\alpha}{2}}\cdot\frac{S}{\sqrt{n}}\le\mu\le\overline{X}+Z_{\frac{\alpha}{2}}\cdot\frac{S}{\sqrt{n}}\right] \tag{식 7.4}$$

여기서, $S=\sqrt{\sum_{i=1}^{n}\frac{(X_i-\overline{X})}{n-1}}$

[예제 7-2] K유통의 매출액(단위 : 만원)은 정규분포를 따르고 있으며, 36개의 지점을 무작위로 선정하여 매출액을 조사한 결과 표본평균($\overline{X}$)이 1,000, 표본표준편차(S)가 300으로 나왔다. 모평균 μ에 대한 95% 신뢰구간을 구하시오.

| 풀이 |

$n=36$, $S=300$, 표준정규분포표로부터 $Z_{\frac{\alpha}{2}}=z_{0.025}=1.96$이므로

$$\left[\overline{X}-Z_{\frac{\alpha}{2}}\cdot\frac{S}{\sqrt{n}}\le\mu\le\overline{X}+Z_{\frac{\alpha}{2}}\cdot\frac{S}{\sqrt{n}}\right]$$

$$\therefore \text{신뢰구간}=\left[1,000-1.96\frac{300}{\sqrt{36}},\ 1,000+1.96\frac{300}{\sqrt{36}}\right]=[902,\ 1098]$$

(3) 표본의 크기가 작지만 모집단이 정규분포인 경우

한편, 모표준편차를 모르기 때문에 표본표준편차를 이용할 경우에 표본의 수, $n<30$이라 하더라도 모집단이 정규분포를 따른다고 하면 t분포를 이용할 수 있다.

모집단 표준편차(σ)를 모르는 경우에 $\overline{X}$를 표준정규분포로 정규화시키면 $\frac{\overline{X}-\mu}{S/\sqrt{n}}$가 되는데, 이때 표본 $n<30$인 경우에는 이 값이 자유도가 $n-1$인 t분포를 이룬다. 즉,

$$\frac{\overline{X}-\mu}{S/\sqrt{n}}\sim t_{(n-1)}$$

따라서 t분포를 이용한 $(1-\alpha)$ 신뢰구간은 (식 7.2)의 유도과정을 적용하여 다음과 같이 구할 수 있다.

$$P(-t_{\frac{\alpha}{2},(n-1)} \leq t_{(n-1)} \leq t_{\frac{\alpha}{2},(n-1)}) = (1-\alpha)$$

$$\Leftrightarrow P\left(-t_{\frac{\alpha}{2},(n-1)} \leq \frac{\overline{X}-\mu}{\frac{S}{\sqrt{n}}} \leq t_{\frac{\alpha}{2},(n-1)}\right) = (1-\alpha)$$

$$\Leftrightarrow P\left(\overline{X} - t_{\frac{\alpha}{2},(n-1)} \cdot \frac{S}{\sqrt{n}} \leq \mu \leq \overline{X} + t_{\frac{\alpha}{2},(n-1)} \cdot \frac{S}{\sqrt{n}}\right) = (1-\alpha)$$

따라서 t분포를 이용한 신뢰구간은 다음과 같다.

> 모평균 μ에 대한 $(1-\alpha)$ 신뢰구간
>
> $$\left[\overline{X} - t_{\frac{\alpha}{2},(n-1)} \cdot \frac{S}{\sqrt{n}} \leq \mu \leq \overline{X} + t_{\frac{\alpha}{2},(n-1)} \cdot \frac{S}{\sqrt{n}}\right] \quad \text{(식 7.5)}$$
>
> 여기서, $S = \sqrt{\sum_{i=1}^{n} \frac{(X_i - \overline{X})}{n-1}}$

[예제 7-3] K유통의 매출액(단위 : 만원)은 정규분포를 따르며, 9개의 지점을 무작위로 선정하여 매출액을 조사한 결과 표본평균($\overline{x}$) 1,000, 표본표준편차(S) 300으로 나타났다. 모평균 μ에 대한 95% 신뢰구간을 구하시오.

| 풀이 |

$n = 9$, $S = 300$, t분포표로부터 $t_{\frac{\alpha}{2},n-1} = t_{0.025,8} = 2.306$이므로

$$\left[\overline{X} - t_{\frac{\alpha}{2}} \cdot \frac{S}{\sqrt{n}} \leq \mu \leq \overline{X} + t_{\frac{\alpha}{2}} \cdot \frac{S}{\sqrt{n}}\right]$$

$$\therefore \text{신뢰구간} = \left[1,000 - 2.306\frac{300}{\sqrt{9}},\ 1,000 + 2.306\frac{300}{\sqrt{9}}\right] = [769.4,\ 1230.6]$$

모평균 μ에 대한 신뢰구간의 설정은 다음과 같이 요약할 수 있다.

> **모평균 μ의 신뢰구간**
>
> ① 모집단이 정규분포이며 σ가 알려져 있는 경우
>
> $$\left[\overline{X} - Z_{\frac{\alpha}{2}} \cdot \frac{\sigma}{\sqrt{n}} \le \mu \le \overline{X} + Z_{\frac{\alpha}{2}} \cdot \frac{\sigma}{\sqrt{n}}\right]$$
>
> ② 모집단에 관한 정보는 없지만 표본크기 $n \ge 30$인 경우
>
> $$\left[\overline{X} - Z_{\frac{\alpha}{2}} \cdot \frac{S}{\sqrt{n}} \le \mu \le \overline{X} + Z_{\frac{\alpha}{2}} \cdot \frac{S}{\sqrt{n}}\right]$$
>
> ③ 모집단이 정규분포라는 사실만이 알려진 경우
>
> $$\left[\overline{X} - t_{\frac{\alpha}{2}} \cdot \frac{S}{\sqrt{n}} \le \mu \le \overline{X} + t_{\frac{\alpha}{2}} \cdot \frac{S}{\sqrt{n}}\right]$$

신뢰구간을 구하는 절차를 요약하면 다음과 같다.

> **신뢰구간을 구하는 절차**
>
> ① 추정해야 할 모수를 확인하고 사용할 통계량을 선택한다.
>
> ② 선택된 통계량의 분포를 확인한다.
>
> ③ 신뢰수준 $(1-\alpha)$의 범위를 분포로부터 확인하고 임계치를 찾아낸다.
>
> ④ 통계량과 임계치의 관계로부터 모수를 포함할 신뢰구간의 상한값, 하한값의 산출식을 구한다.
>
> ⑤ 표본으로부터 필요한 값을 구하여 대입한다.

7.2.2 모비율의 구간 추정

신뢰구간 추정의 원리는 이미 앞에서 학습하였다. 다만 모비율의 추론은 표본비율의 확률분포에 의해서 수행된다는 점만이 다르다. 모비율의 전개는 이항분포에서 비롯된다. 그러나 대부분의 통계학 서적은 이항분포의 근사치로 정규분포를 이용하고

있다. 이항분포와 같은 이산확률분포는 통계적 추론을 위하여 사용하기에는 다소 불편한 점이 있고 표본의 크기가 커지면 이항분포는 정규분포에 접근하기 때문이다.

앞에서 다룬 이항분포에서 $B(n, p)$를 따르는 확률변수 X의 분포는 n이 클 경우 근사적으로 정규분포 $N(np, npq)$를 이룬다(여기서, $q=1-p$). 모비율 p를 위한 점추정치로서 표본비율 $\hat{p}=X/n$는 최소분산불편추정량(MVUE)이며 일관된 추정량이다. 따라서 n이 크면 $\hat{p}$의 분포는 근사적으로 다음과 같음을 이해했다.

$$\hat{p} \sim N\left(p, \frac{pq}{n}\right) \qquad \text{(식 7.6A)}$$

이로부터 다음을 말할 수 있다.

$$\frac{\hat{p}-p}{\sqrt{\frac{pq}{n}}} = Z \sim N(0, 1^2) \qquad \text{여기서, } q=1-p \qquad \text{(식 7.6B)}$$

한편, 평균을 중심으로 분포의 $(1-\alpha)$ 확률을 가져다주는 상한값 및 하한값을 표준정규분포로부터 다음과 같이 유도할 수 있다.

$$P(-Z_{\frac{\alpha}{2}} \leq Z \leq Z_{\frac{\alpha}{2}}) = 1-\alpha$$

$$\Leftrightarrow P(-Z_{\frac{\alpha}{2}} \leq \frac{\hat{p}-p}{\sqrt{pq/n}} \leq Z_{\frac{\alpha}{2}}) = 1-\alpha$$

$$\Leftrightarrow P\left(\hat{p} - Z_{\frac{\alpha}{2}} \cdot \sqrt{\frac{pq}{n}} \leq p \leq Z_{\frac{\alpha}{2}} \cdot \sqrt{\frac{pq}{n}}\right) = 1-\alpha$$

그런데 여기서 $\sqrt{\frac{pq}{n}}$은 미지의 수이므로 아직 신뢰구간 계산에 사용할 수 없다. 여기서 $\hat{p}$이 p의 일관된 추정량이므로 표본의 크기가 큰 경우($n\hat{p} \geq 5$이면서 $n\hat{q} \geq 5$ 인 경우)에 p 대신 $\hat{p}$을 사용하여 다음과 같은 구간 추정량을 얻을 수 있다.

따라서 모비율 추정의 신뢰구간은 다음과 같다.

모비율(p) 추정의 $(1-\alpha)$ 신뢰구간

$$\left[\hat{p} - Z_{\frac{\alpha}{2}} \cdot \sqrt{\frac{\hat{p}\hat{q}}{n}} \le p \le \hat{p} + Z_{\frac{\alpha}{2}} \cdot \sqrt{\frac{\hat{p}\hat{q}}{n}}\right] \quad \text{(식 7.7)}$$

여기서, $\hat{q} = 1 - \hat{p}$

[예제 7-4] 향후 있을 국회의원 선거에서 어느 지역의 100명의 유권자를 무작위로 추출하여 특정 후보의 선호도를 물었다. 그 결과 40%가 그 후보를 지원할 예정이라고 응답하였다. 후보자의 지원율에 대한 95% 신뢰구간을 구하시오.

|풀이|

(식 7.7)을 적용하면 다음과 같다.

$$\hat{p} \pm Z_{\frac{\alpha}{2}} \cdot \sqrt{\frac{\hat{p}\hat{q}}{n}} = 0.4 \pm 1.96\sqrt{\frac{0.4 \times 0.6}{100}} = 0.4 \pm 0.096 = [0.304,\ 0.496]$$

7.2.3 모분산의 구간 추정

정규분포를 따르는 모집단으로부터 크기가 n인 표본을 반복하여 추출할 때, 표본의 분산들이 만들어내는 분포는 카이제곱분포를 따르고 있음을 제6장에서 살펴보았다. 즉, 다음과 같이 표시할 수 있었다.

$$\frac{(n-1)S^2}{\sigma^2} \sim \chi^2_{n-1} \quad \text{(식 7.8)}$$

다음의 관계식에 따라 모분산의 $(1-\alpha)$ 신뢰구간을 얻을 수 있다.

$$P\left(\chi^2_{1-\frac{\alpha}{2},(n-1)} \le \chi^2_{n-1} \le \chi^2_{\frac{\alpha}{2},(n-1)}\right) = 1-\alpha$$

$$\Leftrightarrow P\left(\chi^2_{1-\frac{\alpha}{2},(n-1)} \le \frac{(n-1)S^2}{\sigma^2} \le \chi^2_{\frac{\alpha}{2},(n-1)}\right) = 1-\alpha$$

$$\Leftrightarrow P\left(\frac{(n-1)S^2}{\chi^2_{\frac{\alpha}{2},(n-1)}} \le \sigma^2 \le \frac{(n-1)S^2}{\chi^2_{1-\frac{\alpha}{2},(n-1)}}\right) = 1-\alpha$$

이로부터 추정되는 모분산(σ^2)의 신뢰구간은 다음과 같다.

> 모분산(σ^2)의 $(1-\alpha)$ 신뢰구간
>
> $$\left[\frac{(n-1)S^2}{\chi^2_{\frac{\alpha}{2},(n-1)}} \le \sigma^2 \le \frac{(n-1)S^2}{\chi^2_{1-\frac{\alpha}{2},(n-1)}}\right] \quad \text{(식 7.9)}$$

[예제 7-5] 우리나라 근로자의 연봉의 격차를 가늠해보고자 30명을 무작위로 뽑아 평균연봉에 따른 분산을 확인한 결과 750^2으로 산출되었다. 이를 통한 우리나라 전체 근로자의 평균연봉에 따른 분산의 90% 신뢰구간을 구하시오.

| 풀이 |

(식 7.9)를 적용하면 다음과 같다.

$$\left[\frac{(30-1)750^2}{43.77} \le \sigma^2 \le \frac{(30-1)750^2}{18.49}\right] \equiv [610.48^2 \le \sigma^2 \le 939.27^2]$$

7.3 가설검정의 이해

7.3.1 가설검정의 의미와 절차

가설검정(hypothesis test)이란 설정한 모수에 대한 가정 또는 가설의 옳고 그름을 관찰이나 실험을 통하여 검증하는 행위이다.

(1) 귀무가설(H_0)과 대립가설(H_1)의 설정

검증은 귀무[영]가설(null hypothesis : H_0)과 대립[연구]가설(alternative hypothesis : H_1 또는 H_A) 중 하나가 지지됨을 보이는 것이다. 여기서 귀무가설은 지금까지 알려진 것과 다름이 없거나 특별할 것이 없다는 의미의 가설인데 반하여 대립가설은 새로운 사실이나 이론이 될 수 있는 가설로 연구 또는 관심의 대상이다.

모수의 값 설정에 있어 단순히 한 값으로 설정하는 경우와 범위로 설정하는 경우가 존재한다. 귀무가설과 대립가설에서 모수의 영역은 서로 반대가 된다. 그러나 가설검정에서 귀무가설의 경우 모수가 단순 값으로 설정되어야 그 진위 여부를 가리는데 사용되는 표본과 관련된 통계량의 분포를 완전히 결정하기가 쉽다.

추정하는 모수(θ)를 특정값(θ_0)과 비교할 때 다음 3가지 중 하나를 대립가설로 설정하는 반면 귀무가설의 모수는 보통 단순값(=)으로 한다. 가설검정의 종류 구분은 대립가설을 기준으로 한다([그림 7-3] 참조).

가설의 형태와 검정의 종류

H_0	H_1	종류
$\theta=\theta_0$	$\theta\neq\theta_0$	양측검정
$\theta=\theta_0(\theta\leq\theta_0)$	$\theta>\theta_0$	우측검정
$\theta=\theta_0(\theta\geq\theta_0)$	$\theta<\theta_0$	좌측검정

(2) 유의수준(α)의 결정

유의수준(α)은 가설검정에서 귀무가설이 옳음에도 불구하고 귀무가설이 옳지 않다는 결론에 도달할 확률이다. α는 보통 1%, 5%, 10%를 사용한다. 표본으로부터 얻어지는 값으로 모수와 관련된 귀무가설의 진위 여부를 판정하게 된다. 이때 귀무가설이 참이라는 가정하에 그 분포로부터 $(1-\alpha)$ 신뢰수준의 구간을 얻을 수 있는데 그 의미는 이 구간 내에서 표본으로부터 도출된 값이 발생할 확률이 $(1-\alpha)$라는 것이다. 이 구간 범위 밖에서 값이 도출되었다면 그 해석은 다음 중 하나다.

① 발생확률(α)이 작은 영역에서 관측값이 발생한 것은 모수를 가정하는 귀무가설이 잘못되었기 때문이며 대립가설을 인정

② 발생확률(α)이 작은데도 불구하고 관측값이 실제로 발생

유의수준의 의미는 실제로는 ②인데 이를 ①로 잘못 판단할 확률이다.

(3) 검정통계량의 선택

가설검정을 위하여 사용되는 통계량 또는 치환된 통계량을 **검정통계량(test statistic)**이라 한다. 예를 들면 모평균의 가설검정을 위한 표본평균이 그 자체로 모집단 분포를 이용하는 검정통계량이 될 수 있고 이를 z분포나 t분포를 이용하기 위해 치환된 통계량도 검정통계량이 될 수 있는데 치환된 통계량의 사용이 일반적이다. 검정통계량이 따르는 분포를 통하여 귀무가설의 진위 여부를 결정하면 그 결과에 따라 대립가설의 수용 여부가 결정된다.

(4) 귀무가설의 기각영역과 임계값의 확인

유의수준이 결정되면 귀무가설이 기각되는(유의수준 이하의 확률을 가져다주는) 검정통계량의 범위가 결정되는데 이를 **기각역[기각영역](rejection region)**이라 한다. 검정통계량 확률분포에서 유의수준에 대응되는 값을 **임계치[임계값](critical value)**라 하는데 기각역과 비기각역을 구분하는 경계의 값이다.

| 그림 7-3 | **기각역에 따른 검정방법**

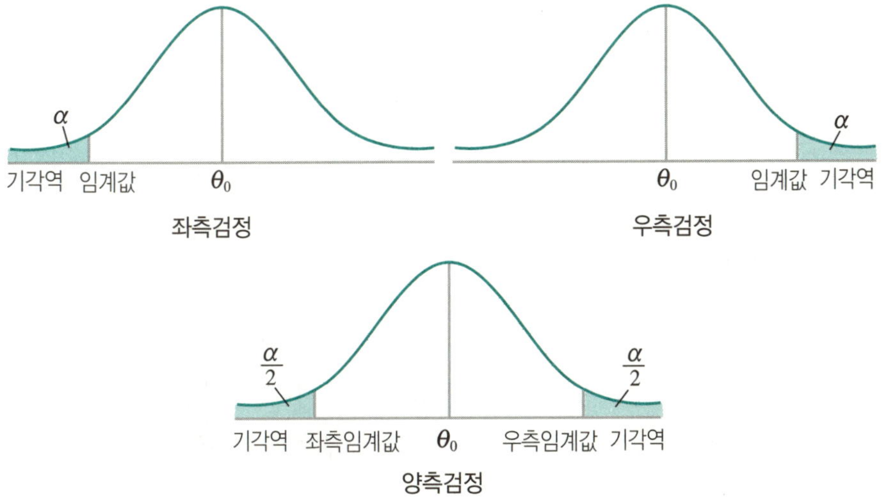

(5) 검정통계량값을 통한 결정

표본으로부터 실현된 검정통계량값(검정통계량의 관측값)을 임계값과 비교(기각역에 포함 여부를 판단)하여 귀무가설의 채택 여부를 결정한다.

귀무가설의 기각[대립가설의 채택] 결정

검정	가설	검정통계량 이용	(참고) p값 활용
(1) 양측	$H_0 = \theta = \theta_0$ $H_1 = \theta \neq \theta_0$	우측 임계값$_{(\frac{\alpha}{2})}$ < 검정통계량값 또는 검정통계량값 < 좌측 임계값$_{(\frac{\alpha}{2})}$	p값 < $\frac{\alpha}{2}$
(2) 우측	$H_0 = \theta = \theta_0$ $H_1 = \theta > \theta_0$	임계값$_{(\alpha)}$ < 검정통계량값	p값 < α
(3) 좌측	$H_0 = \theta = \theta_0$ $H_1 = \theta < \theta_0$	검정통계량값 < 임계값$_{(\alpha)}$	

p값(p-value) : 귀무가설이 참이라는 검정통계량분포에서 검정통계량이 관측된 검정통계량값보다 더 극단적(꼬리방향)으로 발생할 확률이다.

가설검정의 절차는 다음과 같다.

① 귀무가설과 대립가설, 그리고 유의수준(α)을 설정한다.

② 검정통계량을 확인하고 표본으로부터 검정통계량값을 계산한다.

③ 유의수준 α에 대응하는 임계값과 기각역을 검정통계량의 분포로부터 확인한다.

④ 검정통계량값과 임계값을 비교하여 가설에 대한 결론을 내린다.

(참고) p값과 유의수준을 비교하여 가설에 대한 결론을 내릴 수도 있다.

7.3.2 p값의 활용

앞서 설명한 가설검정에서 우리는 생각해볼 문제가 있다. 첫째, 검정통계량의 관측치와 비교될 임계치는 사전에 α를 어떻게 결정하느냐에 따라 달라진다는 것이다. 이는 곧 유의수준에 따라 귀무가설의 기각 또는 채택 결정 기준이 달라질 수 있음을 의미한다. 둘째, 기각역은 귀무가설의 기각 여부만을 결정하고, 현재 관측치로부터 귀무가설을 기각할 때 범할 수 있는 오판의 확률을 정확히 제공하지 못한다.

이때 좀 더 유연한 방법이 p값(value)의 활용이다.

> p값(p-value)은 현재 관측된 검정통계량값으로부터 귀무가설을 기각하는 방향으로 형성되는 모든 값들의 확률이다.
>
> 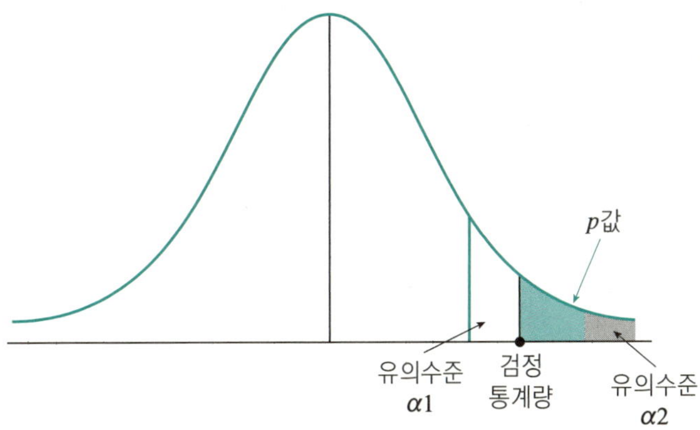
>
>
> 여기서 p값을 주어진 유의수준 $\alpha 1$과 비교하면 귀무가설은 기각되며 유의수준 $\alpha 2$와 비교하면 귀무가설을 기각할 수 없음은 앞서 제시하였다.

이를 잘 음미하면 곧 귀무가설이 맞는데도 불구하고 이를 기각하는 최소의 유의수준임을 알 수 있다. 따라서 p값은 **관측된 유의수준**이다. 가설검정 절차에서도 보였듯이 p값이 기준으로 주어진 유의수준보다 작다고 판단되면 귀무가설을 기각하게 되고 그렇지 않다면 귀무가설을 기각하지 못하는 것으로 결론을 내린다.

일반적으로 유의수준은 통계적 검증의 대상에 따라서 다르다고 할 수 있다. 따라서 p값의 활용은 적용 대상에 따른 판단에 있어 좀 더 유연하다.

모수 추론에 있어 신뢰구간의 설정과 가설검정은 통계량의 분포가 어떻게 되느냐에 따라 달라지나 원리는 기본적으로 같다. 분포에 대한 선택 및 조건, 그에 따른 구체적인 모수 추론 절차는 다음 절에서 설명된다.

7.3.3 신뢰구간과 가설검정

여기서 모평균(μ)의 (1−α)=95% 신뢰구간의 의미를 다시 한 번 되새겨보자. 만약 표본평균($\bar{x}$)이 (식 7.1) 정규분포를 따른다고 하면 표본을 여러 번 추출하여 표본평균을 구하고 각각에 대응되는 모평균 신뢰구간을 만들면 [그림 7-4]와 같다. 이때 만들어진 구간들 중 95%는 μ를 포함하고 나머지 5%(α)는 [그림 7-4]의 세 번째 구간처럼 μ를 포함하지 않는다.

| 그림 7-4 | 신뢰구간의 의미

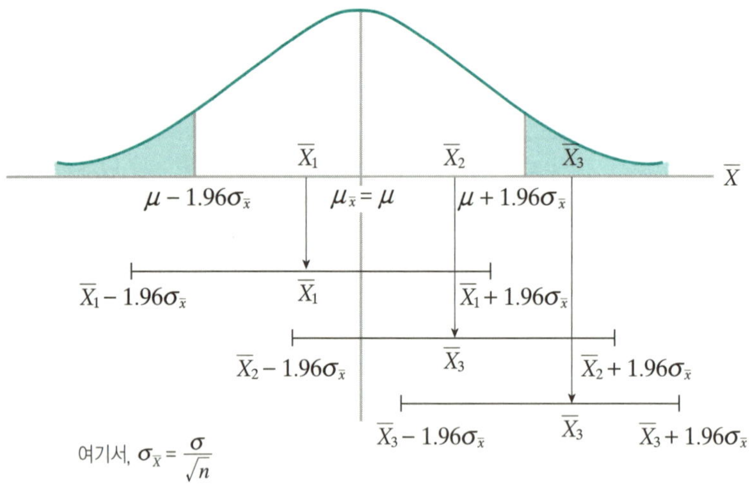

이제 신뢰구간을 이용해서도 귀무가설의 진위 여부를 설명할 수 있다. 표본으로부터 얻은 표본평균으로 (1−α) 수준의 신뢰구간을 구할 수 있다. 이 신뢰구간이 귀무가설의 모평균 추정값(μ_0)을 포함하면 귀무가설을 기각할 수 없다는 결론에 이른다. 따라서 귀무가설이 옳다면 (1−α)만큼의 구간은 귀무가설을 포함한다는 것이다. 반면 표본으로부터 얻은 신뢰구간이 모평균값(μ_0)을 포함하지 않으면 귀무가설은 기각된다. 이때 귀무가설이 옳은데도 불구하고 잘못 기각할 확률이 α가 된다.

이를 일반화하면 모수 θ에 대한 표본통계량 $\hat{\theta}$으로 1−α 신뢰구간을 구할 수 있으며 이 구간에 귀무가설에서의 모수 추정값(θ_0)이 포함되는지 여부로 귀무가설 채택 기각 여부를 유의수준 α로 결정하게 된다.

7.3.4 가설검정의 오류

가설검정은 보통 표본을 통하여 이루어진다. 이때 모집단의 특성을 정확히 반영하여 추출한 표본이라 하더라도 조사 결과로부터 모수를 추정하고 가설을 검정하는데는 항상 오차가 존재하고 잘못된 판단에 도달할 가능성이 있다. 표본으로부터 구한 값은 모수를 중심으로 확률분포를 형성하기 때문이다.

귀무가설이 옳은데도 불구하고 귀무가설을 기각하는 것을 1종 오류(type I error)라 하며 그 가능성은 유의수준 α가 된다. 한편 대립가설이 옳은데도 불구하고 귀무가설을 채택하는 것을 2종 오류(type II error)라 하며 그 가능성은 β로 표시한다. 이에 대한 4가지 상황을 나타내면 다음과 같다.

실제 상황 / 결정 상황	H_0가 진실	H_A가 진실
H_0 기각 안함	옳은 결정 신뢰수준 = $1-\alpha$	P(2종 오류) = β
H_0 기각	P(1종 오류) = α	옳은 결정 검정력(power of test) = $1-\beta$

$$\begin{cases} \alpha = P(\text{1종 오류}) = P(H_0\text{을 기각} \mid H_0\text{이 진실}) \\ \beta = P(\text{2종 오류}) = P(H_0\text{을 기각 안함} \mid H_A\text{이 진실}) \end{cases}$$

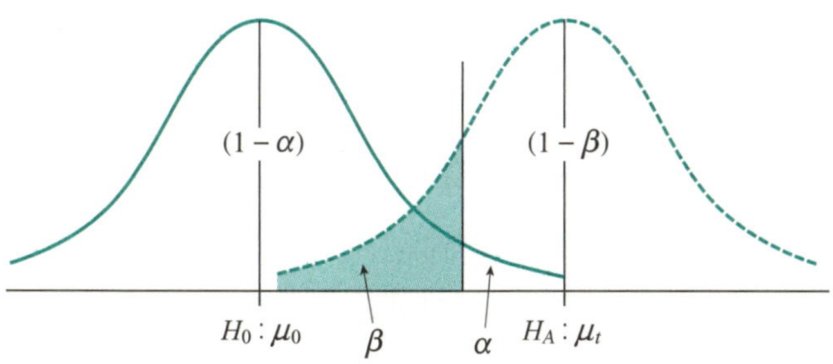

7.3.5 검정대상과 방법

이번 모수 추론에서 다루어지는 가설검정은 모수의 종류와 비교 모수의 수를 중심으로 [그림 7-5]와 같은 검정방법을 이용한다.

| 그림 7-5 | 가설검정과 검정방법

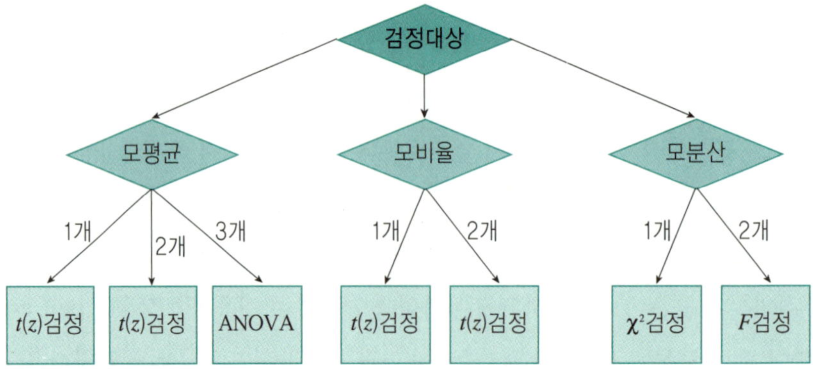

7.4 모수의 가설검정

7.4.1 모평균의 검정

정규분포를 이루는 것으로 알려져 있는 모집단 평균에 대한 가설의 검증 문제를 살펴보자. 예를 들어 요즘의 대학생들이 생각하는 결혼 적령기는 지난 세대보다 더 늦다고 한다. 이것이 사실인지 확인해보기로 하자. 실제 모든 대학생들의 의견을 다 조사한다면 다음과 같은 정규분포 곡선이 나올 것이다.

$$N(\mu, \sigma^2)$$

이전에 결혼 평균 나이는 μ_0인 것으로 알려져 있다. 실제 모든 대학생들의 의견을 조사하는 것은 어려워 대신 표본을 뽑아 조사하기로 한다. 그러면 귀무가설과 대립가설은 다음과 같다. 유의수준은 α로 하고 편의상 양측검정을 하자.

귀무가설 $H_0 : \mu = \mu_0$

대립가설 $H_1 : \mu \neq \mu_0$

이제 n개의 관측치, $x_1, x_2, x_3, \cdots, x_n$을 얻었다면 이들로부터 모평균이 μ_0인가를 판단해보자. 만일 μ_0가 사실이라면 n개 관측치들의 평균, $\bar{x}$는 다음과 같은 정규분포로부터 도출됨을 (식 7.1A)에서 학습했다.

$$N\left(\mu_0, \left(\frac{\sigma}{\sqrt{n}}\right)^2\right)$$

표준정규분포를 이용하기 위한 검정통계량값은 (식 7.1B)로부터 귀무가설이 옳다는 가정하에 $z = \dfrac{\bar{x} - \mu_0}{\sigma/\sqrt{n}}$이 된다.

(식 7.2)를 응용하여 만약 귀무가설이 틀리지 않았다면 $\bar{x}$를 구하였을 때, 다음이 성립될 확률이 $(1-\alpha)$가 된다([그림 7-6]).

$$\left(\frac{\bar{x} - \mu_0}{\sigma/\sqrt{n}} = z \leq |Z_{\alpha/2}|\right)$$

만약 관찰된 $\bar{x}$로부터 $z > |Z_{\alpha/2}|$가 된다면 어떻게 판단할 것인가?

우선 가설 H_0가 잘못되었기 때문에 이러한 결론에 도달했다고 판단할 수 있다. 즉 대립가설이 지지된다는 것이다.

그러나 이 경우에 조심해야 할 것이 하나 있다. 가설 H_1을 100% 확신할 수는 없다는 사실이다. (식 7.2)를 잘 생각해보자. [그림 7-6]에서 가설 H_0이 옳다 하더라도 $z > |Z_{\alpha/2}|$을 성립시키는 $\bar{x}$가 도출될 확률이 α(유의수준)만큼 존재하기 때문이다. 따라서 이러한 경우, 귀무가설이 옳음에도 불구하고 대립가설이 지지된다는 잘못된 결론(1종 오류)을 내릴 확률이 α만큼 존재하는 것으로 해석한다.

| 그림 7-6 | **정규분포를 이용한 가설검정**

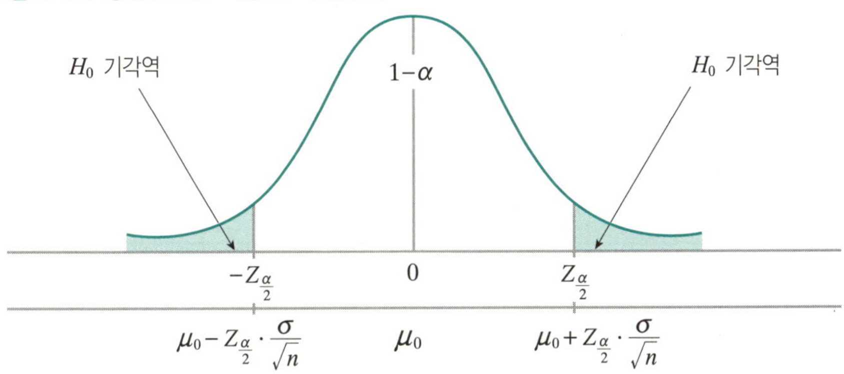

우리는 정규분포를 가정하고 단일 모평균 추론의 신뢰구간 설정과 가설검정의 내용을 학습하였다. 가설검정을 실행하기 위해서는 어떤 검정통계량을 이용할 것인지를 결정하는 것이 중요한 문제이다. 즉, 모평균의 검정을 위하여 표준정규분포를 이용한 z값을 사용할 것인지, 아니면 t분포를 이용한 t값을 사용할 것인지를 결정해야 한다.

전제조건은 표본의 모집단이 따르는 분포가 정규분포이거나 표본의 크기가 큰 경우(보통 30 이상)이다.

① 모집단이 정규분포로 알려진 경우 : 모집단의 표준편차(α)도 알려진 경우에는 검정통계량 $Z = \dfrac{\overline{X} - \mu_0}{\sigma / \sqrt{n}}$가 따르는 표준정규분포를 이용한다($z$검정). 그러나 모표준편차($\sigma$)를 모르는 것이 좀 더 일반적이라 할 수 있는데 이때는 표본표준편차(S)를 이용한 검정통계량 $t = \dfrac{\overline{X} - \mu_0}{S / \sqrt{n}}$로 귀무가설 채택 여부를 결정한다($t$검정).

② 모집단이 정규분포가 아니더라도 표본이 큰 경우($n \geq 30$) : 중심극한정리에 의하여 σ를 알면 z검정, 그렇지 않으면 S를 이용한 t검정을 한다. 그러나 현실적으로 σ를 모르는 것이 보통이지만 검정의 편리성을 이유로 S를 이용하여 z검정을 하여도 큰 무리가 없는 것으로 알려져 있다. 이와 관련하여 표본의 크기(n)가 작더라도 모집단이 정규분포이면 t분포를 이용할 수 있다.

현실성과 편리성을 감안하여 이를 정리하면 다음 표와 같다.

모평균을 위한 검정통계량의 사용

조건		검정	참고
모집단 : 정규분포 또는 표본크기(n) ≥ 30	모집단 σ가 알려짐	z검정 : σ 사용	중심극한정리 적용: 표본의 크기가 큰 경우 σ를 몰라도 s를 사용하여 z검정을 많이 함
	모집단 σ를 모름	t검정 : s 사용	
그 외		비모수통계 사용	

모평균(μ)이 특정값 μ_0일 것이라는 귀무가설(H_0) 검정은 다음과 같이 정리된다.

(1) 모집단이 정규분포를 따르며 모표준편차(σ)가 알려져 있는 경우

① 가설설정 $H_0 : \mu = \mu_0$

$$H_1 : \begin{cases} \mu \neq \mu_0 (\text{양측검정}) \\ \mu > \mu_0 (\text{우측검정}) \\ \mu < \mu_0 (\text{좌측검정}) \end{cases}$$

② 검정통계량 $Z = \dfrac{\overline{X} - \mu_0}{\sigma / n}$

③ H_0 기각역 $\begin{cases} |Z| > z_{\frac{\alpha}{2}} (\text{양측검정}) \\ Z > z_\alpha (\text{우측검정}) \\ Z < -z_\alpha (\text{좌측검정}) \end{cases}$

(2) 모집단 정보는 없지만 표본크기($n \geq 30$)으로 큰 경우

① 가설설정 $H_0 : \mu = \mu_0$

$$H_1 : \begin{cases} \mu \neq \mu_0 (\text{양측검정}) \\ \mu > \mu_0 (\text{우측검정}) \\ \mu < \mu_0 (\text{좌측검정}) \end{cases}$$

② 검정통계량 $Z = \dfrac{\overline{X} - \mu_0}{S / n}$

③ H_0 기각역 $\begin{cases} |Z| > z_{\frac{\alpha}{2}} (\text{양측검정}) \\ Z > z_\alpha (\text{우측검정}) \\ Z < -z_\alpha (\text{좌측검정}) \end{cases}$

(3) 모집단이 정규분포라는 사실만이 알려진 경우

① 가설설정 $H_0 : \mu = \mu_0$

$$H_1 : \begin{cases} \mu \neq \mu_0 (\text{양측검정}) \\ \mu > \mu_0 (\text{우측검정}) \\ \mu < \mu_0 (\text{좌측검정}) \end{cases}$$

② 검정통계량 $t = \dfrac{\overline{X} - \mu_0}{S / n}$

③ H_0 기각역 $\begin{cases} |t| > t_{(n-1)\frac{\alpha}{2}} (\text{양측검정}) \\ t > t_{(n-1)\alpha} (\text{우측검정}) \\ t < -t_{(n-1)\alpha} (\text{좌측검정}) \end{cases}$

[예제 7-6] K유통의 매출액(단위 : 만원)은 정규분포를 따르며, 모표준편차(σ)는 150으로 알려져 있다. K유통은 평균매출액이 1,000이라고 신고하였으나, 국세청이 36개의 지점을 무작위로 선정하여 매출액을 조사한 결과 표본평균($\bar{x}$)은 1,100으로 나타났다. 따라서 국세청은 K유통 전체의 모평균 μ는 1,000보다 크다고 주장하려고 한다. 유의수준 $\alpha = 0.05$로 하여 국세청의 주장을 검정하라.

|풀이|

(1) 가설설정 $H_0 : \mu = 1,000$

$H_1 : \mu > 1,000$

(2) 검정통계량

모집단이 정규분포를 따르고, 모표준편차(σ)를 아는 경우이므로 검정통계량

$$Z = \frac{\overline{X} - \mu}{\sigma / \sqrt{n}} = \frac{1,100 - 1,000}{150 / \sqrt{36}} = 4$$

(3) H_0 기각역

유의수준 $\alpha = 0.05$에 대한 우측검정이므로 임계값은 $z_{0.05} = 1.645$

(4) 결론

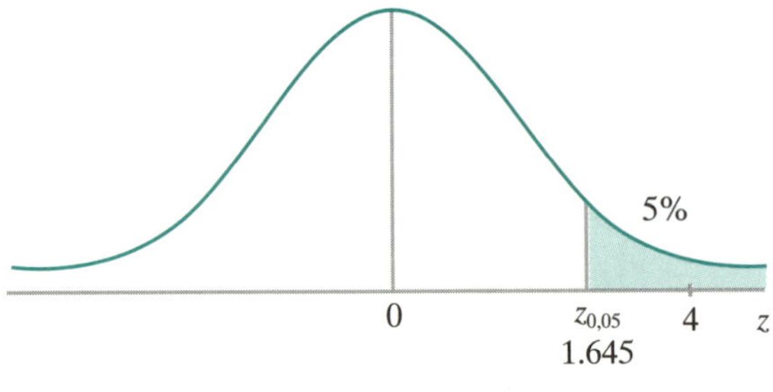

검정통계량값이 기각역에 포함되므로 귀무가설을 기각하여 대립가설을 채택한다.

즉, 유의수준 5%에서 평균매출액이 1,000이라는 K유통의 주장은 기각되고, 평균매출액이 1,000보다는 많을 것이라는 국세청의 주장이 타당함을 알 수 있다.

[예제 7-7] K유통의 매출액(단위 : 만원)은 평균매출액이 950이라고 신고하였다. 국세청이 K유통의 36개 지점을 무작위로 선정하여 매출액을 조사한 결과 표본평균(x) 1,000, 표본표준편차(S) 300이었다. 이로부터 국세청은 K유통 전체의 모평균 μ는 950은 아니라고 주장하려고 한다. 유의수준 $\alpha = 0.1$로 하여 국세청의 주장을 검정하라.

|풀이|

(1) 가설설정 $H_0 : \mu = 950$

$H_1 : \mu \neq 950$

(2) 검정통계량

모집단 분포와는 상관없이 표본의 크기가 300 이상이므로 표준정규분포를 이용하는 검정통계량

$$Z = \frac{\overline{X} - \mu}{S/\sqrt{n}} = \frac{1,000 - 950}{300/\sqrt{36}} = 1$$

(3) H_0 기각역

유의수준 $\alpha = 0.1$에 대한 양측검정이므로 임계값은 $z_{0.05} = 1.645$와 $-z_{0.05} = -1.645$

(4) 결론

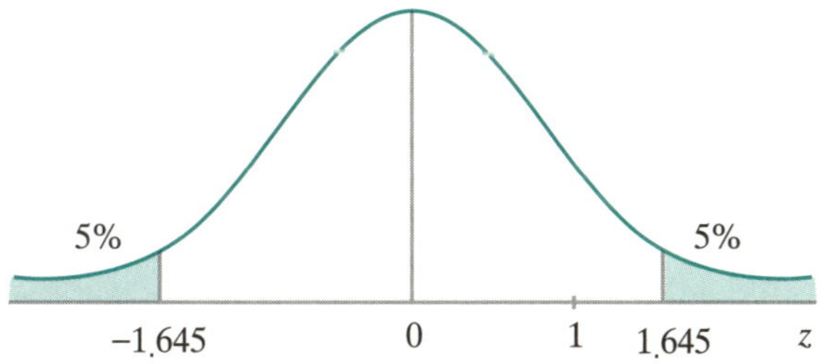

검정통계량값이 기각역에 포함되지 않으므로 귀무가설을 기각할 수 없다.

즉, 유의수준 10%에서 평균매출액이 950이라는 K유통의 주장을 기각할 만한 통계적 근거가 없는 것이다.

[예제 7-8] K유통의 매출액(단위 : 만원)은 정규분포를 따르고 있으며, 평균매출액이 1,000이라고 국세청에 신고하였다. 국세청이 K유통의 9개 지점을 무작위로 선정하여 매출액을 조사한 결과 표본평균($\overline{x}$) 1,100, 표본표준편차(S)

150이었다. 이로부터 국세청은 K유통 전체의 모평균 μ는 1,000보다 크다고 주장하려고 한다. 유의수준 $\alpha = 0.05$로 국세청의 주장을 검정하라.

|풀이|

(1) 가설설정 $H_0 : \mu = 1,000$

$H_1 : \mu > 1,000$

(2) 검정통계량

모집단이 정규분포를 따르나 표본크기가 작은 경우이므로 검정통계량

$$t = \frac{\overline{X} - \mu}{S/\sqrt{n}} = \frac{1,100 - 1,000}{150/\sqrt{9}} = 2$$

(3) H_0 기각역

유의수준 $\alpha = 0.05$에 대한 우측검정이므로 자유도 $n-1 = 8$인 임계값은 $t_{0.05} = 1.86$

(4) 결론

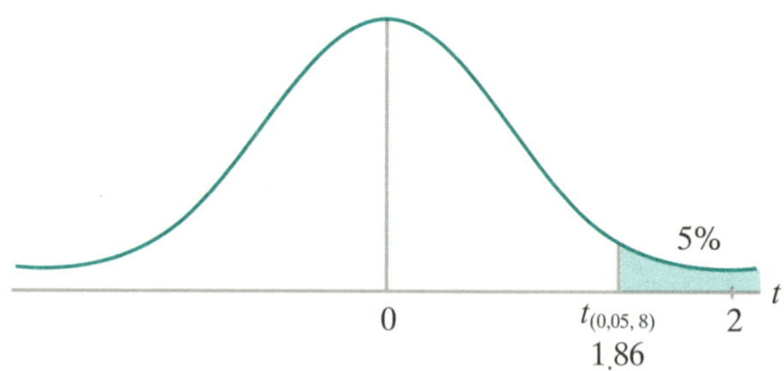

검정통계량이 기각역에 포함되므로 귀무가설을 기각하여 대립가설을 채택한다. 즉, 유의수준 5%에서 평균매출액이 1,000이라는 K유통의 주장은 기각되고, 평균매출액이 1,000보다는 많을 것이라는 국세청의 주장이 타당함을 알 수 있다.

7.4.2 모비율의 검정

모비율에 대한 가설검정은 표본의 크기에 의해 구분되어 지는데, 표본의 크기가 큰 경우($n\hat{p} \geq 5$이면서 $n\hat{q} \geq 5$인 경우)에는 표본비율은 중심극한정리에 의해 근사적으로 정규분포를 따르게 된다. 표본의 크기가 작은 경우에는 이항분포에 의해서 가설검정을 해야 하는데, 이 경우에는 표본오차가 크게 나오게 되어 가설검정에 한계

가 있다. 따라서 여기에서는 표본의 크기가 큰 경우만 다룬다.

이 경우 모비율(p)이 특정값(p_0)일 것이라는 귀무가설(H_0) 검정은 다음과 같이 정리된다.

> 모비율(p)에 대한 가설검정
>
> ① 가설설정 $H_0 : p = p_0$
>
> $$H_1 : \begin{cases} p \neq p_0 (\text{양측검정}) \\ p > p_0 (\text{우측검정}) \\ p < p_0 (\text{좌측검정}) \end{cases}$$
>
> ② 검정통계량 $Z = \dfrac{\hat{p} - p_0}{\sqrt{\dfrac{p_0 q_0}{n}}}$ (여기서, $q_0 = 1 - p_0$)
>
> ③ H_0 기각역
>
> $$\begin{cases} |Z| > z_{\frac{\alpha}{2}} & (\text{양측검정}) \\ Z > z_{\alpha} & (\text{우측검정}) \\ Z < -z_{\alpha} & (\text{좌측검정}) \end{cases}$$

[예제 7-9] 정부에서는 전국 대학졸업자들의 취업률이 70%라고 발표하였다. 이 사실을 확인하기 위해 대학졸업자 1,000명을 무작위로 선정하여 조사한 결과, 이 중 600명이 취업한 것으로 나타났다.
(1) 취업률에 대한 90% 신뢰구간을 구하라.
(2) 유의수준 $\alpha = 0.05$로 정부의 주장이 맞는지를 검정하라.

| 풀이 |

(1) 신뢰수준 $1 - \alpha = 0.9$에서 $Z_{\frac{\alpha}{2}} = 1.645$이므로

$$\left[\hat{p} \pm Z_{\frac{\alpha}{2}} \cdot \sqrt{\frac{\hat{p}\hat{q}}{n}}\right] = \left[0.6 \pm 1.645 \cdot \sqrt{\frac{0.6(1-0.6)}{1{,}000}}\right] = [0.575, 0.625]$$

(2) $n\hat{p} \geq 5, n\hat{q} \geq 5$이므로 정규분포로 문제를 풀 수 있다.

① 가설설정 $H_0 : p = 0.7$

$H_1 : p < 0.7$(정부 주장에 미치지 못함)

② 검정통계량

$$z = \frac{\hat{p} - p_0}{\sqrt{\frac{p_0 q_0}{n}}} = \frac{0.6 - 0.7}{\sqrt{\frac{0.7(1-0.7)}{1{,}000}}} = -6.9$$

③ H_0 기각역

유의수준 $\alpha = 0.05$에 대한 좌측검정이므로 임계값은 $-z_{0.05} = -1.645$

④ 결론

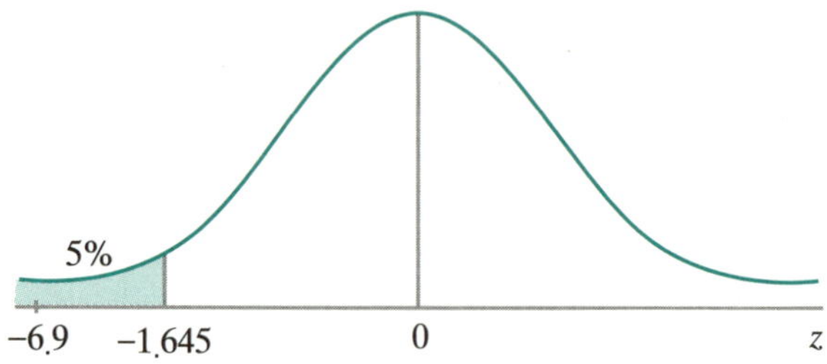

검정통계량값이 기각역에 포함되므로 귀무가설을 기각하고 대립가설을 채택한다. 즉, 유의수준 5%에서 취업률이 70%라고 할 수 없다.

7.4.3 모분산의 검정

χ^2분포를 이용한 모분산(σ^2)이 특정값(σ_0^2)일 것이라는 귀무가설(H_0) 검정은 다음과 같이 정리된다. 한 가지 유의해야 할 사항은 이 검정의 경우 모집단이 정규분포를 따르고 있다는 가정이 필요하다는 것이다.

모분산(σ^2)에 대한 가설검정

① 가설설정 $H_0 : \sigma^2 = \sigma_0^2$

$$H_1 : \begin{cases} \sigma^2 \neq \sigma_0^2 (\text{양측검정}) \\ \sigma^2 > \sigma_0^2 (\text{우측검정}) \\ \sigma^2 < \sigma_0^2 (\text{좌측검정}) \end{cases}$$

② 검정통계량 $\chi^2 = \dfrac{(n-1)S^2}{\sigma_0^2}$

③ H_0 기각역

$$\begin{cases} \chi^2 < \chi^2_{1-\frac{\alpha}{2},(n-1)} \text{ 또는 } < \chi^2_{\frac{\alpha}{2},(n-1)} < \chi^2 (\text{양측검정}) \\ \chi^2_{\alpha,(n-1)} < \chi^2 \quad (\text{우측검정}) \\ \chi^2 < \chi^2_{1-\alpha,(n-1)} \quad (\text{좌측검정}) \end{cases}$$

[예제 7-10] 고려인삼(주)는 인삼을 무게로 판매하고 있고, 판매되는 인삼의 무게는 정규분포를 따르고 있으며 무게의 표준편차가 2g을 넘지 않는다고 주장하고 있다. 분포의 분산을 확인하고자 이 회사에서 판매하는 인삼 25개를 추출하여 무게의 표준편차를 조사한 결과 3g이 나왔다.

(1) 모분산 σ^2에 대한 90% 신뢰구간을 구하라.

(2) 무게의 표준편차가 2g을 넘는다는 가설을 유의수준 $\alpha = 0.05$로 검정하라.

| 풀이 |

(1) σ^2에 대한 신뢰구간은

$$\left[\frac{(n-1)S^2}{\chi^2_{1-\frac{\alpha}{2},(n-1)}}, \frac{(n-1)S^2}{\chi^2_{\frac{\alpha}{2},(n-1)}}\right]$$

$$=\left[\frac{24\times 3^2}{36.4}, \frac{24\times 3^2}{13.8}\right] = [5.93, 15.65]$$

(2) σ^2에 대한 가설검정

① 가설설정 $H_0 : \sigma^2 = 2^2$

$H_1 : \sigma^2 > 2^2$

② 검정통계량

$$\chi^2 = \frac{(n-1)S^2}{\sigma_0^2} = \frac{24\times 3^2}{2^2} = 54$$

③ H_0 기각역

유의수준 $\alpha = 0.05$에 대한 우측검정이므로 임계값은 $\chi^2_{\alpha, n-1} = 36.4$

④ 결론

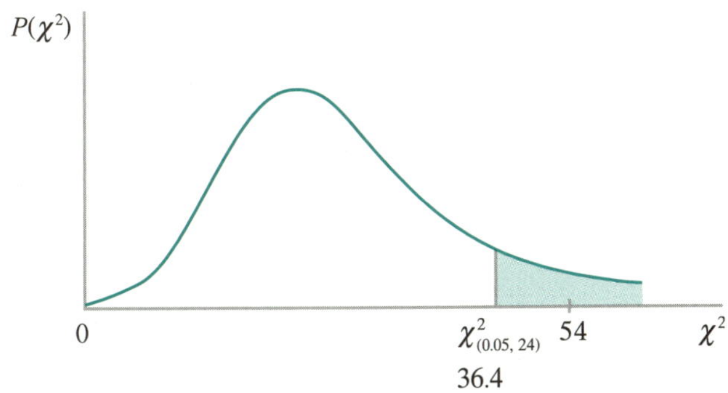

검정통계량값이 기각역에 포함되므로 귀무가설을 기각하고 대립가설을 채택한다. 즉, 유의수준 5%에서 무게의 표준편차가 2g이라고 할 수 없다. 다시 말해서 무게의 표준편차가 2g보다 크다고 할 수 있다.

7.5 표본의 크기

7.5.1 모평균 추정과 표본 크기

점추정치의 정확도는 신뢰구간의 폭으로 가늠할 수 있다. (식 7.2)에서 다음을 얻을 수 있다.

$$p\left[-Z_{\frac{\alpha}{2}} \cdot \frac{\sigma}{\sqrt{n}} \leq (\mu - \overline{X}) \leq Z_{\frac{\alpha}{2}} \cdot \frac{\sigma}{\sqrt{n}}\right] = 1 - \alpha$$

여기서 구간의 폭은 표본의 크기와 관련이 있다. 만약 표본의 크기가 커지면 구간의 폭은 작아지며, 반대로 표본의 크기가 작아지면 구간의 폭은 커진다. 따라서 표본의 크기가 충분히 크면 모평균 추정에 있어 만족할 만한 정도로 작은 신뢰구간을 얻을 수 있다. 최대허용오차(E)는 $1-\alpha$ 신뢰구간의 절반으로 계산할 수 있을 때

$$Z_{\frac{\alpha}{2}} \cdot \frac{\sigma}{\sqrt{n}} \leq E \Leftrightarrow n \geq \left(\frac{Z_{\frac{\alpha}{2}} \cdot \sigma}{E}\right)^2$$

즉, 표본의 크기(n)는 최대허용오차(E)와 신뢰수준 $1-\alpha$을 통해 구할 수 있다. 이때, 모표준편차 σ를 모르는 경우가 일반적이므로 표본을 추출하여 얻어지는 표본표준편차 S를 대신 사용한다.

[예제 7-11] 토익시험의 결과 표준편차가 200이었다. 만약 최대허용오차를 50으로 한다면, 90% 신뢰수준에서 필요한 표본의 크기는 얼마인가?

| 풀이 |

신뢰수준이 90% 에서 $z_{0.05} = 1.645$이므로

$$n \geq \left(\frac{Z_{\frac{\alpha}{2}} \cdot \sigma}{E} \right)^2 = \left(\frac{1.645 \cdot 200}{50} \right)^2 = 43.3$$

따라서 적어도 44개의 표본을 필요로 한다.

7.5.2 모비율 추정과 표본 크기

신뢰구간의 폭은 표본크기에 반비례하는 관계를 갖고 있다. 따라서 표본크기가 충분히 커지면, 모비율에 대한 점추정치의 정확도를 만족할만한 수준으로 이끌어 낼 수 있다. 최대허용오차(d)는 $1-\alpha$ 신뢰구간의 절반으로 계산할 수 있을 때, $1-\alpha$의 확률로 표본비율 $\hat{p}$로부터 모비율 p의 최대허용오차(추정오차)를 d 이하로 한다고 하자. 그리고 다음 두 식을 비교해보자.

$$P(|\hat{p} - p| \leq d) = 1-\alpha$$

$$P\left(|\hat{p} - p| \leq Z_{\frac{\alpha}{2}} \cdot \sqrt{\frac{pq}{n}} \right) = 1-\alpha$$

따라서

$$Z_{\frac{\alpha}{2}} \cdot \sqrt{\frac{pq}{n}} \leq d \Leftrightarrow n \geq \frac{Z_{\frac{\alpha}{2}}^2 \, pq}{d^2}$$

즉, 표본의 크기(n)는 최대허용오차(d)와 신뢰수준 $1-\alpha$를 통해 구할 수 있다.

p는 미지의 모수이다. 이를 해결하는 방법은 다음 2가지이다.

① 이전에 알려져 있거나 사전에 소규모 표본자료 등을 통해 얻은 비율을 p로 사용

② 안전하게 n이 최대가 되도록 하려면 p, q에 각각 $\frac{1}{2}$을 대입

[예제 7-12] 졸업생을 대상으로 어떤 산업에 취업하고 싶은지를 조사하였다. 그 결과 금융과 제조로 크게 양분되었고, 금융권에 대한 선호도가 60%로 나타났다. 최대허용오차가 0.05일 확률이 95%가 되기 위해서는 표본의 크기를 얼마로 해야 할 것인가?

| 풀이 |

신뢰수준이 95% 이므로 $Z_{\frac{\alpha}{2}} = 1.96$이 되어

$$n \geq = \frac{Z_{\frac{\alpha}{2}}^2 pq}{d^2} = \frac{1.96^2 \cdot 0.6(1-0.6)}{0.05^2} = 368.79$$

최소한 369개의 표본은 있어야 한다.

7.6 엑셀에 의한 추론

7.6.1 단일모집단 모평균

(1) 정규분포를 이용한 신뢰구간 및 가설검정

도레미 피자는 전국에 체인을 갖고 있다. 마케팅 총괄책임자는 매출신장을 위한 방안을 고민하던 중 새로운 TV 광고를 하기로 하였다. 광고 후 평균매출액이 점포당 120만원/일이 될 것으로 예상되었다. 1개월 광고 후 무작위로 지역 내 8곳을 선정하여 매출액을 조사한 결과는 [표 7-1]과 같다. 이를 통하여 예상액의 정확성을 판단하고자 한다.

표 7-1 ▮ 새로운 광고 후 도레미 피자의 일 매출액 (단위 : 만원)

매출액	140	120	125	175	125	120	130	110

우선 매출액이 정규분포를 따른다는 가정하에서, [표 7-1]의 자료에 근거한 점추정치 및 신뢰구간의 계산은 아래와 같은 절차를 따라 간단히 구할 수 있다. 본 예에서는 95% 신뢰도를 가정하며 모표준편차는 표본표준편차와 같다고 하자. 따라서

정규분포를 이용한다.

검정을 위한 귀무가설 및 대립가설은 일반적으로 다음과 같이 3가지 형태로 수립하고 각각 Form 1, 2, 3이라 하자.

표 7-2 ▮ 단일 모평균 검정을 위한 가설의 형태

Form 1	Form 2	Form 3
$H_0 : \mu = 120$ $H_1 : \mu \neq 120$	$H_0 : \mu = 120$ $H_1 : \mu > 120$	$H_0 : \mu = 120$ $H_1 : \mu < 120$

대립가설의 경우 Form 2 또는 Form 3 중 하나이지만 여기서는 모두 계산하기로 한다.

[그림 7-7]에는 관련된 데이터와 수식이, 그리고 [그림 7-8]에는 결과가 제시되어 있다.

그림 7-7 | 정규분포를 이용한 단일 모평균 추론 – 계산 수식

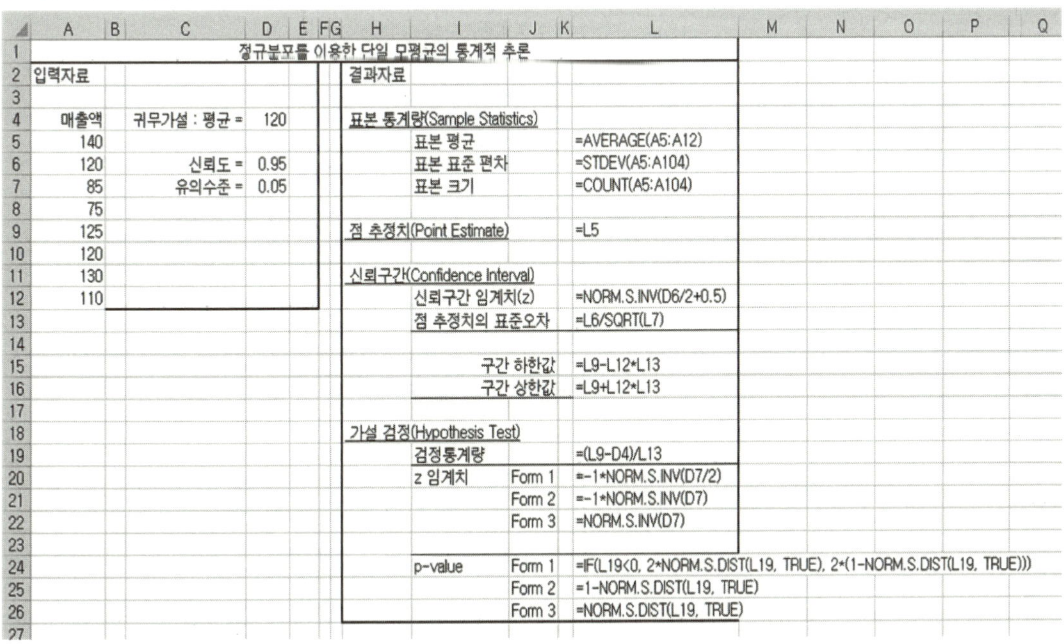

	A	C	D	H / I	J	L
1	정규분포를 이용한 단일 모평균의 통계적 추론					
2	입력자료			결과자료		
3						
4	매출액	귀무가설 : 평균 =	120	표본 통계량(Sample Statistics)		
5	140			표본 평균		=AVERAGE(A5:A12)
6	120	신뢰도 =	0.95	표본 표준 편차		=STDEV(A5:A104)
7	85	유의수준 =	0.05	표본 크기		=COUNT(A5:A104)
8	75					
9	125			점 추정치(Point Estimate)		=L5
10	120					
11	130			신뢰구간(Confidence Interval)		
12	110			신뢰구간 임계치(z)		=NORM.S.INV(D6/2+0.5)
13				점 추정치의 표준오차		=L6/SQRT(L7)
14						
15					구간 하한값	=L9-L12*L13
16					구간 상한값	=L9+L12*L13
17						
18				가설 검정(Hypothesis Test)		
19				검정통계량		=(L9-D4)/L13
20				z 임계치	Form 1	=-1*NORM.S.INV(D7/2)
21					Form 2	=-1*NORM.S.INV(D7)
22					Form 3	=NORM.S.INV(D7)
23						
24				p-value	Form 1	=IF(L19<0, 2*NORM.S.DIST(L19, TRUE), 2*(1-NORM.S.DIST(L19, TRUE)))
25					Form 2	=1-NORM.S.DIST(L19, TRUE)
26					Form 3	=NORM.S.DIST(L19, TRUE)

사용된 함수 : AVERAGE(), STDEV(), COUNT(), NORM.S.INV(), NORM.S.DIST()

■ 결과의 이해

[그림 7-8]에서 셀L9에 도레미 피자의 광고 후 조사한 8곳의 평균매출액으로 113.125가 산출되었다. 이 값의 정확도는 셀L15 및 셀L16에 나타나는 95% 신뢰구간으로 말할 수 있다. 총괄책임자는 예상매출액 120이 97.637과 128.613 사이에 존재하므로 예상이 틀리지 않았다고 결론지을 수 있다.

예상매출액 120에 대한 가설검정의 결과에 관하여, [그림 7-8]의 셀L19에 검정 통계량의 값으로 −0.870이 산출되었다. 셀L20에 나타난 Form 1의 양측검정에 대한 검정통계량의 임계치는 1.960(그리고 −1.960)이다. 따라서 −0.870이 이 범위 내에 속하게 되므로 귀무가설을 기각할 수 없다.

Form 2의 가설에 대하여, −0.870이 셀L21의 임계치 1.645보다 크지 않으므로 가설을 기각할 수 없다.

| 그림 7-8 | **정규분포를 이용한 단일 모평균 추론 – 결과**

	A	B	C	D	E	F	G	H	I	J	K	L	M
1	정규분포를 이용한 단일 모평균의 통계적 추론												
2	입력자료							결과자료					
3													
4	매출액		귀무가설 : 평균 =	120				표본 통계량(Sample Statistics)					
5	140								표본 평균			113.125	
6	120		신뢰도 =	0.95					표본 표준 편차			22.351	
7	85		유의수준 =	0.05					표본 크기			8.000	
8	75												
9	125							점 추정치(Point Estimate)				113.125	
10	120												
11	130							신뢰구간(Confidence Interval)					
12	110								신뢰구간 임계치(z)			1.960	
13									점 추정치의 표준오차			7.902	
14													
15										구간 하한값		97.637	
16										구간 상한값		128.613	
17													
18								가설 검정(Hypothesis Test)					
19									검정통계량			-0.870	
20									z 임계치	- Form 1		1.960	
21										- Form 2		1.645	
22										- Form 3		-1.645	
23													
24									p-value	- Form 1		0.384	
25										- Form 2		0.808	
26										- Form 3		0.192	
27													

Form 3의 가설에 대하여 −0.870이 셀L22의 임계치 −1.645보다 작지 않으므로 가설을 기각할 수 없다.

이상과 같은 3가지 가설검정 결과, 평균매출액이 120 정도가 될 것이라는 귀무가설을 기각할 수 없다. 따라서 총괄책임자자 TV 광고 후 평균매출액 120이 될 것이라는 예상이 표본자료로부터 뒷받침된다.

3가지 가설에 대한 p값(0.384, 0.808, 0.192)이 모두 0.05보다 크므로 귀무가설들이 잘못되었다고 말할 수 없다.

> [그림 7-7]의 워크시트는 다른 가설검정에도 이용될 수 있다.
> 이때 가설검정의 표본통계량의 분포는 정규분포이며 새로이 입력되는 부분은 다음과 같다.
> ① 입력 데이터 부분(셀A5부터)
> ② 셀D6의 신뢰도 수준 및 셀D7의 유의수준
> ③ 셀D4의 귀무가설 평균

(2) t분포를 이용한 신뢰구간 및 가설검정

앞서 이용했던 [표 7-1]의 자료를 다시 사용한다. 표본의 크기가 비교적 작으므로 t분포를 상정하게 된다. 가설검정을 위한 귀무가설 및 대립가설은 다음과 같이 3가지 형태로 수립하고 각각 Form 1, 2, 3이라 하자.

표 7-3 ▌단일 모평균 검정을 위한 가설의 형태

Form 1	Form 2	Form 3
$H_0 : \mu = 120$ $H_a : \mu \neq 120$	$H_0 : \mu = 120$ $H_a : \mu > 120$	$H_0 : \mu = 120$ $H_a : \mu < 120$

[그림 7-9]에는 관련된 데이터와 수식이, 그리고 [그림 7-10]에는 결과가 제시되어 있다.

| 그림 7-9 | *t*분포를 이용한 단일 모평균 추론 – 계산 수식

	A	B	C	D	E	F	G	H	I	J	K	L
1	t-분포를 이용한 단일 모평균의 통계적 추론											
2	입력자료							결과자료				
3												
4	매출액		귀무가설 : 평균 =	120				표본 통계량(Sample Statistics)				
5	140								표본 평균			=AVERAGE(A5:A12)
6	120		신뢰도 =	0.95					표본 표준 편차			=STDEV(A5:A105)
7	85		유의수준 =	0.05					표본 크기			=COUNT(A5:A105)
8	75											
9	125							점 추정치(Point Estimate)				=L5
10	120											
11	130							신뢰구간(Confidence Interval)				
12	110								자유도			=L7-1
13									신뢰구간 임계치(t)			=T.INV(D6/2+0.5, L12)
14									점 추정치의 표준오차			=L6/SQRT(L7)
15												
16										구간 하한값		=L9-L13*L14
17										구간 상한값		=L9+L13*L14
18												
19								가설 검정(Hypothesis Test)				
20									검정통계량			=(L9-D4)/L14
21									t 임계치	- Form 1		=T.INV(0.5+D6/2, L12)
22										- Form 2		=T.INV(D6, L12)
23										- Form 3		=T.INV(1-D6, L12)
24												
25									p-value	- Form 1		=T.DIST.2T(-L20,L12)
26										- Form 2		=T.DIST.RT(L20,L12)
27										- Form 3		=T.DIST(L20,L12,TRUE)
28												

사용된 함수 : AVERAGE(), STDEV(), COUNT(), T.INV(), T.DIST(), T.DIST.RT(), T.DIST.2T()

■ 결과의 이해

신뢰구간과 관련하여 셀L9에 도레미 피자의 광고 후 예상매출액으로 113.125가 산출되었다. 이 값의 정확도는 셀L16 및 셀L17에 나타나는 95% 신뢰구간으로 말할 수 있다. 총괄책임자의 예상매출액 120이 94.439와 131.811 구간 사이에 존재하므로 예상이 틀리지 않았다고 결론지을 수 있다.

예상매출액 120에 대한 가설검정에 대하여, [그림 7-10]의 셀L19에 검정통계량의 값으로 −0.870이 산출되었다. 셀L20에 나타난 Form 1의 양측검정에 대한 검정통계량의 임계치는 −2.365 및 +2.365이다. 따라서 −0.870이 이 범위 내에 속하게 되므로 귀무가설을 기각할 수 없다. 즉, 표본으로부터 평균매출액이 120이라는 예상이 틀리다고 할만한 증거가 없다.

| 그림 7-10 | *t*분포를 이용한 단일 모평균 추론 – 결과

	A	B	C	D	E	F	G	H	I	J	K	L
1	t-분포를 이용한 단일 모평균의 통계적 추론											
2	입력자료							결과자료				
3												
4	매출액		귀무가설 : 평균 =	120				표본 통계량(Sample Statistics)				
5	140								표본 평균			113.125
6	120		신뢰도 =	0.95					표본 표준 편차			22.351
7	85		유의수준 =	0.05					표본 크기			8.000
8	75											
9	125							점 추정치(Point Estimate)				113.125
10	120											
11	130							신뢰구간(Confidence Interval)				
12	110								자유도			7.000
13									신뢰구간 임계치(t)			2.365
14									점 추정치의 표준오차			7.902
15												
16										구간 하한값		94.439
17										구간 상한값		131.811
18												
19								가설 검정(Hypothesis Test)				
20									검정통계량			-0.870
21									t 임계치	Form 1		2.365
22										Form 2		1.895
23										Form 3		-1.895
24												
25									p-value	Form 1		0.413
26										Form 2		0.793
27										Form 3		0.207

Form 2의 가설에 대하여, −0.870이 셀L21의 임계치 1.895보다 크지 않으므로 가설을 기각할 수 없다.

Form 3의 가설에 대하여 −0.870이 셀L22의 임계치 −1.895보다 작지 않으므로 가설을 기각할 수 없다.

이상과 같은 3가지 가설검정 결과, 평균매출액이 120 정도가 될 것이라는 귀무가설을 기각할 수 없다. 따라서 총괄책임자가 TV 광고 후 평균매출액 120이 될 것이라는 예상이 표본자료로부터 뒷받침된다.

3가지 가설에 대한 *p*값(0.413, 0.793, 0.207)이 모두 0.05보다 크므로 귀무가설들이 잘못되었다고 말할 수 없다. 이와 같은 결과는 *t*임계치를 사용했을 때의 결과와 동일한 결론에 이른다.

여러분은 [그림 7-9]의 워크시트를 저장하였다가 t분포를 이용하는 다른 가설검정에도 이용할 수 있다.

7.6.2 단일모집단 모비율

도레미 피자의 마케팅 총괄책임자는 피자 시장에서 자사 제품의 시장점유율을 파악하고자 총 1,215명의 일반 고객을 무작위로 추출하여 전화 인터뷰를 실시하였다. 조사 결과 373명의 고객이 도레미 피자 제품을 주로 선택한다고 응답하였다. ① 시장점유율의 95% 신뢰구간을 구하고 ② 시장점유율이 1/3이라는 가설을 유의수준 $\alpha = 0.05$로 검정해보자.

(1) 시장점유율의 95% 신뢰구간

Excel을 시작하고 [그림 7-11]과 같이 셀F4, 셀F5, 셀F7에 표본의 수, 응답수, 신

| 그림 7-11 | 단일모비율의 추론 – 계산 수식

	A	B	C	D	E	F	G	H	I
1					단일 모비율의 통계적 추론				
2									
3	*INPUT DATA*								
4					표본 크기 =	1215			
5					응답한 수 =	373			
6									
7					신뢰도 =	95%			
8									
9				귀무 가설: 모비율 =		1/3			
10					유의수준 =	5%			
11	*통계학적 OUTPUTS*								
12			점추정치			=F5/F4			
13									
14			신뢰구간						
15				신뢰구간 임계치(z)		=NORMSINV(F7/2+0.5)			
16				점추정치의 표준오차		=SQRT(F12*(1-F12)/F4)			
17				신뢰구간					
18					- 하한 값	=IF(F12-F15*F16<0, 0, F12-F15*F16)			
19					- 상한 값	=IF(F12+F15*F16>1, 1, F12+F15*F16)			
20			가설검정						
21				검정 통계량		=(F12-F9)/F16			
22				z 임계치	Form I (+ -)	=NORM.S.INV(F10/2)			
23					Form II	=-1*NORM.S.INV($F$10)			
24					Form III	=NORM.S.INV($F$10)			
25				p-값	Form I	=IF(F21<0, 2*NORM.S.DIST(F21, TRUE), 2*(1-NORM.S.DIST(F21, TRUE)))			
26					Form II	=1-NORM.S.DIST(F21, TRUE)			
27					Form III	=NORM.S.DIST(F21, TRUE)			

사용된 함수 : NORM.S.INV(), NORM.S.DIST()

뢰도 수준을 각각 입력하고 신뢰구간과 가설검증 계산식을 작성한다.

[그림 7-12]에 계산 결과가 제시되어 있다. 셀F12에 도레미피자의 시장점유율에 대한 추정치로 30.7%가 나타난다. 이 추정치의 정확도는 95% 신뢰도 수준에서 F18과 F19에 따라 [0.2811~0.3329]의 폭으로 가능할 수 있다. 귀무가설 1/3은 이 범위에 포함되지 않음을 확인할 수 있다.

| 그림 7-12 | **단일 모비율의 추론 – 결과**

	A	B	C	D	E	F
1			단일 모비율의 통계적 추론			
2						
3	*INPUT DATA*					
4					표본 크기 =	1215
5					응답한 수 =	373
6						
7					신뢰도 =	0.95
8						
9				귀무 가설: 모비율 =		1/3
10					유의수준 =	0.05
11	*통계확적 OUTPUTS*					
12			점추정치			30.7%
13						
14			신뢰구간			
15				신뢰구간 임계치(z)		1.960
16				점추정치의 표준오차		0.013
17				신뢰구간		
18					- 하한 값	0.2811
19					- 상한 값	0.3329
20			가설검정			
21				검정 통계량		-1.990
22				z 임계치	Form I (+ -)	1.960
23					Form II	1.645
24					Form III	-1.645
25				p-값	Form I	0.047
26					Form II	0.977
27					Form III	0.023
28						

(2) 시장점유율이 1/3이라는 가설을 유의수준 $\alpha = 0.05$로 검정

시장점유율이 1/3이라는 가설을 세우고 표본 데이터를 통하여 이를 검정해보자. z임계치나 p값 접근을 통한 가설검정에 필요한 값들을 계산하기 위해 현재의 워크시트를 계속 활용하기로 하고 이를 통하여 [표 7-4]에서 보여지는 귀무가설과 대립가설의 가능한 3가지 형태를 모두 검정해보자.

표 7-4 ▌단일 모비율 검정을 위한 가설의 형태들

Form 1	Form 2	Form 3
$H_0 : p = 0.3333$ $H_1 : p \neq 0.3333$	$H_0 : p = 0.3333$ $H_1 : p > 0.3333$	$H_0 : p = 0.3333$ $H_1 : p < 0.3333$

[그림 7-12]의 결과에서 워크시트는 단일 모비율 가설검정을 위한 z임계치와 p값을 제공하고 있다. 두 접근법 모두 [표 7-4]의 3가지 가설에 의거하여 계산된 값이다. 표본에서 관찰된 비율이 귀무가설 이하이므로(Form 3), Form 2의 대립가설은 채택이 불가능하다.

z임계치 접근법의 검정통계량은 [그림 7-12]의 셀F21에서 보여지는 −1.990이다. Form 1 양측검정을 위한 검정통계량의 임계치는 셀F22에서 보듯이 ±1.96이다. −1.990은 임계치 바깥쪽에 위치하므로 귀무가설이 기각되고 대립가설이 지지된다. 즉 도레미 피자의 시장점유율이 1/3에 미치지 못한다는 결론이다.

마지막으로, Form 3 가설에서, −1.990은 셀F24의 −1.645 임계치보다 작다. 그러므로 도레미 피자의 시장점유율이 1/3보다 작다는 대립가설이 지지를 얻는다. 이상과 같은 검정 결과 도레미 피자의 시장점유율은 1/3보다 작다는 결론에 도달한다.

[그림 7-12]에서 p값을 통한 가설검정을 살펴보자. 유의수준 5%를 기준으로 할 때 Form 1이나 Form 3가설의 경우는 유의한 차이로 귀무가설을 기각한다. 이는 z임계치 접근법의 결론과 일관성이 있다.

본 예의 워크시트는 비록 특별히 설정된 상황을 위한 것이지만, 일반적인 단일 모비율의 추정 및 가설검정에 다음의 값들만 수정하면 쉽게 적용된다(단, 이항분포의 근사치로 정규분포를 사용할 만한 표본의 크기가 전제된다).

① 표본의 크기와 특정사항에 해당되는 도수(성공응답수)를 셀F4와 셀F5에 각각 넣는다.

② 원하는 신뢰도 수준을 셀F7에 입력한다.

③ 셀F9에 모비율의 귀무가설로 설정된 값을, 셀F10에는 가설검정의 유의수준을 입력한다.

이 5가지 값을 넣으면 워크시트로부터 점추정치와 신뢰구간을 얻을 수 있다. 또한 z임계치와 p값 접근법을 통한 3가지 형태의 가설검정을 위해 필요한 값들을 모두 얻을 수 있다.

7.6.3 단일모집단 모분산

CHIDIST와 CHIINV 두 통계함수를 이용하면 분산에 대한 신뢰구간 설정과 가설검정을 수행할 수 있다.

도레미 피자는 전국에 체인을 갖고 있다. 마케팅 총괄책임자는 매출신장을 위한 방안을 고민하던 중 TV광고를 하기로 하였다. 1개월 광고 후 무작위로 지역 내 8곳을 선정하여 매출액을 조사한 결과는 다음 [표 7-5]와 같다. ① 매출액에 대한 분산의 90% 신뢰구간을 구하고, ② 분산이 150이라는 기존의 주장(귀무가설)을 유의수준 $\alpha = 0.05$로 검정해보자.

표 7-5 ▮ TV 광고 후 도레미 피자의 일 매출액 (단위 : 만원)

매출액	140	120	85	75	125	120	130	110

(1) 매출액에 대한 분산의 90% 신뢰구간

[그림 7-13]과 같이 매출액 관찰치는 셀A5에서 셀A12까지 입력하고 신뢰구간과 가설검증 계산식을 작성한다.

| 그림 7-13 | **단일모분산의 통계적 추론 – 계산 수식**

	A	B	C	D	E	F	G	H	I	J	K	L	M	N
1														
2	**입력자료**							**결과자료**						
3														
4	Data 값		신뢰도 =		90	%		표본 통계량						
5	140								표본 평균			=AVERAGE(A5:A104)		
6	120		가설: 분산 =		150				표본 분산			=VAR(A5:A104)		
7	85		유의수준 =		0.1				표본 크기			=COUNT(A5:A104)		
8	75													
9	125							점 추정치				=L6		
10	120													
11	130							신뢰구간						
12	110								자유도			=L7-1		
13									카이 제곱	- 하위값		=CHIINV((1+E4/100)/2,L12)		
14										- 상위값		=CHIINV((1-E4/100)/2,L12)		
15									신뢰구간	-하위 한계치		=L6*$L$12/L14		
16										-상위 한계치		=L6*$L$12/L13		
17								가설 검정						
18									검정 통계량			=L12*L6/E6		
19									카이제곱 임계치					
20										-Form I (하위)		=CHIINV(1-E7/2,$L$12)		
21										-Form I (상위)		=CHIINV(E7/2,$L$12)		
22										-Form II		=CHIINV(E7,$L$12)		
23										-Form III		=CHIINV(1-E7,$L$12)		
24									p값	-Form I		=IF(L25<0.5,2*L25,2*L26)		
25										-Form II		=CHIDIST($L$18,$L$12)		
26										-Form III		=1-CHIDIST($L$18,$L$12)		
27														
28														

사용된 함수 : AVERAGE(), VAR(), COUNT(), LHIINV(), CHIDIST()

[그림 7-14]에 계산 결과가 나타나 있다. 도레미 피자의 모분산 추정의 90% 신뢰구간 범위는 [248.6~1613.49]이며 이 사이에서 매출액 분산의 점추정치는 499.6이다. 신뢰구간 범위가 상당히 넓은 것으로 계산되었는데, 이는 보다 확실한 추정을 위하여 관찰치의 수를 크게 늘려야 함을 암시하고 있다.

| 그림 7-14 | 단일모분산의 통계적 추론 – 결과

	A	B	C	D	E	F	G	H	I	J	K	L	M
1													
2	**입력자료**							**결과자료**					
3													
4	Data 값		신뢰도 =		90	%		표본 통계량					
5	140								표본 평균			113.125	
6	120		가설: 분산 =		150				표본 분산			499.554	
7	85		유의수준 =		0.1				표본 크기			8	
8	75												
9	125							점 추정치				499.554	
10	120												
11	130							신뢰구간					
12	110								자유도			7	
13									카이 제곱	- 하위값		2.167	
14										- 상위값		14.067	
15									신뢰구간	-하위 한계치		248.585	
16										-상위 한계치		1613.434	
17								가설 검정					
18									검정 통계량			23.313	
19									카이제곱 임계치				
20										-Form I (하위)		2.167	
21										-Form I (상위)		14.067	
22										-Form II		12.017	
23										-Form III		2.833	
24									p값	-Form I		0.003	
25										-Form II		0.002	
26										-Form III		0.998	
27													
28													

(2) 분산이 150이라는 가설을 유의수준 $\alpha = 0.1$로 검정

현재의 표본 데이터를 이용하여 매출액 분산이 150인가를 검정해보자. 현재 워크시트에서 χ^2임계치 접근법이나 p값 접근법을 사용하여 가설검정에 필요한 값들을 계산하여야 한다. 또한, 이 워크시트에서 [표 7-6]에서 보여지는 귀무가설 및 대립가설의 가능한 3가지 형태를 검정할 수 있다.

표 7-6 ▮ 단일모집단 분산의 검정을 위해 가능한 가설의 형태들

Form 1	Form 2	Form 3
$H_0 : \sigma^2 = 150$ $H_1 : \sigma^2 \neq 150$	$H_0 : \sigma^2 = 150$ $H_1 : \sigma^2 > 150$	$H_0 : \sigma^2 = 150$ $H_1 : \sigma^2 < 150$

[그림 7-14]의 결과로 χ^2임계치 접근법 및 p값 접근법에 의한 검정을 해석해보자. 표본의 분산이 150 이상이므로 Form 3의 대립가설은 채택이 불가능하다.

우선 χ^2임계치를 통하여 살펴보면, [그림 7-14]에서 셀L18의 검정통계량의 값은 23.313이다. Form 1 양측검정에서 셀L20 및 셀L21의 χ^2임계치는 2.167과 14.067이다. 23.313은 이 범위를 벗어나므로 귀무가설을 기각한다. 즉, 표본 데이터로부터 모분산이 150이라는 가설이 기각되고 대립가설이 채택된다. Form 2 가설검정에서 23.313이 셀L22에서 계산된 임계치 12.017보다 크므로 역시 귀무가설이 기각되고 모분산은 150보다 크다는 대립가설이 받아들여진다. 이상을 종합해 보면 세 가지 형태의 가설검정에서 모분산이 150보다 크다는 결론에 도달하게 된다.

다음으로 p값 접근법으로 가설을 검정하여 보자. Form 1과 Form 2는 각각 0.3%와 0.2%로 매우 유의하다. 즉, Form 1 및 Form 2의 귀무가설은 기각되어 대립가설이 채택된다. 이는 임계치 접근법을 이용한 가설검정과 일관되며 모분산이 150보다 크다는 결론에 이르게 된다.

여러분은 이 워크시트를 저장하였다가 다른 모집단 분산을 위한 추정과 가설검정에도 이용할 수 있다. 이때 새로 입력되는 부분은 다음과 같다.

① 셀A5로부터 표본 데이터를 입력한다. 이미 언급한 대로 총 데이터 값은 100개까지 입력할 수 있다. 또한 데이터를 더 입력할 경우에는 셀L5, 셀L6, 셀L7의 식에서 범위만을 수정하면 간단히 처리할 수 있다.

② 원하는 신뢰도 수준을 셀E4에 입력한다.

③ 셀E6에는 가정되는 모분산의 값을, 셀E7에는 가설검정의 유의수준을 입력한다.

워크시트는 점추정치 및 신뢰구간을 비롯하여, χ^2임계치와 p값 접근법의 세 가지 가설검정에 필요한 값들을 제공해줄 것이다.

연습문제

1. 통계적 추론이란 무엇인가?

2. 점추정의 의미와 바람직한 추정량의 조건을 설명하라.

3. 신뢰구간과 가설검정의 관계에 대하여 설명하여라.

4. 유의수준과 p값의 관계를 설명하라.

5. 어떤 도시의 기상관측소에서 임의로 10일을 뽑아 낮 12시의 기온을 측정한 결과가 섭씨 −3도, 3도, 11도, 3도, −1도, −10도, −8도, 2도, −3도, 9도로 나타났다.

(1) 이 도시의 기온은 정규분포를 이루고 있을 때, 모집단 평균 낮기온에 대한 95% 신뢰구간을 구하여라.

(2) 이 도시의 평균기온이 섭씨 0도라고 말할 수 있는가를 유의수준 5%로 검정하라.

6. 최근 웰빙과 관련하여 식습관을 조사한 결과 100가구 중 60가구가 육류보다 채소를 더 좋아한다고 응답하였다. 이를 두고 현재 우리의 식습관에서 육류보다 채소를 더 좋아한다고 결론내릴 수 있겠는가?

(1) 신뢰구간을 통하여 판단하라.

(2) 유의수준 5%로 가설검정을 하라.

7. 어느 대학에 입학한 학생들의 입학 성적의 분산은 지금까지의 자료로 보아 300이었다. 올해는 경쟁률로 비교해볼 때 학생들의 점수의 분산이 더 클 것이라는 주장이 제기되었다. 실제로 그러한가를 알아보기 위하여 올해 신입생 중 30명을 뽑아 그들의 수능시험 점수의 분산을 구했더니 250이었다. 올해 신입생들의 점수분산이 더 커졌는지를 다음을 통하여 판단하라.

(1) 신뢰구간을 통한 판단

(2) 가설검정을 통한 판단 $-p$ 값을 통하여 해석

8. 40kg들이 쌀을 포장하는 공정라인은 분산이 0.25 이내에 있어야 합격판정을 받는다. 공정라인에서 10포대의 쌀을 무작위로 추출하여 무게를 재어보았더니 다음과 같았다.

표본	1	2	3	4	5	6	7	8	9	10
무게(kg)	40.3	39.7	39.2	41.1	40.8	39.5	39.1	38.4	40.1	39.5

과연 이 라인이 합격판정받을 수 있는지 5% 유의수준으로 검정하라.

9. 특정 제품을 생산하는 데 소요되는 평균시간(단위 : 초)은 정규분포를 이루고 있다고 한다. 36개의 제품을 선택하여 그 제품을 생산하는 데 소요되는 평균시간에 대한 99%의 신뢰구간이 135(초) $\leq \mu \leq$ 165(초)로 추정되었다. 모집단의 표준편차는 얼마가 되어야 하는가?

10. 모집단의 평균을 추정하기 위한 표본의 크기가 400으로 결정되었다고 하자.

(1) 이 표본의 크기는 95%의 신뢰도를 유지하기 위한 것이었다. 그런데 신뢰도를 99%로 한다면 표본의 크기는 어떻게 변해야 하는가?

(2) 오차의 한계가 ε가 100에서 200으로 증가할 경우 표본의 크기는 어떻게 변해야 하는가?

11. 월드 시리즈의 시청률을 파악하기 위하여 표본을 추출하고자 한다. 95%의 신뢰도로 허용오차의 범위를 3% 이내가 되도록 하려면 다음의 각 경우 표본을 얼마나 뽑아야 하겠는가?

(1) 모비율에 대한 지식이 전혀 없을 때

(2) 과거의 연구에 의한 시청률이 약 0.4라고 할 때

용 어 정 리

모수(parameter)
모집단의 특성을 나타내는 척도로써 모평균, 모비율, 모분산(모표준편차) 등이 있으며 미지의 상수이다.

통계량(statistic)
표본의 특성을 요약하는 척도로서 표본 구성요소의 함수로 표현된다. 대표적인 통계량으로는 표본평균, 표본비율, 표본분산 등을 들 수 있으며 확률변수이다.

추정(estimation)
모집단으로부터 표본을 추출하고 이로부터 획득한 표본정보를 통하여 모수를 추론하는 과정이다.

추정량(estimator)
특정 모수를 추정하는 데 사용되는 통계량이다. 예를 들어, 표본평균은 모평균의 추정량이며 표본분산은 모분산의 추정량이다.

추정치(estimate)
표본의 관찰치들을 추정량에 대입하여 얻은 실수를 말한다.

점추정(point estimation)
단일 추정치로 모수를 추정하는 방법을 말한다.

구간추정(interval estimation)
모수가 포함될 실수 구간으로 모수를 추정하는 방법을 말한다. 구간의 상한치와 하한치, 즉 두 개의 추정량으로 표현된다. 이때의 구간을 신뢰구간(confidence interval)이라 한다.

신뢰도(conficence level)
신뢰구간이 모수를 포함할 확률(정확도)이다.

가설검정(hypothesis test)
미지의 모수가 취할 것으로 가정한 값에 대한 진위를 표본으로부터 얻은 정보로써 판단하는 과정을 말한다.

귀무가설(null hypothesis)
모수의 값이 이전에 알려진 것과 별로 다를 것이 없다고 세운 가설로 가설검정의 대상이 된다.

대립가설(alternative hypothesis)
귀무가설과 상반되는 가설로, 보통 귀무가설의 모순을 증명하면 대립가설이 지지되는 것으로 판단한다.

검정통계량(test statistic)
가설검정을 위하여 사용되는 통계량을 말한다.

기각역(rejection region)
귀무가설을 기각할 수 있는 검정통계량의 범위이다.

유의수준(significance level)
가설검정에서 귀무가설이 옳은데도 불구하고 대립가설을 지지하게 될 오판 확률이다.

제1종오류(Type Ⅰ Error, α risk)
귀무가설이 옳은데도 불구하고 대립가설이 지지된다고 오판하게 되는 오류를 말한다.

제2종오류(Type Ⅱ Error, β risk)
대립가설이 옳은데도 불구하고 귀무가설이 지지된다고 오판하게 되는 오류를 말한다.

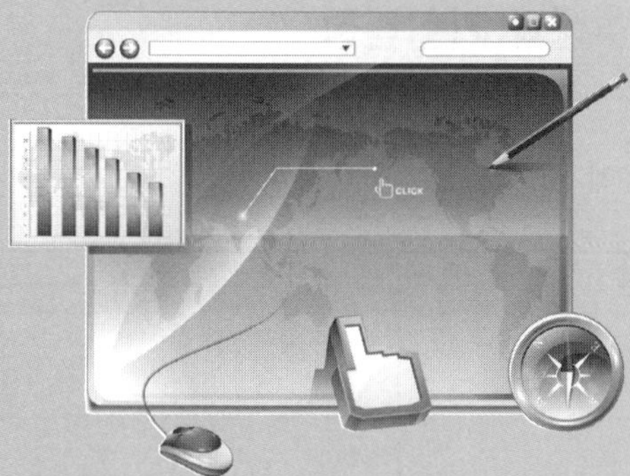

Chapter 08

두 모집단 모수 비교의 추론

개 . 요

통계적으로 모수 추론은 단일모집단 모수 추론에 이어 두 모집단 모수의 비교에 대한 추론도 중요한 과제가 된다. 두 모수 비교의 대상은 평균, 비율, 분산에 대해서 행할 수 있다. 두 집단의 소득비교, 선거에서의 후보자의 득표율 비교, 반도체장비의 정확성에 대한 분산 비교 등이 예가 된다. 앞 장에 이어 이 장에서는 두 모집단 평균, 비율, 분산 차이에 대한 추정과 가설검정을 다룬다.

8.1 두 모평균 비교의 추정과 가설검정

두 모집단으로부터 추출된 두 표본에 관련된 정보가 다음과 같다고 하자.

	표본 1	표본 2
모평균과 모분산	(μ_1, σ_1^2)	(μ_2, σ_2^2)
표본의 추출	$X_{11}, X_{12}, X_{13}, \cdots, X_{1n_1}$	$X_{21}, X_{22}, X_{23}, \cdots, X_{2n_2}$
표본의 평균	$\overline{X}_1$	$\overline{X}_2$
표본분산	S_1^2	S_2^2
표본의 크기	n_1	n_2

8.1.1 독립적인 두 집단 모평균 비교

(1) 두 모표준편차(σ_1, σ_2)가 알려진 상황에서 두 모집단이 정규분포이거나 표본이 큰 경우

추출된 확률표본이 서로 독립일 때, 두 모집단 평균의 차이 $(\mu_1 - \mu_2)$에 관한 추론에 있어 점추정량은 $(\overline{X}_1 - \overline{X}_2)$가 될 것이다. 한편, 이들이 따르는 분포의 평균과 분산, 즉 $E(\overline{X}_1 - \overline{X}_2)$, $Var(\overline{X}_1 - \overline{X}_2)$을 구하여 단일 모평균 추론과 같은 방법을 적용할 수 있다.

$$E(\overline{X}_1 - \overline{X}_2) = E(\overline{X}_1) - E(\overline{X}_2) = \mu_1 - \mu_2$$

$$Var(\overline{X}_1 - \overline{X}_2) = Var(\overline{X}_1) + Var(\overline{X}_2) - 2Cov(\overline{X}_1, \overline{X}_2) = Var(\overline{X}_1) + Var(\overline{X}_2)$$

(∵ 두 변수가 독립이면 공분산 $Cov(\overline{X}_1 - \overline{X}_2) = 0$)

이때 $Var(\overline{X}_1) = \dfrac{\sigma_1^2}{n_1}$, $Var(\overline{X}_2) = \dfrac{\sigma_2^2}{n_2}$이므로 다음과 같이 표현할 수 있다.

$$(\overline{X}_1 - \overline{X}_2) \sim N\left(\mu_1 - \mu_2, \frac{\sigma_1^2}{n_1} + \frac{\sigma_2^2}{n_2}\right)$$

따라서 이를 표준화하면

$$\frac{(X_1 - X_2) - (\mu_1 - \mu_2)}{\sqrt{\frac{\sigma_1^2}{n_1} + \frac{\sigma_2^2}{n_2}}} \sim N(0, 1^2)$$

이로부터 추정되는 두 모평균 차이의 신뢰구간은 다음과 같다.

두 모표준편차(σ_1, σ_2)가 알려진 상황에서, 두 모집단이 정규분포이거나 표본이 큰 경우

$(\mu_1 - \mu_2)$의 $(1-\alpha)$ 신뢰구간 $= \left[(\overline{X}_1 - \overline{X}_2) \pm z_{\frac{\alpha}{2}} \cdot \sqrt{\frac{\sigma_1^2}{n_1} + \frac{\sigma_2^2}{n_2}}\right]$

정규분포를 통한 두 모평균 차이($\mu_1 - \mu_2$)가 특정값(μ_0)일 것이라는 귀무가설 (H_0) 검정은 다음과 같이 정리된다.

두 모표준편차(σ_1, σ_2)가 알려진 상황에서, 두 모집단이 정규분포이거나 표본이 큰 경우

① 가설설정 $H_0 : \mu_1 - \mu_2 = \mu_0$

$$H_1 : \begin{cases} \mu_1 - \mu_2 \neq \mu_0 \text{(양측검정)} \\ \mu_1 - \mu_2 > \mu_0 \text{(우측검정)} \\ \mu_1 - \mu_2 < \mu_0 \text{(좌측검정)} \end{cases}$$

② 검정통계량 $Z = \frac{(\overline{X}_1 - \overline{X}_2) - \mu_0}{\sqrt{\frac{\sigma_1^2}{n_1} + \frac{\sigma_2^2}{n_2}}}$

③ H_0 기각역

$$\begin{cases} |Z| > z_{\frac{\alpha}{2}} \text{ (양측검정)} \\ Z > z_{\alpha} \text{ (우측검정)} \\ Z < -z_{\alpha} \text{ (좌측검정)} \end{cases}$$

[예제 8-1] 외국어 능력 성적에 있어 남녀 학생의 차이가 존재하는지를 알아보고자 남학생 80명과 여학생 80명을 표본으로 추출하여 영어 성적을 분석한 결과 각각 평균이 850점과 900점이었다. 과거의 경험으로부터 영어성적은 정규분포를 따르며, 남학생의 분산은 8000이고, 여학생의 분산은 4800임을 확인하였다.

> (1) 영어성적의 남녀 평균차이에 대한 신뢰구간을 신뢰수준 90%로 계산하라.
> (2) 영어성적에 있어서 남녀의 차이가 있는지를 유의수준 10%로 가설검정하라.

|풀이|

(1) 남학생을 그룹 1, 여학생을 그룹 2로 하자. 신뢰수준 90%이므로 $z_{\frac{\alpha}{2}} = 1.645$이다.

$$\left[(\overline{X}_1 - \overline{X}_2) \pm z_{\frac{\alpha}{2}} \cdot \sqrt{\frac{\sigma_1^2}{n_1} + \frac{\sigma_2^2}{n_2}}\right]$$

$$\left[(850 - 900) \pm 1.645 \cdot \sqrt{\frac{8000}{80} + \frac{4800}{80}}\right]$$

$$= [-70.80,\ -29.19]$$

(2) 가설검정은 다음의 순서를 따른다.

① 가설설정 $H_0 : \mu_1 - \mu_2 = 0$

$H_1 : \mu_1 - \mu_2 \neq 0$

② 검정통계량

모집단이 정규분포를 따르고, 모표준편차(σ)를 아는 경우이므로 검정통계량값

$$Z = \frac{(\overline{X}_1 - \overline{X}_2) - \mu_0}{\sqrt{\frac{\sigma_1^2}{n_1} + \frac{\sigma_2^2}{n_2}}} = \frac{(850 - 900) - 0}{\sqrt{\frac{8000}{80} + \frac{4800}{80}}} = \frac{-50}{12.5} = -3.95$$

③ H_0 기각역

유의수준 $\alpha = 0.1$에 대한 양측검정이므로 임계값은 $z_{0.05} = 1.645$와 $-z_{0.05} = -1.645$

$\therefore z < -1.645$ 또는 $1.645 < z$

④ 결론

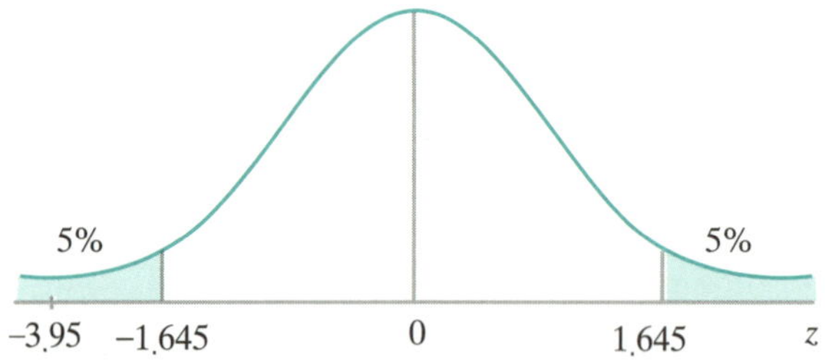

검정통계량이 기각역에 포함되므로 귀무가설을 기각하고 대립가설을 채택한다. 즉, 유의수준 10%에서 남녀학생의 평균 영어성적의 차이가 존재한다고 할 수 있다.

(2) 두 모표준편차(σ_1, σ_2)를 모르지만 표본이 큰 경우

(σ_1, σ_2) 대신 두 표본표준편차 (S_1, S_2)를 사용하여 앞 (1)의 구간추정과 가설검정을 따른다. 표본이 큰 경우의 표준정규분포를 이용하는 내용은 다음 (3) 또는 (4)를 대신하여 사용할 수도 있다.

(3) 두 모표준편차(σ_1, σ_2)를 모르지만 $\sigma_1 = \sigma_2$이고 두 모집단이 정규분포인 경우

이 경우 분산이 동일하므로 하나의 분산값 $\sigma_1 = \sigma_2 = \sigma$으로 표현하면, $(\mu_1 - \mu_2)$에 대한 $(\overline{X}_1 - \overline{X}_2)$의 표준편차는 다음과 같게 된다.

$$\sqrt{Var(\overline{X}_1 - \overline{X}_2)} = \sqrt{\frac{\sigma_1^2}{n_1} + \frac{\sigma_2^2}{n_2}} = \sqrt{\frac{\sigma^2}{n_1} + \frac{\sigma^2}{n_2}} = \sigma\sqrt{\frac{1}{n_1} + \frac{1}{n_2}}$$

두 모집단의 표준편차는 σ로 동일하다고 가정했으므로 하나의 σ만 추정하면 되지만, 표본의 경우는 두 개의 집단에서 따로 추출하였기 때문에 두개의 표본표준편차(S_1, S_2)가 존재하게 된다. 하나의 σ만 필요하기 때문에 이를 추정하기 위해서는 두 개의 표본을 하나의 표본처럼 생각해야 한다. 즉, 표본의 크기를 이용하여 S_1과 S_2를 가중평균하여 **통합표본분산(pooled sample variance)**을 구하여 사용한다. 통합표본분산은 다음과 같이 구할 수 있다.

$$S_p = \sqrt{\frac{(n_1 - 1)S_1^2 + (n_2 - 1)S_2^2}{(n_1 - 1) + (n_2 - 1)}}$$

따라서 $(\overline{X}_1 - \overline{X}_2)$의 표본표준편차는 $\sqrt{\frac{S_p^2}{n_1} + \frac{S_p^2}{n_2}} = S_p\sqrt{\frac{1}{n_1} + \frac{1}{n_2}}$로 추정할 수 있다. 그리하여 $(\overline{X}_1 - \overline{X}_2)$을 표준화하면 $\frac{(\overline{X}_1 - \overline{X}_2) - (\mu_1 - \mu_2)}{S_p\sqrt{\frac{1}{n_1} + \frac{1}{n_2}}}$로 표시할 수 있고, 이 값은 t분포를 따르게 된다.

한편 각 표본에서의 자유도는 각각 $(n_1 - 1)$과 $(n_2 - 1)$이므로 t값은 $(n_1 + n_2 - 2)$의 자유도를 가지게 된다. 즉,

$$\frac{(\overline{X}_1 - \overline{X}_2) - (\mu_1 - \mu_2)}{S_p\sqrt{\frac{1}{n_1} + \frac{1}{n_2}}} \sim t(n_1 + n_2 - 2)$$

이로부터 추정되는 두 모평균 차이의 신뢰구간은 다음과 같다.

두 모표준편차(σ_1, σ_2)를 모르지만 $\sigma_1 = \sigma_2$이고 두 모집단이 정규분포인 경우

$$(\mu_1 - \mu_2)\text{의 } (1-\alpha) \text{ 신뢰구간} = \left[(\overline{X}_1 - \overline{X}_2) \pm t_{\frac{\alpha}{2}(n_1+n_2-2)} \cdot S_p\sqrt{\frac{1}{n_1} + \frac{1}{n_2}}\right]$$

여기서, $S_p = \sqrt{\dfrac{(n_1-1)S_1^2 + (n_2-1)S_2^2}{(n_1-1)+(n_2-1)}}$

t분포를 통한 두 모평균 차이($\mu_1 - \mu_2$)가 특정값(μ_0)일 것이라는 귀무가설(H_0) 검정은 다음과 같이 정리된다.

두 모표준편차(σ_1, σ_2)를 모르지만 $\sigma_1 = \sigma_2$이고 두 모집단이 정규분포인 경우

① 가설설정 $H_0 : \mu_1 - \mu_2 = \mu_0$

$$H_1 : \begin{cases} \mu_1 - \mu_2 \neq \mu_0 \text{(양측검정)} \\ \mu_1 - \mu_2 > \mu_0 \text{(우측검정)} \\ \mu_1 - \mu_2 < \mu_0 \text{(좌측검정)} \end{cases}$$

② 검정통계량 $t = \dfrac{(\overline{X}_1 - \overline{X}_2) - (\mu_1 - \mu_2)}{S_p\sqrt{\dfrac{1}{n_1} + \dfrac{1}{n_2}}}$

여기서, $S_p = \sqrt{\dfrac{(n_1-1)S_1^2 + (n_2-1)S_2^2}{(n_1-1)+(n_2-1)}}$

③ H_0 기각역

$$\begin{cases} |t| > t_{\frac{\alpha}{2}(n_1+n_2-2)} \text{(양측검정)} \\ t > t_{\alpha(n_1+n_2-2)} \text{(우측검정)} \\ t < -t_{\alpha(n_1+n_2-2)} \text{(좌측검정)} \end{cases}$$

[예제 8-2] 앞 [예제 8-1]에서 표본의 크기가 작은 경우이다.

여학생 11명과 남학생 16명을 표본으로 추출하여 분석한 결과 각각 평균이 900점과 850점, 분산은 4800과 8000이었다. 과거의 경험으로부터 영어성적은 정규분포를 따르며, 여학생과 남학생의 분산은 동일하다는 것을 알 수 있었다.

(1) 영어성적의 평균차이에 대한 신뢰구간을 신뢰수준 90%로 계산하라.

(2) 영어성적에 있어서 여학생과 남학생의 차이 유무를 유의수준 10%로 가설 검정하라.

| 풀이 |

(1) 여학생을 그룹 1, 남학생을 그룹 2로 하자. 신뢰수준 90%이므로 자유도 25(=11+16−2)에서의 $t_{\frac{\alpha}{2}} = 1.708$이다.

$$S_p = \sqrt{\frac{(n_1-1)S_1^2+(n_2-1)S_2^2}{(n_1-1)+(n_2-1)}} = \sqrt{\frac{(11-1)4800+(16-1)8000}{(11-1)+(16-1)}} = 81.98$$

$$90\%\ \text{신뢰구간} = \left[(\overline{X}_1-\overline{X}_2) \pm t_{\frac{\alpha}{2},(n_1+n_2-2)} \cdot S_p\sqrt{\frac{1}{n_1}+\frac{1}{n_2}}\right]$$

$$= (900-850) \pm 1.708 \cdot 81.98\sqrt{1/11+1/16} = [-4.84,\ 104.84]$$

(2) 가설검정은 다음의 순서를 따른다.

① 가설설정 $H_0 : \mu_1 - \mu_2 = 0$

$H_1 : \mu_1 - \mu_2 \neq 0$

② 검정통계량

모집단이 정규분포를 따르고, 모표준편차(σ)를 모르지만 $\sigma_1 = \sigma_2$인 경우이므로 검정통계량값

$$t = \frac{(\overline{X}_1-\overline{X}_2)-(\mu_1-\mu_2)}{S_p\sqrt{\frac{1}{n_1}+\frac{1}{n_2}}} = \frac{(900-850)-0}{81.98\sqrt{\frac{1}{11}+\frac{1}{16}}} = 1.56$$

③ H_0 기각역

유의수준 $\alpha = 0.1$에 대한 양측검정이므로 임계값은 $t_{0.05} = 1.708$과 $-t_{0.05} = -1.708$

$\therefore t < -1.708$ 또는 $1.708 < t$

④ 결론

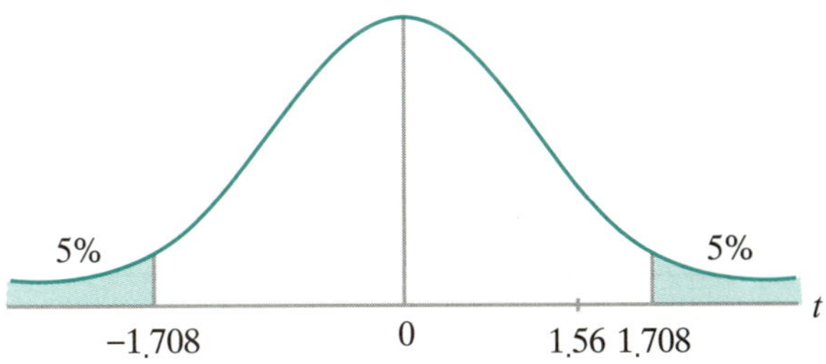

검정통계량이 기각역에 포함되지 않으므로 귀무가설을 기각할 수 없다. 즉, 유의수준 10%에서 남녀학생의 평균영어성적의 차이가 존재한다고 할 수 없다.

(4) 두 모표준편차(σ_1, σ_2)는 모르지만 두 모집단이 정규분포인 경우

모표준편차를 모르는 경우는 모표준편차(σ_1, σ_2) 대신에 표본표준편차(S_1, S_2)를 사용하면 된다. 따라서 $(\overline{X}_1-\overline{X}_2)$의 표본표준편차는 $\sqrt{\frac{S_1^2}{n_1}+\frac{S_2^2}{n_2}}$로 추정할 수 있다. 그리하여 $(\overline{X}_1-\overline{X}_2)$을 표준화하면 $\frac{(\overline{X}_1-\overline{X}_2)-(\mu_1-\mu_2)}{\sqrt{\frac{S_1^2}{n_1}+\frac{S_2^2}{n_2}}}$로 표시할 수 있고, 이 값은 t분포와 유사해진다. 이처럼 t분포로 근사될 때 이용되는 자유도(df)는 다음과 같이 결정된다.

$$df \simeq \frac{\left(\frac{S_1^2}{n_1}+\frac{S_2^2}{n_2}\right)^2}{\frac{\left(\frac{S_1^2}{n_1}\right)^2}{n_1-1}+\frac{\left(\frac{S_2^2}{n_2}\right)^2}{n_2-1}}$$

즉, $\frac{(\overline{X}_1-\overline{X}_2)-(\mu_1-\mu_2)}{\sqrt{\frac{S_1^2}{n_1}+\frac{S_2^2}{n_2}}} \sim t(df)$

따라서 이 경우에 있어서 두 모평균 차이의 신뢰구간은 다음과 같다.

> 두 모표준편차(σ_1, σ_2)는 모르지만 두 모집단이 정규분포인 경우
>
> $(\mu_1-\mu_2)$의 $(1-\alpha)$ 신뢰구간 $=\left[(\overline{X}_1-\overline{X}_2) \pm t_{\frac{\alpha}{2}(df)} \cdot \sqrt{\frac{S_1^2}{n_1}+\frac{S_2^2}{n_2}}\right]$

t분포를 통한 두 모평균 차이(μ_1 − μ_2)가 특정값(μ_0)일 것이라는 귀무가설(H_0) 검정은 다음과 같이 정리된다.

두 모표준편차(σ_1, σ_2)는 모르지만 두 모집단이 정규분포인 경우

① 가설설정 $H_0 : \mu_1 - \mu_2 = \mu_0$

$$H_1 : \begin{cases} \mu_1 - \mu_2 \neq \mu_0 (\text{양측검정}) \\ \mu_1 - \mu_2 > \mu_0 (\text{우측검정}) \\ \mu_1 - \mu_2 < \mu_0 (\text{좌측검정}) \end{cases}$$

② 검정통계량 $t = \dfrac{(\overline{X}_1 - \overline{X}_2) - \mu_0}{\sqrt{\dfrac{S_1^2}{n_1} + \dfrac{S_2^2}{n_2}}}$

③ H_0 기각역 $\begin{cases} |t| > t_{\frac{\alpha}{2}(df)} (\text{양측검정}) \\ t > t_{\alpha(df)} \quad (\text{우측검정}) \\ t < -t_{\alpha(df)} (\text{좌측검정}) \end{cases}$

[예제 8-3] 앞 [예제 8-2]에서 좀 더 일반적으로 두 모집단 분산이 알려져 있지 않은 경우이다.
즉 여학생 11명과 남학생 16명을 표본으로 추출하여 영어성적을 분석한 결과 각각 평균이 900점과 850점, 분산은 4800과 8000이었다. 영어성적은 정규분포를 따른다고 알려져 있다.

(1) 영어성적의 평균차이에 대한 신뢰구간을 신뢰수준 90%로 계산하라.
(2) 영어성적에 있어서 여학생이 남학생보다 우수한가를 유의수준 10%로 가설검정하라.

|풀이|

(1) 여학생을 그룹 1, 남학생을 그룹 2로 하자. 표본이 크다면 정규분포를 이용할 수 있지만 이 문제의 경우는 표본이 작으므로 t분포를 근사분포로 사용하여 추정하게 되는데, 이때의 자유도는

$$df \simeq \frac{\left(\dfrac{S_1^2}{n_1} + \dfrac{S_2^2}{n_2}\right)^2}{\dfrac{\left(\dfrac{S_1^2}{n_1}\right)^2}{n_1 - 1} + \dfrac{\left(\dfrac{S_2^2}{n_2}\right)^2}{n_2 - 1}} = \frac{\left(\dfrac{4800}{11} + \dfrac{8000}{16}\right)^2}{\dfrac{\left(\dfrac{4800}{11}\right)^2}{10} + \dfrac{\left(\dfrac{8000}{16}\right)^2}{15}} = 24.55$$

신뢰수준 90% 이므로 자유도 24에서의 $t_{\frac{\alpha}{2}} = 1.711$이다.

$$\left[(\overline{X}_1-\overline{X}_2)\pm t_{\frac{\alpha}{2}}\cdot\sqrt{\frac{S_1}{n_1}+\frac{S_2}{n_2}}\right]$$

$$=(900-850)\pm 1.711\sqrt{\frac{4800}{11}+\frac{8000}{16}}=[-2.36,\ 102.36]$$

(2) 가설검정은 다음의 순서를 따른다.

① 가설설정 $H_0: \mu_1-\mu_2=0$

$H_1: \mu_1-\mu_2>0$

② 검정통계량

모집단이 정규분포를 따르고, 모표준편차를 모르며 $\sigma_1\neq\sigma_2$인 경우이므로 검정통계량값

$$t=\frac{(\overline{X}_1-\overline{X}_2)-(\mu_1-\mu_2)}{\sqrt{\frac{S_1^2}{n_1}+\frac{S_2^2}{n_2}}}=\frac{(900-850)-0}{\sqrt{\frac{4800}{11}+\frac{8000}{16}}}=1.63$$

③ H_0 기각역

유의수준 $\alpha=0.10$에 대한 우측검정이므로 임계값은 자유도 24에서의 $t_{0.10}=1.318$

$\therefore t>1.318$

④ 결론

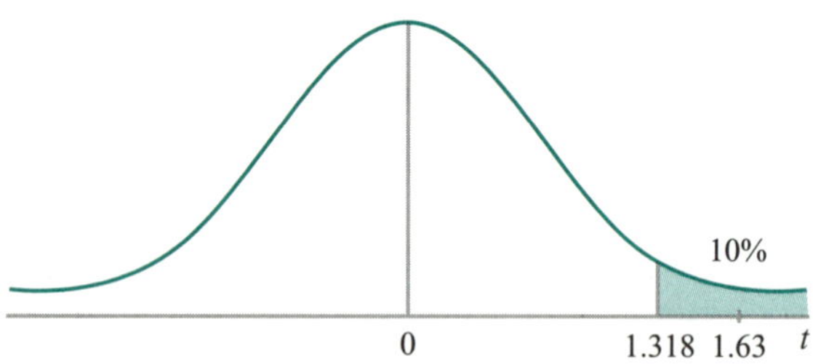

검정통계량값이 기각역에 포함되므로 귀무가설을 기각한다. 즉, 유의수준 10%에서 남녀학생의 평균성적의 차이가 존재한다. 참고로 만약 유의수준 5%인 우측검정이면 $t_{0.05}=1.711$이므로 귀무가설을 기각할 수 없다.

8.1.2 쌍으로 구성된 자료의 두 모평균 비교

새로 개발한 자동차 타이어의 수명이 기존의 것과 차이가 있는지를 알아본다고 하자. 다음과 같이 두 가지 방법을 생각해볼 수 있다.

① **독립표본** : 기존의 타이어를 부착한 자동차와 새로운 타이어를 부착한 자동차로부터 표본을 추출하여 차이를 확인

② **짝지어진 표본** : 표본을 추출하여 동일한 자동차의 한쪽에는 기존의 바퀴를 장착하고 다른 쪽에는 새로운 타이어를 장착하여 차이를 확인

독립표본에 대한 신뢰구간 및 가설검정은 앞서 다루었다. 실험의 내용으로 본다면 짝지어진 표본에 의한 방법이 더 바람직하다. 실험에 영향을 미칠 실험대상의 특성이 똑같이 작용하기 때문이다. 예를 들어 자동차 바퀴의 수명은 차량의 종류나 운전습관, 도로사정에 따라 달라질 수 있는데 같은 차량에 장착된 두 종류의 바퀴는 이러한 영향을 같이 받게 된다. n쌍 표본에서 i번째 실험대상으로부터 얻게 되는 확률변수는 (X_{1i}, Y_{2i})와 같이 쌍으로 도출된다. 이들의 차이를 D_i라 하면 이들의 기대값 μ_D는 다음과 같다.

$$\mu_D = E(D_i) = E(X_{1i} - X_{2i}) = E(X_{1i}) - E(X_{2i}) = \mu_1 - \mu_2$$

그런데 D_i의 분산은 구하기가 쉽지 않다. 두 확률변수 X_{1i}, X_{2i}는 같은 경향을 나타낼 가능성이 높아 독립이라고 보기 어렵기 때문이다. 따라서 D_i가 정규분포를 따른다고 하고, 모분산 대신 표본분산 S_D^2를 사용하면 D_i들의 표본평균 $\overline{D}$를 통하여 다음이 성립한다.

$$\frac{\overline{D} - \mu_D}{S_D / \sqrt{n}} \sim t_{(n-1)}$$

이로부터 추정되는 두 모평균 차이의 신뢰구간은 다음과 같다.

짝지어진 표본에서 두 모평균 차이(μ_D)에 대한 신뢰구간

$$\mu_D\text{의 } (1-\alpha) \text{ 신뢰구간} = \left[\overline{D} \pm t_{\frac{\alpha}{2},(n-1)} \cdot \sqrt{\frac{S_D}{n}}\right]$$

쌍으로 구성된 자료의 두 모평균 차이($\mu_D = \mu_1 - \mu_2$)가 특정값(μ_0)일 것이라는 귀무가설(H_0) 검정은 다음과 같이 정리된다.

짝지어진 표본에서 두 모평균 차이($\mu_D = \mu_1 - \mu_2$)에 대한 가설검정

① 가설설정 $H_0 : \mu_D = \mu_0$

$$H_1 : \begin{cases} \mu_D \neq \mu_0 \text{(양측검정)} \\ \mu_D > \mu_0 \text{(우측검정)} \\ \mu_D < \mu_0 \text{(좌측검정)} \end{cases}$$

② 검정통계량 $t = \dfrac{\overline{D} - \mu_0}{S_D / \sqrt{n}}$

③ H_0 기각역

$$\begin{cases} |t| > t_{\frac{\alpha}{2}(n-1)} \text{(양측검정)} \\ t > t_{\alpha(n-1)} \text{(우측검정)} \\ t < -t_{\alpha(n-1)} \text{(좌측검정)} \end{cases}$$

[예제 8-4] 최근 요가를 통한 다이어트 열풍이 불고 있다. 과연 요가가 다이어트에 효과가 있는지를 알아보기 위해 10명을 표본으로 추출하여, 요가 전의 몸무게와 요가 후의 몸무게를 측정하였다.

(1) 다이어트 효과에 대한 신뢰구간을 신뢰수준 95%로 계산하라.

(2) 유의수준 5%로 다이어트의 효과가 있음을 검정하라.

사람	요가 전	요가 후	몸무게 차이
1	55	53	2
2	60	55	5
3	65	59	6
4	53	50	3
5	49	45	4
6	58	52	6
7	70	62	8
8	66	61	5
9	57	51	6
10	67	62	5
합계	600	550	50

| 풀이 |

10명에 대한 평균과 분산은 다음과 같다.

$$\overline{D} = 5,\ S_D^2 = \frac{\sum_{i=1}^{10}(D_i - \overline{D})^2}{(n-1)} = \frac{26}{9} = 2.89$$

(1) 95% 신뢰구간

$$\left[\overline{D} \pm t_{\frac{\alpha}{2},(n-1)} \cdot \frac{S_D}{\sqrt{n}}\right] = \left[5 \pm 2.26 \cdot \frac{1.70}{\sqrt{10}}\right] = [3.78,\ 6.22]$$

(2) 가설검정

$\mu_D = \mu_1 - \mu_2$라 하자.

① 가설설정 $H_0 : \mu_D = 0$

$H_1 : \mu_D > 0$

② 검정통계량

짝지어진 표본이므로 검정통계량값

$$t = \frac{\overline{D} - \mu_D}{S_D/\sqrt{n}} = \frac{5-0}{1.70/\sqrt{10}} = 9.30$$

③ H_0 기각역

유의수준 $\alpha = 0.05$에 대한 우측검정이므로 임계값은 자유도 9에서의 $t_{0.05} = 1.833$

$\therefore 1.83 < t$

④ 결론

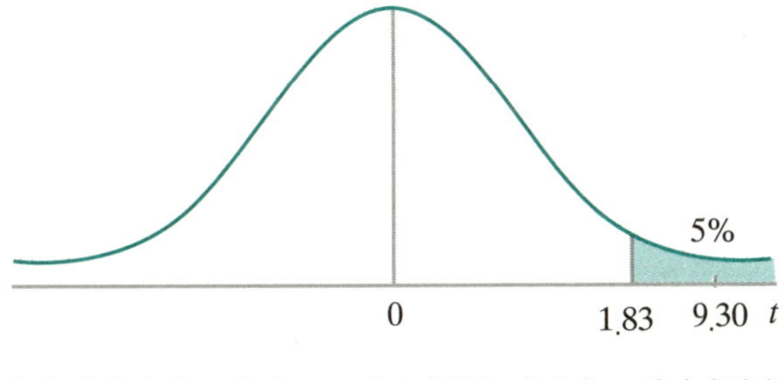

검정통계량이 기각역에 포함되므로 귀무가설을 기각하고 대립가설을 채택한다. 즉, 유의수준 5%에서 요가가 다이어트에 효능이 있다고 할 수 있다.

8.2 두 모비율 비교의 추정과 가설검정

두 모집단과 그로부터 얻은 두 독립표본과 관련하여 다음의 두 표본비율의 분포는 앞서 단일 모비율 추론과정에서 확인한 바 있다.

$$\hat{p}_1 \sim N\left(p_1,\ \frac{p_1 q_1}{n_1}\right) \text{ 그리고 } \hat{p}_2 \sim N\left(p_2,\ \frac{p_2 q_2}{n_2}\right)$$

여기서, p_1, p_2 : 두 모비율($q_1 = 1 - p_1$, $q_2 = 1 - p_2$)
$\hat{p}_1$, $\hat{p}_2$: 두 표본의 표본비율이며 각각 p_1, p_2의 점추정치
n_1, n_2 : 두 표본의 크기

이로부터 두 모비율의 차($p_1 - p_2$)에 대한 추정량(estimator)을 ($\hat{p}_1 - \hat{p}_2$)라 하면 다음이 성립한다.

$$(\hat{p}_1 - \hat{p}_2) \sim N\left(p_1 - p_2,\ \frac{p_1 q_1}{n_1} + \frac{p_2 q_2}{n_2}\right)$$

따라서 이를 표준화하면

$$\frac{(\hat{p}_1 - \hat{p}_2) - (p_1 - p_2)}{\sqrt{\frac{p_1 q_1}{n_1} + \frac{p_2 q_2}{n_2}}} \sim N(0, 1^2)$$

그러면 다음을 말할 수 있다.

$$P\left(-Z_{\frac{\alpha}{2}} \le \frac{(\hat{p}_1 - \hat{p}_2) - (p_1 - p_2)}{\sqrt{\frac{p_1 q_1}{n_1} + \frac{p_2 q_2}{n_2}}} \le Z_{\frac{\alpha}{2}}\right) = 1 - \alpha$$

이로부터 추정되는 두 모비율 차이($p_1 - p_2$)의 신뢰구간은 표본의 크기가 충분할 때($n\hat{p} \ge 5$이면서 $n\hat{q} \ge 5$인 경우) 다음과 같다.

모비율 차이의 신뢰구간

$$(p_1 - p_2)\text{의 } (1-\alpha) \text{ 신뢰구간} = \left[(\hat{p}_1 - \hat{p}_2) \pm Z_{\frac{\alpha}{2}} \cdot \sqrt{\frac{\hat{p}_1 \hat{q}_1}{n_1} + \frac{\hat{p}_2 \hat{q}_2}{n_2}}\right]$$

두 모비율 차이에 대한 가설검정에서 수립되는 귀무가설의 일반적인 형태는 $p_1-p_2=p_0$일 것이다. 그런데 만약 귀무가설에서 두 모비율이 같다고 한다면 $p_1=p_2=p$가 되므로 모비율 차이(p_1-p_2)에 대한 분산은 다음과 같이 계산된다.

$$Var(\hat{p}_1-\hat{p}_2)=\frac{\hat{p}\hat{q}}{n_1}+\frac{\hat{p}\hat{q}}{n_2}$$

따라서 2개의 비율이 아닌 하나의 비율 p에 대한 추정값 $\hat{p}$만 필요한 것이다. 이 경우 $\hat{p}$은 표본의 크기에 따른 가중치를 이용하여 구하게 된다. 즉,

$$\hat{p}=\frac{n_1\hat{p}_1+n_2\hat{p}_2}{n_1+n_2}$$

정규분포를 통한 두 모비율 차이의 가설검정은 다음과 같이 정리된다.

모비율 차이에 대한 가설검정

① 가설설정 $H_0: p_1-p_2=p_0$

$$H_1: \begin{cases} p_1-p_2\neq p_0 (\text{양측검정}) \\ p_1-p_2> p_0 (\text{우측검정}) \\ p_1-p_2< p_0 (\text{좌측검정}) \end{cases}$$

② 검정통계량

귀무가설에서 $p_0\neq 0$인 경우

$$Z=\frac{(\hat{p}_1-\hat{p}_2)-p_0}{\sqrt{\frac{\hat{p}_1\hat{q}_1}{n_1}+\frac{\hat{p}_2\hat{q}_2}{n_2}}}$$ 여기서, $q_1=1-p_1$, $q_2=1-p_2$

귀무가설에서 $p_0=0$인 경우

$$Z=\frac{(\hat{p}_1-\hat{p}_2)}{\sqrt{\frac{\hat{p}\hat{q}}{n_1}+\frac{\hat{p}\hat{q}}{n_2}}}$$ 여기서, $\hat{p}=\frac{n_1\hat{p}_1+n_2\hat{p}_2}{n_1+n_2}$, $\hat{q}=1-\hat{p}$

③ H_0 기각역 $\begin{cases} |Z|>z_{\frac{\alpha}{2}} (\text{양측검정}) \\ Z>z_\alpha (\text{우측검정}) \\ Z<-z_\alpha (\text{좌측검정}) \end{cases}$

> [예제 8-5] 남학생 100명과 여학생 50명을 대상으로 노트북컴퓨터의 보유 여부를 조사하였다. 그 결과 남학생은 80명이 보유하고 있었고, 여학생은 35명이 보유하고 있었다.
> (1) 남학생과 여학생의 보유율 차이에 대한 90% 신뢰구간을 구하라.
> (2) 남학생의 보유율이 더 높다는 가설을 유의수준 $\alpha=0.05$로 검정하라.

| 풀이 |

(1) 신뢰수준 $1-\alpha = 0.9$이므로 $z_{\frac{\alpha}{2}} = 1.645$이다.

$$\left[(\hat{p}_1-\hat{p}_2) \pm Z_{\frac{\alpha}{2}} \cdot \sqrt{\frac{\hat{p}_1\hat{q}_1}{n_1}+\frac{\hat{p}_2\hat{q}_2}{n_2}}\right]$$

$$=\left[(0.8-0.7) \pm 1.645 \cdot \sqrt{\frac{(0.8)(0.2)}{100}+\frac{(0.7)(0.3)}{50}}\right] = [-0.025,\ 0.225]$$

(2) $n_1\hat{p}_1 \geq 5$, $n_1\hat{q}_1 \geq 5$ 이고, $n_2\hat{p}_2 \geq 5$, $n_2\hat{q}_2 \geq 5$이므로 정규분포로 문제를 풀 수 있다.

① 가설설정 $H_0 : p_1-p_2 = 0$

$H_1 : p_1-p_2 > 0$

② 검정통계량

$$\hat{p} = \frac{n_1\hat{p}_1+n_2\hat{p}_2}{n_1+n_2} = \frac{100\times0.8+50\times0.7}{100+50} = 0.77$$

$$Z = \frac{(\hat{p}_1-\hat{p}_2)-p_0}{\sqrt{\frac{\hat{p}\hat{q}}{n_1}+\frac{\hat{p}\hat{q}}{n_2}}} = \frac{(0.8-0.7)-0}{\sqrt{\frac{(0.77)(0.23)}{100}+\frac{(0.77)(0.23)}{50}}} = 1.31$$

③ H_0 기각역

유의수준 $\alpha = 0.05$에 대한 우측검정이므로 임계값은 $z_{\frac{\alpha}{2}} = 1.645$

$\therefore 1.645 < z$

④ 결론

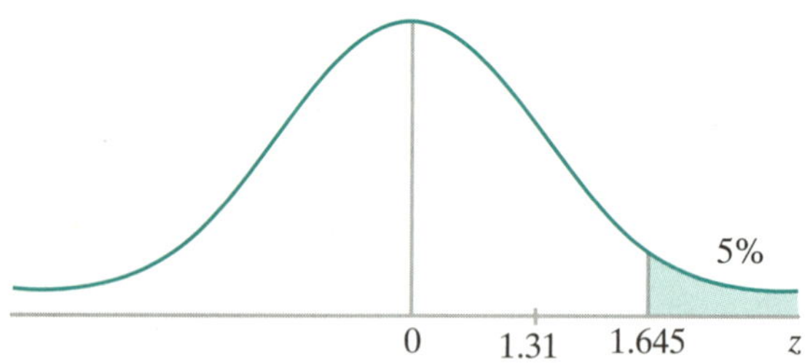

검정통계량이 기각역에 포함되지 않으므로 귀무가설을 기각할 수 없다. 즉, 유의수준 5%에서 남학생과 여학생의 노트북컴퓨터 보유율 차이가 존재한다고 할 수 있는 통계적 근거는 없다.

8.3 두 모분산 비교의 추정과 가설검정

정규분포를 따르는 두 집단의 모분산 σ_1과 σ_2의 비교는 둘 간의 비(ratio)를 통하여 이루어지는데 이는 F분포로부터 비롯된다. 이와 관련되는 F분포와 χ^2분포 관계는 이미 제6장에서 살펴본 바 있다.

$$\frac{\chi_1^2/(n_1-1)}{\chi_2^2/(n_2-1)} \sim F_{(n_1-1,\, n_2-1)}, \qquad \frac{(n-1)S^2}{\sigma^2} \sim \chi^2_{(n-1)}$$

여기서 자유도가 각각 (n_1-1)과 (n_2-1)인 두 χ^2 확률변수 χ_1^2, χ_2^2은 상호 독립이다. 이 두 분포의 확률변수로 다음의 식을 표현할 수 있다.

$$F_{(n_1-1,\, n_2-1)} = \frac{\dfrac{\chi_1^2}{(n_1-1)}}{\dfrac{\chi_2^2}{(n_2-1)}} = \frac{\dfrac{(n_1-1)S_1^2}{(n_1-1)\sigma_1^2}}{\dfrac{(n_2-1)S_2^2}{(n_2-1)\sigma_2^2}} = \frac{\dfrac{S_1^2}{\sigma_1^2}}{\dfrac{S_2^2}{\sigma_2^2}}$$

따라서

$$\frac{S_1^2/\sigma_1^2}{S_2^2/\sigma_2^2} \sim F_{(n_1-1,\, n_2-1)}\text{이며 } \frac{S_2^2/\sigma_2^2}{S_1^2/\sigma_1^2} \sim F_{(n_2-1,\, n_1-1)}$$

다음의 관계식에 따라 두 모분산 비의 $(1-\alpha)$ 신뢰구간을 얻을 수 있다.

$$P\left(F_{1-\frac{\alpha}{2},(n_2-1,\, n_1-1)} \le F_{(n_2-1,\, n_1-1)} \le F_{\frac{\alpha}{2},(n_2-1,\, n_1-1)}\right) = 1-\alpha$$

$$\Leftrightarrow P\left(F_{1-\frac{\alpha}{2},(n_2-1,\, n_1-1)} \le \frac{S_2^2/\sigma_2^2}{S_1^2/\sigma_1^2} \le F_{\frac{\alpha}{2},(n_2-1,\, n_1-1)}\right) = 1-\alpha$$

$$\Leftrightarrow P\left(\frac{S_1^2}{S_2^2} F_{1-\frac{\alpha}{2},(n_2-1,\, n_1-1)} \le \frac{\sigma_1^2}{\sigma_2^2} \le \frac{S_1^2}{S_2^2} F_{\frac{\alpha}{2},(n_2-1,\, n_1-1)}\right) = 1-\alpha$$

$$\Leftrightarrow P\left(\frac{S_1^2}{S_2^2} \frac{1}{F_{\frac{\alpha}{2},(n_1-1,\, n_2-1)}} \le \frac{\sigma_1^2}{\sigma_2^2} \le \frac{S_1^2}{S_2^2} F_{\frac{\alpha}{2},(n_2-1,\, n_1-1)}\right) = 1-\alpha$$

두 모분산 비$\left(\frac{\sigma_1^2}{\sigma_2^2}\right)$의 신뢰구간은 다음과 같이 정리된다.

$$\frac{\sigma_1^2}{\sigma_2^2}\text{의 } (1-\alpha) \text{ 신뢰구간} = \left[\frac{S_1^2}{S_2^2}\frac{1}{F_{\frac{\alpha}{2}(n_1-1,\,n_2-1)}},\ \frac{S_1^2}{S_2^2}F_{\frac{\alpha}{2}(n_2-1,\,n_1-1)}\right]$$
$$\equiv \left[\frac{S_1^2}{S_2^2}F_{1-\frac{\alpha}{2}(n_2-1,\,n_1-1)},\ \frac{S_1^2}{S_2^2}F_{\frac{\alpha}{2}(n_2-1,\,n_1-1)}\right]$$

두 정규모집단의 분산이 같은가($\sigma_1^2 = \sigma_2^2$)를 판단할 수 있는 가설검정 절차는 다음과 같다.

모분산 차이(비)에 대한 가설검정

① 가설설정 $H_0 : \frac{\sigma_1^2}{\sigma_2^2} = 1$

$$H_1 : \begin{cases} \sigma_1^2/\sigma_2^2 \neq 1 \text{ (양측검정)} \\ \sigma_1^2/\sigma_2^2 > 1 \text{ (우측검정)} \\ \sigma_1^2/\sigma_2^2 < 1 \text{ (좌측검정)} \end{cases}$$

② 검정통계량 $F = \frac{S_1^2/\sigma_1^2}{S_2^2/\sigma_2^2} = \frac{S_1^2}{S_2^2}$ (∵ 귀무가설에 의해 $\sigma_1^2 = \sigma_2^2$)

③ H_0 기각역

$$\begin{cases} F < 1/F_{\frac{\alpha}{2},(n_1-1,\,n_2-1)} \text{ 또는 } F_{\frac{\alpha}{2},(n_2-1,\,n_1-1)} < F \text{ (양측검정)} \\ F_{\alpha,(n_2-1,\,n_1-1)} < F \text{ (우측검정)} \\ F < 1/F_{\alpha,(n_1-1,\,n_2-1)} \text{ (좌측검정)} \end{cases}$$

[예제 8-6] 남자와 여자가 받는 대졸초임의 분산을 비교하려고 한다. 남자 16명을 조사한 결과 초임의 분산이 120으로 나타났고, 여자 21명을 조사한 결과 분산이 80으로 나타났다.

(1) 모분산 비$\left(\frac{\sigma_1^2}{\sigma_2^2}\right)$에 대한 90% 신뢰구간을 구하라.

(2) 남자의 분산이 여자의 분산보다 크다는 가설을 유의수준 $\alpha = 0.05$로 검정하라.

|풀이|

(1) 신뢰수준 $1-\alpha = 0.9$이므로

$$\left[\frac{S_1^2}{S_2^2}\frac{1}{F_{\frac{\alpha}{2},(n_1-1,\,n_2-1)}},\ \frac{S_1^2}{S_2^2}F_{\frac{\alpha}{2},(n_2-1,\,n_1-1)}\right]$$

$$=\left[\frac{120}{80}\frac{1}{F_{0.05,(16-1,\,21-1)}},\ \frac{120}{80}F_{0.05,(21-1,\,16-1)}\right]$$

$$=\left[\frac{120}{80}\frac{1}{2.2},\ \frac{120}{80}2.33\right]=[0.68,\ 3.5]$$

(2) 모분산 비$\left(\frac{\sigma_1^2}{\sigma_2^2}\right)$에 대한 가설검정

① 가설설정 $H_0 : \frac{\sigma_1^2}{\sigma_2^2}=1$

$H_1 : \frac{\sigma_1^2}{\sigma_2^2}>1$

② 검정통계량

$$F=\frac{S_1^2/\sigma_1^2}{S_2^2/\sigma_2^2}=\frac{S_1^2}{S_2^2}=1.5$$

③ H_0 기각역

유의수준 $\alpha=0.05$에 대한 우측검정이므로 임계값은 $F_{0.05,(16-1,\,21-1)}=2.2$

$\therefore 2.2 < F$

④ 결론

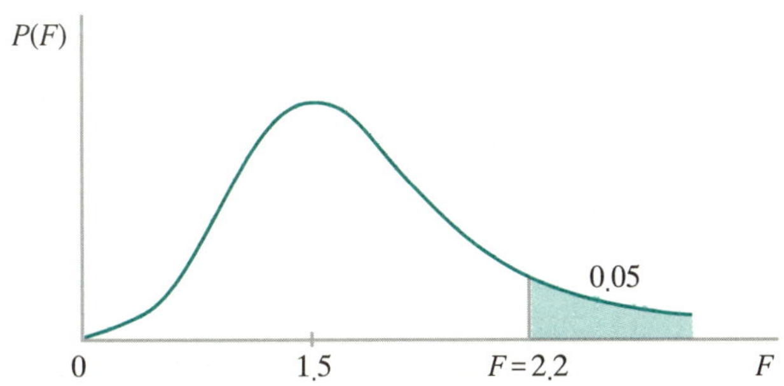

검정통계량값이 기각역에 포함되지 않으므로 귀무가설을 기각할 수 없다. 즉, 유의수준 5%에서 남자와 여자의 초임에 대한 분산의 차이가 존재한다고 할 수 있는 통계적 근거는 없다.

8.4 엑셀에 의한 추론

8.4.1 독립적인 두 모평균 비교

(1) 모표준편차를 모르며 $\sigma_1 \neq \sigma_2$인 경우의 신뢰구간 및 가설검정

도레미 피자의 마케팅 총괄책임자는 매출신장을 위하여 지속적인 노력을 기울이고 있다. 그 일환으로 이번에는 세트메뉴를 고안하였다. 세트메뉴는 몇 가지 메뉴를 패키지로 판매하는 것으로서 고객입장에서 몇 가지 메뉴를 한꺼번에 구입해야 하는 부담은 있으나 실질적인 가격 면에서 다소 할인을 받게 된다. 도레미 피자는 우선 3가지 형태의 세트메뉴(어린이, 가족, 연인)를 개발하고 시험판매를 실시하였다. 1개월 후 지역적 특성을 고려하여 세트메뉴를 판매한 매장과 그렇지 않은 매장 각각 8곳을 무작위로 선정하고 매출액을 파악하여 다음 표와 같은 자료를 얻었다.

표 8-1 ▮ 세트메뉴 구비에 따른 일 매출액 (단위 : 만원)

세트메뉴가 있을 때	150	140	135	90	115	120	145	135
세트메뉴가 없을 때	140	120	85	75	125	120	130	110

이와 같은 두 독립표본을 이용하여 두 모집단 평균 비교에 관한 ① 가설검정, ② 점추정치 및 신뢰구간의 산출을 수행하고자 한다.

1) 두 모평균 간에 차이가 존재하는가(두 모평균의 차이가 0이 아닌가)를 유의수준 0.05로 검정해보자

① [그림 8-1]과 같이 표본 데이터를 B열 및 C열에 각각 입력한다.

② Excel의 [데이터] 메뉴에서 [데이터 분석]을 수행하여 [*t*검정 : 이분산 가정 두 집단]을 선택한다.

③ [그림 8-1]과 같은 대화상자가 나타나면 해당 항목을 입력한다.

[그림 8-2]에 계산 결과가 제시되어 있다. 셀F12의 자유도(14)는 각 표본의 관찰치로부터 하나씩 뺀 값의 합(n_1-1+n_2-1)으로 계산된 것이다.

| 그림 8-1 | t검정 : 이분산 가정 두 집단 대화상자

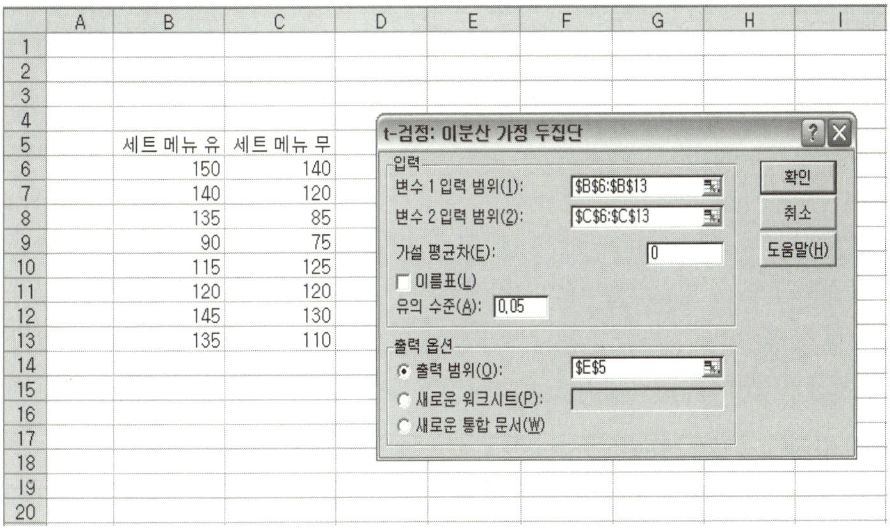

| 그림 8-2 | t검정 : 이분산 가정 두 집단 가설검정 결과

	A	B	C	D	E	F	G	H
1								
2								
3								
4								
5		세트 메뉴 유	세트 메뉴 무		t-검정: 이분산 가정 두 집단			
6		150	140					
7		140	120			변수 1	변수 2	
8		135	85		평균	128.75	113.125	
9		90	75		분산	383.9286	499.5536	
10		115	125		관측수	8	8	
11		120	120		가설 평균차	0		
12		145	130		자유도	14		
13		135	110		t 통계량	1.486846		
14					P(T<=t) 단측 검정	0.079614		
15					t 기각치 단측 검정	1.761309		
16					P(T<=t) 양측 검정	0.159227		
17					t 기각치 양측 검정	2.144789		
18								
19								

한편, 두 모집단 평균에 대한 귀무가설 및 대립가설의 형태는 [표 8-2]와 같다. 가설검정에 따른 차이 유무는 임계치 접근법과 p값 접근법을 통하여 판단할 수 있다.

표 8-2 ▮ 두 모평균 검정을 위한 가설의 형태

Form 1	Form 2	Form 3
H_0 : $\mu_1 - \mu_2 = 0$ H_1 : $\mu_1 - \mu_2 \neq 0$	H_0 : $\mu_1 - \mu_2 = 0$ H_1 : $\mu_1 - \mu_2 > 0$	H_0 : $\mu_1 - \mu_2 = 0$ H_1 : $\mu_1 - \mu_2 < 0$

우선 t임계치 접근법을 고려해보자. 만약 가설이 Form 1과 같다면 차이에 대한 양측검정이며 t통계량의 절대값이 t임계치보다 크면 귀무가설을 기각한다. 그렇지 않으면 귀무가설을 기각할 만한 증거가 없는 것으로 판단한다. [그림 8-2]의 결과에서 t통계량의 값은 1.487(셀F13)로 t임계치 2.145(셀F17)보다 작다. 따라서 두 모집단의 평균이 차이가 난다(0이 아니다)고 결론지을 수 없다.

Form 2의 단측검정에 대하여도 같은 논리가 적용된다. [그림 8-2]의 결과에서 t통계량의 값은 1.487(셀F13)로 t임계치 1.761(셀F15)보다 작다. 따라서 두 모집단의 평균이 차이가 0보다 크다고 판단할 수 없다. From 3의 경우는 표본을 통한 결과가 대립가설과 반대방향이므로 대립가설 채택이 불가능하다.

다음은 p값 접근법에 의한 판단을 고려해보자. 만약 가설의 형태가 Form 1과 같다면, 이를 검정하기 위한 p값은 $P(T < = t)$ 양측검정에서 보여주는 값이다. [그림 8-2]에서 이에 해당하는 셀F16에 나타난 값은 0.16(16%)이다. p값에 의한 판단 규칙에 따르면 16% > 5%(유의수준)이므로 두 모집단 평균은 통계적으로 유의한 차이를 보인다고 말할 수 없다.

Form 2 및 Form 3의 가설의 성립은 t통계량값의 부호에 따라 상이하다. 만약 t통계량값의 부호가 양이면 Form 2의 가설을 검정하게 되며, 음이면 Form 3의 가설을 검정하게 될 것이다. [그림 8-2]의 결과로 판단하면 셀F13의 t통계량의 값이 양이므로 Form 2의 가설을 검정하게 되며 셀F14의 0.08(8%)이 유의수준 5%보다 크므로 귀무가설이 기각되지 않는다.

2) 두 모평균 차이에 대한 점추정과 신뢰구간을 계산해보자

두 모집단에서 추출된 표본들의 평균차이가 두 모평균 차이에 대한 추정치(estimate)가 된다. 이때 추정치의 정확도는 신뢰구간의 폭으로 추정할 수 있다. 이들에 대한 계산은 앞서 설명했던 가설검정으로부터 계속된다. [그림 8-2]의 워크시트에서 [그림 8-3]의 내용을 입력한다.

| 그림 8-3 | 두 모평균 차이에 대한 점추정치와 신뢰구간 - 계산 수식

	A	B	C	D	E	F	G	H	I	J	K
1											
2											
3											
4											
5		세트 메뉴 유	세트 메뉴 무		t-검정: 이분산 가정 두 집단						
6		150	140								
7		140	120			변수 1	변수 2				
8		135	85		평균	128.75	113.125		점 추정치	=F8-G8	
9		90	75		분산	383.9286	499.5536				
10		115	125		관측수	8	8		신뢰구간		
11		120	120		가설 평균차	0			t-임계치	=TINV(0.05,F12)	
12		145	130		자유도	14			표준오차	=(J8-F11)/F13	
13		135	110		t 통계량	1.486846					
14					P(T<=t) 단측 검정	0.079614			폭/2	=J11*J12	
15					t 기각치 단측 검정	1.761309			하한 값	=J8-J14	
16					P(T<=t) 양측 검정	0.159227			상한 값	=J8+J14	
17					t 기각치 양측 검정	2.144789					
18											
19											

사용된 함수 : TINV()

[그림 8-4]에 계산 결과가 제시되어 있다. 도레미 피자의 예에서 세트메뉴가 있을 때와 없을 때의 매출액에 대한 차이에 대한 점추정치는 표본평균의 차이인 15.625이며 95% 신뢰구간은 [−6.914~38.164]가 된다. 이 구간에 0이 포함되어 있으므로 두 모평균에 확실히 차이가 있다고 판단할 수는 없다. 이는 가설검정의 결과와도 일관성이 있다.

| 그림 8-4 | **두 모평균 차이에 대한 점추정치와 신뢰구간 – 결과**

	A	B	C	D	E	F	G	H	I	J	K
1											
2											
3											
4											
5		세트 메뉴 유	세트 메뉴 무		t-검정: 이분산 가정 두 집단						
6		150	140								
7		140	120			변수 1	변수 2				
8		135	85		평균	128.75	113.125		점 추정치	15.625	
9		90	75		분산	383.9286	499.5536				
10		115	125		관측수	8	8		신뢰구간		
11		120	120		가설 평균차	0			t-임계치	2.145	
12		145	130		자유도	14			표준오차	10.509	
13		135	110		t 통계량	1.486846					
14					P(T<=t) 단측 검정	0.079614			폭/2	22.539	
15					t 기각치 단측 검정	1.761309			하한 값	-6.914	
16					P(T<=t) 양측 검정	0.159227			상한 값	38.164	
17					t 기각치 양측 검정	2.144789					
18											

(2) 모표준편차를 모르며 $\sigma_1 = \sigma_2$인 경우의 신뢰구간 및 가설검정

등분산 가정하의 두 표본 t검정 분석 역시 Excel의 [데이터] 메뉴의 [데이터분석] 명령을 수행한다. 여기서 [t검정 : 등분산 가정 두 집단]을 선택하면 쉽게 문제를 해결할 수 있다. 다만, 등분산의 경우 표준오차 및 자유도를 계산할 때, 통합분산(pooled variance)을 이용한다는 점이 상이하다. 즉, 분산이 같다는 가정이 성립하면 두 개의 분산으로 나누어 고려할 필요가 없다는 의미이다.

(3) 모분산을 아는 경우의 신뢰구간 및 가설검정

두 모분산이 알려져 있거나 표본의 크기가 클 때(일반적으로 표본의 크기가 30이상일 때) 적용할 수 있다. [데이터] 메뉴의 [데이터분석] 명령을 수행하여 [z검정 : 평균에 대한 두 집단]을 선택한다. 이를 수행하면 [그림 8-1]과 유사한 대화상자가 나타나고 단지, 모분산을 아는 경우에 이를 사용한다는 점만이 다를 뿐이다.

8.4.2 쌍으로 구성된 표본의 두 모평균 비교

만약 두 표본이 독립적으로 추출된 것이 아닌 짝지어진 표본 데이터, 즉 개별 대상으로부터 어떤 처리에 대한 전 · 후 두 개의 짝진 관찰치를 데이터로 하는 경우라면 어떻게 분석할 것인가? 이는 두 표본이 분명히 종속적이다. 이러한 경우, 일반적으로 독립적으로 추출된 두 표본보다는 분석의 정확성이 더 높다.

도레미 피자의 예를 다시 상정하자. [표 8-1]의 데이터가 한 번의 표본추출로 얻은 8곳의 매장에서 세트메뉴를 실시하기 전 · 후에 대한 매출액으로 가정해보자.

[표 8-1]의 데이터는 세트메뉴를 실시한 매장과 실시하지 않은 매장을 대상으로 표본 각각 8곳을 추출한 것으로 서로 다른 모집단에서 독립적으로 표본을 추출한 것이 된다. 그러나 여기서의 예는 같은 매장에서 세트메뉴의 효과 여부를 보게 되므로 표본추출이 독립적이지 않다.

1) 두 모평균 간에 차이가 존재하는가(두 모평균의 차이가 0이 아닌가)를 유의수준을 0.05로 검정해보자

세트메뉴 실시 여부에 대한 짝진 표본의 차이가 없다는 귀무가설을 유의수준 5%로 검정해보자. [그림 8-5]와 같이 [데이터] 메뉴 [데이터분석] 명령을 수행하여 [t검정 : 쌍체 비교]를 선택한 다음 필요한 내용을 입력한다. 실제 짝진 표본의 가설검정은 동일한 대상에 대한 두 관찰치의 차이를 구하고 이에 대한 가설검정을 수행하는 것이다. 즉 〈B열〉과 〈C열〉의 i번째 행의 관찰치에 대한 $D_i = (B_i - C_i)$를 각각 산정하고 이 데이터를 대상으로 그 평균이 0인가를 검정하는 것과 같다.

| 그림 8-5 | t검정 쌍체비교 대화상자

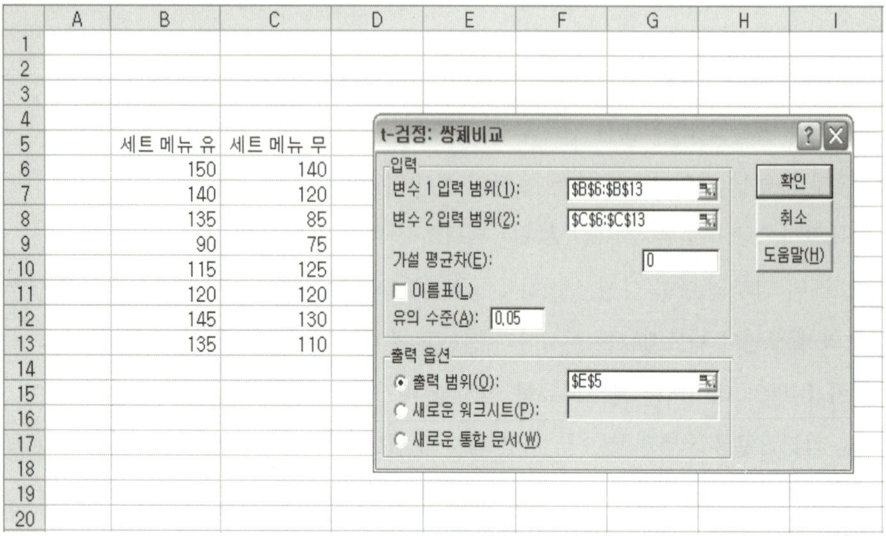

가설검정의 결과는 [그림 8-6]에 나타나 있다. 셀F13의 자유도 계산은 짝진 관찰치의 차이를 표본 데이터로 하는 것이므로 8에서 하나를 뺀 7이 자유도가 된다. 귀무가설은 짝진 관찰치의 차이의 평균(μ_D)을 0으로 하는 [표 8-3]과 같은 식이 된다.

| 그림 8-6 | 짝지어진 표본의 평균차이 가설검정 – 결과

	A	B	C	D	E	F	G	H
1								
2								
3								
4								
5		세트 메뉴 유	세트 메뉴 무		t-검정: 쌍체 비교			
6		150	140					
7		140	120			변수 1	변수 2	
8		135	85		평균	128.75	113.125	
9		90	75		분산	383.9286	499.5536	
10		115	125		관측수	8	8	
11		120	120		피어슨 상관 계수	0.646286		
12		145	130		가설 평균차	0		
13		135	110		자유도	7		
14					t 통계량	2.480586		
15					P(T<=t) 단측 검정	0.021087		
16					t 기각치 단측 검정	1.894578		
17					P(T<=t) 양측 검정	0.042174		
18					t 기각치 양측 검정	2.364623		
19								
20								

표 8-3 ▮ 두 모평균 검정을 위한 가설의 형태

Form 1	Form 2	Form 3
$H_0 : \mu_D = 0$ $H_1 : \mu_D \neq 0$	$H_0 : \mu_D = 0$ $H_1 : \mu_D > 0$	$H_0 : \mu_D = 0$ $H_1 : \mu_D < 0$

t임계치 접근법으로 판단해보자. 우선 양측검정(Form 1)에서 t통계량의 값(2.481)이 t임계치(2.365)보다 크므로 귀무가설을 기각한다. 즉, 세트메뉴의 실시 전 · 후의 차이가 0이 아니라고 판단할 수 있다. 단측검정은 t통계량의 값이 0보다 크므로 Form 2가 적용된다. 마찬가지로 t통계량의 값(2.481)이 t임계치(1.895)보다 크므로 귀무가설을 기각하고 대립가설을 채택한다. 즉, 세트메뉴의 설치 효과가 있다고 판단할 수 있다.

p값 접근법으로 판단해보면 표본 데이터에 근거한 양측검정과 단측검정의 p값이 각각 4.2%와 2.1%로 유의수준 5%보다 작다. 따라서 귀무가설을 모두 기각하고 대립가설을 채택하며 이는 t임계치 접근에 의한 판단과 일관된 결과이다.

이러한 결과는 독립표본의 예에서의 가설검정 결과와 서로 다름을 알 수 있다.

2) 두 모평균 차이에 대한 점추정과 신뢰구간을 계산해보자

이를 위한 [그림 8-7]의 식은 [그림 8-3]의 식과 같고 다만 셀J11 및 셀J12의 식에서 참조 셀의 위치가 바뀌었다는 사실만 주의하면 된다. 이는 짝진 표본의 가설검정 결과에서 셀F11의 피어슨 상관계수를 제공하여 셀이 하나 늘어났기 때문이며 피어슨 상관계수에 관한 설명은 뒤로 미루기로 한다.

| 그림 8-7 | 짝지어진 표본의 평균차이에 대한 추정치 및 신뢰구간 – 계산 수식

	A	B	C	D	E	F	G	H	I	J	K
1											
2											
3											
4											
5		세트 메뉴 유	세트 메뉴 무		t-검정: 쌍체 비교						
6		150	140								
7		140	120			변수 1	변수 2				
8		135	85		평균	128.75	113.125		점 추정치	=F8-G8	
9		90	75		분산	383.9286	499.5536				
10		115	125		관측수	8	8		신뢰구간		
11		120	120		피어슨 상관 계수	0.646286			t-임계치	=TINV(0.05,F13)	
12		145	130		가설 평균차	0			표준오차	=(J8-F12)/F14	
13		135	110		자유도	7					
14					t 통계량	2.480586			폭/2	=J11*J12	
15					P(T<=t) 단측 검정	0.021087			하한 값	=J8-J14	
16					t 기각치 단측 검정	1.894578			상한 값	=J8+J14	
17					P(T<=t) 양측 검정	0.042174					
18					t 기각치 양측 검정	2.364623					
19											
20											

사용된 함수 : TINV()

[그림 8-8]의 결과에서 짝진 표본의 평균 차이에 대한 신뢰구간은 [0.730~30.520]으로 '0'을 포함하고 있지 않다. 이는 차이에 대한 가설검정에서 차이가 '0'이 아니라는 판단과 동일한 결과이다.

| 그림 8-8 | 짝지어진 표본의 평균차이에 대한 추정치 및 신뢰구간 – 결과

	A	B	C	D	E	F	G	H	I	J	K
1											
2											
3											
4											
5		세트 메뉴 유	세트 메뉴 무		t-검정: 쌍체 비교						
6		150	140								
7		140	120			변수 1	변수 2				
8		135	85		평균	128.75	113.125		점 추정치	15.625	
9		90	75		분산	383.9286	499.5536				
10		115	125		관측수	8	8		신뢰구간		
11		120	120		피어슨 상관 계수	0.646286			t-임계치	2.365	
12		145	130		가설 평균차	0			표준오차	6.299	
13		135	110		자유도	7					
14					t 통계량	2.480586			폭/2	14.895	
15					P(T<=t) 단측 검정	0.021087			하한 값	0.730	
16					t 기각치 단측 검정	1.894578			상한 값	30.520	
17					P(T<=t) 양측 검정	0.042174					
18					t 기각치 양측 검정	2.364623					
19											

8.4.3 두 모비율 비교

도레미 피자의 마케팅 총괄책임자가 현재 고민하는 것 중 하나는 자사 제품에 대한 고객의 불만에 관한 것이다. 두 달 전, 1,401명의 고객으로부터 137건의 불만사항이 접수되었는데, 지난달에는 2,313명의 고객으로부터 196건이 접수되었다. 이들 자료를 통하여 불만의 증감 여부를 판단하고자 한다. ① 불만비율의 차이에 대한 95% 신뢰구간을 구하고, ② 불만비율의 차이에 대한 가설을 유의수준 $\alpha = 0.05$로 검정해보자.

(1) 불만비율의 차이에 대한 95% 신뢰구간

Excel을 통하여 두 모비율 차이에 대한 추론을 쉽게 수행할 수 있다. [그림 8-9]와 같이 셀F4에서 셀F8까지에 두 표본의 크기 및 불만 건수를 입력하고 계산식을 작성한다.

그림 8-9 두 모비율의 차이에 대한 추론 – 계산 수식

	A	B	C	D	E	F	G	H	I	J	K
1											
2											
3	**입력자료**										
4			표본 I		표본 그기 -	1401					
5					응답 수 =	137					
6			표본 II		표본 크기 =	2313					
7					응답 수 =	196					
8					신뢰도 =	95	%				
9											
10				가설의 모비율 차이 =		0					
11					유의수준 =	0.05					
12	**결과자료**										
13			점추정치		모비율 I	=F5/F4					
14					모비율 II	=F7/F6					
15					두 모비율간 차이	=F13-F14					
16			신뢰구간								
17				신뢰구간 임계치(z)		=NORMSINV(F8/100/2+0.5)					
18				점추정치의 표준오차		=SQRT(F13*(1-F13)/F4+F14*(1-F14)/F6)					
19				신뢰구간	- 폭/2	=F17*F18					
20					- 하한 값	=IF(F15-F19<0,0,F15-F19)					
21					- 상한 값	=IF(F15+F19>1,1,F15+F19)					
22			가설검정								
23					통합 표본 비율	=(F5+F7)/(F4+F6)					
24					통한 표준 오차	=SQRT(F23*(1-F23)*(1/F4+1/F6))					
25					검정 통계량	=(F15-F10)/F24					
26				z 임계치	Form I	=-1*NORMSINV($F$11/2)					
27					Form II	=-1*NORMSINV($F$11)					
28					Form III	=NORMSINV($F$11)					
29				p-값	Form I	=IF($F$25<0,2*NORMSDIST($F$25),2*(1-NORMSDIST($F$25)))					
30					Form II	=1-NORMSDIST($F$25)					
31					Form III	=NORMSDIST($F$25)					
32											
33											

사용된 함수 : NORM.S.INV(), NORM.S.DIST()

| 그림 8-10 | 두 모비율의 차이에 대한 추론 – 결과

	A	B	C	D	E	F	G	H
1								
2								
3	**입력자료**							
4			표본 I		표본 크기 =	1401		
5					응답 수 =	137		
6			표본 II		표본 크기 =	2313		
7					응답 수 =	196		
8					신뢰도 =	95	%	
9								
10				가설의 모비율 차이 =		0		
11					유의수준 =	0.05		
12	**결과자료**							
13			점추정치		모비율 I	0.0978		
14					모비율 II	0.0847		
15					두 모비율간 차이	0.0130		
16			신뢰구간					
17					신뢰구간 임계치(z)	1.9600		
18					점추정치의 표준오차	0.0098		
19				신뢰구간	- 폭/2	0.0193		
20					- 하한 값	0.0000		
21					- 상한 값	0.0323		
22			가설검정					
23					통합 표본 비율	0.0897		
24					통한 표준 오차	0.0097		
25					검정 통계량	1.3491		
26				z 임계치	Form I	1.9600		
27					Form II	1.6449		
28					Form III	-1.6449		
29				p-값	Form I	0.1773		
30					Form II	0.0886		
31					Form III	0.9114		
32								
33								

[그림 8-10]에 보이듯이 두 모비율 차이의 점추정치는 0.0130이며 신뢰구간은 [0.0000~0.0323]으로 나타난다. 이 구간이 0을 포함하므로 두 모비율에 차이가 없다고 판단된다.

(2) 불만비율의 차이에 대한 가설을 유의수준 $\alpha = 0.05$로 검정

앞의 예제에서 불만에 관한 표본비율을 사용하여 두 모비율이 통계학적으로 유의한 차이가 있는가를 검정해보자. 앞에서 사용하였던 워크시트를 계속하여 z임계치 및 p값을 통한 가설검정에 필요한 값들을 계산할 수 있다. [표 8-4]에 보이듯이 가능한 3가지 모든 형태의 귀무가설 및 대립가설의 필요한 사항을 다음 절차에 따라 구할 수 있다.

표 8-4 ▮ 두 모비율의 검정을 위한 가설의 형태들

Form 1	Form 2	Form 3
$H_0 : p_1 - p_2 = 0$ $H_1 : p_1 - p_2 \neq 0$	$H_0 : p_1 - p_2 = 0$ $H_1 : p_1 - p_2 > 0$	$H_0 : p_1 - p_2 = 0$ $H_1 : p_1 - p_2 < 0$

계산 결과는 [그림 8-10]에 제시되어 있다. 워크시트에는 두 표본비율 차이와 관련하여 z임계치 및 p값 접근법을 통한 가설검정에 요구되는 모든 통계량의 값들을 제공해준다. 이 두 가지 접근법으로 [표 8-4]에서 주어진 3가지 가설을 모두 검정할 수 있다.

먼저 z임계치 접근법으로 살펴보자. [그림 8-10]의 셀F25에 검정통계량의 값이 1.3491로 계산되었다. Form 1의 양측검정과 관련된 z임계치가 ±1.9600임을 셀F26에서 볼 수 있다. 따라서 1.3491은 이 임계치 범위 내에 있으므로 귀무가설을 기각할 수 없다. 즉, 고객불만의 두 모비율 간 유의한 차이가 없다고 판단한다. 또한, 검정통계량의 값은 Form 2의 임계치와 Form 3 임계치와 비교할 때도 같은 결론에 도달한다. 그러므로 3가지 모든 형태의 가설검정에서 두 모비율이 같다는 귀무가설을 기각할 수 없다.

다음으로 p값 접근법을 통하여 고려해보자. 계산 결과, p값이 각각 0.1773, 0.0896, 0.9114로 모두 0.05보다 크다. 따라서 세 가지 가설이 모두 유의하지 않다고 판단할 수 있다. 결론적으로 z임계치 접근법의 결과, 가설의 형태에 관계없이 두 모비율이 같다는 귀무가설을 기각할 수 없다.

본 예의 워크시트는 비록 특별히 설정된 상황을 위한 것이지만, 일반적인 단일 모비율의 추정 및 가설검정에 다음의 값들만 수정하면 쉽게 적용된다(단, 이항분포의 근사치로 정규분포를 사용할 만한 표본의 크기가 전제된다).

① 두 표본의 크기와 특정사항에 해당되는 도수(number of successes)를 셀F4로부터 셀F7까지에 각각 넣는다.

② 원하는 신뢰도 수준을 셀F8에 입력한다.

③ 셀F10에 두 모비율 간 차이의 가설값을, 셀F11에는 가설검정의 유의수준을 입력한다.

이들 5가지 값을 대체하면 워크시트로부터 두 모비율 간 차이에 대한 점추정치와 신뢰구간을 얻을 수 있다. 또한 z임계치와 p값 접근법을 통한 3가지 형태의 가설검정을 위해 필요한 값들을 모두 얻을 수 있다.

8.4.4 두 모분산 비교

Excel은 두 모집단의 분산이 같은가를 검정하는 [F-TEST : 두 표본분산]이라는 분석도구를 제공하고 있다. 이 분석도구를 통하여 두 모집단 분산에 대한 가설검정을 예시한 후, 추가적으로 두 모집단 분산의 비율에 대한 점추정치 및 신뢰구간의 계산을 설명한다.

도레미 피자의 마케팅 총괄책임자는 매출신장을 위한 노력을 지속적으로 기울이고 있다. 이번에는 세트메뉴를 고안하였다. 세트메뉴는 몇 가지 메뉴를 패키지로 판매하는 것으로서 고객입장에서는 여러 메뉴를 한꺼번에 구입해야 하는 부담은 있으나 실질적인 가격 면에서 다소 할인을 받게 된다. 도레미 피자는 우선 3가지 형태의 세트메뉴(어린이, 가족, 연인)를 개발하고 시험판매를 실시하였다. 1개월 후 지역적 특성을 고려하여 세트메뉴를 판매한 매장과 그렇지 않은 매장 각각 8곳을 무작위로 선정하고 월간 매출액을 파악하여 [표 8-5]와 같은 자료를 얻었다. ① 분산이 동일하다는 가설을 유의수준 $\alpha = 0.05$로 검정하고 ② 분산 차이(비)의 90% 신뢰구간을 구해보자.

표 8-5 | 세트메뉴 구비에 따른 일 매출액 (단위 : 만원)

세트메뉴가 있을 때	150	140	135	90	115	120	145	135
세트메뉴가 없을 때	140	120	85	75	125	120	130	110

(1) 분산이 동일하다는 가설을 유의수준 $\alpha = 0.05$로 검정

유의수준 0.05일 때 모집단 분산이 동일한가를 [표 8-5]의 데이터를 이용하여 알아보도록 하자.

① Excel을 시작하고 [그림 8-11]과 같이 자료를 입력하고 계산식을 작성한다.

② 메뉴에서 [데이터] 메뉴에서 [데이터분석] 명령을 수행하여 [F-검정 : 분산에 대한 두 집단 분석]을 선택한다.

③ [F-검정 : 분산에 대한 두 집단] 대화상자가 나타나면 차례대로 (a) 표본값의 두 범위, (b) 가설검정의 유의수준(Form 1의 양측검정을 할 때는 유의수준의 절반을 입력한다. 이에 관해서는 [표 8-6]에서 언급하기로 한다), (c) 출력범위를 입력한다.

그림 8-11 | *F*검정 입력자료 및 대화상자

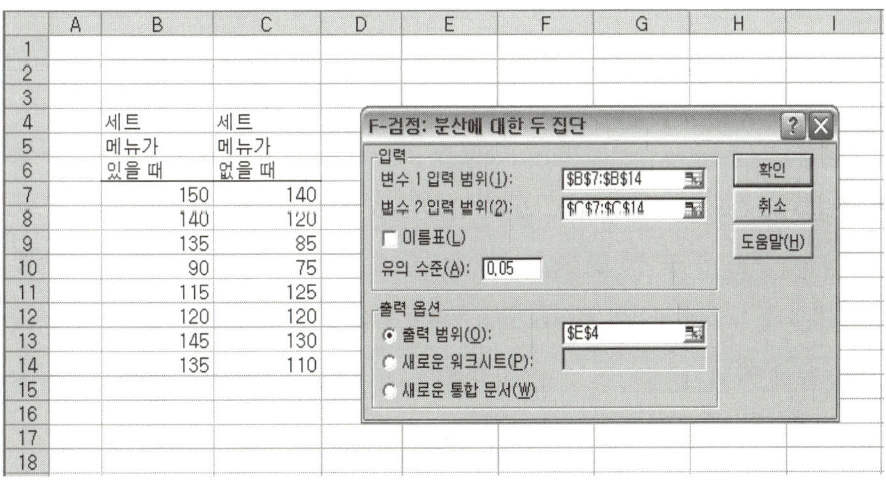

④ 확인을 클릭하면 [그림 8-12]와 같은 결과가 보여질 것이다.

| 그림 8-12 | 두 집단의 모분산 차이(비) 검정 결과

	A	B	C	D	E	F	G	H
1								
2								
3								
4		세트	세트		F-검정: 분산에 대한 두 집단			
5		메뉴가	메뉴가					
6		있을 때	없을 때			변수 1	변수 2	
7		150	140		평균	128.75	113.125	
8		140	120		분산	383.9286	499.5536	
9		135	85		관측수	8	8	
10		90	75		자유도	7	7	
11		115	125		F 비	0.768543		
12		120	120		P(F<=f) 단측 검정	0.368581		
13		145	130		F 기각치: 단측 검정	0.264058		
14		135	110					
15								
16								

[그림 8-12]의 결과를 보자. 자유도는 F통계량과 관련된 것으로 관측수에서 하나를 뺀 값이 된다. 이어서 제시되어 있는 세 값은 차례대로 계산된 F통계량값(셀 F11), F통계량값에 대응되는 p값(셀F12), 마지막으로 주어진 유의수준 및 자유도에 대응되는 F임계치(셀F13)이다.

F임계치 접근법 및 p값 접근법을 이용한 가설검정을 위해 필요한 귀무가설 및 대립가설의 형태는 [표 8-6]에 제시되어 있다.

표 8-6 ▮ 두 모집단 분산의 검정을 위해 가능한 가설의 형태들

Form 1	Form 2	Form 3
$H_0 : \sigma_1^2/\sigma_2^2 = 1$ $H_1 : \sigma_1^2/\sigma_2^2 \neq 1$	$H_0 : \sigma_1^2/\sigma_2^2 = 1$ $H_1 : \sigma_1^2/\sigma_2^2 > 1$	$H_0 : \sigma_1^2/\sigma_2^2 = 1$ $H_1 : \sigma_1^2/\sigma_2^2 < 1$

우선 F임계치 접근법으로 살펴보자. 검정을 위한 이 접근법은 첫 번째 표본의 분산이 두 번째 표본의 것보다 클 때나 적을 때 모두 가능하다. 즉, F값이 1.0보다 클 수도 적을 수도 있다.

> 몇몇 Excel 통계분석 책에서는 첫 번째 표본의 분산이 두 번째 표본의 분산보다 큰 경우만을 상정하여 검정방법을 소개하고 있다. 하지만 이 도구는 두 가지 상황 모두에서 사용될 수 있음을 밝혀둔다. 중요한 것은 이 도구가 *F*검정의 적절한 임계치 결과를 제공한다는 점이다. 즉, *F*통계량의 값이 1보다 크면 오른쪽 임계치를, 1보다 작으면 왼쪽 임계치를 제공하는 것이다.

이 도구의 결과를 명확히 해석하기 위해서 [표 8-7]을 보자. 여기서 3가지 형태의 가설과 1을 기준으로 한 *F*값의 2가지 범위의 조합에 의한 총 6가지 가능한 경우에 대한 해석을 보여준다.

[그림 8-12]에서 *F*값이 1.0보다 작다는 데 일단 주목해야 한다. 그런 후 양측검정([표 8-6]의 Form 1)의 *F*값 0.76854가 [*F*기각치 : 단측검정] 0.26406보다 작지 않으므로 귀무가설을 기각할 수 없다. 결국 유의수준이 0.10([그림 8-12]의 주어진 유의수준의 두 배)일 때 두 모집단 분산이 동일하다는 결론에 도달하게 된다.

표 8-7 ▌분산 검정의 해석 : *F*임계치 집근법

*F*값	가설의 형태		
	Form 1	Form 2	Form 3
≥ 1.0	*F* > [*F*기각치 : 단측검정] 귀무가설 기각	*F* > [*F*기각치 : 단측검정] 귀무가설 기각	*F* ≥ 1.0이므로 대립가설을 채택 못함
	유의수준 = 2*α	유의수준 = α	유의수준 = α
< 1.0	*F* < [*F*기각치 : 단측검정] 귀무가설 기각	*F* < 1.0이므로 대립가설을 채택 못함	*F* < [*F*기각치 : 단측검정] 귀무가설 기각
	유의수준 = 2*α	유의수준 = α	유의수준 = α

또한 Form 2 가설검정에서 [표 8-7]로부터 대립가설은 절대로 채택할 수 없다. 즉, 표본 데이터로부터 두 번째 집단의 분산이 첫 번째 집단의 것보다 크게 나왔으므로 이와 반대되는 가설은 전혀 지지를 받을 수 없다.

마지막으로, Form 3 가설검정에서도 귀무가설을 기각할 수 없다. F값 0.76854는 [F기각치 : 단측검정]인 0.26406보다 적지 않기 때문이며 이때의 유의수준은 0.05로 [그림 8-11]에서 주어진 값이다.

[그림 8-12]의 결과는 p값 접근법을 통한 검정에도 사용된다. 이 결과의 해석 역시 가설의 형태와 표본의 F통계량의 값이 1.0보다 큰지 아닌지에 따라 다르다. [표 8-8]에서는 6가지 가능한 상황에서의 p값 계산식을 보여준다. 이는 Excel의 F검정에서 제공하는 p값은 비교되는 분산 중 항상 큰 쪽을 분자로 하기 때문이다.

표 8-8 ▮ F test를 위한 p값 계산

F값	가설의 형태		
	Form 1	Form 2	Form 3
≥ 1.0	2*$P(F <= f)$ 단측	$P(F <= f)$ 단측	1−$P(F <= f)$ 단측
< 1.0	2*$P(F <= f)$ 단측	1−$P(F <= f)$ 단측	$P(F <= f)$ 단측

[그림 8-13]의 예에서 보면 F통계량의 값은 1.0보다 적다. 따라서 세 가지 가설의 p값은 Form 1에서는 0.73716(=2*0.36858), Form 2에서는 0.63142(=1−0.36858), Form 3에서는 0.36858로 계산된다.

세 개의 p값이 모두 0.05보다 크므로 세 가지 가설이 모두 유의하지 않다. 따라서 두 모분산이 같다는 귀무가설을 기각할 수 없다.

(2) 분산 차이(비)의 90% 신뢰구간

두 모집단 분산 간 비율의 점추정치는 두 관련 표본분산의 비율과 같다. 이 추정치는 신뢰구간에 의해 측정된다. [그림 8-12]의 결과를 가지고 신뢰구간에 필요한 계산을 계속할 수 있다. [그림 8-13]과 같이 셀I4에서 셀I15까지에 필요한 계산식을 입력한다.

그림 8-13 | 두 모분산의 차이(비)에 대한 점추정치 및 신뢰구간 – 계산 수식

	B	C	D	E	F	G	H	I	J	K	L	M
1												
2												
3												
4	세트	세트		F-검정: 분산에 대한 두 집단				신뢰도에 따른				
5	메뉴가	메뉴가						신뢰구간	95	%		
6	있을 때	없을 때			변수 1	변수 2						
7	150	140		평균	128.75	113.125		점추정치	=F11			
8	140	120		분산	383.9286	499.5536						
9	135	85		관측수	8	8		F 분포값				
10	90	75		자유도	7	7		좌측값	=1/FINV((100-J5)/100/2,G10,F10)			
11	115	125		F 비	0.768543			우측값	=FINV((100-J5)/100/2,F10,G10)			
12	120	120		P(F<=f) 단측 검정	0.368581							
13	145	130		F 기각치: 단측 검정	0.264058			신뢰구간 한계치				
14	135	110						하위 한계	=J7/J11			
15								상위 한계	=J7/J10			
16												
17												

도레미 피자를 예로 한 분산 비율의 결과를 살펴보면 우선 세트메뉴가 있을 때와 세트메뉴가 없을 때의 매출액 분산 비율의 점추정치는 0.76854이다. 이 추정치의 95% 신뢰구간은 [0.15387~3.83879]로 산출되었다. 여기서 우리는 구간이 1.0의 값을 포함한다는 점을 주목해야 하며 이로부터 두 분산 간 유의할 만한 차이가 없다는 결론에 도달하게 된다.

그림 8-14 | 두 모분산의 차이(비)에 대한 점추정치 및 신뢰구간 – 결과

	A	B	C	D	E	F	G	H	I	J	K
1											
2											
3											
4		세트	세트		F-검정: 분산에 대한 두 집단				신뢰도에 따른		
5		메뉴가	메뉴가						신뢰구간	95	%
6		있을 때	없을 때			변수 1	변수 2				
7		150	140		평균	128.75	113.125		점추정치	0.76854	
8		140	120		분산	383.9286	499.5536				
9		135	85		관측수	8	8		F 분포값		
10		90	75		자유도	7	7		좌측값	0.2002	
11		115	125		F 비	0.768543			우측값	4.99489	
12		120	120		P(F<=f) 단측 검정	0.368581					
13		145	130		F 기각치: 단측 검정	0.264058			신뢰구간 한계치		
14		135	110						하위 한계	0.15387	
15									상위 한계	3.83879	
16											
17											

연습문제

1. 새로 개발한 전구 150개를 뽑아보니 평균수명은 1,400시간이고 표준편차는 120시간이었다. 기존에 개발한 전구 100개의 평균수명은 1,200시간이고 표준편차는 80시간이었다.

(1) 두 전구의 평균수명의 차이에 대한 95% 신뢰구간을 구하라.

(2) 두 전구의 평균수명의 차이 유무를 유의수준 5%로 검정하라.

2. 두 종류의 휘발유 A와 휘발유 B의 차이를 결정하기 위해 무작위로 자동차 6대를 뽑았다. 같은 거리를 두 번씩 한 번은 휘발유 A로, 또 한 번은 휘발유 B로 달린 주행거리는 다음과 같다.

자동차	1	2	3	4	5	6
휘발유 A 주행거리	23	22	16	20	19	17
휘발유 B 주행거리	20	18	22	16	17	15

(1) 휘발유 A가 B보다 좋은가를 유의수준 1%, 10%로 각각 검정하라.

(2) p값으로 판단하면 어떻게 되는가?

3. 국회의원 후보는 자신의 지지율이 동별로 차이가 나는지 알아보고자 조사를 하였다. A동 유권자 200명 중 105명이 자신을 지지한다고 답하였고, B동 유권자 160명 중 72명이 자신을 지지한다고 답하였다. A동, B동의 유권자들이 이 후보를 지지하는 데 있어 차이가 있는가를 유의수준 5%로 검정하라.

4. 두 대선후보의 지지율을 파악하고자 1,000명의 유권자의 의견을 조사한 결과 A후보 지지율이 45%, B후보 지지율이 42%로 조사되었으며, 이 중 A와 B를 모두 지지하는 비율은 전체의 5%로 조사되었다. 두 후보 간 지지율에 차이가 있다고 판단할 수 있는지 유의수준 5%로 검정하라.

5. 두 제조방법이 있다. A 제조방법에 의한 제품 100개 중 불량품의 개수는 13개이었고, B 제조방법에 의한 제품 100개 중 불량품의 개수는 3개이었다. 이러한 결과로 다음에 답하라.

(1) 두 제조방법의 불량률 차이에 대한 95% 신뢰구간을 구하라.

(2) 두 제조방법의 불량률에 10% 차이가 난다고 말할 수 있는지 검정하라.

6. 두 부품회사 중 어느 회사의 제품이 균일한가 알아보기 위하여 A회사의 제품 11개를 뽑아 조사한 결과 분산이 35이었다. B회사 제품 16개의 분산은 7이었다.

(1) 두 회사의 모분산의 비에 대한 95% 신뢰구간을 설정하라.

(2) 두 회사의 분산의 비가 같다고 할 수 있는지 검정하라.

7. A, B 두 종류 기계의 생산속도(단위 : 초)의 차이를 측정하기 위해 각각 10회 시험 가동한 결과가 아래와 같았다. 두 기계의 생산속도는 정규분포를 이룬다고 한다.

A		B	
42.7	43.6	42.0	41.0
43.8	43.3	41.3	41.8
42.5	43.5	42.4	42.8
43.1	41.7	43.2	42.3
44.0	44.1	41.8	42.7

(1) 두 기계의 분산이 동일하다면 두 기계 사이에 속도의 차이가 있다고 말할 수 있는지를 유의수준 5%로 검정하라.

(2) 두 기계의 분산이 같은지 알 수 없을 때 이 문제를 Excel을 이용하여 해결하라.

용 어 정 리

모수(parameter)
모집단의 특성을 나타내는 척도로써 모평균, 모비율, 모분산(모표준편차) 등이 있으며 미지의 상수이다.

통계량(statistic)
표본의 특성을 요약하는 척도로서 표본 구성요소의 함수로 표현된다. 대표적인 통계량으로는 표본평균, 표본비율, 표본분산 등을 들 수 있으며 확률변수이다.

추정(estimation)
모집단으로부터 표본을 추출하고 이로부터 획득한 표본정보를 통하여 모수를 추론하는 과정이다.

추정량(estimator)
특정 모수를 추정하는 데 사용되는 통계량이다. 예를 들어, 표본평균은 모평균의 추정량이며 표본분산은 모분산의 추정량이다.

추정치(estimate)
표본의 관찰치들을 추정량에 대입하여 얻은 실수를 말한다.

가설검정(hypothesis test)
미지의 모수가 취할 것으로 가정한 값에 대한 진위를 표본으로부터 얻은 정보로써 판단하는 과정을 말한다.

귀무가설(null hypothesis)
모수의 값이 이전에 알려진 것과 별로 다를 것이 없다고 세운 가설로 가설검정의 대상이 된다.

대립가설(alternative hypothesis)
귀무가설과 상반되는 가설로, 보통 귀무가설의 모순을 증명하면 대립가설이 지지되는 것으로 판단한다.

검정통계량(test statistic)
가설검정을 위하여 사용되는 통계량을 말한다.

기각역(rejection region)
귀무가설을 기각할 수 있는 검정통계량의 범위이다.

유의수준(significance level)
가설검정에서 귀무가설이 옳은데도 불구하고 대립가설을 지지하게 될 오판 확률이다.

Part 04

통계모형

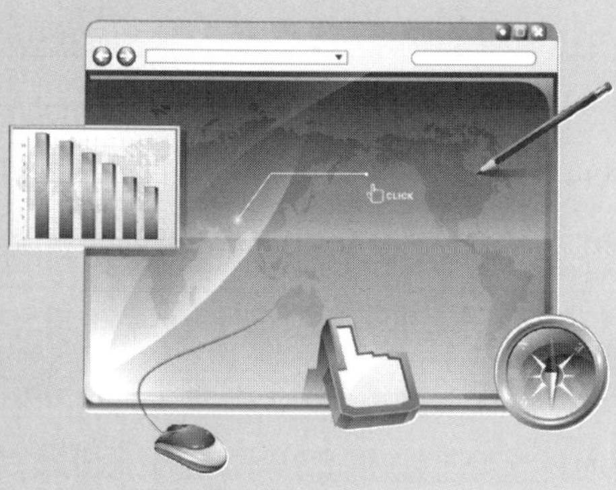

Chapter 09

분산분석

개.요

평균의 차이를 검정하는 방법으로 t검정을 이용할 수 있었다. t검정은 성별의 차이와 같은 두 집단 간의 평균차이를 검정할 수 있었지만, 현실에서는 3가지 이상의 집단이 존재하는 것이 보다 일반적일 것이다. 본장에서는 F분포에 기초한 분산분석을 이용하여 3집단 이상의 평균차이를 검정하게 된다. 평균의 차이분석임에도 불구하고 분산분석이라는 명칭을 사용하는 데에는 집단내 분산에 대한 집단간 분산의 비율(ratio)을 이용하기 때문이다.

우리의 일상생활 주변에는 두 개 이상의 모집단의 평균을 동시에 비교해야 하는 경우가 흔히 발생하며 이를 위해서 사용되는 통계적 기법을 **분산분석(analysis of variance)** 혹은 일반적으로 ANOVA라고 한다.

예를 들면, 사무직 근로자와 생산직 근로자 그리고 서비스직 근로자 간의 평균임금을 비교하는 경우를 들 수 있다. 여기에서 근로자의 유형이 독립변수가 되고 임금이 종속변수가 되어 결국 분산분석이란 독립변수와 종속변수의 관계를 분석하는 기법이다. 이때 독립변수를 요인(factor)이라고도 하며, 요인의 3가지 상태, 즉 사무직, 생산직, 서비스직을 요인수준(factor level)이라 한다.

엑셀에서는 두 가지로 구분된 분산분석 방법을 제공하고 있다. 첫 번째 분산분석은 9.1에서 제시되는 일원분산분석(one-way ANOVA)이다. 일원분산분석에서는 종속변수인 특성값에 영향을 주는 한 요인의 유의성을 검증하기 위하여, 여러 요인의 처리효과를 비교하게 된다. 두 번째 분산분석은 반복이 없는 이원분산분석과 반복이 있는 이원분산분석이다.

이 두 가지 분산분석 도구들(ANOVA tools)을 사용하기 위해서는 세 가지 주요 가정이 충족되어야 한다. 첫 번째 가정은 모든 자료는 모집단으로부터 무작위로 그리고 독립적으로 추출되어야 하고, 두 번째 가정은 모집단이 정규분포를 이루어야 하며, 세 번째 가정은 각 모집단의 분산이 동일해야 한다는 것이다.

9.1 일원분산분석(one-way ANOVA)

9.1.1 기본원리

분산분석은 독립변수와 종속변수의 관계를 분석하는 기법으로써 독립변수를 요인(factor)이라고도 하며, 요인을 몇 개의 특정한 형태로 구분한 것을 요인수준(factor level) 또는 처리(treatment)라고 한다.

일원분산분석은 둘 이상의 평균을 비교하는 경우에 분산으로 비교 · 분석하여 검정하는 특색이 있다. 이때 표본자료에 대한 변동의 개념을 두 가지로 구분하여 분산을 비교 · 분석하게 되는데, 하나는 표본 내에서의 변동이고 다른 하나는 표본 간의 변동이다.

예를 들어, 우리나라 자동차 3사에서 생산되는 중형차 A, B, C모델의 연비를 비교하기 위해서 자동차 3사에서 생산되는 중형승용차를 각각 6대씩 표본추출하여 리터당 주행거리를 측정한 결과가 [표 9-1]과 같다고 하자.

기본적으로 분산분석은 독립변수들에 대한 효과를 분석하는 데 있다고 볼 수 있다. [표 9-1]의 예에서 차종은 독립변수이며 리터당 주행거리는 종속변수가 된다. 그리고 독립변수를 요인이라 부르기도 한다. 요인을 특정한 형태로 구분한 것이 요인수준 또는 처리가 되는데 여기서는 자동차 3사의 차종을 요인이라고 하면 중형차 A, B, C모델은 한 요인 내에서 요인수준 또는 처리가 된다. 이 예는 자동차 3사의 차종이라는 단일요인과 리터당 주행거리 간의 관계를 분석하는 것이므로 일원분산분석이 적용된다. 즉, 일원분산분석은 표본자료의 처리를 한 가지 기준에 의해서 분석함으로써 모집단 평균차이를 동시에 검정할 수 있게 해준다.

표 9-1 ▮ 우리나라 자동차 3사의 차종별 주행거리 (단위 : km/l)

차종(i) \ 표본(j)	1	2	3	4	5	6	평균주행거리
집단 1	15	10	13	14	17	9	$\overline{X}_A = 13.0$
집단 2	17	15	18	13	15	12	$\overline{X}_B = 15.0$
집단 3	17	7	9	13	8	12	$\overline{X}_C = 11.0$
	$\overline{X} = \dfrac{\sum_{i=1}^{3}\sum_{j=1}^{6} X_{ij}}{18} = \dfrac{\overline{X}_A + \overline{X}_B + \overline{X}_C}{3}$						$\overline{X} = 13.0$

9.1.2 일원분산분석의 적용과정

분산분석은 표본자료를 이용하여 모집단 평균을 비교하는 경우, 하나 또는 그 이상의 독립변수(요인)에 대한 분석을 하는 경우에 적용된다. 분산분석은 다음과 같은 과정을 통하여 분석된다.

(1) 자료의 구성 및 모형의 설정

일원분산분석을 위한 표본자료의 구성은 1개의 독립변수가 여러 개의 요인수준으로 구분되고 각 수준(또는 처리)에 해당하는 각 모집단에는 각 표본자료들로 구성된다. [표 9-2]에서 보는 바와 같이 i개의 집단에 대해서 표본자료의 각 측정치들은 i번째 요인수준의 j번째 측정치를 나타내며 X_{ij}로 표시할 수 있다. 아래의 표에서 $\overline{X}_i$는 i번째 요인수준의 평균, $\overline{X}$는 전체평균을 의미한다.

표 9-2 ▌일원분산분석을 위한 표본자료

표본(j) / 차종(i)	1	2	3	…	c	평균
집단 1	X_{11}	X_{12}	X_{13}	…	X_{1j}	$\overline{X}_1$
집단 2	X_{21}	X_{22}	X_{23}	…	X_{2j}	$\overline{X}_2$
집단 3	X_{31}	X_{32}	X_{33}	…	X_{3j}	$\overline{X}_3$
⋮	⋮	⋮	⋮	⋮	⋮	⋮
집단 r	X_{i1}	X_{i2}	X_{i3}	…	X_{ij}	$\overline{X}_i$
						$\overline{X}$

여기에서 각 요인수준에 따른 모집단의 평균을 μ_i라 하고 각 요인수준의 측정치들과의 오차를 e_{ij}라 하면 각 요인수준 내의 측정치들은 다음으로 표현될 수 있다.

$$X_{ij} = \mu_i + e_{ij}$$

따라서 오차 e_{ij}는 다음과 같다.

$$e_{ij} = X_{ij} - \mu_i$$

그리고 각 요인수준에 따른 모집단의 평균 μ_i와 요인수준의 구분 없이 전체모집단의 평균 $\mu = \frac{\sum_{i=1}^{r} \mu_i}{r}$ 와의 차를 α_i라 하면 다음과 같이 나타낼 수 있다.

$$\alpha_i = \mu_i - \mu \qquad \therefore \mu_i = \mu + \alpha_i$$

여기서 α_i를 i번째 요인수준효과 또는 처리효과라 한다. 따라서 $\mu_i = \mu + \alpha_i$이므로 일원분산분석을 위한 모형은 다음과 같은 요소로 구성된다.

$$X_{ij} = \mu + \alpha_i + e_{ij} \quad \text{(식 9.1)}$$

즉, i번째 요인수준의 j번째 측정치 X_{ij}는 전체모집단의 평균 μ와 i번째 처리효과 α_i 그리고 각 수준의 측정치들과의 오차 e_{ij}로 구성되어 있다.

(2) 가설의 설정

각 요인수준의 평균이 같은지의 여부, 즉 동일성을 검정하는 일원분산분석모형은 다음과 같은 가설이 설정된다.

H_0 : $\mu_1 = \mu_2 = \cdots = \mu_i$

H_1 : 모평균 μ_i 중 적어도 하나는 다르다.

[표 9-1]에서와 같은 표본자료를 통해서 자동차 3사의 중형차종별 평균주행거리에 차이가 있는지를 분석하고자 할 때 이를 위한 귀무가설과 대립가설은 다음과 같이 설정한다.

H_0 : $\mu_1 = \mu_2 = \mu_3$ (차종별 평균주행거리가 모두 동일하다)

H_1 : μ_1, μ_2, μ_3 중 적어도 하나는 다르다.

(3) 분산분석을 위한 계산

분산분석의 특징은 표본평균 간의 분산과 각 표본 내에서의 분산을 비교하여 다수의 모집단 평균에 대한 차이를 검정하는 것이다. 분산분석에서는 총제곱합을 먼저 계산한 후 분산을 구하게 되며 분산은 3가지의 형태로 구분된다.

1) 총변동

총변동(SST : Sum of Squares Total)이란 각 측정치에서 전체 표본의 평균을 뺀 것을 제곱하여 모두 합한 것으로 다음과 같이 나타낼 수 있다.

$$총변동(SST) = \sum_{i=1}^{r}\sum_{j=1}^{r}(X_{ij} - \overline{X})^2 \quad (식\ 9.2)$$

여기서, X_{ij} : i번째 집단(factor level)의 j번째 측정치
$\overline{X}$: $(r \times c)$개 측정치의 전체평균

| 그림 9-1 | 분산분석의 개념

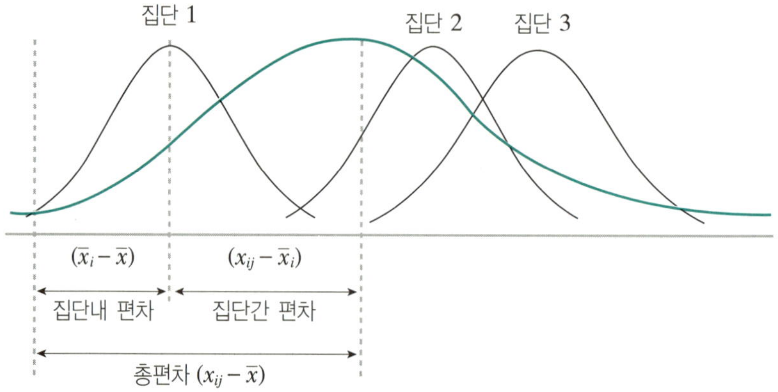

[표 9-1]의 예에서 $\overline{X} = 13.0$이므로 SST를 구하면 다음과 같다.

$$SST = (15 - 13)^2 + (10 - 13)^2 + \cdots + (11 - 13)^2 = 190$$

2) 집단간 변동

집단간 변동(SSB : Sum of Squares Between groups)은 각 요인수준의 평균이 전체 평균으로부터 떨어져 있는 정도를 나타낸다. 또한 집단간 변동은 총변동 중에서 요인수준에 의해 설명이 되는 부분을 말한다.

$$집단간\ 변동(SSB) = c\sum_{i=1}^{r}(\overline{X}_i - \overline{X})^2 \quad (식\ 9.3)$$

여기서, c : 열의 수(표본의 크기)
r : 행의 수(집단의 수)
$\overline{X}_i$: i행의 평균
$\overline{X}$: 총평균

[표 9-1]의 예에서 SSB를 구하면 다음과 같다.

$$SSB = 6(13.0 - 13.0)^2 + 6(15.0 - 13.0)^2 + 6(11.0 - 13.0)^2$$
$$= 48$$

3) 집단내 변동

집단내 변동(SSE : Sum of Squares due to Error 또는 Sum of Squares Within groups)은 요인수준의 평균을 중심으로 각 요인수준의 자료들이 흩어져 있는 정도를 나타낸다. 이러한 집단내 변동은 총변동 중에서 요인수준으로도 설명이 안되는 부분이다.

$$\text{집단내 변동}(SSE) = \sum_{i=1}^{r}\sum_{j=1}^{c}(X_{ij} - \overline{X}_i)^2 \qquad \text{(식 9.4)}$$

[표 9-1]의 예에서 SSE를 구하면 다음과 같다.

$$\begin{aligned} SSE &= (15.0 - 13.0)^2 + (10.0 - 13.0)^2 + \cdots + (9.0 - 13.0)^2 \\ &\quad + (17.0 - 15.0)^2 + (15.0 - 15.0)^2 + \cdots + (12.0 - 15.0)^2 \\ &\quad + (17.0 - 11.0)^2 + (7.0 - 11.0)^2 + \cdots + (12.0 - 11.0)^2 \\ &= 142 \end{aligned}$$

집단내 변동은 총변동에서 집단간 변동을 뺀 $SSE = SST - SSB$에 의해서도 구할 수 있다. 이를 정리하면 $SST = SSB + SSE$이다. 즉, 총변동은 집단간 변동과 집단내 변동을 더한 것과 같다. 따라서 $SST = SSB + SSE = 48 + 142 = 190$이다.

4) 분산분석표의 작성

이상의 분산분석을 위한 계산을 간단히 정리한 표를 분산분석표(ANOVA table)라고 한다. 일원분산분석표의 형식은 [표 9-3]과 같다.

[표 9-3]에서 SSB를 자유도 $(r-1)$로 나눈 것을 집단간 분산(MSB : Mean

Squares Between groups)이라 하고, SSE를 자유도 $(n-r)$로 나눈 것을 집단내 분산(MSE : Mean Squares due to Error)이라 한다. 각 요인수준의 총측정치를 n이라 하고 요인수준의 수를 k라 하면 집단간 변동은 $(r-1)$의 자유도를 가지며 집단내 변동은 $(N-k)$의 자유도를 가진다. 총변동의 자유도는 그룹간 변동의 자유도와 집단 내 변동의 자유도를 더한 것과 같아서 $(r-1)+(n-r)=n-1$이 된다. 그리고 F값은 집단간 분산을 집단내 분산으로 나눈 것으로 MSB에 의해서 크게 작용된다. 즉, MSB가 커지면 MSE가 작아져 F값은 커지게 된다. F값이 크다는 것을 가설검정을 하는 경우에 집단간 분산의 차이가 커서 각 요인수준의 평균들이 같다고 볼 수 없게 되는 것을 의미한다.

표 9-3 ▮ 일원분산분석표

분산의 원천	제곱합 (sum of squares)	자유도	평균제곱 (mean squares)	F값
집단간 분산	$SSB=c\sum_{i=1}^{r}(\overline{X}_i-\overline{X})^2$	$r-1$	$MSB=\dfrac{SSB}{r-1}$	$F=\dfrac{MSB}{MSE}$
집단내 분산	$SSE=\sum_{i=1}^{r}\sum_{j=1}^{c}(X_{ij}-\overline{X}_i)^2$	$n-r$	$MSE=\dfrac{SSE}{n-r}$	
합계	$SST=\sum_{i=1}^{r}\sum_{j=1}^{c}(X_{ij}-\overline{X})^2$	$n-1$		

[표 9-1]의 예를 가지고 분산분석표를 작성하면 다음과 같다.

표 9-4 ▮ 자동차 예제의 분산분석표

분산의 원천	제곱합 (sum of squares)	자유도	평균제곱 (mean squares)	F값
집단간	48	2	24	2.53
집단내	142	15	9.46	
합계	190	17		

5) 가설검정에 의한 통계적 의사결정

분산분석표에 의해서 앞에서 설정한 가설에 대해 검정을 실시하고 최종적인 의사결정을 하게 된다. 즉, 여러 개의 모집단 평균에 대한 동일성을 검정함에 있어 집단간 분산 *MSB*와 집단내 분산 *MSE*의 비율인 *F*통계량을 이용한다.

$$F_{\alpha,\,(r-1,\,n-r)} = \frac{MSB}{MSE} \qquad \text{(식 9.5)}$$

임계치 $F_{\alpha,(df_1,\,df_2)}$를 비교하여 $F \geq F_{\alpha,(r-1,\,n-r)}$이면 귀무가설은 기각하게 된다. 유의수준 α에서 임계치 $F_{\alpha,(r-1,\,n-r)}$는 분자의 자유도 $(r-1)$과 분모의 자유도 $(n-r)$을 갖는 *F*분포를 이용하여 결정된다.

[표 9-1]에서 자동차 3사의 중형차종별 평균주행거리에 차이가 있는지를 분산분석표를 이용하여 $\alpha = 0.05$ 수준에서 검정해보자.

① $H_0 : \mu_1 = \mu_2 = \mu_3$ (차종별 평균주행거리가 모두 동일하다)

$H_1 : \mu_1, \mu_2, \mu_3$ 중 적어도 하나는 다르다.

② 분산분석표([표 9-4] 참조)

③ 유의수준 $\alpha = 0.05$이고 분자의 자유도는 $(3-1) = 2$, 분모의 자유도는 $(18-3)=15$이므로 $F_{0.05,\,(2,\,15)} = 3.68$이며, 채택영역 : $F < 3.68$, 기각영역 : $F \geq 3.68$이다.

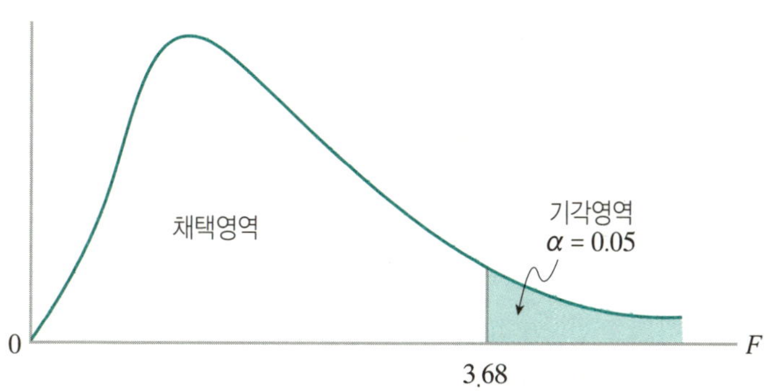

④ 분산분석표에서 검정통계량 F = 2.53은 채택영역에 속하므로 H_0를 기각할 수 없다. 즉, 차종 간 평균주행거리가 모두 동일하다고 할 수 있다.

9.2 이원분산분석(two-way ANOVA)

9.2.1 기본원리

앞에서 설명한 일원분산분석은 단 하나의 요인을 분석대상으로 하는 기법이다. [표 9-1]에서는 차종이라는 단 하나의 요인에 따라 리터당 주행거리가 달라지는가를 분석하였다. 그러나 [표 9-5]와 같이 차종별로 여섯 번 측정한 결과가 각각 다른 운전자에 의한 결과였다면 자동차를 운전한 운전자에 따라서도 리터당 주행거리의 차이가 있다고 볼 수 있다.

표 9-5 ▮ 차종별/운전자별 평균주행거리 (단위 : km/ l)

차종(A) \ 운전자(B)	1	2	3	4	5	6	평균주행거리
집단 1	15	10	13	14	17	9	$\overline{X}_A$ = 13.0
집단 2	17	15	18	13	15	12	$\overline{X}_B$ = 15.0
집단 3	17	7	9	13	8	12	$\overline{X}_C$ = 11.0
	16.3	10.6	13.3	13.3	13.3	11.0	$\overline{X}$ = 13.0

이와 같이 차종(요인 A)이라는 요인뿐만 아니라 운전자(요인 B)라는 요인에 대해서도 리터당 주행거리인 종속변수의 차이가 있는지를 분석할 수 있다. 이러한 분석에 사용되는 방법을 **이원분산분석(two-way analysis of variance)**이라고 한다. 독립변수가 3개 이상인 경우에 적용되는 **다원분산분석(multi-way analysis of variance)**은 이 책에서는 생략하기로 한다.

우리는 [표 9-5]로부터 차종에 따라 리터당 주행거리의 차이가 있는지와 운전자에 따라 리터당 주행거리의 차이가 있는지를 분석할 수 있다. 이와 같이 두 독립변수의 영향을 분석하는 것을 이원분산분석에서의 주요효과(main effect)에 대한 검정이라고 한다. 그뿐만 아니라 일원분산분석에서는 검정할 수 없는 2개의 주요 효과 간의 상호작용효과(interaction effect)를 분석할 수 있다.

9.2.2 반복이 없는 이원분산분석(two-way ANOVA without replication)

(1) 자료의 구성 및 모형의 설정

이원분석을 위한 표본자료의 구성은 2개의 독립변수가 각각 여러 개의 수준으로 구분되고 각 수준(또는 처리)에 해당하는 각 모집단에는 각 표본자료들로 구성된다. [표 9-6]에서 보는 바와 같이 집단 A는 r개의 요인수준으로 나눠지고 집단 B는 c개의 요인수준으로 나눠진다고 하자. 관찰치는 X_{ij}로 나타낼 수 있는데 i는 집단 A의 요인수준을 나타내고, j는 집단 B의 요인수준을 나타낸다.

표 9-6 ▌ 반복이 없는 이원분산분석을 위한 표본자료

모집단 B(j) / 모집단 A(i)	집단 1	집단 2	집단 3	⋯	집단 c	표본평균
집단 1	X_{11}	X_{12}	X_{13}	⋯	X_{1j}	$\overline{X}_{1\cdot}$
집단 2	X_{21}	X_{22}	X_{23}	⋯	X_{2j}	$\overline{X}_{2\cdot}$
집단 3	X_{31}	X_{32}	X_{33}	⋯	X_{3j}	$\overline{X}_{3\cdot}$
⋮	⋮	⋮	⋮	⋮	⋮	⋮
집단 r	X_{i1}	X_{i2}	X_{i3}	⋯	X_{ij}	$\overline{X}_{i\cdot}$
표본평균	$\overline{X}_{\cdot 1}$	$\overline{X}_{\cdot 2}$	$\overline{X}_{\cdot 3}$	⋯	$\overline{X}_{\cdot j}$	$\overline{X}$

[표 9-6]에서 사용된 기호는 다음과 같이 정의할 수 있다.

$\overline{X}_{i\cdot}$: r개의 집단 A에 대한 i번째 집단의 평균

$\overline{X}_{\cdot j}$: c개의 집단 B에 대한 j번째 집단의 평균

$\overline{X}$: 전체평균

여기에서 집단 A의 i번째 요인수준에 대한 표본평균은

$$\overline{X}_{r.} = \frac{1}{r}\sum_{i=1}^{r} X_{ij}$$

이며, 집단 B의 j번째 요인수준에 대한 표본평균은

$$\overline{X}_{.j} = \frac{1}{c}\sum_{j=1}^{c} X_{ij}$$

이다. 그리고 이들 전체에 대한 표본평균은 $\overline{X}$로 나타낼 수 있으며, 반복이 없는 이원분산분석에서 측정치 X_{ij}는 다음과 같은 요소로 구성된다. 즉, (1) 전체 모집단의 평균 μ, (2) 집단 A의 i번째 처리효과 α_i, (3) 집단 B의 j번째 처리효과 β_j, (4) 그리고 각 수준의 측정치들과의 오차 e_{ij}로 구성되어 있다.

$$X_{ijk} = \mu + \alpha_i + \beta_j + e_{ij} \qquad \text{(식 9.6)}$$

(2) 가설의 설정

상호작용이 없는 경우의 이원분산분석 모형은 요인 A, B에서 각 수준의 평균이 같은지를 검정하는 것으로 다음과 같은 2가지 형태의 가설을 설정할 수 있다.

첫째, 집단 A의 평균들의 동일성을 검정할 경우 가설은 다음과 같다.

$H_0 : \alpha_1 = \alpha_2 = \cdots = \alpha_i$

H_1 : 모평균 α_i 중 적어도 하나는 다르다.

둘째, 집단 A의 평균들의 동일성을 검정할 경우 가설은 다음과 같다.

$H_0 : \beta_1 = \beta_2 = \cdots = \beta_i$

H_1 : 모평균 β_j 중 적어도 하나는 다르다.

[표 9-5]에서와 같은 표본자료를 통해서 자동차 3사의 차종별/운전자별 평균주행거리에 차이가 있는지를 분석하고자 할 때 이를 위한 귀무가설과 대립가설은 다음과

같이 설정한다.

첫째, 차종별(요인 A) 평균주행거리에 대한 가설의 경우

$H_0 : \alpha_1 = \alpha_2 = \alpha_3$ (차종별 평균주행거리가 모두 동일하다)

$H_1 : \alpha_1, \alpha_2, \alpha_3$ 중 적어도 하나는 다르다.

둘째, 운전자별(요인 B) 평균주행거리에 대한 가설의 경우

$H_0 : \beta_1 = \beta_2 = \cdots = \beta_6$ (운전자별 평균주행거리가 모두 동일하다)

$H_1 : \beta_1, \beta_2, \cdots, \beta_6$ 중 적어도 하나는 다르다.

(3) 반복이 없는 이원분산분석표의 작성

[표 9-7]의 이원분산분석표는 [표 9-3]의 일원분산분석표와 유사하다. 이원분산분석표가 일원분산분석표와 다른 점은 요인이 2가지이므로 집단간 변동이 2가지가 된다는 점이다.

표 9-7 ▮ 반복이 없는 이원분산분석표

분산의 원천	제곱합 (sum of squares)	자유도	평균제곱 (mean squares)	F값
집단간 분산(A)	$SSA = c\sum_{i=1}^{r}(\overline{X}_{i.} - \overline{X})^2$	$r-1$	$MSA = \frac{SSA}{r-1}$	$F = \frac{MSA}{MSE}$
집단간 분산(B)	$SSB = r\sum_{j=1}^{c}(\overline{X}_{.j} - \overline{X})^2$	$c-1$	$MSB = \frac{SSB}{c-1}$	$F = \frac{MSB}{MSE}$
집단내 분산	$SSE = \sum_{i=1}^{r}\sum_{j=1}^{c}(X_{ij} - \overline{X}_{i.} - \overline{X}_{.j} + \overline{X})^2$	$(r-1)(c-1)$	$MSE = \frac{SSE}{(r-1)(c-1)}$	
합계	$SST = \sum_{i=1}^{r}\sum_{j=1}^{c}(X_{ij} - \overline{X})^2$	$n-1$		

[표 9-7]의 이원분산분석표에서 SSA는 차량별 주행거리에 대한 변동을 의미하며 자유도인 $(r-1)$로 나누면 차량별 주행거리에 대한 분산이 된다. SSB는 운전자별 주행거리에 대한 변동을 의미하며 자유도인 $(c-1)$로 나누면 운전자별 주행거리에 대

한 분산이 된다. 또한 SSE는 총변동(SST) 중 SSA와 SSB를 제외한 나머지로서 설명이 안되는 변동이라고 한다. 그리고 제곱합에서 상호작용효과가 없는 경우의 이원분산분석이므로 상호작용 효과항은 빠져 있다. 가설검정은 일원분산분석에서 사용했던 방법과 동일하다. 즉, MSA와 MSB를 MSE로 나눈 값을 임계치와 비교하여 가설을 검정하게 된다.

결국 일원분산분석에서는 총변동 중에서 설명되는 변동요인이 SSB 하나인 반면에 이원분산분석에서는 설명되는 변동요인이 SSA, SSB 2개이다. 따라서 일원분산분석에서보다 이원분산분석을 통해서 설명 안되는 변동인 오차를 줄일 수 있다.

앞에서 설명한 바와 같이 이원분산분석에서는 2가지 요인을 다루고 있으므로 두 가지 요인에 대한 가설검정을 별도로 해야 한다. 가설검정을 실시하기 전에 [표 9-5]의 예에 대한 이원분산분석표를 작성해보자. SSA는 일원분산분석표에서 이미 계산하였으므로 SSB를 계산하면 다음과 같다.

$$
\begin{aligned}
SSB &= 3\times[(16.3-13.0)^2+(10.6-13.0)^2+\cdots+(11.0-13.0)^2] \\
&= 62.76 \\
SSE &= SST - SSA - SSB \\
&= 190 - 48 - 62.76 \\
&= 79.24
\end{aligned}
$$

따라서 이원분산분석표는 [표 9-8]과 같이 작성된다.

표 9-8 ▮ 반복이 없는 이원분산분석표

분산의 원천	제곱합 (sum of squares)	자유도	평균제곱 (mean squares)	F값
집단간(A)	48.00	2	24.00	3.03
집단간(B)	62.76	5	12.55	1.58
오차	79.24	10	7.92	
합계	190	17		

(4) 가설검정에 의한 통계적 의사결정

이원분산분석표에 의해서 설정한 가설에 대해 검정을 실시하고 최종적인 의사결정을 하게 된다. 즉 요인 A, B에 대한 효과의 유의성을 검정함에 있어 집단간 분산 *MSA*(요인 A)와 집단간 분산 *MSB*(요인 B)를 오차의 평균제곱인 *MSE*로 나누어 F검정을 하게 된다.

따라서 유의수준 α를 사용하여 요인 A의 효과에 관한 가설검정의 경우 $F \geq_{\alpha,[(r-1),\ (r-1)(c-1)]}$이면 H_0를 기각하게 된다. 그리고 요인 B의 효과에 대한 가설검정의 경우 $F \geq F_{\alpha,[(c-1),\ (r-1)(c-1)]}$이면 H_0를 기각하게 된다.

이제 [표 9-8]의 이원분산분석표를 이용하여 5%의 유의수준으로 가설검정을 해 보자.

1) 요인 A(차량별)의 효과에 대한 가설검정

① $H_0 : \alpha_1 = \alpha_2 = \alpha_3$ (차종별 평균주행거리가 모두 동일하다)

$H_1 : \alpha_1, \alpha_2, \alpha_3$ 중 적어도 하나는 다르다(차종별 평균주행거리에 차이가 있다).

② $\alpha = 0.05$

③ 분자의 자유도는 $(3-1)=2$, 분모의 자유도는 $(3-1)(6-1)=10$이므로

$F_{0.05,(2,\ 10)} = 4.10$이며, 채택영역 : $F < 4.10$, 기각영역 : $F \geq 4.10$이다.

④ 이원분산분석표에서 검정통계량 $F=3.03$은 채택영역에 속하므로 H_0를 기각할 수 없다. 즉, 차종별 평균주행거리가 모두 동일하다고 할 수 있다.

2) 요인 B(운전자별)의 효과에 대한 가설검정

① $H_0 : \beta_1 = \beta_2 = \cdots = \beta_6$ (운전자별 평균주행거리가 모두 동일하다)

$H_1 : \beta_1, \beta_2, \cdots, \beta_6$ 중 적어도 하나는 다르다(운전자별 평균주행거리에 차이가 있다).

② $\alpha = 0.05$

③ 분자의 자유도는 $(6-1)=5$, 분모의 자유도는 $(3-1)(6-1)=10$이므로

$F_{0.05,\ (5,\ 10)} = 3.33$이며, 채택영역 : $F < 3.33$, 기각영역 : $F \geq 3.33$이다.

④ 이원분산분석표에서 검정통계량 $F=1.58$은 채택영역에 속하므로 H_0를 기각할 수 없다. 즉, 운전자별 평균주행거리가 모두 동일하다고 할 수 있다.

9.2.3 반복이 있는 이원분산분석(two-way ANOVA with replication)

(1) 자료의 구성 및 모형의 설정

이원분석을 위한 표본자료의 구성은 2개의 독립변수가 각각 여러 개의 수준으로 구분되고 각 수준(또는 처리)에 해당하는 각 모집단에는 각 표본자료들로 구성된다. [표 9-9]에서 보는 바와 같이 집단 A는 r개의 요인수준으로 나눠지고 집단 B는 c개의 요인수준으로 나눠진다고 하자. 관찰치는 X_{ijk}로 나타낼 수 있는데 i는 집단 A의 요인수준을 나타내고, j는 집단 B의 요인수준을 나타내며, k는 해당 셀의 표본의 수를 의미한다.

[표 9-9]에서 사용된 기호는 다음과 같이 정의할 수 있다.

표 9-9 ▮ 반복이 있는 이원분산분석을 위한 표본자료

모집단 B(j) / 모집단 A(i)	집단 1	집단 2	집단 3	⋯	집단 c	표본평균
집단 1	X_{111} X_{112}	X_{121} X_{122}	X_{131} X_{132}	⋯ ⋯	X_{1j1} X_{1j2}	$\overline{X}_{1\cdot}$
집단 2	X_{211} X_{212}	X_{221} X_{222}	X_{231} X_{232}	⋯ ⋯	X_{2j1} X_{2j2}	$\overline{X}_{2\cdot}$
집단 3	X_{311} X_{312}	X_{321} X_{322}	X_{331} X_{332}	⋯ ⋯	X_{3j1} X_{3j2}	$\overline{X}_{3\cdot}$
⋮	⋮	⋮	⋮	⋮	⋮	⋮
집단 r	X_{i11} X_{i12}	X_{i21} X_{i22}	X_{i31} X_{i32}	⋯ ⋯	X_{ij1} X_{ij2}	$\overline{X}_{i\cdot}$
표본평균	$\overline{X}_{\cdot 1}$	$\overline{X}_{\cdot 2}$	$\overline{X}_{\cdot 3}$	⋯	$\overline{X}_{\cdot j}$	$\overline{X}$

$\overline{X}_{i.}$: r개의 집단 A에 대한 i번째 집단의 평균

$\overline{X}_{.j}$: c개의 집단 B에 대한 j번째 집단의 평균

$\overline{X}_{ijk}$: 집단 A의 i번째 집단이면서 집단 B의 j번째 집단에 해당되는 셀의 k번째 표본

$\overline{X}$: 전체평균

여기에서 집단 A의 i번째 요인수준에 대한 표본평균은

$$\overline{X}_{r.} = \frac{1}{rk}\sum_{i=1}^{r}\sum_{k=1}^{k} X_{ijk}$$

이며, 집단 B의 j번째 요인수준에 대한 표본평균은

$$\overline{X}_{.j} = \frac{1}{ck}\sum_{j=1}^{c}\sum_{k=1}^{k} X_{ijk}$$

이다. 그리고 이들 전체에 대한 표본평균은 $\overline{X}$로 나타낼 수 있으며, 반복이 있는 이원분산분석에서 측정치 X_{ijk}는 다음과 같은 요소로 구성된다. 즉, ① 전체 모집단의 평균 μ, ② 집단 A의 i번째 처리효과 α_i, ③ 집단 B의 j번째 처리효과 β_j, ④ A, B 독립변수 간의 상호작용에 의한 상호작용효과 γ_{ij}, ⑤ 그리고 각 수준의 측정치들과의 오차 e_{ij}로 구성되어 있다.

$$X_{ijk} = \mu + \alpha_i + \beta_j + \gamma_{ij} + e_{ijk} \quad \text{(식 9.7)}$$

(2) 가설의 설정

상호작용이 있는 경우의 이원분산분석 모형은 요인 A, B에서 각 수준의 평균이 같은지를 검정하는 것으로 다음과 같은 3가지 형태의 가설을 설정할 수 있다.

첫째, 집단 A의 평균들의 동일성을 검정할 경우 가설은 다음과 같다.

H_0 : $\alpha_1 = \alpha_2 = \cdots = \alpha_i$

H_1 : 모평균 α_i 중 적어도 하나는 다르다.

둘째, 집단 B의 평균들의 동일성을 검정할 경우 가설은 다음과 같다.

$H_0 : \beta_1 = \beta_2 = \cdots = \beta_j$

H_1 : 모평균 β_j 중 적어도 하나는 다르다.

셋째, 집단 A와 집단 B의 상호작용효과로 인한 평균들이 차이나는지를 검정할 경우 가설은 다음과 같다.

$H_0 : \gamma_1 = \gamma_2 = \cdots = \gamma_{ij}$

H_1 : 모평균 γ_{ij} 중 적어도 하나는 다르다.

(3) 반복이 있는 이원분산분석표의 작성

[표 9-10]의 반복이 있는 이원분산분석표는 [표 9-7]의 반복이 없는 일원분산분석표와 유사하다. 다른 점은 요인이 상호작용에 의한 집단간 변동이 추가된다는 점이다.

표 9-10 ▮ 반복이 있는 이원분산분석표

분산의 원천	제곱합 (sum of squares)	자유도	평균제곱 (mean squares)	F값
집단간 분산(A)	$SSA = ck\sum_{i=1}^{r}(\overline{X}_{i.} - \overline{X})^2$	$r-1$	$MSA = \frac{SSB}{r-1}$	$F = \frac{MSA}{MSE}$
집단간 분산(B)	$SSB = rk\sum_{j=1}^{c}(\overline{X}_{.j} - \overline{X})^2$	$c-r$	$MSB = \frac{SSB}{c-1}$	$F = \frac{MSB}{MSE}$
상호작용 (AB)	$SSAB = k\sum_{i=1}^{r}\sum_{j=1}^{c}(X_{ij.} - \overline{X}_{i..} - \overline{X}_{.j.} - \overline{X})^2$	$(r-1)(c-1)$	$MSAB = \frac{SSE}{(r-1)(c-1)}$	$F = \frac{MSAB}{MSE}$
집단내 분산	$SSE = \sum_{i=1}^{r}\sum_{j=1}^{c}\sum_{k=1}^{k}(X_{ijk} - \overline{X}_{ij.})^2$	$rc(k-1)$	$MSE = \frac{SSE}{rc(k-1)}$	
합계	$SST = \sum_{i=1}^{r}\sum_{j=1}^{c}(X_{ijk} - \overline{X})^2$	$n-1$		

결국 일원분산분석에서는 총변동 중에서 설명되는 변동요인이 SSB 하나인 반면에 반복이 있는 이원분산분석에서는 설명되는 변동요인이 SSA, SSB와 상호작용에

의한 *SSAB*까지 3가지가 독립변수가 되는 것이다. 따라서 일원분산분석에서보다 이원분산분석을 통해서 설명 안되는 변동인 오차를 줄일 수 있다.

앞에서 설명한 바와 같이 반복이 있는 이원분산분석에서는 3가지 요인을 다루고 있으므로 3가지 요인에 대한 가설검정을 별도로 해야 한다.

(4) 가설검정에 의한 통계적 의사결정

이원분산분석표에 의해서 설정한 가설에 대해 검정을 실시하고 최종적인 의사결정을 하게 된다. 즉 요인 A, B에 대한 효과의 유의성을 검정함에 있어 집단간 분산 *MSA*(요인 A)와 집단간 분산 *MSB*(요인 B), 그리고 상호작용에 의한 분산 *MSAB*(요인 AB)를 오차의 평균제곱인 *MSE*로 나누어 *F*검정을 하게 된다.

따라서 유의수준 α를 사용하여 요인 A의 효과에 관한 가설검정의 경우 $F \geq F_{\alpha,[(r-1),\, rc(k-1)}$이면 H_0를 기각하게 된다. 요인 B의 효과에 대한 가설검정의 경우 $F \geq F_{\alpha,[(c-1),\, rc(c-1)}$이면 H_0를 기각하게 된다. 상호작용효과에 대한 가설검정의 경우 $F \geq F_{\alpha,[(r-1)(c-1),\ rc(c-1)]}$이면 H_0를 기각하게 된다.

9.3 엑셀에 의한 분산분석

9.3.1 일원분산분석

다음의 예를 이용하여 엑셀에서 알원분산분석을 분석해보자.

유명한은 문구판매전문회사 쇼피아의 영업담당이사이다. 쇼피아는 영업사원을 통하여 전국에 문구류를 판매하고 있다, 유 이사는 영업사원에 대한 새로운 임금지분방식으로 세 가지 대안을 수립하고 있다. 하나는 고정급만 받는 것이고, 두 번째 대안은 고정급과 성과급을 함께 받는 것, 그리고 세 번째 대안은 성과급만 받는 것이다. 이 세 가지 대안의 유효성을 평가하기 위하여 24명의 영업사원을 무작위로 추출하여 각 대안별로 8명을 배정하였다. 6개월 동안 24명의 판매실적은 [그림 9-2]와 같다.

엑셀을 사용하여 그 결과를 분석하는 절차는 다음과 같다.

① 엑셀을 실행하고 [그림 9-2]와 같이 B, C, D열에 제목과 자료를 입력한다.

| 그림 9-2 | 일원분산분석의 예제 자료

	A	B	C	D
1			임금지불방식	
2		고정급	고정+성과급	성과급
3		4500	4430	5810
4		4580	4740	5420
5		4200	4530	4800
6		4860	4830	5100
7		5040	5100	5460
8		4740	4820	6180
9		4320	4140	4680
10		4410	4320	4620

② [메뉴바]에서 [데이터]를 선택하고, 아래의 [데이터분석]을 선택한 후, [통계데이터분석] 대화상자에서 [분산분석:일원배치법]을 선택한다.

③ [그림 9-3]과 같이 [분산분석:일원배치법] 목록상자에서 기재사항을 입력한다. "첫째 행 이름표 사용"에 체크(√)하게 되면, 이때 [입력범위]에 B3:D10의 데이터 범위를 지정하고 출력옵션에 B12를 지정한 후 확인을 누른다.

| 그림 9-3 | 일원분산분석 대화상자

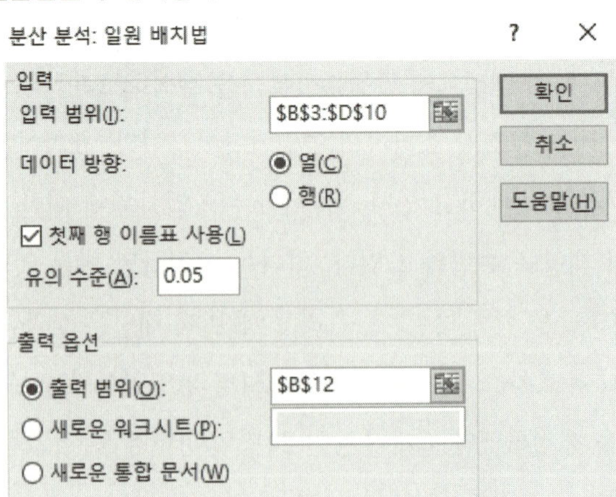

④ 출력은 [그림 9-4]와 같다.

| 그림 9-4 | 일원분산분석 결과

	A	B	C	D	E	F	G	H
1		분산 분석: 일원 배치법						
2								
3		요약표						
4		인자의 수준	관측수	합	평균	분산		
5		4500	7	32150	4592.857	92557.14		
6		4430	7	32480	4640	109100		
7		5810	7	36260	5180	308400		
8								
9								
10		분산 분석						
11		변동의 요인	제곱합	자유도	제곱 평균	F 비	P-값	F 기각치
12		처리	1489971.429	2	744985.7	4.381778	0.028155	3.554557
13		잔차	3060342.857	18	170019			
14								
15		계	4550314.286	20				

엑셀에서는 3가지 대안별 평균과 분산을 계산해줄 뿐만 아니라 다음 가설에 대한 F검정을 위한 분산분석을 제공해준다.

$H_0 : \mu_1 = \mu_2 = \mu_3$

$H_1 : \mu_1, \mu_2, \mu_3$ 중 적어도 하나는 다르다(not H_0).

가설에 대한 검정은 F값에 의한 검정방법과 p값에 의한 검정방법이 있다. 먼저 F값에 의한 검정방법은 유의수준에 의하여 결정되는 임계치 F값과 계산된 F통계량을 비교함으로써 가설을 검정하는 것이다. 계산된 F통계량이 임계치보다 크면 귀무가설은 기각된다. 만약 계산된 F통계량이 임계치보다 크지 않으면 귀무가설은 기각되지 않는다. 이때 임계치는 [그림 9-3]에서 입력하는 바와 같이 유의수준과 자유도에 의하여 결정된다.

[그림 9-4]의 결과에서 계산된 F통계량이 4.3817(셀F23)이고 임계치는 3.5545(셀H23)임을 알 수 있다. 따라서 귀무가설은 기각된다. 즉, 각 대안별 평균 판매수준

이 동일하지 않다는 것이다. 그러므로 임금지불방식이 판매수준에 영향을 미친다고 할 수 있다.

*p*값에 의한 검정방법은 *p*값의 범주에 따라 검정하는 방법이다. 이 예에서의 *p*값은 0.281(셀G23)이므로 '매우 유의하다' 고 할 수 있다. 즉, 각 대안별 평균이 동일하다는 귀무가설을 기각하게 되며, 이것은 임금지불방식이 판매수준에 유의하게 영향을 미친다는 의미이다.

9.3.2 반복이 없는 이원분산분석

앞에서 설명한 일원분산분석은 단 하나의 요인을 분석대상으로 하는 방법이다. 9.1에서 설명한 예에서는 임금지불방식이라는 단 하나의 요인에 따라 판매실적이 달라지는가를 분석하였으나 여덟 번 측정한 결과가 여러 영업사원들의 실적치이므로 영업사원의 경험에 따라서도 판매실적이 차이가 날 수 있을 것이다.

이와 같이 임금지불방식이라는 요인뿐만 아니라 영업사원의 경험이라는 요인에 대해서도 종속변수(판매실적)의 차이가 있는지를 분석할 수 있으며 이러한 분석방법을 이원분산분석(two-way ANOVA)이라고 한다. 이원분산분석 중 관찰치의 개수가 하나인 경우와 다수인 경우가 있으며, 전자를 반복이 없는 이원분산분석(two-way ANOVA without replication), 후자를 반복이 있는 이원분산분석(two-way ANOVA with replication)이라고 한다.

앞의 쇼피아의 예에서 많은 경험을 가지고 있는 영업사원은 임금지불방식에 상관없이 높은 판매실적을 올릴 수 있다고 가정하자. 그러면 영업사원의 경험에 따라 여덟 가지 집단으로 구분하여 임금지불방식과 경험이라는 두 가지 요인에 대하여 가설검정을 할 수 있다. 즉, 가장 경험이 많은 세 명의 영업사원을 집단 1에 배정하고 그 다음으로 경험이 많은 세 명의 영업사원을 집단 2에 배정하는 것이다.

엑셀을 사용하여 이러한 유형의 문제를 분석하는 절차는 다음과 같다.

① 엑셀을 실행하고 [그림 9-5]와 같이 A, B, C, D열에 제목과 자료를 입력한다.

| 그림 9-5 | 반복이 없는 이원분산분석의 예제 자료

	A	B	C	D
1			임금지불방식	
2		고정급	고정+성과급	성과급
3	집단1	4500	4430	5810
4	집단2	4580	4740	5420
5	집단3	4200	4530	4800
6	집단4	4860	4830	5100
7	집단5	5040	5100	5460
8	집단6	4740	4820	6180
9	집단7	4320	4140	4680
10	집단8	4410	4320	4620

② [메뉴바]에서 [데이터]를 선택하고, 아래의 [데이터분석]을 선택한 후, [통계데이터분석] 대화상자에서 [분산분석:반복 없는 이원배치법]을 선택한다.

③ [그림 9-6]과 같이 [분산분석:반복 없는 이원배치법] 목록상자에서 기재사항을 입력한다. 이때 대화상자의 "이름표"에 체크(√)했기 때문에 [입력범위]에 A3:D10의 데이터 범위를 지정하고 출력 옵션에 B12를 지정한 후 확인을 누른다.

| 그림 9-6 | 반복이 없는 이원분산분석의 대화상자

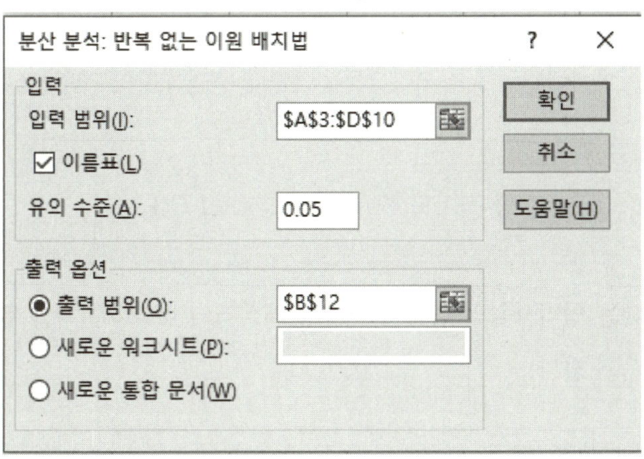

④ 결과는 [그림 9-7]과 같다.

| 그림 9-7 | 반복이 없는 이원분산분석 결과

	A	B	C	D	E	F	G	H
1		분산 분석: 반복 없는 이원 배치법						
2								
3		요약표	관측수	합	평균	분산		
4		집단1	3	14740	4913.333	604233.3		
5		집단2	3	14740	4913.333	198933.3		
6		집단3	3	13530	4510	90300		
7		집단4	3	14790	4930	21900		
8		집단5	3	15600	5200	51600		
9		집단6	3	15740	5246.667	654933.3		
10		집단7	3	13140	4380	75600		
11		집단8	3	13350	4450	23700		
12								
13		고정급	8	36650	4581.25	80412.5		
14		고정+성과	8	36910	4613.75	99026.79		
15		성과급	8	42070	5258.75	313955.4		
16								
17								
18		분산 분석						
19		변동의 요인	제곱합	자유도	제곱 평균	F 비	P-값	F 기각치
20		인자 A(행)	2347595.833	7	335370.8	4.244561	0.010327	2.764199
21		인자 B(열)	2336233.333	2	1168117	14.78406	0.000354	3.738892
22		잔차	1106166.667	14	79011.9			
23								
24		계	5789995.833	23				

[그림 9-4]의 일원분산분석 결과와 마찬가지로 엑셀에서는 3가지 대안별 평균, 분산과 여덟 가지 집단별 평균과 분산을 계산해 준다. 뿐만 아니라, 결과표의 하단부분에는 두 종류의 F검정을 위한 자료가 계산되어 있다. 그 중 하나는 임금지불방식에 따라 판매실적이 달라지는지를 검정하는 것이며 가설은 다음과 같다.

$H_0 : \mu_1 = \mu_2 = \mu_3$

$H_1 : \mu_1, \mu_2, \mu_3$ 중 적어도 하나는 다르다(not H_0).

나머지 하나는 영업사원의 경험에 따라 판매실적이 달라지는지를 검정하는 것으로 가설은 다음과 같다.

$H_0 : \mu_1 = \mu_2 = \mu_3, \cdots, = \mu_8$

$H_1 : \mu_1, \mu_2, \mu_3, \cdots, \mu_8$ 중 적어도 하나는 다르다(not H_0).

(1) F값에 의한 검정방법

앞에서 설명한 첫 번째 가설, 즉 임금지불방식에 따라 판매실적이 달라지는가에 대한 가설검정 결과는 다음과 같다. [그림 9-7]의 결과표에서 계산된 F통계치(F비)는 14.7840(셀F21)이고 임계치는 3.7388(셀H21)로 계산되었다.

따라서 귀무가설은 기각되고 임금지불방식이 판매수준에 영향을 미친다고 할 수 있다. 마찬가지로 두 번째 가설에 대해서는 F통계치는 4.2445(셀F20)이고 임계치는 2.7641(셀H20)로 계산되었다. 따라서 이 경우에도 귀무가설은 기각되고 영업사원의 경험이 판매수준에 영향을 미친다고 할 수 있다.

(2) p값에 의한 검정방법

이 예에서 첫 번째 가설에 대한 p값은 0.0003(셀G21)이므로 '매우 유의하다'고 할 수 있다. 즉, 각 대안별 평균이 동일하다는 귀무가설을 기각하게 되며 이것은 임금지불방식이 판매수준에 매우 유의하게 영향을 미친다는 의미로 해석될 수 있다. 마찬가지로, 두 번째 가설에 대한 p값은 0.0103(셀G-20)이므로 '유의하다'고 할 수 있고, 이것은 영업사원의 경험이 판매수준에 매우 유의하게 영향을 미친다는 의미이다.

9.3.3 반복이 있는 이원분산분석

앞에서 설명한 바와 같이 이원분산분석 중 관찰치의 개수가 2개 이상인 경우가 있으며 이를 반복이 있는 이원분산분석(two-way ANOVA with replication)이라고 한다.

앞의 쇼피아의 예에서 판매지역이 서울, 부산, 대구, 광주 등 4지역으로 구분되어 있다고 가정하자. 또한, 유상명 이사는 임금지불방식과 영업사원의 판매실적의 관계뿐만 아니라 4지역별 차이와 지역과 임금지불방식의 상호작용효과에 대하여도 관심을 가지고 있다. 이러한 3가지 효과에 대하여 분석하기 위하여 유 이사는 24명의 영업사원을 조사대상으로 선정하였다. 그리고 임금지불방식과 지역에 의하여 결정되는 12가지의 조합별로 각각 2명의 영업사원을 배정하였다. 이들 24명의 6개월 동안의 판매실적은 [그림 9-8]과 같다.

엑셀을 사용하여 문제를 분석하는 절차는 다음과 같다.

① 엑셀을 실행하고 그리고 [그림 9-8]과 같이 A, B, C, D열에 제목과 자료를 입력한다.

| 그림 9-8 | **반복이 있는 이원분산분석의 예제 자료**

	A	B	C	D
1		임금지불방식		
2	판매지역	고정급	고정+성과급	성과급
3	서울	4500	4430	5810
4		4580	4740	5420
5	부산	4200	4530	4800
6		4860	4830	5100
7	대구	5040	5100	5460
8		4740	4820	6180
9	광주	4320	4140	4680
10		4410	4320	4620

② [메뉴바]에서 [도구]를 선택하고, 아래의 [자료분석]을 선택한 후, [자료분석] 대화상자에서 [분산분석:반복이 있는 이원배치법]을 선택한다.

③ [그림 9-9]와 같이 [분산분석:반복이 있는 이원배치법] 목록상자에서 기재사항

| 그림 9-9 | **반복이 있는 이원분산분석의 대화상자**

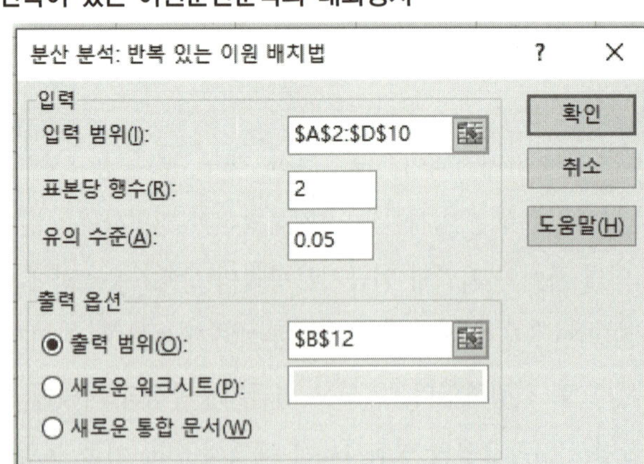

을 입력한다. 이때 대화상자의 "이름표"에 체크(√)했기 때문에 [입력범위]에 A2:D10의 데이터 범위와 표본당 행수 2를 지정하고 출력 옵션에 B12를 지정한 후 확인을 누른다.

④ 결과는 [그림 9-10]과 같다.

| 그림 9-10 | 반복이 있는 이원분산분석 결과

	A	B	C	D	E	F	G	H
1		분산 분석: 반복 있는 이원 배치법						
2								
3		요약표	고정급	고정+성과	성과급	계		
4		서울						
5		관측수	2	2	2	6		
6		합	9080	9170	11230	29480		
7		평균	4540	4585	5615	4913.333		
8		분산	3200	48050	76050	321266.7		
9								
10		부산						
11		관측수	2	2	2	6		
12		합	9060	9360	9900	28320		
13		평균	4530	4680	4950	4720		
14		분산	217800	45000	45000	97800		
15								
16		대구						
17		관측수	2	2	2	6		
18		합	9780	9920	11640	31340		
19		평균	4890	4960	5820	5223.333		
20		분산	45000	39200	259200	283266.7		
21								
22		광주						
23		관측수	2	2	2	6		
24		합	8730	8460	9300	26490		
25		평균	4365	4230	4650	4415		
26		분산	4050	16200	1800	41190		
27								
28		계						
29		관측수	8	8	8			
30		합	36650	36910	42070			
31		평균	4581.25	4613.75	5258.75			
32		분산	80412.5	99026.79	313955.4			
33								
34								
35		분산 분석						
36		변동의 요인	제곱합	자유도	제곱 평균	F 비	P-값	F 기각치
37		인자 A(행)	2072379.17	3	690793.1	10.35478	0.001197	3.490295
38		인자 B(열)	2336233.33	2	1168117	17.50971	0.000276	3.885294
39		교호작용	580833.333	6	96805.56	1.451086	0.274106	2.99612
40		잔차	800550	12	66712.5			
41								
42		계	5789995.83	23				

엑셀에서는 임금지불방식과 지역으로 결정되는 12가지의 조합별로 평균과 분산을 계산해 준다. 뿐만 아니라, 결과표의 하단부분에는 3종류의 F검정을 위한 자료가 계산되어 있다. 첫째 검정을 4종류의 지역에 따라 판매실적이 달라지는지를 검정하는 것으로 가설은 다음과 같다.

$H_0 : \mu_1 = \mu_2 = \mu_3 = \mu_4$

$H_1 : \mu_1,\ \mu_2,\ \mu_3,\ \mu_4$ 중 적어도 하나는 다르다(not H_0).

두 번째 F검정은 임금지불방식에 따라 판매실적이 달라지는지를 검정하는 것이며 가설은 다음과 같다.

$H_0 : \mu_1 = \mu_2 = \mu_3$

$H_1 : \mu_1,\ \mu_2,\ \mu_3$ 중 적어도 하나는 다르다(not H_0).

세 번째 F검정은 판매지역과 임금지불방식 간에 유의한 상호작용이 있는가를 검정하는 것이며 가설은 다음과 같다.

H_0 : 판매지역과 임금지불방식 간에 상호작용이 없다.

H_1 : 판매지역과 임금지불방식 간에 상호작용이 있다.

(1) F값에 의한 검정방법

[그림 9-10]의 결과표에서 판매지역에 대한 검정을 위하여 계산된 F통계치는 10.3547(셀F37)이고 임금지불방식에 대한 계산된 F통계치는 17.5097(셀F38)이다. 이들은 모두 각각의 임계치인 3.4902(셀H37)과 3.8852(셀H38)보다 크므로 두 귀무가설은 모두 기각된다. 즉, 판매지역과 임금지불방식 모두 판매수준에 유의적인 영향을 미친다고 할 수 있다. 반면에 판매지역과 임금지불방식의 상호작용에 관한 계산된 F통계치는 1.4510(셀F39)으로 임계치인 2.9961(셀G39)보다 적으므로 이 경우에는 귀무가설을 기각할 수 없다. 따라서 판매지역과 임금지불방식 간에 상호작용은 없다고 할 수 있다.

(2) p값에 의한 검정방법

이 예에서 첫 번째 가설에 대한 p값은 0.0011(셀G37)이고 두 번째 가설에 대한 p값은 0.0002(셀G38)이므로 '매우 유의하다'고 할 수 있다. 즉, 판매지역과 임금지불방식이 판매수준에 매우 유의하게 영향을 미친다는 의미로 해석될 수 있다. 그리고 세 번째 가설에 대한 p값은 0.2741(셀G39)이므로 '유의하지 않다' 고 할 수 있으며 판매지역과 임금지불방식 간에 상호작용은 없다고 할 수 있다.

연습문제

1. 통계학과목에 대하여 중간 · 기말고사 이외에 4번의 퀴즈를 시행하였다. 그 중 5명의 학생에 대한 퀴즈 결과가 다음과 같다. 5%의 유의수준으로 (a) 학생들의 평균점수가 동일한지와 (b) 퀴즈의 난이도가 동일한지를 검정하라.

퀴즈 \ 학생	1	2	3	4	5
1	85	70	90	95	70
2	90	80	95	90	90
3	70	75	80	85	70
4	80	65	75	80	75

2. 어떤 콜라공장에서 3대의 기계에 의해서 생산된 콜라의 용량이 다음과 같다. 3대의 기계에 의해서 생산된 용량이 같다고 할 수 있는지 1%의 유의수준으로 검정하라.

기계 A : 6.1, 6.4, 6.2, 6.3온즈
기계 B : 5.7, 5.8, 5.9, 5.7, 5.3온즈
기계 C : 6.5, 6.4, 6.2온즈

3. 어떤 대학의 경영대학 4개 전공 학생들을 대상으로 토익시험을 실시하였다. 그 중에서 전공별로 4~6명을 표본 추출하여 토익성적을 조사한 결과가 다음과 같다.

경영학	경제학	무역학	경영정보
528	514	649	372
586	457	506	440
680	521	556	495
718	370	413	321
	532	470	424
			332

전공별 평균성적 차이가 있는지를 $\alpha = 0.01$로 검정하라.

4. 세 집단의 평균을 비교하기 위한 일원분산분석표가 다음과 같다.

분산의 원천	제곱합 (sum of squares)	자유도	평균제곱 (mean squares)	F값
그룹간	48.07	2	24.04	
그룹내	21.40			
합계	69.47	29		

(1) 위의 분산분석표를 완성하라.

(2) 5% 유의수준으로 검정하라.

5. 서울광고대행사에서는 특정 제품에 대한 A, B, C, D 형태의 광고효과를 비교하기 위해서 광고 한달 후의 5개 지역에서 판매량을 조사한 결과 다음과 같았다.

A	B	C	D
42	28	24	20
30	31	36	32
39	31	28	38
28	32	28	38
29	27	33	25

네 종류의 광고효과가 같지 않다고 할 수 있는지를 5%의 유의수준으로 검정하라.

6. 국내 자동차 3사에서 개발된 세 종류의 스포츠카에 대한 가속능력을 시험하기 위하여 시속 100km에 도달하는 데 소요되는 시간을 각각 6회 실시하였다. 그 결과가 아래와 같다면 세 종류의 스포츠카의 가속능력에 차이가 있는지를 엑셀을 이용하여 검정하라.

(단위 : 초)

MODEL 1	MODEL 2	MODEL 3
6.01	7.10	5.90
7.00	6.05	6.89
6.70	6.90	6.30

7. 서울컨설팅사는 어떤 기업의 판매부, 경리부, 그리고 관리부 사원을 4명씩 임의로 추출하여 적성검사를 실시한 결과가 다음과 같았다. 각 부서에 따른 사원의 적성검사결과가 동일하다고 할 수 있는지 엑셀을 이용하여 검정하라.

판매부	경리부	관리부
60	69	72
64	75	77
65	70	78
55	66	65

(1) 부서별 적성검사의 평균점수가 동일하다고 할 수 있는가?

(2) 사원별 적성검사의 평균점수가 동일하다고 할 수 있는가?

용 어 정 리

분산분석(ANOVA)
독립변수를 몇 개의 수준 또는 처리로 나누어 각 수준에 따라 나누어진 집단 간의 평균차를 검정하는 통계적 방법이다.

종속변수와 독립변수(dependent/independent variable)
종속변수는 분석하고자 하는 변수(반응변수), 독립변수는 종속변수에 영향을 미치는 변수(요인)이다.

요인수준 또는 처리(factor level or treatment)
분석(실험)을 통제하는 요인을 몇 개의 특정한 형태로 구분한 것이다.

총변동(SST : Sum of Squares Total)
각 측정치에서 전체 표본의 평균을 뺀 것을 제곱하여 모두 합한 것이다.

집단간 변동(SSB : Sum of Squares Between groups)
각 요인수준의 평균이 전체 평균으로부터 떨어져 있는 정도를 나타내며, 그룹간 변동은 총변동 중에서 요인수준에 의해 설명이 되는 부분이다.

집단내 변동(SSE : Sum of Squares due to Error)
요인수준의 평균을 중심으로 각 요인수준의 자료들이 흩어져 있는 정도를 나타내며, 총변동 중에서 요인수준으로도 설명이 안되는 부분이다.

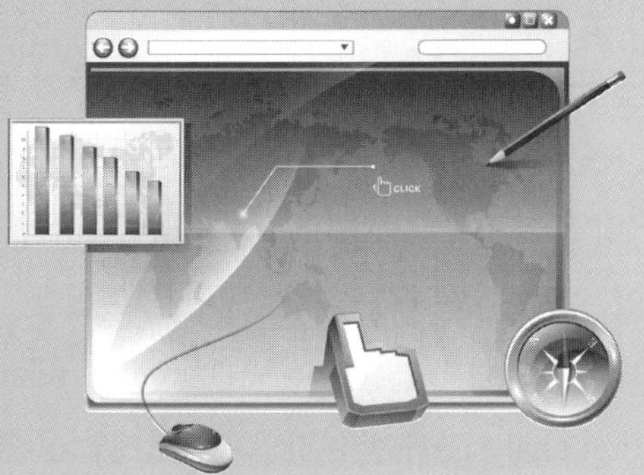

Chapter 10

상관분석과 회귀분석

개.요

우리의 실생활은 여러 가지 이유로 서로 영향을 주고받는 상관관계를 가지고 있다. 약속시간까지의 시간이 얼마 안남았을 경우는 택시를 이용하게 되고, 중간시험 성적은 기말시험에 영향을 미치고, 올해의 매출액을 토대로 내년도 매출액을 예상하기도 한다. 따라서 본 장에서는 두 변수 사이의 관계를 파악하기 위한 방법으로 상관관계분석과 회귀분석을 다루게 되는데, 회귀분석의 경우는 수요량 등의 예측을 위해서도 사용된다.

우리의 주변이나 과학적 연구에서 두 변수 또는 그 이상의 변수들이 어떠한 상호 관계를 가지고 있으며 얼마만큼의 밀접한 관계가 있는지를 분석하는 경우가 있다. 예를 들어 어떤 제품의 판매량과 그 제품의 가격 또는 소득수준과의 관계, 대학입학 성적과 IQ와의 관계, IQ와 통계학 성적과의 관계, 국민소득과 해외여행과의 관계 등이 상호 어떠한 관련성을 가지고 있는가 하는 문제가 분석대상이 될 수 있다.

이러한 관련성(association)의 개념은 변수 간의 상관 정도(degree of relationship)를 분석하는 상관분석(correlation analysis)과 변수 간의 함수관계인 상관특성(nature of relationship)을 수리적인 모형으로 도출하는 회귀분석(regression analysis)으로 분석이 가능하다. 이들 분석방법을 통하여 어떤 변수들이 어느 정도로 밀접한 관계를 가지고 있으며, 어떤 변수가 변할 경우 이 변수의 영향을 받는 다른 변수가 어떻게 변하는지를 파악할 수가 있다.

따라서 본 장에서는 두 확률변수 간의 관계가 얼마나 강한가의 정도를 분석하는 통계분석기법인 상관분석과 변수 사이의 관련성을 독립변수와 종속변수의 관계로 규명하는 수학적 모형(mathematical model)을 표본으로부터 추정하는 통계적 방법이라고 볼 수 있는 회귀분석에 대하여 살펴보기로 한다.

10.1 상관분석

10.1.1 산점도

두 변수 간의 함수관계를 알아보기 위해서는 우선 좌표평면상에 관찰치를 표시해 봄으로써 두 변수 간의 관계를 개략적으로 알 수 있게 된다. 즉, 두 변수가 가지는 값의 순서쌍(X_i, Y_i)을 좌표평면에 표시하는 것이다. 이 그림을 산점도(scatter diagram)라 하는데, 이 산점도는 회귀분석의 첫 단계로써 두 변수 간의 관계를 대략적으로 알아볼 수 있는 간단한 방법이다.

구체적인 예를 들어보기로 하자. 어떤 컴퓨터회사에서는 자신의 신제품 노트북 PC를 소개하기 위해서 대대적인 TV광고를 계획하고 있다고 하자. 이 회사 영업부

표 10-1 ▮ 노트북 PC 경쟁사의 광고비와 판매량

노트북 PC 경쟁사	광고비(단위 : 10만원)	판매량(단위 : 천개)
A	3	10
B	5	11
C	7	13
D	9	15
E	10	17
F	12	19
G	15	20

에서는 광고의 효과를 알아보기 위해서 7개의 경쟁사에 대해서 광고비와 판매량을 조사한 결과가 [표 10-1]과 같다.

광고비를 독립변수 X로 하고 판매량을 종속변수 Y로 하여 산점도를 그려보면 [표 10-1]과 같이 나타낼 수 있다. 이 그림에서 광고비가 증가하면 판매량이 증가한다는 것을 쉽게 알 수 있으며 대략적으로 두 변수이 관계는 선형관계에 있다는 것을 짐작할 수 있다.

| 그림 10-1 | **광고비와 판매량의 산점도**

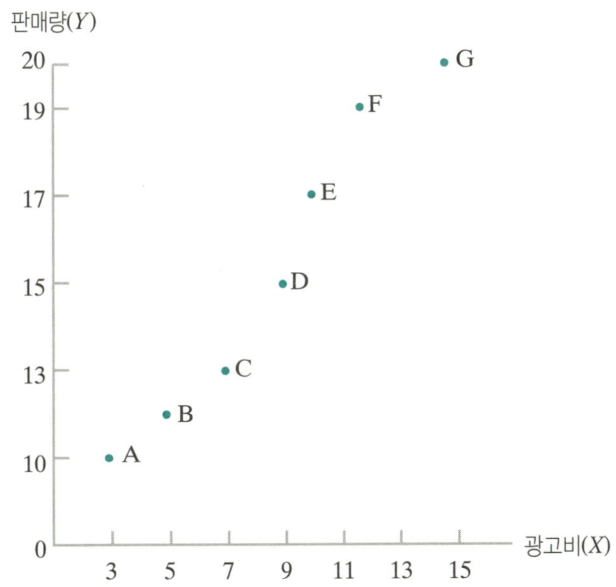

| 그림 10-2 | 산점도의 유형

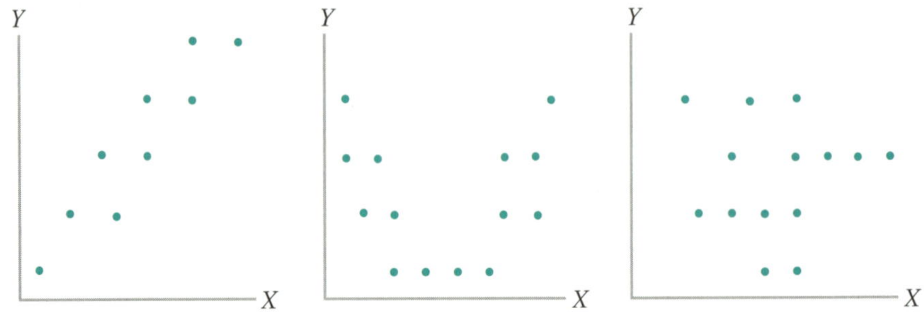

[그림 10-2]는 산점도의 일반적인 유형을 나타내고 있다. 이 그림에서 보는 바와 같이 X와 Y의 관계를 산점도로 나타내면 ① 선형으로 나타내는 경우도 있지만 ② 비선형관계로 설명되는 경우도 있다. 그러나 ③의 경우는 어떤 형태의 방정식으로도 잘 설명될 것처럼 보이지 않는다. 이와 같이 산점도는 두 변수 사이의 관계를 대략적으로 살펴볼 수는 있지만 정확한 두 변수의 관계는 파악할 수 없다. 이 경우 두 변수 사이의 수학적인 함수관계를 실펴보는 것이 필요한데, 이러한 분석기법을 회귀분석이라 하고, 함수관계보다는 두 변수 사이의 단순한 상관 정도를 분석하는 것을 상관분석이라고 한다.

10.1.2 상관계수

상관계수를 구하는 목적은 두 변수 X, Y 사이에 존재하는 변수 상호 간의 의존관계를 알아보는 데 있다. 즉 상관계수는 X, Y 두 변수를 종속변수와 독립변수의 관계가 아닌 동일한 확률변수로 가정하고 두 변수 사이의 상관 정도를 지표에 의해서 측정한다.

(1) 모상관계수

두 변수 X, Y 사이의 상관 정도를 분석하기 위해서는 두 변수를 모두 확률변수로 간주하므로 X, Y가 상호의존적인 모집단을 이루게 된다. X, Y 사이의 상관 정도를 측정하기 위해서는 먼저 공분산(covariance)이 계산되어야 한다. 변수 X, Y의 평균을 각각 $E(X)$, $E(Y)$, 분산을 σ_X^2, σ_Y^2이라 하면, 두 확률변수가 결합확률분포에서 어떻게 결합되어 있는가를 측정할 수 있는 공분산은 다음과 같이 계산된다.

$$
\begin{aligned}
Cov(X, Y) &= E[(X - E(X))(Y - E(Y))] \\
&= E(XY) - E(X) \cdot E(Y)
\end{aligned}
\qquad \text{(식 10.1)}
$$

(식 10.1)을 관찰하여 보면 확률변수 X의 값이 평균 $E(X)$보다 작고 확률변수 Y의 값도 평균 $E(Y)$보다 작아 두 변수의 편차가 모두 음의 값을 갖거나, 또는 확률변수 X의 값이 평균 $E(X)$보다 크고 확률변수 Y의 값도 평균 $E(Y)$보다 커서 두 변수의 편차가 모두 양의 값을 갖는다면 공분산의 값은 양(+)이 된다. 반대로 두 확률변수의 하나만 평균보다 작을 경우에는 공분산의 값은 음(−)이 된다. 따라서 공분산의 값이 양(+)의 값을 갖는 경우는 X가 증가하면 Y도 증가하거나 또는 X가 감소하면 Y도 감소한다. 한편 음(−)의 값을 갖는 경우는 X가 증가하면 Y가 감소하거나 또는 Y가 증가하면 X는 감소한다.

이와 같이 공분산은 확률변수 X의 증감에 따른 확률변수 Y의 증감을 측정한 것이다. 이러한 두 확률변수 사이의 관계를 공분산에 의하여 측정하는 경우 두 변수의 측정단위에 따라서 공분산에 차이가 나는 문제점을 안고 있다. 예를 들어 아버지의 키(X)와 아들의 키(Y)의 상관관계를 분석하는 경우 m로 측정할 때보다 cm로 측정할 때 공분산 $Cov(X, Y)$의 절대값은 더 커진다. 즉, 공분산은 변수의 측정단위가 틀려지면, 두 변수 간의 관련성에 대해 상이한 결과를 제공해 주는 단점이 있다. 따라서 이러한 문제점을 보완하기 위해 두 확률변수 X, Y의 상호관계를 나타내주는 계수로써 **상관계수(correlation coefficient)**를 이용한다. 상관계수는 다음과 같이 정의된다.

$$
\rho = \frac{Cov(X, Y)}{\sigma_X \cdot \sigma_Y} = \frac{\sigma_{XY}}{\sigma_X \cdot \sigma_Y}, \quad -1 \le \rho \le 1 \qquad \text{(식 10.2)}
$$

상관계수 ρ는 두 변수 X와 Y 사이의 관계를 측정하는 데 유용하게 이용되며 그 값은 $-1 \le \rho \le 1$의 값을 갖는다. X와 Y가 완전한 양(+)의 선형관계이면 ρ값은 +1을 가지며 완전한 음(−)의 선형관계이면 −1을 가진다. ρ값이 0이면 두 변수 X, Y의 관계는 전혀 상관관계가 없는 것을 의미한다.

[그림 10-3]은 여러 가지 모양의 상관관계를 보여주고 있다. 상관계수의 절대값이 클수록 두 확률변수 사이의 선형관계가 강하다고 볼 수 있다. 일반적으로 두 변수의 관계가 (b), (d)와 같이 완전한 선형관계로 설명될 수 있는 경우는 드물다고 볼 수 있다. 그리고 (f)와 같은 경우 상관계수를 계산해 보면 0이 되는데 이는 비선형관계에 있기 때문이다. 즉, 상관계수는 선형관계만 측정할 뿐이지 비선형관계는 전혀 측정하지 못한다.

| 그림 10-3 | **여러 가지 형태의 상관관계**

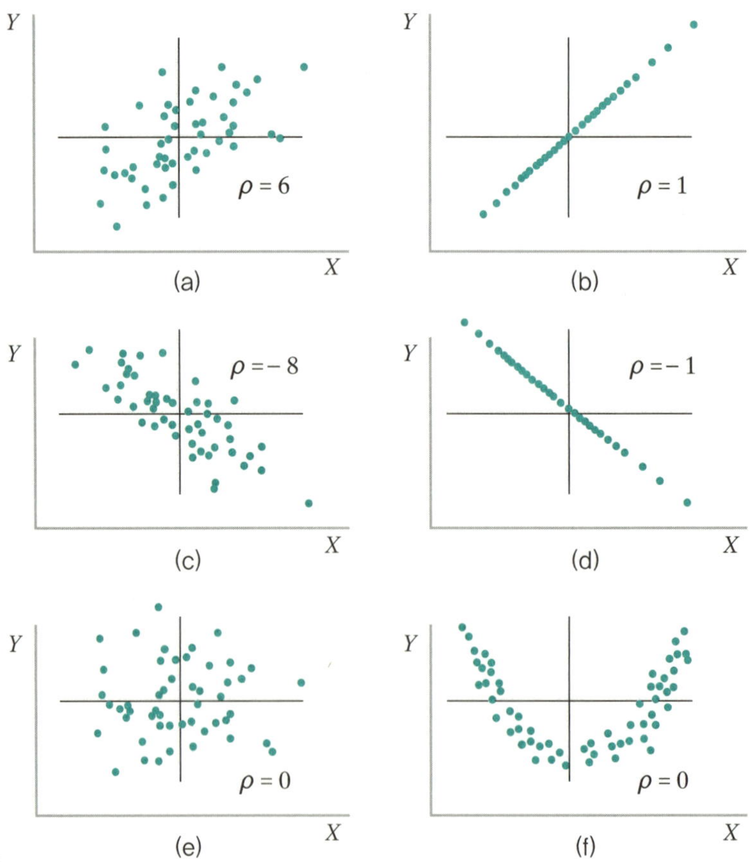

(2) 표본상관계수

변수가 하나 존재하는 1차원의 도수분포표에서 평균과 표준편차가 중요한 역할을 하는 것과 마찬가지로 2차원의 도수분포에 있어서는 분포의 중심경향을 나타내는 표본회귀직선과 표본회귀직선을 중심으로 분산의 정도를 나타내는 기준이 될 표본상관계수가 중요한 역할을 한다.

표본상관계수는 모집단의 상관계수인 모상관계수를 구할 때와 같이 계산되며, (식 10.2)에서 모집단의 σ_{XY}, σ_X, σ_Y 대신에 표본의 S_{XY}, S_X, S_Y를 사용한다.

$$S_{XY} = \frac{\Sigma(X_i - \overline{X})(Y_i - \overline{Y})}{n-1} = \frac{\Sigma X_i Y_i}{n-1} - \overline{X}\,\overline{Y} \quad \text{(식 10.3)}$$

표본의 공분산 S_{XY}가 계산되고 나면 표본공분산을 표본표준편차의 곱으로 나누어 표본의 상관계수 r을 계산한다. 즉, 표본상관계수는 다음과 같이 정의된다.

$$r = \frac{S_{XY}}{S_X \cdot S_Y} \quad \text{(식 10.4)}$$

두 변수 간의 선형관계의 상관 정도를 나타내는 표본상관계수에 대한 해석은 모집단상관계수에 대한 그것과 같다. 일반적으로 r값에 따라 두 변수 간에 관련된 정도는 대략적으로 다음과 같이 구분될 수 있다.

표 10-2 ▮ 상관계수와 두 변수의 관련성

상관계수(ρ 또는 r)의 값	두 변수 간의 관련된 정도
① 1.0 ~ 0.7 (−1.0 ~ −0.7)	매우 강하게 관련
② 0.7 ~ 0.4 (−0.7 ~ −0.4)	상당히 관련
③ 0.4 ~ 0.2 (−0.4 ~ −0.2)	약간 관련
④ 0.2 ~ 0.0 (−0.2 ~ 0.0)	관련 없음

[표 10-1]에서 제시된 노트북 PC 경쟁사의 광고비와 판매량을 가지고 표본상관계수를 구하여 보자.

노트북 PC 경쟁사	X_i	Y_i	X_i^2	Y_i^2	$X_i\ Y_i$
A	3	10	9	100	30
B	5	11	25	121	55
C	7	13	49	169	91
D	9	15	81	225	135
E	10	17	100	289	170
F	12	19	144	361	228
G	15	20	225	400	300
합계	61	105	633	1,665	1,009

이를 계산하면 다음과 같다.

$$\overline{X} = 8.714,\ \overline{Y} = 15$$

$$\begin{aligned} S_{XY} &= \frac{\Sigma(X_i - \overline{X})(Y_i - \overline{Y})}{n-1} \\ &= \frac{\Sigma X_i Y_i}{n-1} - \overline{X}\,\overline{Y} \\ &= \frac{1{,}009}{6} - (8.714)(15) = 37.456 \end{aligned}$$

$$S_X = \sqrt{\frac{\Sigma X_i^2}{n-1} - \overline{X}^2} = \sqrt{\frac{633}{6} - (8.714)^2} = 5.437$$

$$S_Y = \sqrt{\frac{\Sigma Y_i^2}{n-1} - \overline{Y}^2} = \sqrt{\frac{1{,}665}{6} - (15)^2} = 7.245$$

$$r = \frac{S_{YX}}{S_X \cdot S_Y} = \frac{37.456}{(5.437)(7.245)} = 0.951$$

따라서 광고비와 판매량과의 표본상관계수가 $r = 0.951$로서 매우 높다고 볼 수 있다.

10.1.3 엑셀을 이용한 상관분석

두 변수 간의 관련성 정도를 나타내는 상관관계를 설명하기 위하여 어떤 회사에 근무하는 10명의 근로자에 대한 근무월수와 급여에 관한 자료가 주어졌다고 가정하자.

① [그림 10-4]와 같은 입력 자료가 주어졌다고 하자. [데이터] 메뉴에서 하위메뉴 [데이터분석]을 선택한 후 [통계데이터분석] 대화상자에서 [상관분석]을 선택한 후 [확인] 버튼을 클릭하면 상관분석 대화상자가 [그림 10-5]와 같이 나타난다.

그림 10-4 상관분석 입력자료

	A	B	C	D
1				
2	사원별 근무월수와 급여			
3				
4	번호	근무월수	현재급여	
5	1	56	57000	
6	2	42	40200	
7	3	21	21450	
8	4	33	21900	
9	5	38	45000	
10	6	40	32100	
11	7	35	36000	
12	8	10	21900	
13	9	15	27900	
14	10	22	24000	
15				

그림 10-5 상관분석 대화상자

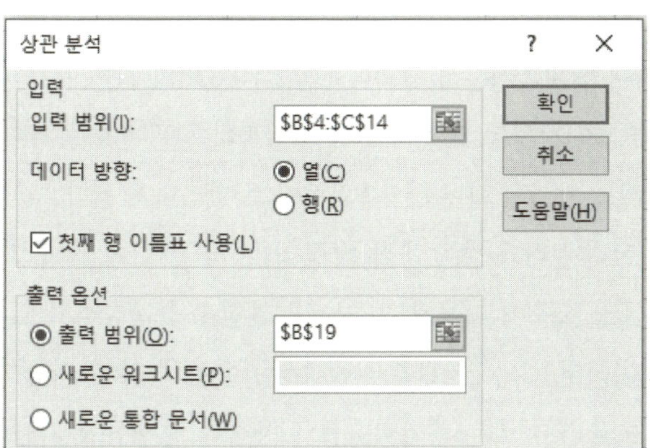

② [상관분석] 대화상자에 [입력] 및 [출력옵션]을 지정한다. 우선 [입력범위]란에는 관련 자료의 영역을 지정하고, 데이터의 방향과 첫 번째 행 이름표 사용에 체크(√)한다.

③ [출력옵션]으로서 상관분석 결과를 출력할 위치를 지정한 후 [확인] 버튼을 클릭한다. 결과는 [그림 10-6]과 같다.

| 그림 10-6 | **상관분석 결과**

	A	B	C	D
1				
2	사원별 근무월수와 급여			
3				
4	번호	근무월수	현재급여	
5	1	56	57000	
6	2	42	40200	
7	3	21	21450	
8	4	33	21900	
9	5	38	45000	
10	6	40	32100	
11	7	35	36000	
12	8	10	21900	
13	9	15	27900	
14	10	22	24000	
15				
16				
17				
18				
19			근무월수	현재급여
20		근무월수	1	
21		현재급여	0.837996	1

[그림 10-6]에서 상관관계분석 결과에 나타난 0.838의 값이 두 변수 간의 표본상관계수값이며 나머지 값들은 각 변수들의 자신과의 상관관계를 의미하므로 완벽한 정(+)의 상관관계를 가지게 되어 항상 1의 값으로 나타나게 된다.

한편, 앞에서 살펴본 바와 같이 엑셀은 [통계데이터분석]에 의해 산출 가능한 통계량과 동일한 통계량 산출에 이용될 수 있는 통계함수를 제공하고 있다. 상관계수의 계산은 [통계데이터분석]의 [상관분석(correlation)]을 통해 가능하지만, [CORREL]과 [PEARSON]이라는 통계함수를 이용하여도 계산이 가능하다. 통계함수

[CORREL]과 [PEARSON]을 이용하여도 [그림 10-6]과 같이 두 변수 간의 상관계수의 계산이 가능하다. 이때 함수 마법사를 이용하는 방법도 있으나 셀H23, 셀 H24에 직접 함수식 "=CORREL(B5:B14,C5:C14)"와 "=PEARSON(A5:A14, B5:B14)"라 입력하여도 상관계수의 계산이 가능하다.

10.2 단순회귀분석

10.2.1 단순선형회귀모형

대략적인 X와 Y의 상관 정도를 보여주는 산점도의 형태가 직선으로 잘 설명될 것으로 나타나면 X와 Y의 함수관계를 단순선형회귀모형(simple linear regression model)으로 나타낼 수 있다. 일반적으로 단순선형회귀모형은 두 부분의 합으로 다음과 같이 표시된다.

$$Y = \alpha + \beta X + \varepsilon$$

여기에서 하나는 1차식의 함수관계를 나타내는 상수항 부분인 $\alpha + \beta X$이고, 다른 하나는 확률적 오차인 ε로 이는 확률변수이다. 확률변수 ε를 포함하는 이유는 다음과 같다.

① 종속변수 Y를 설명할 수 있는 독립변수 X가 누락되었을 때 누락된 변수들의 영향이 오차항(error term)으로 나타날 수 있다.

② 변수를 측정하는 경우의 측정오차(measurement error)가 오차항으로 나타날 수 있다.

③ 비선형(nonlinear) 관계를 선형(linear)관계로 분석하였을 때의 오차가 오차항으로 나타날 수 있다.

④ 이외에 전혀 설명할 수 없는 우연적인 오차가 오차항으로 나타날 수 있다.

$$Y = \alpha + \beta X + \varepsilon \qquad \text{(식 10.5)}$$

여기서, α, β : 미지의 회귀모수(regression parameter)
ε : 미지의 오차항(error term),
독립인 확률변수로 분포는 $N(0, \sigma^2)$
X : 오차를 갖지 않는 상수
Y : 오차를 수반하는 독립인 확률변수

일반적으로 단순선형회귀모형은 다음과 같은 전제를 갖는 것으로 가정한다.

① X는 비확률변수(non-random variable)이며 어떤 주어진 값(given value)이다.

② ε는 미지의 오차항으로 측정될 수 없는 확률변수이고, $N(0, \sigma^2)$을 따르며 서로 독립이다.

따라서 단순선형회귀모형의 양변에 기대값을 취하게 되면 기대값의 특성에 의하여 다음과 같은 모회귀방정식(population regression equation)을 구할 수 있다.

$$\begin{aligned} E(Y) &= E(\alpha + \beta X + \varepsilon) \\ &= \alpha + \beta X + E(\varepsilon) \\ &= \alpha + \beta X \end{aligned}$$

그리고 Y의 분산은 분산의 특성에 의하여 다음과 같이 표현된다.

$$\begin{aligned} Var(Y) &= Var(\alpha + \beta X + \varepsilon) \\ &= Var(\varepsilon) \\ &= \sigma^2 (\alpha + \beta X \text{의 분산은 0 이기 때문에}) \end{aligned}$$

간추려 말하면 확률변수 Y는 평균 $\alpha + \beta X$를 갖고 분산이 σ^2이며 독립이다. 즉 $Y = \alpha + \beta X + \varepsilon$에서 ε는 평균이 0이고 분산이 σ^2이며 독립인 확률변수이다. 이러한 관계를 그림으로 나타내면 [그림 10-7]과 같다.

| 그림 10-7 | 단순선형회귀모형의 도해

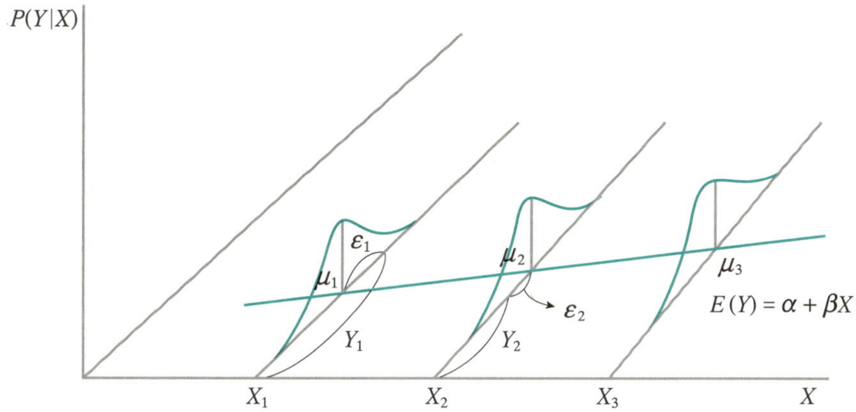

10.2.2 표본회귀직선

회귀분석의 주목적은 모회귀방정식의 추정에 있다. 그런데 모집단 전체를 대상으로 모수 α, β를 구한다는 것은 불가능한 일이다. 따라서 표본조사에서 얻어진 표본회귀방정식을 근거로 모회귀방정식에 관한 통계적 추측을 한다. 즉 모집단에서 표본회귀직선을 구한 것처럼 표본자료 (X_i, Y_i) $(i = 1, 2, \cdots, n)$에서 표본회귀직선(sample regression line)을 구할 수 있다. 표본회귀직선을 식으로 나타내면 다음과 같다.

$$\hat{Y} = a + bX \qquad \text{(식 10.6)}$$

여기서, b : 표본회귀계수(sample regression coefficient)
a : 표본회귀상수(sample regression constant)

표본회귀직선을 구하는 경우에 가장 좋은 방법은 관측치 Y_i와 표본회귀직선상의 값인 $\hat{Y}_i$의 차이인 잔차(residual) e_i를 가장 작게 하는 것이다.

$$\begin{aligned} e_i &= Y_i - \hat{Y}_i \\ &= Y_i - (a + bX_i) \qquad (\because \hat{Y}_i = a + bX_i) \end{aligned} \qquad \text{(식 10.7)}$$

[그림 10-8]은 Y_i와 $\hat{Y}_i$ 그리고 e_i 사이의 관계를 나타내고 있다. 표본관찰치의 어떤 점이 표본회귀직선 위쪽에 존재하면 잔차는 양(+)이 되고 표본회귀직선 아래쪽에 있으면 음(−)이 된다. 또한 표본관찰치가 정확하게 표본회귀직선상에 있으면 잔차는 0이 되고 이때 관찰치인 실제값 Y_i와 추정값 $\hat{Y}_i$는 같다. 만약 Y_i와 $\hat{Y}_i$의 잔차가 0에 가까우면 Y_i는 $\hat{Y}_i$에 가깝게 되어, 즉 각각의 관찰치는 추정된 표본회귀직선 $\hat{Y} = a + bX$에 가깝게 위치하게 된다.

| 그림 10-8 | **잔차의 의미**

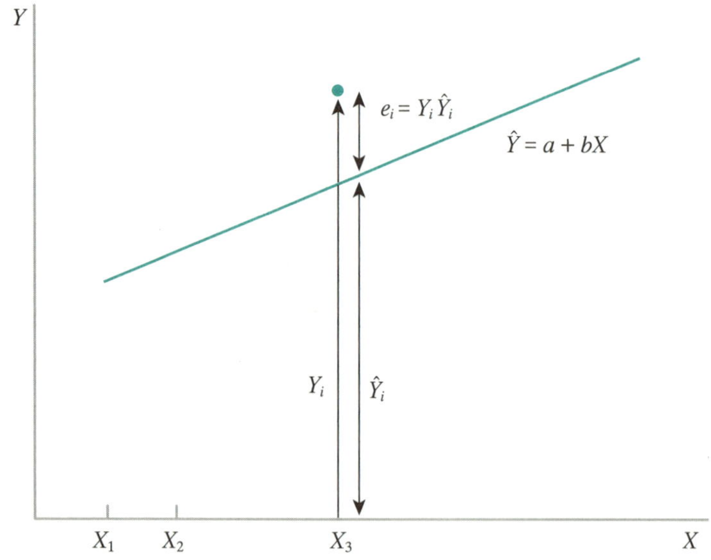

잔차를 작게 해주는 회귀직선을 구하는 방법은 최소제곱법(least square method)과 최대우도법(maximum likelihood method)이 있지만 여기서는 최소제곱법에 대해서만 알아보기로 한다.

최소제곱법은 잔차제곱의 합을 가장 작게 하는 a와 b를 구하는 방법이다. 즉, $\sum_{i=1}^{n} e_i^2$을 최소화시키는 a와 b를 구하는 것이다.

$\sum_{i=1}^{n} e_i^2$을 SSE라 놓으면

$$Y_i = \hat{Y}_i + e_i$$

$$e_i = Y_i - \hat{Y}_i$$
$$= Y_i - (a + bX_i)\text{이기 때문에}$$

$$SSE = \sum_{i=1}^{n} e_i^2 = e_1^2 + e_2^2 + \cdots + e_n^2$$
$$= \sum_{i=1}^{n}[Y_i - (a + bX_i)]^2$$

을 최소화하는 a, b를 구하면 된다.

최소화되는 a, b값을 구하기 위해, SSE를 a, b에 대해 편미분하여 0으로 놓고

$$SSE = \Sigma(Y_i - a - bX_i)^2 \quad (a,\ b;\ \text{독립변수})$$

$$\frac{\partial SSE}{\partial a} = 0 \qquad -2\Sigma(Y_i - a - bX_i) = 0$$

$$\frac{\partial SSE}{\partial b} = 0 \qquad -2\Sigma(Y_i - a - bX_i)X_i = 0$$

정리하면 다음 정규방정식을 얻는다.

$$\Sigma Y_i = na + b\Sigma X_i$$
$$\Sigma X_i Y_i = a\Sigma X_i + b\Sigma X_i^2$$

이 식을 만족하는 a, b를 구하기 위해 연립방정식을 풀면 다음과 같은 회귀계수를 얻을 수 있으며, 이렇게 구한 a, b를 α, β의 최소제곱추정량(least squares estimator)이라 한다.

$$b = \frac{n\Sigma X_i Y_i - \Sigma X_i \Sigma Y_i}{n\Sigma X_i^2 - (\Sigma X_i)^2} = \frac{\Sigma X_i Y_i - n\overline{X}\,\overline{Y}}{\Sigma X_i^2 - n\overline{X}^2} \qquad \text{(식 10.8)}$$

$$a = \overline{Y} - b\overline{X} \qquad \text{(식 10.9)}$$

예를 들어, 강남컴퓨터랜드에서 생산되는 ABC모델의 PC에 대한 광고계획을 입안하기 위해 10개월 동안의 월별 광고비와 판매액에 대한 자료가 다음과 같이 조사되었다. 최소제곱법을 이용하여 광고비를 독립변수로 하는 표본회귀직선을 구한다고 하자.

(단위 : 백만원)

월	1	2	3	4	5	6	7	8	9	10
광고비	5	10	2	6	7	6	8	4	7	5
판매액	80	100	40	80	60	70	80	50	90	50

이를 풀이하면 다음과 같다.

월	X_i	Y_i	X_i^2	X_iY_i
1	5	80	25	400
2	10	100	100	1,000
3	2	40	4	80
4	6	80	36	480
5	7	60	49	420
6	6	70	36	420
7	8	80	64	640
8	4	50	16	200
9	7	90	49	630
10	5	50	25	250
합계	60	700	404	4,520

$$b = \frac{n\Sigma X_iY_i - \Sigma X_i \Sigma Y_i}{n\Sigma X_i^2 - (\Sigma X_i)^2} = \frac{\Sigma X_iY_i - n\overline{X}\,\overline{Y}}{\Sigma X_i^2 - n\overline{X}^2} = \frac{10 \times 4,520 - 60 \times 700}{10 \times 404 - 60^2}$$

$$= 7.2727$$

$$a = \overline{Y} - b\overline{X} = 70 - 7.2727 \times 6.0 = 26.3638$$

위에서 계산된 a, b를 표본회귀식에 대입하면 다음과 같은 식을 얻을 수 있다.

$$\hat{Y} = 26.36 + 7.27X$$

이 방정식을 이용하여 광고비를 기초로 한 PC판매액을 예측하는 데 이용된다. 만약 광고비가 9백만원만큼 지출했다면 예상되는 매출액은 $\hat{Y} = 26.36 + 7.27 \times 9 = 91.79$(백만원)이다. 즉, 광고비를 9백만원만큼 지불했을 경우 예상되는 PC판매액은 91.79백만원이라고 예측할 수 있다는 것이다. 또한 위에서 얻어진 회귀직선에서 잔차를 구하려면 $e = Y - \hat{Y} = Y - (26.36 + 7.27X)$을 이용하여 10개월에 대한 잔차를 구할 수 있으며 잔차의 합$(\Sigma \varepsilon_i)$이 0인 것을 확인할 수 있다.

10.2.3 선형회귀모형의 적합도검정

표본으로부터 회귀직선을 구한 후에 그 표본회귀식이 독립변수 X와 종속변수 Y의 관계를 적절히 설명하고 있는지의 여부를 평가할 필요가 있다. 일반적으로 회귀직선을 평가하는 방법은 결정계수 r^2과 추정된 표준오차 S_e에 의해서 분석하는 두 가지가 있다.

(1) 표본결정계수

n쌍의 자료 $(X_1, Y_1), (X_2, Y_2), \cdots, (X_n, Y_n)$에서 관찰치 Y_i의 총편차 $(Y_i - \overline{Y})$를 분할하면 다음과 같이 두 부분으로 나눌 수 있다.

$$(Y_i - \overline{Y}) = (Y_i - \hat{Y}_i) + (\hat{Y}_i - \overline{Y})$$

$(Y_i - \hat{Y}_i)$는 회귀직선에서 나타낼 수 없는 설명안되는 편차(unexplained deviation)라 부르며, $(\hat{Y}_i - \overline{Y})$는 회귀직선으로 나타낼 수 있는 설명되는 편차(explained deviation)라 부른다. 이를 그림으로 나타내면 다음과 같다.

| 그림 10-9 | **총변동의 구분**

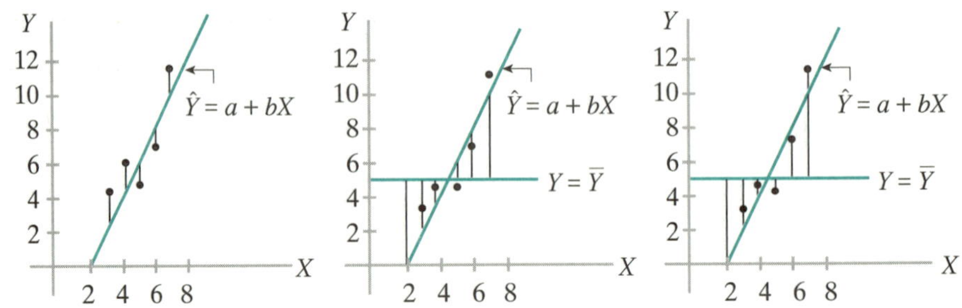

(a) $\Sigma(Y_i-\hat{Y}_i)^2$ (b) $\Sigma(\hat{Y}_i-\bar{Y})^2$ (c) $\Sigma(Y_i-\bar{Y})^2$

위 식의 양변을 제곱하여 Σ를 취하면

$$\Sigma(Y_i-\bar{Y})^2=\Sigma[(Y_i-\hat{Y}_i)+(\hat{Y}_i+\bar{Y})]^2$$
$$=\Sigma(Y_i-\hat{Y}_i)^2+\Sigma(\hat{Y}_i+\bar{Y})^2+2\Sigma(Y_i-\hat{Y}_i)(\hat{Y}_i-\bar{Y})$$

이 된다.

여기서 마지막 항은 표본회귀직선의 성질에 의해서

$$2\Sigma e_i(\hat{Y}_i-\bar{Y})=2(\Sigma\hat{Y}_i e_i-\bar{Y}\Sigma e_i)=0$$

이 된다.

따라서 위 식은 다음과 같이 된다.

$$\Sigma(Y_i-\bar{Y})^2=\Sigma(Y_i-\hat{Y}_i)^2+\Sigma(\hat{Y}_i-\bar{Y})^2$$

(총변동) = (설명안되는 변동) + (설명되는 변동)

위 식에서 총변동(SST : Sum of Squares of Total variation) $\Sigma(Y_i-\bar{Y})^2$은 회귀모형에 의하여 설명안되는 변동(SSE : Sum of Squares due to Error variation) $\Sigma(Y_i-\hat{Y}_i)^2$과 회귀모형에 의하여 설명되는 변동(SSR : Sum of Squares due to Regression) $\Sigma(\hat{Y}_i-\bar{Y})^2$으로 분해됨을 알 수 있다. 따라서 회귀모형이 얼마나 설명력이 있는지를 살펴보기 위해서는 총변동 중에서 회귀모형에 의해 설명되는 변동이 얼마인지 그 비율(ratio)을 계산해보면 될 것이다. 이 비율을 표본의 결정계수(sample coefficient of determination)라고 하고 다음과 같이 계산된다.

$$\text{표본결정계수} = \frac{\text{설명된 변동}}{\text{총변동}} = 1 - \frac{\text{설명안된 변동}}{\text{총변동}}$$

$$(r^2) = \frac{SSR}{SST} = 1 - \frac{SSE}{SST} \qquad \text{(식 10.10)}$$

여기에서 표본결정계수 r^2에 대한 몇 가지 중요한 사실을 정리하면 다음과 같다.

첫째, 이 결정계수는 총변동 중에서 회귀직선에 의해서 설명되는 비율로써 r^2의 값이 크면 클수록 회귀직선의 설명력은 커지며, 결정계수의 범위는 $0 \leq r^2 \leq 1$에 놓여 있다.

둘째, 표본자료의 산포점들이 추정된 회귀직선에 가깝게 접근해 있을수록 회귀직선에 의해 설명되지 않는 변동(SSE)이 작아져서 상대적으로 설명될 수 있는 변동(SSR)이 커지게 되고 결국 결정계수는 1에 접근하게 된다.

셋째, 만약 결정계수가 1이라고 하면 $SST = SSR$($\because SSE = 0$)이 되어 모든 표본자료의 산포점들이 회귀직선상에 있게 되는 것이며, 반면에 결정계수가 0인 경우는 추정된 회귀직선의 기울기 b가 0이 되어 두 변수 사이에 선형관계가 존재하지 않는다는 것을 의미한다.

넷째, 결정계수는 표본자료의 측정치인 두 변수 사이의 선형성 정도를 나타내는 측정치라고 볼 수 있다. 따라서 여러 회귀직선을 비교할 수 있다는 장점이 있는 반면에, 각 회귀직선이 어느 정도의 오차를 가지고 있는지는 나타낼 수 없다.

(2) 추정된 표준오차

추정된 회귀방정식의 정확도는 실제 관측치들이 추정된 회귀식을 중심으로 얼마나 퍼져 있는지와 관련되어 있는 것이다. 만약 Y의 관측치들이 회귀직선 주변에 모여 있다면 편차($e_i = Y_i - \hat{Y}_i$)의 값은 작아지고, 반대로 이들이 회귀직선으로부터 멀리 떨어져 있으면 편차의 값은 커질 것이다. 따라서 이를 이용하여 회귀직선을 평가할 수 있다. 즉, 추정된 회귀직선으로부터 실제 관측치가 얼마나 흩어져 있는가를 나타낼 수 있는 척도가 **추정된 표준오차(standard error of estimate)**인데 이는 다음과 같이 정의된다.

$$S_e = \sqrt{\frac{\Sigma(Y_i - \hat{Y}_i)^2}{n-2}} = \sqrt{\frac{SSE}{n-2}} \qquad \text{(식 10.11)}$$

(식 10.11)에서 분자에 해당하는 $\Sigma(Y_i - \hat{Y}_i)^2$을 보면 만약 예측치 $\hat{Y}_i$과 관찰치 Y_i가 같아서 모든 관찰치가 회귀직선상에 있게 되면 $S_e = 0$이 된다. 반대로 X_i와 Y_i가 아무런 관계가 없을 경우에는 $\hat{Y}_i$ 대신에 사용할 수 있는 것은 Y_i의 평균인 $\overline{Y}$ 이외는 없다. 따라서 $\Sigma(Y_i - \overline{Y}_i)^2$이 되어 S_e는 Y_i의 표준편차가 된다는 것을 알 수 있다. 결국 S_e는 0에서부터 Y_i의 표준편차 범위 사이의 값을 갖는다는 것이다. 그리고 분모에서 자유도가 $n - 2$는 자유도의 개념으로써 $\hat{Y}_i$를 구하는 경우 두 개의 모수 α, β가 추정되어야 하므로 2개의 자유도를 상실하게 된다는 것을 의미한다.

예를 들어, 앞에서 최소제곱법에 의해 구한 표본회귀직선이 $\hat{Y} = 26.36 + 7.27X$이었다. 이때 표본결정계수(r^2)와 추정의 표준오차(S_e)를 구해보자.

이를 풀이하면 다음과 같다.

월	X_i	Y_i	X_i^2	X_iY_i	$\hat{Y}_i$	$Y_i - \hat{Y}_i$	$(Y_i - \hat{Y}_i)^2$	$(\hat{Y}_i - \overline{Y})^2$	$(Y_i - \overline{Y})^2$
1	5	80	25	400	62.71	17.29	298.9441	53.1441	100
2	10	100	100	1000	99.06	0.94	0.8836	844.4836	900
3	2	40	4	80	40.90	−0.90	0.8100	846.8100	900
4	6	80	36	480	69.98	10.02	100.4004	0.0004	100
5	7	60	49	420	77.25	−17.25	297.5625	52.5625	100
6	6	70	36	420	69.98	0.02	0.0004	0.0004	0
7	8	80	64	640	84.52	−4.52	20.4304	210.8304	100
8	4	50	16	200	55.44	−5.54	29.5936	211.9936	400
9	7	90	49	630	77.25	12.75	162.5625	52.5625	400
10	5	50	25	250	62.71	−12.71	161.5441	53.1441	400
합계	60	700	404	4520	700	0	1,072.7320	2,325.5320	3400

$$\text{결정계수}(r^2) = 1 - \frac{\text{설명안된 변동}(SSE)}{\text{총변동}(SST)} = \frac{SSR}{SST} = \frac{2,325}{3,400} = 0.6844$$

결정계수가 0.6844라는 것은 광고비가 PC판매액의 68.44%를 결정한다는 것을 의미한다.

$$\text{추정된 표준오차}(S_e) = \sqrt{\frac{\Sigma(Y_i - \hat{Y}_i)^2}{n-2}} = \sqrt{\frac{SSE}{n-2}} = \sqrt{\frac{1,072.7}{10-2}} = 11.58$$

10.2.4 선형회귀모형의 유의도검정

(1) 회귀계수에 대한 F검정

표본자료로부터 얻은 회귀직선이 통계적으로 유의한가를 검정하는 방법에 대하여 설명하기로 한다. 결정계수(r^2)를 구하기 위한 (식 10.10)에서 보면 회귀직선이 표본자료를 잘 설명하고 있을 경우 설명된 변동(SSR)은 설명안된 변동(SSE)보다 상대적으로 크다고 볼 수 있으며, 회귀직선이 표본자료를 잘 설명하고 있지 않을 경우에는 SSR은 SSE보다 상대적으로 작을 것이다.

이러한 개념을 이용하여 다음과 같은 회귀분석표에 의한 회귀직선의 적합성 여부를 검정할 수 있다.

표 10-3 ▮ 회귀분석표에 의한 분산분석표

변동의 원인	제곱합	자유도	평균제곱	F값
회귀	$SSR = \Sigma(\hat{Y}_i - \overline{Y})^2$	1	$MSR = \frac{SSR}{1}$	$F = \frac{MSR}{MSE}$
잔차	$SSE = \Sigma(Y_i - \hat{Y}_i)^2$	$n-2$	$MSE = \frac{SSE}{n-2}$	
합계	$SST = \Sigma(Y_i - \overline{Y})^2$	$n-1$		

[표 10-3]에서 SSR의 자유도는 독립변수의 수와 같으므로 1이며, SSR과 SSE의 자유도의 합은 SST의 자유도와 같다. 평균제곱합은 제곱합을 각각의 자유도로 나눈 것인데 이는 독립변수와 관찰치의 수에 따라 SSR과 SSE가 달라지기 때문에 그 크기를 표준화하기 위함이다. MSR과 MSE는 분산의 개념이며 두 모집단의 모분산에 대

한 가설검정에서 F통계량을 이용한 것과 같이 두 평균제곱의 비율인 $\frac{MSR}{MSE}$은 자유도가 각각 1과 $n-2$인 F분포를 이룬다.

$$F = \frac{SSR/1}{SSE/(n-2)} = \frac{MSR}{MSE} \qquad \text{(식 10.12)}$$

회귀직선의 유의성검정을 위한 귀무가설과 대립가설은 다음과 같다.

$H_0 : \beta = 0$ (회귀직선의 기울기 값은 0이다)

$H_1 : \beta \neq 0$ (회귀직선의 기울기 값은 0이 아니다)

회귀직선의 기울기 값이 0인 것은 두 변수 사이의 선형관계가 성립하지 않는다는 것이다. F검정을 하기 위해서는 회귀분석표의 F값을 구한 후에 부록의 F분포표를 이용한 임계치 $F_{\alpha,(df_1, df_2)}$를 비교하여 $F \geq F_{\alpha,(df_1, df_2)}$이면 귀무가설은 기각하게 된다.

예를 들어, 월별광고비와 판매액에 대한 자료에서 얻은 회귀직선 $\hat{Y} = 26.36 + 7.27X$에 대한 유의성을 5%의 유의수준으로 검정한다고 하자.

이를 위하여 회귀분석에 대한 분산분석표를 만들면 다음과 같다.

변동의 원인	제곱합	자유도	평균제곱	F값
회귀	2,325.5	1	2,325.5	17.34
잔차	1,027.7	8	134.1	
합계	3,400	9		

F검정을 위한 임계치 $F_{0.05,\ (1,8)} = 5.32$이다. 따라서 채택역은 $F < 5.32$, 기각역은 $F \geq 5.32$이다. 즉, H_0를 기각함으로써 회귀직선은 유의하다고 볼 수 있다.

(2) 회귀계수에 대한 t검정

표본자료에서 구한 표본회귀직선으로부터 모집단의 모수 α, β를 추정해야 하는데 이를 회귀분석의 통계적 추론이라고 한다. 즉, 단순선형회귀모형 $Y=\alpha+\beta X+\varepsilon$

에서 실제로 모집단에 속해 있는 관찰치를 모두 포함한다는 것은 불가능하기 때문에 모집단으로부터 n개의 관찰치를 추출하여 표본회귀직선 $\hat{Y} = a + bX$를 추정하게 되는 것이다. 여기서 $\hat{Y}$는 Y, a는 α 그리고 b는 β의 점추정량들이다. 이 추정량들은 각각 평균과 분산을 가지고 있기 때문에 모수에 대한 구간추정 및 가설검정을 할 수 있다.

1) β에 대한 검정

① b(β의 최소제곱추정량)의 확률분포

β의 추정에 관하여 설명하기 전에 β의 점추정량인 b의 확률분포에 관하여 살펴보자. 표본회귀직선의 기울기인 점추정량 b는 이미

$$b = \frac{n\Sigma X_i Y_i - \Sigma X_i \Sigma Y_i}{n\Sigma X_i^2 - (\Sigma X_i)^2} = \frac{\Sigma X_i Y_i - n\overline{X}\,\overline{Y}}{\Sigma X_i^2 - n\overline{X}^2}$$

라는 것을 알았다. 여기서 b는 표본에 따라 변하는 확률변수이기 때문에 표본분포를 가진다. 만약 단순선형회귀모형의 기본가정이 성립하면 b의 평균과 분산은 다음과 같다.

$$E(b) = \beta \qquad \text{(식 10.13)}$$

$$Var(b) = \frac{\sigma_e^2}{\Sigma(X_i - \overline{X})^2} \qquad \text{여기서, } \sigma_e^2 : \text{오차항의 분산} \qquad \text{(식 10.14)}$$

(식 10.14)에서 σ_e^2이 클수록 b의 분산이 커지고, $\Sigma(X_i - \overline{X})^2$의 값이 클수록 b의 분산은 작아짐을 알 수 있다. 따라서 b의 분산은 오차항의 분산 σ_e^2에 의존하게 된다는 것을 알 수 있다. 그런데 오차항 ε가 정규분포를 한다고 가정하였으므로 b도 정규분포를 하게 된다. 만약 정규분포를 한다는 가정이 없을 때는 표본 n이 크면 $(n \geq 30)$ 중심극한정리에 의하여 b는 정규분포를 하게 된다.

$$b \sim N\left(\beta, \frac{\sigma_e^2}{\Sigma(X_i - \overline{X})^2}\right) \quad \text{(식 10.15)}$$

여기서, σ_e^2 : 오차항의 분산

② β의 구간추정과 검정

앞에서 $b \sim N\left(\beta, \frac{\sigma_e^2}{\Sigma(X_i - \overline{X})^2}\right)$ 이기 때문에 확률변수

$$Z = \frac{b - \beta}{\sigma_e / \sqrt{\Sigma(X_i - \overline{X})^2}}$$

는 표준정규분포 $N(0,\ 1)$을 한다. 그러나 σ_e를 알 수 없기 때문에 추정된 표준오차 S_e를 사용하여 확률변수

$$t = \frac{b - \beta}{S_e / \sqrt{\Sigma(X_i - \overline{X})^2}}$$

는 자유도가 $(n-2)$인 t분포가 된다. 따라서 β의 $100(1-\alpha)\%$ 신뢰구간은 다음과 같이 표현된다.

$$b - t_{\frac{\alpha}{2}} \cdot \frac{S_e}{\sqrt{\Sigma(X_i - \overline{X})^2}} \le \beta \le b + t_{\frac{\alpha}{2}} \cdot \frac{S_e}{\sqrt{\Sigma(X_i - \overline{X})^2}} \quad \text{(식 10.16)}$$

β의 가설검정은 귀무가설 $H_0 : \beta = 0$과 3가지의 대립가설 $H_1 : \beta \neq 0$, $H_1 : \beta > 0$, $H_1 : \beta < 0$ 중의 하나에 대해서 검정하는 것이다. 검정을 수행하기 위한 검정통계량은 t통계량이며 부록의 t분포표에서 유의수준 α, 자유도 $(n-2)$를 이용하면 된다.

앞의 예제에서 β의 95% 신뢰구간을 구하고 유의수준 5%하에서 $H_0 : \beta = 0$을 검정해보자.

$b = 7.27$, $\sqrt{\Sigma(X_i - \overline{X})^2} = 6.633$, $S_e = 11.58$, $n = 10$이므로 자유도는 $(10-2) = 8$,

$\alpha/2 = 0.025$이다. 따라서 $t_{0.025,8} = 2.306$이므로 β의 95% 신뢰구간은 다음과 같다.

$$7.27 - 2.306 \times \frac{11.58}{6.633} \leq \beta \leq 7.27 + 2.306 \times \frac{11.58}{6.633}$$

$$3.244 \leq \beta \leq 11.295$$

β에 대한 검정의 경우는

$$H_0 : \beta = 0$$
$$H_1 : \beta \neq 0$$

에서 검정통계량은

$$t = \frac{7.27}{11.58/6.633} = 4.1642$$

가 된다. $t_{0.025,8} = 2.306$이므로 t값은 기각역에 속하게 된다. 따라서 유의수준 5%하에서 $\beta = 0$라는 귀무가설은 기각된다. 즉, 이것은 광고비가 PC판매액에 영향을 미친다는 대립가설을 받아들이고 귀무가설은 기각된다.

2) α에 대한 검정

① a(α의 최소제곱추정량)의 확률분포

회귀직선의 절편인 α에 관한 추론은 단순선형회귀모형의 기울기가 0인 경우에 하게 된다. 표본회귀직선의 절편인 점추정량 a는 이미

$$a = \overline{Y} - b\overline{X}$$

라는 것을 알았다. 여기서 a의 표본분포는 정규분포를 하며 평균과 분산은 다음과 같다.

$$E(a) = \alpha \qquad \text{(식 10.17)}$$

$$Var(a) = \frac{\sigma_e^2 X_i^2}{n\Sigma(X_i - \overline{X})^2} \qquad \text{(식 10.18)}$$

여기서, σ_e^2 : 오차항의 분산

a의 분산은 오차항의 분산인 σ_e^2이 클수록 a의 분산은 커지고, X_i값이 $\overline{X}$에서 멀리 떨어져 있을수록 a의 분산은 작아짐을 알 수 있다. 따라서 a의 분산도 b의 분산과 마찬가지로 σ_e^2에 따라서 변하게 된다는 것을 알 수 있으며, 오차항(ε)은 정규분포를 한다고 가정하였기 때문에 a의 표본분포도 정규분포를 하게 된다.

$$a \sim N\left(\alpha,\ \frac{\sigma_e^2 \Sigma X_i^2}{n\Sigma(X_i - \overline{X})^2}\right) \qquad \text{(식 10.19)}$$

여기서, σ_e^2 : 오차항의 분산

② α의 구간추정과 검정

앞에서 $a \sim N\left(\alpha,\ \frac{\sigma_e^2 \Sigma X_i^2}{n\Sigma(X_i - \overline{X})^2}\right)$이기 때문에 확률변수

$$Z = \frac{a - \alpha}{\frac{\sigma_e \sqrt{\Sigma X_i^2}}{\sqrt{n\Sigma(X_i - \overline{X})^2}}}$$

는 표준정규분포 $N(0, 1)$을 한다. 그러나 일반적으로 σ_e를 알 수 없기 때문에 추정된 표준오차 S_e를 사용하여 확률변수

$$t = \frac{a - \alpha}{\frac{S_e \sqrt{\Sigma X_i^2}}{\sqrt{n\Sigma(X_i - \overline{X})^2}}}$$

는 자유도가 $(n-2)$인 t분포가 된다. 따라서 α의 $100(1-\alpha)\%$ 신뢰구간은 다음과 같이 표현된다.

$$a - t_{\frac{\alpha}{2}} \cdot \frac{S_e\sqrt{\Sigma X_i^2}}{\sqrt{n\,\Sigma(X_i-\overline{X})^2}} \le \alpha \le a + t_{\frac{\alpha}{2}} \cdot \frac{S_e\sqrt{\Sigma X_i^2}}{\sqrt{n\,\Sigma(X_i-\overline{X})^2}} \qquad \text{(식 10.20)}$$

α의 가설검정은 t통계량을 계산하여 회귀직선의 기울기에 대한 가설검정을 할 때와 같은 방법으로 하면 된다. 즉, $H_0 : \alpha=0$와 세 가지 대립가설 $H_1 : \alpha \neq 0$, $H_1 : \alpha > 0$, $H_1 : \alpha < 0$ 중의 하나에 대해서 검정하는 것이다. 검정을 수행하기 위한 검정통계량은 t통계량이며 부록의 t분포표에서 유의수준 α, 자유도 $(n-2)$를 이용하면 된다.

앞의 예제에서 α의 95% 신뢰구간을 구하고 유의수준 5%하에서 $H_0 : \alpha=0$을 검정해보자.

$a = 26.4$, $\dfrac{\sqrt{\Sigma X_i^2}}{\sqrt{n\,\Sigma(X_i-\overline{X})^2}} = 0.958$, $S_e = 11.58$, $n = 10$이므로 자유도는 $(10-2) = 8$, $\alpha/2 = 0.025$이다. 따라서 $t_{0.025,8} = 2.306$이므로 α의 95% 신뢰구간은 다음과 같다.

$$26.4 - 2.306 \times \frac{11.58 \times 20.0998}{20.9754} \le \alpha \le 26.4 + 2.306 \times \frac{11.58 \times 20.0998}{20.9754}$$
$$\therefore 0.8112 \le \alpha \le 51.9887$$

α에 대한 검정의 경우는

$$H_0 : \alpha = 0$$
$$H_1 : \alpha \neq 0$$

에서 검정통계량은

$$t = \frac{26.4}{\frac{(11.58 \times 20.0998)}{20.9754}} = 2.379$$

가 된다. $t_{0.025,8}$ = 2.306이므로 t값은 기각역에 속하게 된다. 따라서 유의수준 5%하에서 $\alpha = 0$이라는 귀무가설은 기각된다.

10.2.5 종속변수의 예측

회귀분석의 중요한 목적은 독립변수가 종속변수에 미치는 영향력을 파악하여 독립변수의 일정한 값에 대응되는 종속변수의 값을 예측하는 데 있다. 그런데 표본회귀직선을 이용하여 예측하는 경우 예측된 종속변수($\hat{Y}$)의 값의 신뢰성에 대해서 생각해볼 필요가 있다. 즉, 예측에는 표본으로부터 얻은 회귀직선이기 때문에 예측값에 대한 오차가 생긴다는 것이다.

먼저 $\hat{Y}$의 평균에 대해서 생각해보자.

$$\begin{aligned} E(\hat{Y}) &= E(a + bX) \\ &= E(a) + E(X)E(b) \\ &= \alpha + \beta X \\ &= \mu \end{aligned}$$

즉, $\hat{Y}$은 모집단의 독립변수(X)에 대한 종속변수(Y)의 기대치 μ의 불편추정량이 된다. 그러므로 표본회귀직선 $\hat{Y} = a + bX$에 어떤 주어진 X의 특정한 값 X_0를 대입하여 얻은 $\hat{Y}$값이 모수 μ의 점추정치가 된다는 것을 알 수 있다. 앞의 예제에서 $\hat{Y}$ =26.36 + 7.27X를 얻었다. 이 표본회귀직선은 모집단이 아니라 표본으로부터 얻어진 결과이다. 예를 들어, 광고비가 10백만원 지출되었을 때 PC판매액은 $\hat{Y}$ = 26.36 + 7.27(10) = 99.6백만원이라고 예측할 수 있다. 그러나 실제로 광고비를 10백만원 지출할 경우 모집단의 평균 PC판매액 μ가 99.6백만원이라고 단정할 수는 없다. 왜냐하면 표본회귀직선에서 구한 a, b는 모수 α, β의 추정치이기 때문이다. 따라서 표본회귀직선에 의한 예측치의 오차는 a가 모수의 절편 α와 다르기 때문에 생기는 오차와 b가 모수의 기울기 β와 다르기 때문에 생기는 오차가 결합되어 나타난다.

어떤 주어진 X의 특정한 값 X_0에서의 모수 μ에 대한 신뢰구간을 추정하기 위해서는 $\hat{Y}$의 표준오차 σ_0를 구해야 하는데 σ_0는 다음과 같이 계산된다.

$$\sigma_0 = \sigma_e \sqrt{\frac{1}{n} + \frac{(X_0 - \overline{X})^2}{(\Sigma X_i^2 - n\overline{X}^2)}} \qquad \text{(식 10.21)}$$

(식 10.21)에서 보면 표본의 크기 n을 크게 하면 σ_0는 작아지고, $(X-\overline{X})$의 값이 클수록 σ_0는 더욱 커짐을 알 수 있다. 그리고 대부분의 경우에 있어서 모집단 전체에 대한 오차의 표준편차 σ_e을 모르기 때문에 불편추정량 S_e을 대신 사용하여 $\hat{Y}$의 표준오차 S_0을 다음과 같이 계산한다.

$$S_0 = S_e \sqrt{\frac{1}{n} + \frac{(X_0 - \overline{X})^2}{(\Sigma X_i^2 - n\overline{X}^2)}} \qquad \text{(식 10.22)}$$

모수 μ에 대한 신뢰구간을 추정할 경우에 모집단의 분산을 모르기 때문에 표본분산을 적용해야 하므로 t통계량을 사용해야 한다. 따라서 모수 μ의 $100(1-\alpha)\%$ 신뢰구간은 다음과 같이 표현된다.

$$\hat{Y} - t_{\alpha/2} \cdot S_0 \leq \mu \leq \hat{Y}_i + t_{\alpha/2} \cdot S_0 \qquad \text{(식 10.23)}$$

(식 10.23)에서 t의 자유도는 $(n-2)$이며, $n \geq 30$일 경우에는 Z확률변수를 사용하여도 무방하다. 예를 들어, 앞의 예에서 회귀직선 $\hat{Y} = 26.36 + 7.27X$를 얻었다. $X_0 = 7$일 경우 μ에 대한 95% 신뢰구간을 구한다고 하자.

$X_0 = 7$(광고비 7백만원)에 대한 예측치 $\hat{Y}$의 표준오차 S_0은 다음과 같이 계산한다.

$$S_0 = S_e\sqrt{\frac{1}{n} + \frac{(X_0 - \overline{X})^2}{(\Sigma X_i^2 - n\overline{X}^2)}}$$

$$= 11.58\sqrt{\frac{1}{10} + \frac{(7-6)}{404 - 10(36)}}$$

$$= 4.0567$$

따라서 광고비 7백만원에 대한 ABC모델에 대한 판매액의 신뢰구간은 다음과 같다.

$$\hat{Y} - t_{\frac{\alpha}{2}} \cdot S_0 \leq \mu \leq \hat{Y}_i + t_{\frac{\alpha}{2}} \cdot S_0$$

자유도 $(10-2) = 8$, $\alpha/2 = 0.025$일 때 $t_{0.025,8} = 2.306$이므로

$$77.25 - 2.306 \times 4.0567 \leq \mu \leq 77.25 + 2.306 \times 4.0567$$
$$67.895 \leq \mu \leq 86.604$$

따라서 모집단으로부터 $n = 10$인 표본 1개를 임의로 추출하여 구한 μ에 대한 신뢰구간 $67.895 \leq \mu \leq 86.604$에 모집단의 평균 μ가 포함할 확률이 0.95가 된다는 것을 의미한다.

주어진 X값에서 모수 μ에 대한 가설검정을 위해서는 다음과 같은 귀무가설을 세울 수 있다.

$H_0 : \mu = \mu_0$ (μ_0는 어떤 주어진 값)

한편, 귀무가설을 검정하기 위해서는 다음과 같은 t검정통계량을 이용하면 된다.

$$t = \frac{(a + bX) - \mu_0}{S_e\sqrt{\frac{1}{n} + \frac{(X_0 - \overline{X})^2}{(\Sigma X_i^2 - n\overline{X}^2)}}} \qquad \text{(식 10.24)}$$

이때 자유도는 $(n-2)$이며 기각역은 대립가설의 형태에 따라 해당 자유도에 대한

값을 부록의 t분포표에서 이용하면 된다.

강남컴퓨터랜드 예제에서 $X_0 = 7$일 때 모회귀직선상의 값이 $\mu = 77$이라고 말할 수 있는지 유의수준 10%로 검정한다고 하자.

이를 풀이 하면 다음과 같다.

$$H_0 : \mu = 77$$

$$H_1 : \mu \neq 77$$

$$t = \frac{77.25 - 77}{11.58\sqrt{\frac{1}{10} + \frac{(7-6)}{404 - 10(36)}}}$$

$$= 0.0616$$

$\alpha/2 = 0.05$, 자유도 $(10 - 2) = 8$에서 $t_{0.05,8} = 1.860$이다.

따라서 기각역은 $t \leq -1.860$ 또는 $t \geq 1.860$이므로 H_0를 채택한다.

10.2.6 엑셀을 이용한 단순회귀분석

엑셀을 이용한 단순회귀분석을 설명하기 위해 다음과 같은 예를 들어보자.

어떤 회사의 제품관리자(product manager)는 내년 마케팅 계획을 준비하기 위해서 수요예측을 준비하려고 한다. 담당자는 제품수요를 가장 잘 예측할 수 있는 것이 광고비 지출이라고 보고 있다. 따라서 8개의 테스트 시장으로부터 수집된 자료를 통해서 수천억원의 광고비 지출은 이에 상응하는 매출을 올리고 있음을 알 수 있었다.

엑셀을 이용하여 단순회귀분석을 위한 절차는 다음과 같다.

| 그림 10-10 | **단순회귀분석을 위한 입력자료**

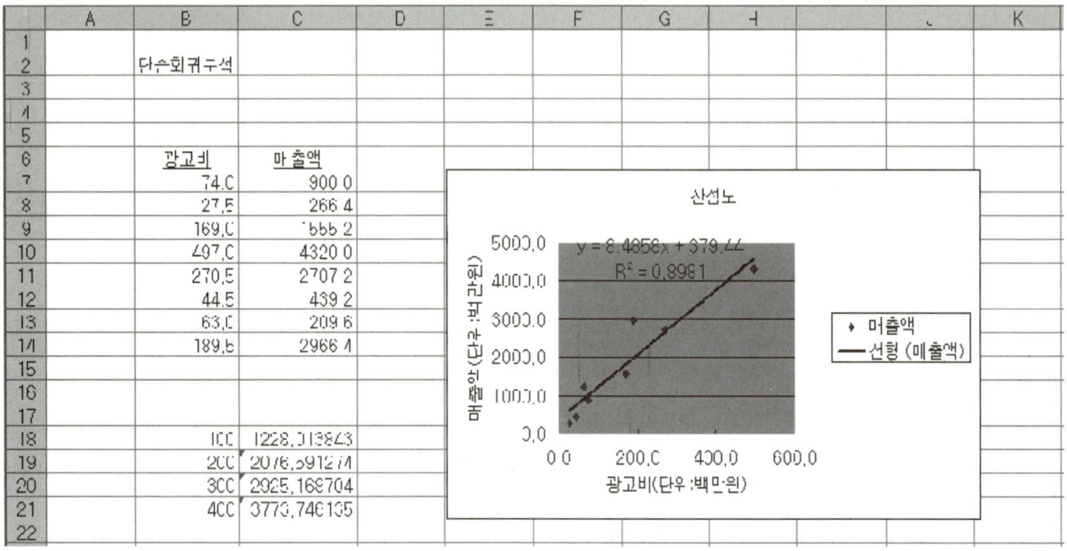

① [메뉴바]의 [데이터] 메뉴에서 [데이터분석] 그리고 [통계데이터분석] 대화상자에서 [회귀분석]을 선택한다.

| 그림 10-11 | **자료입력을 위한 회귀분석 대화창**

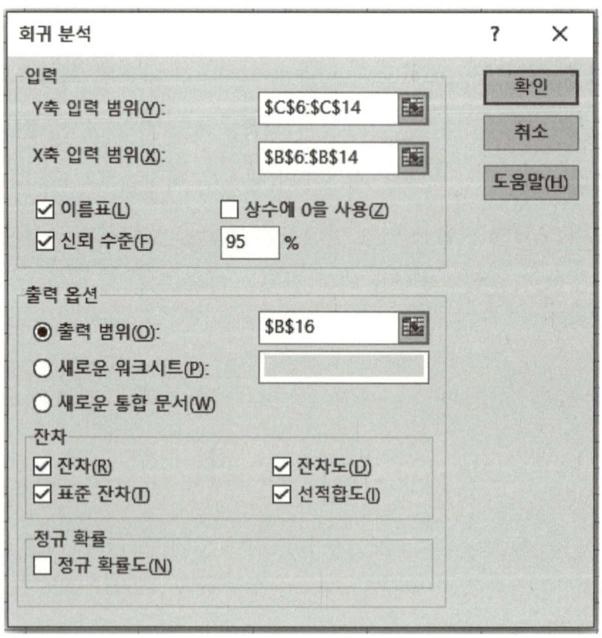

② [그림 10-11]에서 보는 바와 같이 회귀분석 대화상자에 기입사항을 기재한다. [입력범위]는 셀B6과 셀C6에 있는 라벨이 포함된다는 것과 [이름표] 체크상자에 체크 표시되도록 주의하라. 이름표 체크상자가 의미하는 것은 데이터분석에 라벨을 포함한다는 것을 의미한다. 만약 이 이름표에 체크하지 않는다면 데이터범위는 B7~B14, C7~C14가 될 것이다. [잔차](residual)부분에 있는 4개의 체크상자에 모두 체크표시를 한다.

③ [확인] 버튼을 클릭하면 [그림 10-12]에서 보는 바와 같은 계량적 결과가 화면에 제시된다. 추가적으로 2개의 차트나 플롯이 계량적 결과의 오른쪽에 나타날 것이다. 이것들은 [그림 10-13]과 [그림 10-14]에 나타난다. 이 그림들은 처음에 cascading format으로 나타난다([그림 10-18]과 같은 형태를 cascading format이라고 함). 마우스로 위 차트를 드래그하여 사용하지 않는 워크시트로 이동하면 2개의 그림 모두를 동시에 볼 수 있을 것이다.

[그림 10-12]의 계량적 결과가 위에서부터 아래까지 4개의 부분으로 제시된다. [회귀분석통계량(Regression Statistics)]이라고 라벨이 붙은 맨 윗부분은 상관계수(r)의 값을 제시하지만 이것은 [다중상관계수(Multiple R)]로, 결정계수(R^2)는 [결정계수(R Square)]로, 수정된 R^2은 [조정된 결정계수(Adjusted R^2]로, 추정된 표준편차는 [표준오차(Standard Error)]로, 표본의 개수는 [관측수(Observation)]로 각각 라벨이 붙어 있다. [분산분석(ANOVA)]이라고 라벨이 붙은 두 번째 부분은 회귀분석에 대한 분산분석 테이블 결과를 제공한다. 세 번째 부분은 회귀계수뿐만 아니라 통계치, p값, 그리고 신뢰구간 등과 같은 계수의 유의성을 평가하는 통계량을 함께 제시한다. 끝으로, [잔차출력]이라고 라벨이 붙은 맨 아랫부분은 잔차와 표준잔차와 함께 표본 데이터 각각의 점에 대한 y예측치를 제공한다.

이 통계치는 p값 접근방법을 이용해서 관계의 유의성을 검정하는 데 이용된다. 분산분석(ANOVA) 표에서 셀E37에 있는 F비 52.86값을 셀F37의 F유의수준값 0.000344와 비교한다. [유의한 F]는 전반적인 회귀관계에 대한 p값이다. 여기에서 p값이 0.000344는 매우 높은 유의성을 가지고 있다고 볼 수 있다. 따라서 귀무가설을 기각한다. 즉, 이 데이터에 근거해서 좋은 관계가 있다고 결론을 내릴 수 있다.

이것이 단순선형회귀분석이므로 광고에 대한 회귀계수 통계량에 근거해서 같은 결론을 내릴 수 있다. [그림 10-12]로부터 광고비 계수는 셀B43에 있는 8.485774로서 7.270529의 *t*값을 갖고 있고 이에 상응하는 *p*값은 셀E43의 0.000344이다. 단순선형회귀에서는 *F*통계량의 *p*값과 이 *t*통계량의 *p*값은 언제나 정확히 같다. 따라서 광고비의 회귀계수가 0이라는 귀무가설을 기각한다.

| 그림 10-12 | **회귀분석 결과**

	A	B	C	D	E	F	G	H	I	J
24	회귀분석 결과									
25										
26	요약 출력									
27										
28	회귀분석 통계량									
29	다중 상관계	0,947663								
30	결정계수	0,898064								
31	조정된 결정	0,881075								
32	표준 오차	486,9306								
33	관측수	8								
34										
35	분산 분석									
36		자유도	제곱합	제곱 평균	F 비	유의한 F				
37	회귀	1	12533335	12533335	52,86065	0,000344				
38	잔차	6	1422609	237101,4						
39	계	7	13955944							
40										
41		계수	표준 오차	t 통계량	P-값	하위 95%	상위 95%	하위 95,0%	상위 95,0%	
42	Y 절편	379,4364	259,9463	1,459672	0,194671	-256,63	1015,502	-256,63	1015,502	
43	광고비	8,485774	1,167146	7,270533	0,000344	5,629869	11,34168	5,629869	11,34168	
44										
45										
46										
47	잔차 출력									
48										
49	관측수	예측치매출액	잔차	표준 잔차						
50	1	1007,384	-107,384	-0,2382						
51	2	612,7952	343,395	0,76838						
52	3	1813,532	-258,332	-0,57304						
53	4	4596,866	-276,866	-0,61415						
54	5	2674,838	32,36164	0,071786						
55	6	757,0534	-317,853	-0,70507						
56	7	914,0402	295,5598	0,655619						
57	8	1987,491	978,9094	2,171445						
58										

[그림 10-13]의 선 적합도(line fit plot)는 예측된 *y*값의 선형을 보여주지 않는다. 대신 입력자료 *x*값에 대한 *y*예측치를 보여준다.

[그림 10-14]의 잔차도는 이상치(outlier)를 파악하고, 회귀분석의 가정들이 적합한지의 여부를 결정하는 데 이용된다.

| 그림 10-13 | 회귀분석 선 적합도(광고비 선 적합도)

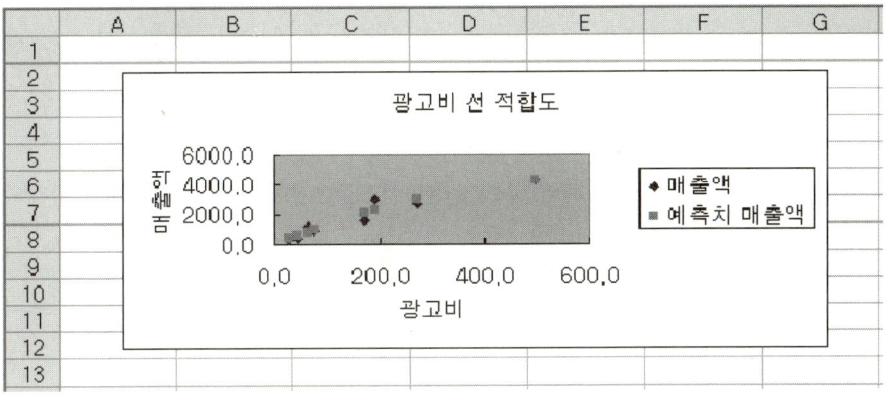

| 그림 10-14 | 광고비 잔차도

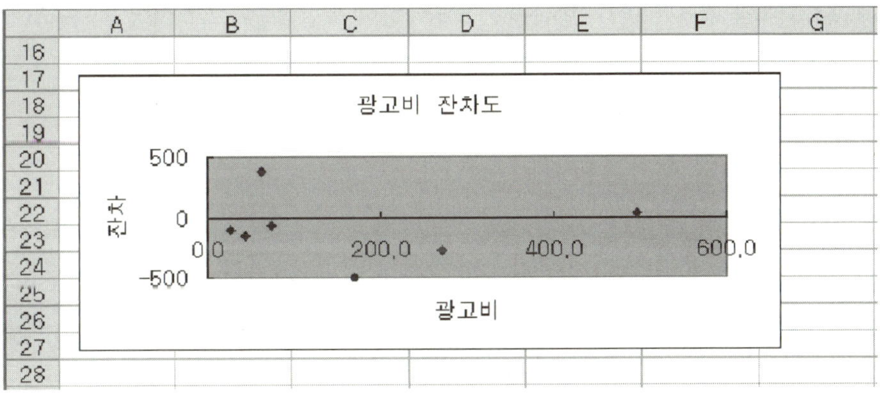

10.3 다중회귀분석

10.3.1 다중회귀모형

회귀분석은 경제현상이나 경영의사결정을 연구하는 데 가장 자주 이용되는 통계적 기법의 하나로서 인과관계를 갖는 몇 가지 변수 사이의 관계를 규명하는 것이 중요한 목적 중의 하나이다. 특히 단순회귀분석에서 설명한 바와 같이 하나의 독립변수만으로 종속변수를 설명할 수 있는 경우는 실제로 그렇게 많지는 않다. 예를 들면 동물의 체중증가량은 사료의 섭취량, 운동량 등에 영향을 받을 수 있으며, 학력고사 성적은 지능지수, 공부시간, 감성지수 등 여러 변수에 의해서 영향을 받는다.

이와 같이 하나의 독립변수와 여러 개의 독립변수들 사이의 관계를 살펴보면 어느 한쪽이 변하면 다른 한쪽도 변하는 관계가 성립하는 경우가 많다. 이와 같은 관계를 수식으로 표현할 수 있다면 어떤 변수(종속변수)와 그것에 영향을 미친다고 생각되는 두 개 이상의 변수(독립변수)들 사이의 관계를 규명하고자 할 때 다중회귀분석을 이용하여 분석할 수 있다. 다중회귀분석의 이론적 배경은 이미 설명한 단순회귀분석과 같으며 독립변수의 수가 많아짐에 따라 모형이 변형된 것이다.

앞의 단순회귀모형에서는 종속변수 Y에 대해서 독립변수가 하나인 경우에 대해서 설명하였는데, 일반적으로는 종속변수 Y와 관련성이 높을 것 같은 변수가 두 개 이상 생각되어질 경우가 많다. 종속변수 Y에 대하여 독립변수가 2개 이상인 회귀모형을 다중회귀모형이라 한다. 이제 [표 10-4]와 같이 하나의 종속변수 Y와 k개의 독립변수 $X_1, X_2, \cdots, X_k$에 대해서 n개의 자료가 주어졌다고 하자.

표 10-4 ▮ 다중회귀분석인 경우의 자료

자료의 번호 (i)	종속변수	독립변수(k)			
	Y	X_1	X_2	$\cdots$	X_k
1	Y_1	X_{11}	X_{12}	$\cdots$	X_{1k}
2	Y_2	X_{21}	X_{22}	$\cdots$	X_{2k}
$\vdots$	$\vdots$	$\vdots$	$\vdots$		
n	Y_n	X_{n1}	X_{n2}	$\cdots$	X_{nk}

그러면 $X_1, X_2, \cdots, X_k$로부터 Y값을 예측하고자 할 때 $X_1, X_2, \cdots, X_k$와 Y의 관계를 나타내는 하나의 수식모형을 설정하지 않으면 안된다. 이 수식모형을 다중회귀모형(multiple regression model)이라 하며 다음과 같이 표현될 수 있다.

$$Y = \alpha + \beta_1 X_1 + \beta_2 X_2 + \cdots + \beta_k X_k + \varepsilon \quad \text{(식 10.25)}$$

(식 10.25)에서 종속변수 Y의 i번째 값을 나타내는 확률변수 Y_i는 $Y_i = \alpha + \beta_1 X_{i1}$

$+ \beta_2 X_{i2} + \cdots + \beta_k X_{ik} + \varepsilon_i$로 표현될 수 있다. α는 절편를 의미하며 $\beta_1, \beta_2, \cdots, \beta_k$는 알려지지 않은 모수로서 기울기를 나타낸다. 또한 X_{ik}는 k번째 독립변수 X_k의 i번째 관찰치이며 ε_i는 독립변수만으로는 다 설명할 수 없는 오차항의 i번째 값이다. 다중회귀모형은 오차항과 독립변수 $X_1, X_2, \cdots, X_k$에 대해서 기본적으로 다음과 같은 가정을 내포하고 있다.

① 오차항은 정규분포를 따르며, $E(\varepsilon) = 0$이다.

② 오차항(ε)의 분산은 어떠한 독립변수의 값에 대해서도 동일하다(등분산성).

③ 오차항(ε)은 서로 독립이다.

④ 오차항(ε)은 X_{ij}와 독립이다.

⑤ 모든 $i = 1, 2, \cdots, n$에 대해서 $Y = \alpha + \beta_1 X_1 + \beta_2 X_2 + \cdots + \beta_k X_k + \varepsilon = 0$을 만족하는 $\alpha, \beta_1, \beta_2, \cdots, \beta_k$의 집합을 구하는 것은 불가능하다.

10.3.2 표본 다중회귀직선

모집단에 대한 다중회귀모형의 모수 $\alpha, \beta_1, \beta_2, \cdots, \beta_k$를 추정하기 위해서는 모집단에서 뽑은 표본을 통해 측정한 표본의 다중회귀모형을 이용하여야 한다.

$$\hat{Y} = a + b_1 X_1 + b_2 X_2 + \cdots + b_k X_k \quad \text{(식 10.26)}$$

(식 10.26)에서 $a, b_1, b_2, \cdots, b_k$는 각각 $\alpha, \beta_1, \beta_2, \cdots, \beta_k$의 추정치이다. 먼저 독립변수가 2개인 경우를 고려해보면 표본회귀직선은 다음과 같다.

$$\hat{Y} = a + b_1 X_1 + b_2 X_2$$

이 모형에서 단순회귀분석에서와 같이 잔차의 제곱의 합을 최소로 하는 최소제곱법에 의해서 a, b_1, b_2의 값을 구할 수 있다. 잔차의 제곱의 합을 SSE라 하면

$$e_i = Y_i - \hat{Y}_i = Y_i - a - b_1 X_{i1} - b_2 X_{i2}$$

$$SSE = \Sigma e_i^2 = \Sigma (Y_i - a - b_1 X_{i1} - b_2 X_{i2})^2$$

이다. 여기서 SSE를 최소로 하는 a, b_1, b_2를 구하기 위해서는 a, b_1, b_2에 대해서 각각 편미분한 뒤에 0으로 놓으면

$$\frac{\partial SSE}{\partial a} = -2\Sigma(Y_i - a - b_1 X_{i1} - b_2 X_{i2}) = 0$$

$$\frac{\partial SSE}{\partial b_1} = -2\Sigma(Y_i - a - b_1 X_{i1} - b_2 X_{i2}) X_{i1} = 0$$

$$\frac{\partial SSE}{\partial b_2} = -2\Sigma(Y_i - a - b_1 X_{i1} - b_2 X_{i2}) X_{i2} = 0$$

이 된다. 이를 정리하면 다음과 같은 정규방정식(normal equation)이 된다.

$$\Sigma Y_i = na + b_1 \Sigma X_{i1} + b_2 \Sigma X_{i2}$$

$$\Sigma X_{i1} Y_i = a \Sigma X_{i1} + b_1 \Sigma X_{i1}^2 + b_2 \Sigma X_{i1} X_{i2}$$

$$\Sigma X_{i2} Y_i = a \Sigma X_{i2} + b_1 \Sigma X_{i1} X_{i2} + b_2 \Sigma X_{i2}^2$$

위의 정규방정식을 풀면 a, b_1, b_2를 구할 수 있게 된다.

$$b_1 = \frac{\Sigma x_{i1} y_i \Sigma x_{i2}^2 - \Sigma x_{i2} y_i \Sigma x_{i1} x_{i2}}{\Sigma x_{i1}^2 \Sigma x_{i2}^2 - (\Sigma x_{i1} x_{i2})^2}$$

$$b_2 = \frac{\Sigma x_{i2} y_i \Sigma x_{i1}^2 - \Sigma x_{i1} y_i \Sigma x_{i1} x_{i2}}{\Sigma x_{i1}^2 \Sigma x_{i2}^2 - (\Sigma x_{i1} x_{i2})^2}$$

$$a = \overline{Y} - b_1 \overline{X}_1 - b_2 \overline{X}_2$$

여기서, $X_{i1} - \overline{X}_1 = x_{i1}$, $X_{i2} - \overline{X}_2 = x_{i2}$, $Y_i - \overline{Y} = y_i$를 의미한다.

10.3.3 다중회귀선의 적합도검정

표본을 통해서 얻은 표본 다중회귀식이 주어진 자료를 잘 설명하고 있는지, 또는 예측에 효과적으로 사용될 수 있는지의 여부를 판단하기 위해서 표본 다중회귀식의 적합성을 평가할 필요가 있다. 단순회귀분석에서와 마찬가지로 다중회귀식의 평가는 결정계수 R^2과 추정된 표준오차 S_e의 분석에 의해 이루어지는데, 그 이유는 결정

계수는 독립변수들이 종속변수를 얼마나 설명해 주는지를 측정할 수 있으며, 추정된 표준오차는 관찰치들의 산포 정도를 측정하는 데 사용될 수 있기 때문이다.

(1) 표본결정계수

결정계수는 단순회귀분석에서와 같이 추정한 회귀직선이 얼마나 표본을 잘 나타내어 설명하고 있는지를 측정한다. 즉, 둘 이상의 독립변수들이 종속변수를 얼마나 설명하고 있는지를 나타내 주는 지표를 말한다.

$$\text{결정계수}(R^2) = \frac{\text{설명된 변동}(SSR)}{\text{총변동}(SST)} = 1 - \frac{\text{설명안된 변동}(SSE)}{\text{총변동}(SST)}$$
$$= 1 - \frac{\Sigma(Y_i - \hat{Y}_i)^2}{\Sigma(Y_i - \bar{Y})^2} \qquad \text{(식 10.27)}$$

(식 10.27)에서 SSR은 단순회귀분석에서 언급한 바와 같이 다중회귀식에 의해 설명되는 변동을 나타내고, SSE는 다중회귀식에 의해 설명되지 않는 변동으로 오차제곱합을 나타낸다. 다중회귀분석에서 결정계수의 의미는 각각의 독립변수에 대한 영향력을 나타내는 것이 아니라 독립변수들을 합하여 종속변수를 설명하는 정도를 말한다. 따라서 결정계수는 독립변수의 수에 의해서 영향을 받는다는 것을 알 수 있으며, 이때 독립변수의 수를 고려한 **조정된 결정계수(adjusted coefficient of determination)**는 다음과 같이 표현된다.

$$R_a^2 = 1 - \frac{SSE/(n-k-1)}{SST/(n-1)}$$

여기서 SSE의 자유도가 $(n-k-1)$이 된 것은 SSE를 계산하는 과정에서 $(k+1)$개의 모수 α, β_1, β_2, $\cdots$, β_k를 추정해야 하므로 $(k+1)$번의 제약을 받기 때문이다. 따라서 SST의 자유도 $(n-1)$에서 SSE의 자유도 $(n-k-1)$을 빼면 SSR의 자유도는 k가 된다. 표본의 크기 n이 커질 경우에는 $(n-1)/(n-k-1)$의 값이 1에 가까워지기 때문에 조정하기 전의 결정계수 R^2과 큰 차이가 없다.

(2) 추정된 표준오차

추정된 표준오차는 단순회귀분석에서와 같이 다중회귀식이 종속변수를 설명하는 정도를 추정하기 위해서 이용된다. 다중회귀식에서 추정된 표준오차는 다음과 같이 표현된다.

$$S_e = \sqrt{\frac{SSE}{n-k-1}} = \sqrt{\frac{\Sigma(Y_i - \hat{Y}_i)^2}{n-k-1}} \qquad \text{(식 10.28)}$$

단순회귀분석에서 S_e의 자유도는 $(n-2)$이었으나, 다중회귀분석에서는 추정될 $(k+1)$개의 모수 α, β_1, β_2, $\cdots$, β_k가 있기 때문에 자유도는 $n-(k+1)=n-k-1$이 된다. 여기서 k는 독립변수의 수를 의미한다. 따라서 독립변수가 2개인 다중회귀분석에서는 자유도가 $(n-3)$이 된다.

다중회귀분석을 위한 예를 들어보자. K대학 1학년 학생을 대상으로 입시에서의 수학성적(X_1)과 국어성적(X_2)이 대학에서의 통계학 성적에 영향을 미치는지 알아보기 위해서 10명의 1학년생을 뽑아 각각 100점 만점으로 나타낸 표가 다음과 같다.

변수 \ 학생	1	2	3	4	5	6	7	8	9	10
수학(X_{i1})	49	50	57	64	50	39	59	61	39	69
국어(X_{i2})	50	57	60	75	68	60	80	62	70	87
통계학(Y_i)	56	23	59	74	49	43	39	51	37	61

먼저 다중회귀식을 구하면 다음과 같다.

학생	X_{i1}	X_{i2}	Y_i	x_{i1}	x_{i2}	y_i	x_{i1}^2	x_{i2}^2	$x_{i1}\ x_{i2}$	$x_{i1}\ y_i$	$x_{i2}\ y_i$
1	49	50	56	−4.7	−16.9	6.8	22.09	285.61	79.43	−31.96	114.92
2	50	57	23	−3.7	−9.9	−26.2	13.69	98.01	36.63	96.94	259.38
3	57	60	59	3.3	−6.9	9.8	10.89	47.61	−22.77	32.34	−67.62
4	64	75	74	10.3	8.1	24.8	106.09	65.61	83.43	255.44	200.88
5	50	68	49	−3.7	1.1	−0.2	13.69	1.21	−4.07	0.74	−0.22
6	39	60	43	−14.7	−6.9	−6.2	215.09	47.61	101.43	91.14	42.78
7	59	80	39	5.3	13.1	−10.2	28.09	171.61	69.43	−54.06	−133.62
8	61	62	51	7.3	−4.9	1.8	53.29	24.01	−35.77	13.14	−8.82
9	39	70	37	−14.7	3.1	−12.2	215.09	9.61	−45.57	177.34	−37.82
10	69	87	61	15.3	20.1	11.8	234.09	404.01	307.53	180.54	237.18
합계	537	669	492				914.1	1,154.9	569.7	763.6	377.2

$\overline{X}_1 = 53.7$, $\overline{X}_2 = 66.9$, $\overline{Y} = 49.2$이며, 여기서, $X_{i1} - \overline{X}_1 = x_{i1}$, $X_{i2} - \overline{X}_2 = x_{i2}$, $Y_i - \overline{Y} = y_i$를 의미한다는 것은 이미 언급하였다.

$$b_1 = \frac{\Sigma x_{i1}\,y_i \Sigma x_{i2}^2 - \Sigma x_{i2}\,y_i \Sigma x_{i1}\,x_{i2}}{\Sigma x_{i1}^2 \Sigma x_{i2}^2 - (\Sigma x_{il}\,x_{i2})^2}$$

$$= \frac{(763.6)(1{,}154.9) - (377.2)(569.7)}{(914.1)(1{,}154.9) - (569.7)^2} = 0.912$$

$$b_2 = \frac{\Sigma x_{i2}\,y_i \Sigma x_{i1}^2 - \Sigma x_{i1}\,y_i \Sigma x_{i1}\,x_{i2}}{\Sigma x_{i1}^2 \Sigma x_{i2}^2 - (\Sigma x_{il}\,x_{i2})^2}$$

$$= \frac{(377.2)(914.1) - (763.6)(569.7)}{(914.1)(1{,}154.9) - (569.7)^2} = 0.123$$

$$a = \overline{Y} - b_1 \overline{X}_1 - b_2 \overline{X}_2$$

$$= 49.2 - (0.912)(53.7) - (0.123)(66.9) = 8.45$$

따라서 다중회귀식은

$$\hat{Y} = 8.45 + 0.912\,X_1 - 0.123\,X_2$$

이다.

다중회귀식의 추정된 표준오차는

$$S_e = \sqrt{\frac{\Sigma(Y_i - \hat{Y}_i)^2}{n-k-1}} = \sqrt{\frac{1,227.5}{10-2-1}} = 13.24$$

이며, 다중회귀식의 결정계수는

$$R^2 = 1 - \frac{\Sigma(Y_i - \hat{Y}_i)^2}{\Sigma(Y_i - \overline{Y})^2} = 0.35$$

이다. 이는 1학년 학생의 통계학 성적은 입시에서의 수학성적과 국어성적에 의해 30.3% 설명됨을 의미한다.

학생	X_{i1}	X_{i2}	Y_i	$\hat{Y}_i$	$(Y_i - \overline{Y})^2$	$(Y_i - \hat{Y}_i)^2$
1	49	50	56	46.99	46.24	81.22
2	50	57	23	47.04	686.44	577.87
3	57	60	59	53.05	96.04	35.35
4	64	75	74	57.59	615.04	269.19
5	50	68	49	45.69	0.04	10.98
6	39	60	43	36.64	38.44	40.48
7	59	80	39	52.42	104.04	180.04
8	61	62	51	56.46	3.24	29.77
9	39	70	37	35.41	148.84	2.53
10	69	87	61	60.68	139.24	0.10
합계	537	669	492	491.96	1,877.2	1,227.54

10.3.4 다중회귀모형의 유의도와 회귀계수에 대한 검정

다중회귀분석은 단순회귀분석의 확장된 개념으로서 독립변수가 2개 이상인 경우에 적용된다. 다중회귀분석에서 2개 이상의 독립변수들이 종속변수에 영향을 준다고 할 때 회귀식이 통계적으로 얼마나 유의한지 유의성검정(significance test)을 할 필요가 있다.

회귀모형의 유의성을 검정하기 위해서 단순회귀모형에서는 종속변수 Y와 1개의 독립변수 X 사이의 선형관계를 검정하였다. 그러나 다중회귀모형에서는 독립변수들이 종속변수의 변동을 얼마만큼 설명하고 있는지 검정하기 위해서는 회귀계수 전체에 대한 유의성을 검정할 필요가 있다. 유의성을 검정하는 방법에는 다중회귀모형의 전체 유의성을 검정하는 F검정과 k개의 개별적인 회귀계수 β_k에 대해 검정하는 t검정이 있다.

(1) 다중회귀모형의 유의성검정

다중회귀모형의 종속변수 Y와 전체독립변수 $X_1, X_2, X_3, \cdots, X_k$ 사이의 선형관계를 검정하기 위한 귀무가설과 대립가설은 다음과 같다.

$H_0 : \beta_1 = \beta_2 = \cdots = \beta_k = 0$

$H_1 : \beta_1, \beta_2, \cdots, \beta_k$ 중 적어도 하나는 0이 아니다.

다중회귀모형의 통계적 유의성을 검정하기 위한 분산분석표를 만들면 다음과 같다.

표 10-5 ▌다중회귀분석에 대한 분산분석표

변동의 원인	제곱합	자유도	평균제곱	F값
회귀	$SSR = \Sigma(\hat{Y}_i - \bar{Y})^2$	k	$MSR = \dfrac{SSR}{k}$	$\dfrac{MSR}{MSE}$
잔차	$SSE = \Sigma(Y_i - \hat{Y}_i)^2$	$n-k-r$	$MSE = \dfrac{SSE}{n-k-1}$	
합계	$SST = \Sigma(Y_i - \bar{Y})^2$	$n-1$		

[표 10-5]에서 보면 SSR은 다중회귀식에 의해서 설명된 변동, SSE는 설명안된 변동, 그리고 SST는 총변동을 의미한다. 만약 다중회귀식이 표본을 잘 설명하고 있다면 SSR은 SSE에 비해서 상대적으로 작을 것이다. 또한 MSR과 MSE의 비율은 자유도가 $(k, n-k-1)$인 F분포를 따르며 검정통계량 F는 다음과 같다.

$$F = \frac{SSR/k}{SSE/(n-k-1)} = \frac{MSR}{MSE} \qquad \text{(식 10.29)}$$

유의수준 α에 대해서 위에서 설정된 가설을 검정하고자 할 때 표본자료로부터 계산된 검정통계량 F값이 자유도 k와 $(n-k-1)$의 $F_{\alpha,(df_1,\ df_2)}$임계치를 비교하여, $F < F_{\alpha,(df_1,\ df_2)}$이면 H_0를 기각할 수 없고, $F \geq F_{\alpha,(df_1,\ df_2)}$이면 H_0를 기각한다.

예를 들어 앞의 예제에서 얻은 중회귀식 $\hat{Y} = 8.45 + 0.912X_{i1} + 0.123X_{i2}$의 유의성을 1% 유의수준으로 검정해보자.

다중회귀분석에 대한 분산분석표를 만들면 다음과 같다.

변동의 원인	제곱합	자유도	평균제곱	F값
회귀	650.06	2	325.03	1.85
잔차	1,227.54	7	175.36	
합계	1,877.20	9		

F검정을 위한 임계치 $F_{0.01,\ (2,7)} = 9.55$이다. 따라서 채택역은 $F < 9.55$, 기각역은 $F \geq 9.55$이다. 즉, F통계량이 1.522로 나타났으므로 이는 임계치 $F = 9.55$보다 작으므로 H_0를 기각할 수 없다. 즉, 두 독립변수가 대학에서의 통계학성적에 유의한 영향을 준다고 볼 수 없다.

(2) 회귀계수 β_k의 유의성검정

다중회귀모형의 개별독립변수 X_i와 종속변수 Y 사이에 선형관계가 존재하는가를 검토하기 위해서는 회귀계수 β_k에 대한 t검정을 실시한다. β_k에 대한 가설은 다음과 같이 설정된다.

H_0 : $\beta_k = 0$ (독립변수와 종속변수 사이에 선형관계가 없다)
H_1 : $\beta_k \neq 0$ (독립변수와 종속변수 사이에 선형관계가 있다)

위의 가설을 검정하기 위한 검정통계량은 다음과 같은 자유도가 $(n-k-1)$인 t통계량을 이용한다.

$$t = \frac{b_k - \beta_k}{S_{bk}} \qquad \text{(식 10.30)}$$

위 식에서 b_k는 독립변수 X_{ik}의 회귀계수이며 S_{bk}는 b_k의 추정된 표준오차이다. 독립변수가 2개인 경우의 표본 다중회귀식에 대한 추정된 표준오차 S_{bk}의 계산은 다음과 같다.

$$S_{b1} = S_e \sqrt{\frac{\Sigma x_{i2}^2}{\Sigma x_{i1}^2 \Sigma x_{i2}^2 - (\Sigma x_{i1} x_{i2})^2}} \qquad \text{(식 10.31)}$$

$$S_{b2} = S_e \sqrt{\frac{\Sigma x_{i1}^2}{\Sigma x_{i1}^2 \Sigma x_{i2}^2 - (\Sigma x_{i1} x_{i2})^2}} \qquad \text{(식 10.32)}$$

(식 10.31), (식 10.32)를 보면 표본 다중회귀식의 회귀계수를 구하였을 때 식을 간단히 표시한 것과 마찬가지로 $X_{i1} - \overline{X}_1 = x_{i1}$, $X_{i2} - \overline{X}_2 = x_{i2}$를 의미한다.

유의수준 α에 대해서 위에서 설정된 가설을 검정하고자 할 때 표본자료로부터 계산된 검정통계량 t값이 자유도 $(n-k-1)$에서 $t \leq -t_{\alpha/2,\, df}$ 또는 $t \geq t_{\alpha/2,\, df}$이면 H_0을 기각한다.

앞의 예에서 표본자료를 이용하여 모집단회귀계수 β_1에 대해서 5% 유의수준으로 검정해보자.

H_0 : $\beta_1 = 0$ (입시에서의 수학성적은 대학에서의 통계학성적에 영향을 주지 않는다)

H_1 : $\beta_1 \neq 0$ (입시에서의 수학성적은 대학에서의 통계학성적에 영향을 준다)

$\alpha/2 = 0.025$, 자유도 $(n-k-1) = (10-2-1) = 7$일 때 $t_{0.025,7} = 3.182$이다. H_0을 검정하기 위한 t통계량을 계산하기 위해서 먼저 S_{b1}을 계산하면

$$S_{b1} = S_e\sqrt{\frac{\Sigma x_{i2}^2}{\Sigma x_{i1}^2 \Sigma x_{i2}^2 - (\Sigma x_{i1} x_{i2})^2}}$$

$$= 13.24\sqrt{\frac{1,154.9}{(914.1)(1,154.9) - (569.7)^2}}$$

$$= 0.5262$$

이다. 따라서 검정통계량 t를 계산하면

$$t = \frac{b_k - \beta_k}{S_{bk}} = \frac{b_1 - \beta_1}{S_{b1}} = \frac{0.912}{0.5262} = 1.7331$$

가 된다. 따라서 t값이 채택역에 속해 있으므로 H_0을 기각할 수 없다. 즉, 입시에서의 수학성적은 대학에서의 통계학성적에 영향을 주지 않는다고 볼 수 있다.

10.3.5 엑셀을 이용한 다중회귀분석

종속변수에 대해 예측할 때, 종속변수에 유의적으로 영향을 주는 것으로 알려진 많은 독립변수들을 포함시키는 경우가 있다. 다중회귀분석은 많은 독립변수들을 허용한다. 즉 더 많은 독립변수들을 고려함으로써 단순회귀분석보다 더 자료를 적합하게 반영해 주는 예측모형을 개발할 수 있기 때문이다.

예를 들어서 단순회귀모형의 예를 다시 생각해보자. 관리자는 매출액을 예측하는데 광고비 이외 다른 독립변수가 있다고 가정하자. 관리자는 제품의 가격과 제품을 판

매하는 판매사원의 수가 중요한 독립변수라는 것을 알아냈다고 하자. 따라서 관리자는 광고비, 가격, 판매사원수의 함수로 매출액을 예측하는 모형을 개발하려고 한다.

① [그림 10-15]에서 보는 바와 같이 B열부터 E열까지 라벨과 데이터를 입력한다. 세 독립변수에 대한 열들은 엑셀의 회귀분석도구에서 요구하는 연속변수라는 것을 주의해야 한다.

| 그림 10-15 | **다중회귀분석 자료 예**

	A	B	C	D	E	F
1						
2		다중회귀분석				
3						
4						
5						
6						
7		매출액	광고비	가격	판매원수	
8		900.0	74.0	475	4	
9		266.4	27.5	475	7	
10		1555.2	169.0	450	5	
11		4320.0	497.0	400	5	
12		2707.2	270.5	400	4	
13		439.2	44.5	475	12	
14		1209.6	63.0	450	7	
15		2966.4	189.5	400	10	
16						

② [메뉴바]의 [데이터분석]에서 [데이터분석] 그리고 [통계데이터분석] 대화상자에서 [회귀분석]을 선택한다.

③ [그림 10-16]에 있는 회귀분석 대화상자의 기입사항을 채워 넣는다. [입력범위]는 셀B7부터 셀E15까지 라벨을 포함한다는 것을 주의하고, [이름표] 체크상자에 체크표시를 한다. 잔차부분에 있는 4개 체크상자 모두에 체크표시를 한다.

④ [확인] 버튼을 클릭하면 [그림 10-17]에서 보는 바와 같은 수치적 결과가 화면에 나타날 것이다. 한편, 추가적으로 6개의 차트가 수치적 결과의 오른쪽에 보여질 것이다. 이것들은 [그림 10-18]에 제시되어 있다. 이 차트들은 cascading 형태로 제시되는데, 이 형태는 맨 위 차트를 제외하고 차트 제목만 보여진다.

| 그림 10-16 | 자료입력을 위한 회귀분석 대화창

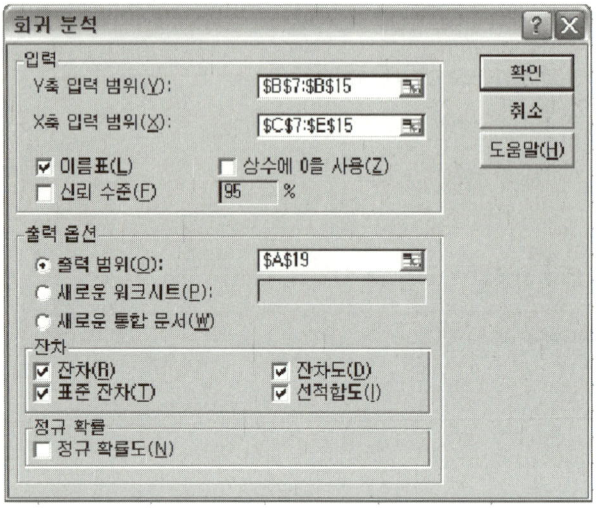

| 그림 10-17 | 다중회귀분석 결과

	A	B	C	D	E	F	G	H	I	J
17	다중회귀분석 결과									
18										
19	요약 출력									
20										
21	회귀분석 통계량									
22	다중 상관계	0.988169								
23	결정계수	0.976478								
24	조정된 결정	0.958837								
25	표준 오차	286.4735								
26	관측수	8								
27										
28	분산 분석									
29		자유도	제곱합	제곱 평균	F 비	유의한 F				
30	회귀	3	13627675	4542558	55.35178	0.001029				
31	잔차	4	328268.3	82067.07						
32	계	7	13955944							
33										
34		계수	표준 오차	t 통계량	P-값	하위 95%	상위 95%	하위 95.0%	상위 95.0%	
35	Y 절편	9063.101	2688.437	3.371142	0.028014	1598.788	16527.41	1598.788	16527.41	
36	광고비	5.199447	1.304659	3.985293	0.016329	1.577126	8.821769	1.577126	8.821769	
37	가격	-18.7265	5.485417	-3.41386	0.026932	-33.9564	-3.49646	-33.9564	-3.49646	
38	판매원수	17.19767	41.5341	0.414061	0.700069	-98.1197	132.5151	-98.1197	132.5151	
39										
40										
41										
42	잔차 출력									
43										
44	관측수	예측치매출액	잔차	표준 잔차						
45	1	621.5859	278.4141	1.285659						
46	2	431.4046	-165.005	-0.76196						
47	3	1600.892	-45.6924	-0.211						
48	4	4242.634	77.36621	0.357261						
49	5	3047.761	-340.561	-1.57264						
50	6	605.7836	-166.584	-0.76925						
51	7	1084.146	125.4537	0.579319						
52	8	2729.792	236.608	1.092607						
53										

| 그림 10-18 | 다중회귀분석 결과도(cascading format)

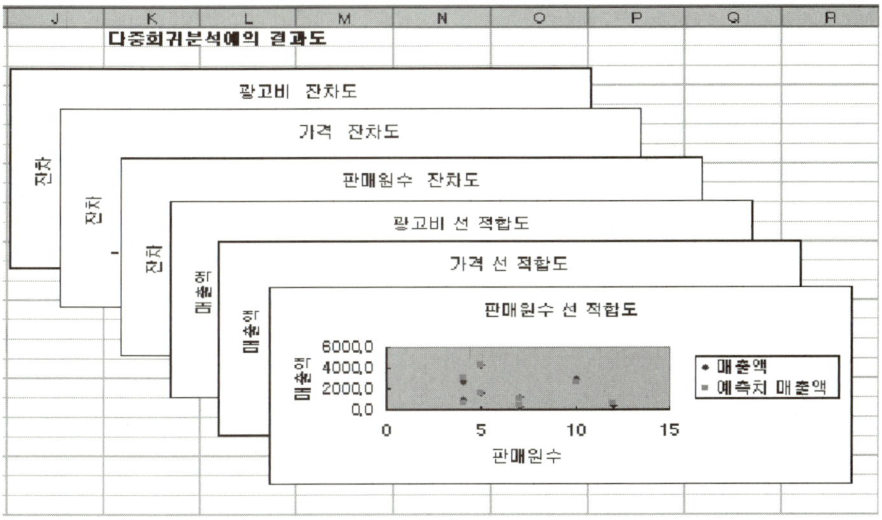

| 그림 10-19 | 다중회귀분석 수정결과도

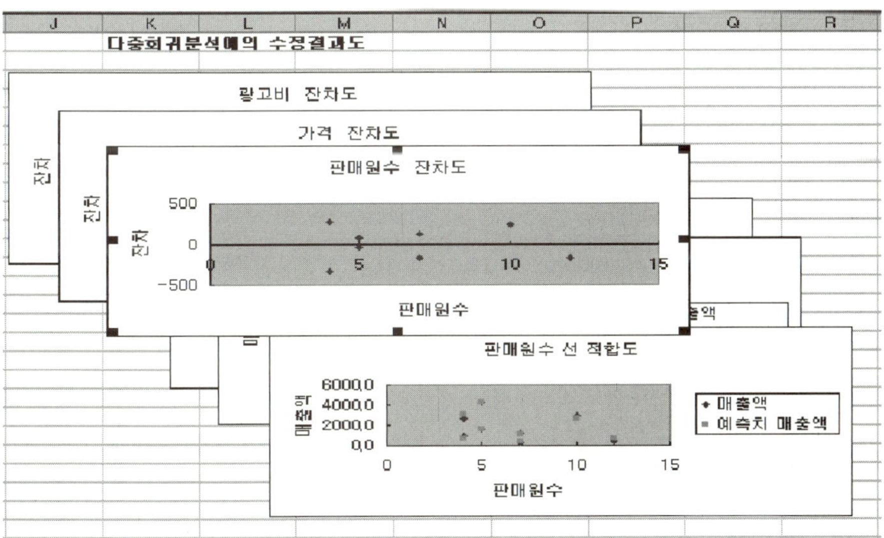

⑤ 각 차트를 cascade stack의 맨 위로 이동시키면 이 차트의 전체를 볼 수 있다. 예를 들면, '판매원수 잔차도' 라는 제목의 차트를 활성화해서 보기 위해서 이 차트를 클릭한다. 그런 후 단축메뉴를 열기 위해서 차트에서 마우스 오른쪽 버

튼을 클릭한다. [선택] 메뉴에서 [맨 앞으로 가져오기]를 선택하면 [그림 10-19]에서 보는 것과 같은 결과가 나타날 것이다.

[그림 10-17]의 수치적 결과는 4개의 부분, 즉 회귀분석 통계량, 분산분석, 회귀계수, 그리고 잔차결과를 포함하고 있다. 이 결과들로부터 최선의 선형관계는 아래와 같은 식으로 나타난다고 결론을 내린다.

$$\text{매출액} = 9063.101 + 5.199 \times \text{광고비} - 18.7265 \times \text{가격} + 17.19767 \times \text{판매원수}$$

결정계수(R^2)값 0.976478은 평균적으로 매출액 변동성의 약 97.5%가 광고비, 가격, 그리고 판매원수의 변화에 의해서 설명될 수 있음을 제시한다. 앞에서와 같이 유의한 F는 p값이며, 독립변수들과 종속변수의 관계는 [매우 유의적]이므로 범주화된다. 따라서 이 관계가 유의적이지 않다고 하는 귀무가설을 기각하고 대립가설을 채택한다. 즉, 수집된 데이터에 의해서 매출액을 설명하는 좋은 변수들을 알아냈다고 결론을 내릴 수 있다.

그러나 어떤 독립변수가 통계적으로 의미가 있는가를 알아보기 위해서 개별 회귀계수에 대한 p값을 조사해볼 필요가 있다. 셀E36의 광고비에 대한 p값 0.016329는 이 독립변수가 유의적임을 제시한다. 셀E37의 가격에 대한 p값 0.026932도 이변수가 유의적임을 제시한다. 한편 셀E38의 판매원수에 대한 p값 0.700069도 유의적이지 않음을 제시한다. 따라서 유의적인 두 개의 독립변수인 광고비와 가격만을 이용해서 회귀분석을 다시 해야 할 것이다.

3개의 선형 적합도 또한 이와 유사한 결론을 제시한다. 광고비와 가격에 대한 플롯은 선형관계가 존재함을 제시하지만, 판매원수에 대한 플롯은 관계가 없음을 제시한다.

여기서 유용한 마지막 결론은 잔차도이다. 앞에서 언급했듯이, 잔차도분석을 통해 이상치(outlier)를 확인하고 회귀분석에 대한 가정을 테스트하는 데 유용하다.

일단 통계적으로 유의적인 관계를 발견했다면, 종속변수의 특정한 값을 예측하기 위해서 이것을 이용하려고 할 것이다. 앞의 두 절(section)에서처럼, y의 평균 예측값은 워크시트 셀에 회귀식을 입력하거나 [TREND] 함수를 이용해서 구해질 수 있다.

한편, 다중회귀분석과 관련된 문제 중 다중공선성(multicollinearity)을 고려해보자. 이 조건은 2개 이상의 독립변수 상호 간의 관계가 (+) 또는 (−)의 상관관계가 있을 때 나타난다. 다중공선성 문제를 해결하는 방법 중 하나는 다중회귀분석에서 모든 변수들 간 단순상관계수를 조사하는 것이다. 엑셀은 이러한 상관계수값을 쉽게 얻는 데이터분석 도구를 제공한다. 현재의 예를 분석하기 위해, 상관분석 도구를 이용하기 위하여 아래와 같은 절차대로 한다.

① [메뉴바]로부터 [데이터]를 선택하고, 하위 메뉴에서 [데이터분석]을 선택하고, 그리고 [통계데이터분석] 대화상자에서 [상관분석]을 선택한다. 그 결과 [그림 10-20]처럼 대화상자가 나타날 것이다.

| 그림 10-20 | **상관분석 대화창**

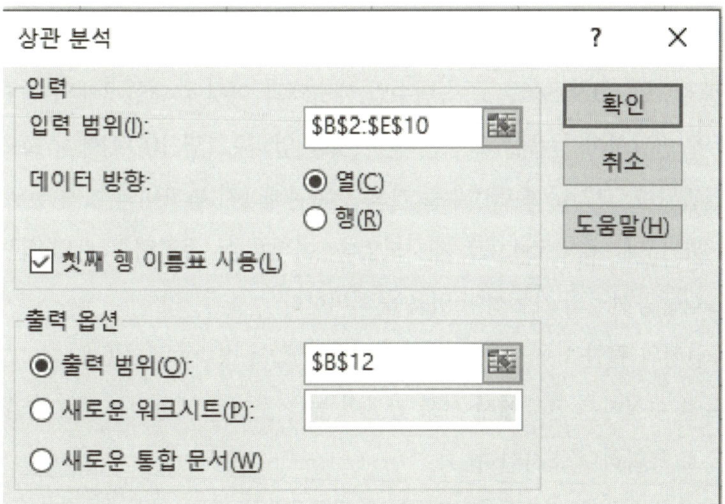

② 라벨을 포함한 모든 변수의 [입력범위]를 기입한다. [데이터방향]에서 열을 선택하고, [첫째 행 이름표 사용]에 체크표시를 하고, [출력범위]를 클릭하고 [출력범위]에 B12를 입력한다.

③ [확인] 버튼을 클릭하면 [그림 10-21]에서 보는 바와 같은 상관계수 매트릭스가 워크시트에 나타날 것이다.

| 그림 10-21 | 예에 대한 상관관계표

	A	B	C	D	E	F
1						
2		매출액	광고비	가격	판매원수	
3		900.0	74.0	475	4	
4		266.4	27.5	475	7	
5		1555.2	169.0	450	5	
6		4320.0	497.0	400	5	
7		2707.2	270.5	400	4	
8		439.2	44.5	475	12	
9		1209.6	63.0	450	7	
10		2966.4	189.5	400	10	
11						
12			매출액	광고비	가격	판매원수
13		매출액	1			
14		광고비	0.947663	1		
15		가격	-0.93386	-0.81554	1	
16		판매원수	-0.27366	-0.38555	0.182719	1

셀C14에 있는 매출액과 광고비간의 상관계수인 0.947663, 그리고 매출액과 가격 간의 상관계수인 −0.93386는 종속변수인 매출액과 이것에 대한 2개의 독립변수가 종속변수와 연관성이 높음을 알려준다. 이것은 앞의 [그림 10-14]에서 보여주었던 결과와 일관된다. 그러나 독립변수들 간의 상관관계에서 광고비와 가격 간의 상관관계 값은 셀D15에 −0.81554으로 제시되었다. 이것은 두 독립변수 간의 상관관계가 높으므로 다중공선성의 가능성이 있음을 의미한다.

다중공선성의 원인을 해결하는 방법은 다음과 같이 정리할 수 있다.

① 자료를 수집하는 단계에서 서로 연관이 높을 것이라 예상되는 변수들을 하나의 변수로 통합하여 조사한다.

② 상관관계가 높은 변수들을 변형하여 새로운 변수로 설정한다. 예를 들어 독립변수인 광고비와 판촉비가 상관관계가 높다라면 이들의 평균을 새로운 변수로 설정하는 것이다.

③ 상관관계가 높은 변수를 주성분분석(factor analysis)으로 묶어 하나의 차원으로 축소한다.

④ 독립변수 간 상관관계가 높은 변수들 중에서 종속변수와 상관관계가 낮은 독립변수를 제거한다.

연습문제

1. 다음은 어떤 중고자동차회사에서 무작위로 추출한 10대의 K모델 자동차의 경과년수와 가격을 조사한 자료이다. X, Y의 관계를 산점도로 표현하고, 공분산과 상관계수를 엑셀을 이용하여 구하라.

경과년수(X)	20	30	15	45	35	60	75	70	25	50
가격(Y)	500	400	600	300	500	400	200	250	700	350

2. 어떤 건강증진센터에서는 비만의 정도와 콜레스테롤 수치와의 관계를 알아보기 위해서 10명의 성인을 대상으로 상관계수를 계산해보니 0.7이었다. 이때 모집단 상관계수 ρ가 0이 아니라고 할 수 있는지 1% 유의수준으로 검정하여라.

3. 다음은 특정 지역 5가구에 대한 소득(X)과 저축(Y)의 자료이다. (단위 : 10만원)

소득 X	9	12	10	7	7
저축 Y	0.7	1.3	1.1	0.8	0.3

(1) 자료를 그래프로 나타내어라.

(2) 회귀직선 $Y = a + bX$를 구하여라.

(3) (2)에서 구한 a, b의 의미는 무엇인가?

4. 통계학을 수강하는 학생들의 키와 몸무게에 대한 자료가 주어져 있다. 키 165.4cm인 학생의 몸무게를 추정하여라.

	평균	표준편차	상관계수
키(cm)	168.1	7.2	+
몸무게(kg)	58.7	6.4	0.63

5. 상관분석과 회귀분석의 특성을 고려하여 다음을 설명하여 보라.

(1) 어떤 회사원의 최근 1개월간 가계지출총액과 그 달 식비와의 상관계수를 알아보니 약 0.6이었다. 이 사실은 식비가 다른 지출액과 별로 관계가 없을 것이라고 생각하고 있었던 예상과 모순되는가?

(2) 과거 20년간의 전국 연간 교통사고건수와 알콜음료에 대한 소비량과의 상관계수를 조사해보았더니 약 1에 가깝다고 한다. 알콜소비량이 늘었기 때문에 음주운전

이 늘어 교통사고가 증가한 것인가?

(3) 경쟁률이 심한 대학에서 입학생에게 토익시험을 실시하여 입학시험의 영어성적과 상관관계을 구했더니 0.1로 낮은 상관계수를 얻었다. 입학시험의 영어성적은 믿을 수 없다고 생각해도 좋은 것인가?

6. 적어도 한 번 사고를 일으킨 운전자만을 생각해서 연간 자동차사고 횟수와 운전자 연령 간의 상관이 $r = -0.60$이었다고 하면 이것으로부터 무엇을 알 수 있는가?

7. 연간수입으로부터 세대의 연간식비를 추정하는 데 이용하는 회귀직선으로 $Y = 300 + 0.2X$가 주어져 있을 때 다음 물음에 답하여라(단위 : 만원).

(1) 연간수입이 2,000(만원)과 5,000(만원)인 세대에 대한 평균식비는 각각 얼마인가?

(2) 연간수입이 0인 세대의 평균식비를 추정하고자 할 때 이 식을 이용하는 데 망설이게 되는 것은 무엇 때문일까?

8. 다음의 각 항의 변수들에 대해서 대략적인 상관계수의 값을 추정해보라.

(1) 어떤 공장에 있어서 공원의 작업수와 생산되는 제품의 개수

(2) 도시의 크기와 범죄발생률

(3) 어떤 상품의 제조단가와 생산개수

9. 담배를 피우는 사람은 담배를 피우지 않는 사람에 비해서 수명이 약 5년 짧다. 약 5년 짧다고 하는 것은 모두 끽연 때문일까? 만일 편의(bias)가 있다고 하면 그것은 어떠한 것이라고 생각하는가?

10. 어떤 대학의 사법시험 1차 응시횟수와 점수와의 관계를 알아보기 위해서 다음과 같은 표본자료를 얻었다고 하자. 엑셀을 이용하여 다음에 답하라.

응시자	1	2	3	4	5	6	7	8	9	10
응시횟수	3	4	4	2	5	3	4	5	3	2
점수	57	78	72	58	89	63	73	84	75	48

(1) 표본회귀직선을 구하여라.

(2) 결정계수(r^2)와 추정의 표준오차(S_e)를 구하여라.

11. 아래 자료는 6개의 다른 지역에서 어떤 제품에 대한 가격과 수요를 나타낸다. 엑셀을 이용하여 다음에 답하라

지역	1	2	3	4	5	6
가격(만원)	18	10	14	11	16	13
수요(천개)	9	125	57	90	22	79

(1) 가격측면에서 수요를 예측할 수 있는 표본회귀직선을 구하여라.

(2) 결정계수(r^2)와 추정된 표준오차(S_e)를 구하여라.

12. 다음은 어떤 기업체에서 10명의 근로자를 임의로 추출하여 적성검사 결과와 근무평점을 조사한 표본자료이다. 이 표본자료에서 근로자의 적성검사 결과를 X로, 근무평점을 Y로 하여 다음 물음에 답하여라.

근로자	1	2	3	4	5	6	7	8	9	10
적성검사	60	70	65	72	75	75	82	84	90	95
근무평점	68	72	76	78	80	86	82	90	96	93

(1) 표본회귀식을 구하여라.

(2) 이때 결정계수(r^2)와 추정된 표준오차(S_e)를 구하여라.

(3) (1)에서 얻은 회귀직선의 유의성을 5% 유의수준으로 검정하여라.

(4) β의 95% 신뢰구간을 구하고 유의수준 10% 하에서 $H_0 : \beta = 0$를 검정하여라.

(5) α의 95% 신뢰구간을 구하고 유의수준 10% 하에서 $H_0 : \alpha = 0$를 검정하여라.

(6) $X = 70$일 경우 μ에 대한 95% 신뢰구간을 구하여라.

(7) $X = 70$일 때 모회귀직선상의 값이 $\mu = 77$이라고 말할 수 있는지 유의수준 10%로 검정하여라.

13. 다음의 주장들은 참인가 또는 거짓인가. 만일 거짓이라면 수정하여라.

(1) 단순회귀모형에서 다음의 관계가 가정되었다.

$\hat{Y} = a + bX + e$

여기서 e는 독립이고, 그 평균은 0이 아니며 분산은 체감한다.

(2) 단순회귀모형에서는 $\overline{X}$로부터 X_i가 멀리 떨어지면 그만큼 Y의 예측오차는 커진다.

(3) 다중회귀모형인 경우에 엄격한 제약 중의 하나는 분류를 나타내는(즉, 수치로 표현되지 않는, 예를 들면 성별, 종파 등의) 변수를 포함할 수 없다는 점에 있다.

(4) 다중회귀분석을 행해야 할 문제에서 단순회귀분석을 적용할 경우, 독립변수들이 서로가 무상관이면 반드시 편의(bias)가 생긴다.

14. 강남전자(주) 마케팅부는 광고비와 대리점 사원의 수가 매출액에 영향을 주는지를 알아보기 위해 10개의 대리점에 대해서 다음과 같은 자료를 조사하였다.

대리점	광고비(100만원)	대리점 사원수(명)	매출액(100만원)
1	4	4	9
2	8	10	20
3	9	8	22
4	8	5	15
5	8	10	17
6	12	15	30
7	6	8	18
8	10	13	25
9	6	5	10
10	9	12	20

(1) 다중회귀모형을 위한 종속변수와 독립변수를 선정하여라.

(2) 다중회귀식을 구하여라.

(3) 다중회귀식의 추정된 표준오차와 결정계수를 구하여라.

(4) (2)에서 얻은 다중회귀식에서 독립변수는 종속변수에 유의한 영향을 준다고 볼 수 있는가?

15. 강남소비자보호원에서는 가정집의 전기소비량이 아파트 크기(평형)와 동거하는 가족수에 영향을 받는지를 알아보기 위해서 분당신도시에 있는 푸른마을아파트에서 10가구를 선정하여 다음과 같은 자료를 얻었다. 아래 물음에 답하여라.

가구	아파트 크기(평형)	가족수(명)	전기소비량(kw)
1	25	3	100
2	52	6	256
3	38	5	152
4	32	5	140
5	25	4	150
6	45	7	183
7	40	5	175
8	55	4	203
9	28	2	152
10	42	4	198

(1) 다중회귀식을 구하여라.

(2) 다중회귀식의 추정된 표준오차와 결정계수를 구하여라.

(3) 어느 가정의 아파트 크기가 33평형이고 가족이 4명일 때 전기소비량은 얼마인가?

(4) (1)에서 얻은 다중회귀식에서 독립변수는 종속변수에 유의한 영향을 준다고 볼 수 있는가?

16. 다음은 어느 공장에서 10명의 작업자를 임의로 추출하여 그들의 숙련도와 경력 및 연령을 조사한 표본자료이다. 이 자료에서 숙련도를 종속변수 Y로 지정하고 경력과 연령을 독립변수 X_1, X_2로 지정하여 회귀분석을 하고자 한다. 다음 물음에 답하여라.

변수 \ 작업자	1	2	3	4	5	6	7	8	9	10
경력(X_{1i})	1	1	2	2	2	3	3	4	4	5
연령(X_{2i})	25	26	34	25	38	44	51	39	54	55
숙련도(Y_i)	35	40	35	30	45	50	60	45	60	50

(1) 다중회귀식을 구하여라.

(2) 다중회귀식의 추정된 표준오차와 결정계수를 구하여라.

(3) (1)에서 얻은 다중회귀식의 유의성을 1% 유의수준으로 검정하여라.

(4) 모집단회귀계수 β_1에 대해서 5% 유의수준으로 검정하여라.

용 어 정 리

산점도(scatter diagram)

두 변수 간의 함수관계를 파악하기 위해 두 변수가 가지는 값의 순서쌍 (X_i, Y_i)를 좌표평면에 표시한 그림을 말한다.

상관계수(correlation coefficient)

두 확률변수 X, Y의 상호관계를 나타내주는 계수를 의미한다.

표본회귀직선(sample regression line)

표본에서 얻은 자료를 영향을 주는 독립변수와 영향을 받는 종속변수로 나누어 둘 간의 관계를 1차함수식으로 나타낸 것을 말한다.

적합도검정(goodness of fit test)

표본회귀식이 독립변수와 종속변수의 관계를 적절히 설명하고 있는지의 여부를 평가하는 방법으로 결정계수 r^2과 추정된 표준오차 S_e에 의해서 분석된다.

표본결정계수(sample coefficient of determination)

$$\text{표본결정계수} = \frac{\text{설명된 변동}}{\text{총변동}} = 1 - \frac{\text{설명안된 변동}}{\text{총변동}}$$

추정된 표준오차(standard error of estimate)

추정된 회귀직선으로부터 실제 관측치가 얼마나 흩어져 있는가를 나타낼 수 있는 척도이다.

유의성검정(significance test)

표본자료로부터 얻은 회귀직선이 통계적으로 유의한가를 회귀계수에 대한 F검정과 t검정을 통해서 분석된다.

조정된 결정계수(adjusted coefficient of determination)

독립변수의 수가 여러 개인 다중회귀분석에서 독립변수의 수를 고려한 결정계수를 말하는 것으로써 일반적으로 조정되지 않은 결정계수보다 약간 낮은 값은 가진다.

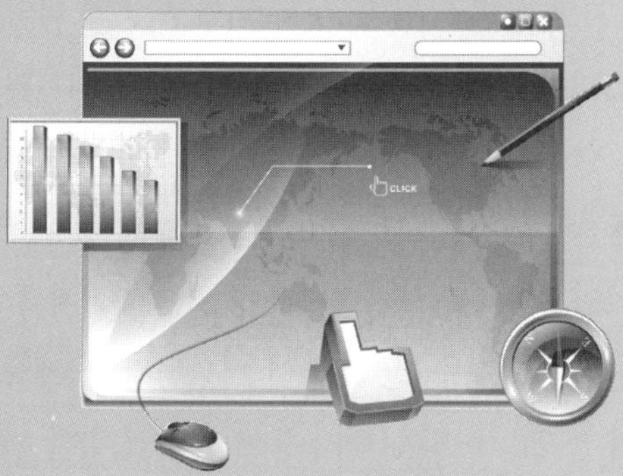

Chapter 11

시계열분석

개.요

내년도 매출액을 예측하여 예산을 계획하게 되고, 향후 가격을 예측함으로써 기업의 투자에 관한 의사결정을 내리게 된다. 이와 같이 일반적으로 예측을 기반으로 현재의 의사결정을 수립하게 된다. 예측은 예측오차를 수반하게 되는데, 예측을 정확히 할 수 있는 방법은 어떤 것들이 있으며, 그 중 어떤 것을 선택하여야 하는지에 대해 다루게 된다.

본 장에서는 시계열자료, 즉 과거 자료의 변화 형태, 반복적 흐름 등을 파악하여 향후 발생할 미래 상황에 대하여 예측하는 시계열예측방법을 학습한다. 시계열예측방법은 시간이 흐름에 따라 나타나는 변동과 추세를 파악하는 방법으로 이동평균법, 지수평활법, 그리고 장기적 추세와 계절적 변동을 고려한 예측방법 등이 있다.

이들 방법을 활용한 예측결과는 기업경영의 의사결정에서 중요한 참고자료로 활용할 수 있다. 즉, 향후 주력제품에 대한 매출전망은 어떻게 변화될지, 국제유가는 어떤 추세로 변화될지, 시장점유율의 추세는 어떻게 될지 등에 대한 정확한 판단과 예측이 요구되는 경우가 많다. 이를 위해 본 장에서는 시계열예측방법과 최적예측방법의 선택에 대해 살펴본다.

11.1 시계열예측의 의의

시계열자료(time series data)는 일정한 간격의 기간을 두고 시간이 흐름에 따라 변화를 파악할 수 있도록 기록되어 있는 자료를 말한다. 시계열예측기법들은 과거 행위의 패턴에 영향을 준 요인이 미래에도 같은 방식으로 영향을 줄 것이라는 논리에 근거한다. 따라서 시계열예측기법들은 미래에 예측되어질 시계열자료에서 패턴의 탐색을 시도하게 된다.

시계열자료가 보유하고 있는 독특한 특징 중의 하나는 시계열 자체의 변동(variation)을 들 수 있다. 시계열자료에 존재하는 변동을 인지함으로써 보다 정확하게 예측할 수 있도록 한다. 시계열에서 발생할 수 있는 4가지 형태의 변동은 다음과 같다.

① **추세변동** : 제품 및 서비스 수요에 대한 장기적인 증감을 나타내는 변동으로서, 추세는 선형(linear) 또는 비선형(nonlinear)일 수 있다.

② **계절적 변동** : 한 계절 또는 1년 동안의 제품 및 서비스 수요의 증감을 나타내는 단기적 순환이다.

③ **순환적 변동** : 1년 이상의 긴 기간에 대해서 발생하는 주기적 증감을 나타내는 변동이다.

④ **불규칙 변동** : 다른 형태의 변동에 의해서 설명될 수 없는 자료의 변동으로서 변

동이 큰 자료는 예측에 활용되기 어렵다.

11.2 시계열예측방법

11.2.1 이동평균법

(1) 이동평균법 개요

이동평균법(moving average method)은 과거 일정한 기간의 자료를 평균해서 예측하는 방법이다. 과거 자료의 평균을 구하는 것은 자료의 불규칙적인 변동을 고르게 하기 위한 것이다. 예측자료로 이용하기 위한 평균값을 구하는 경우, 전체의 추세를 쉽게 파악할 수 있다는 장점을 가지고 있는 반면에, 많은 자료를 묶어 평균을 구하게 되면 변동요인을 충분히 알 수 없다는 단점이 있다. 이동평균법에 의한 예측을 수식으로 나타내면 다음과 같다.

$$f_t = \frac{\sum_{i=1}^{n} a_{t-i}}{n} \quad \text{(식 11.1)}$$

여기서, f_t : t기간의 예측값
a_{t-i} : $t-i$기간의 실제값
n : 기간의 수

[예제 11-1] 프로야구팀 두산 베어스의 감독은 다가오는 금년 홈경기에서 평균 관객수를 예측하고 싶어 한다. 그는 지난 8년간의 평균 관객수의 자료를 가지고 있으며, 4개년 이동평균법으로 예측하고자 한다.

8년전	7년전	6년전	5년전	4년전	3년전	2년전	1년전
34,211	37,634	38,643	42,567	44,563	47,843	52,123	55,632

| 풀이 |

4개년 이동평균법이므로 최근 4년 간의 평균을 구하면 된다.

$$f_0 = \frac{44,563 + 47,843 + 52,123 + 55,6324}{4} = 50,040(\text{명})$$

---

(2) 엑셀에 의한 이동평균법

엑셀은 시계열예측을 지원하기 위한 프로그램이 포함되어 있다. 특정 시계열을 위해서 이용되어지는 예측방법을 위한 빠른 분석(CHART WIZARD)의 이용을 살펴보기로 한다. 이동평균법과 단순지수평활은 모두 평활법이다. 그러므로 이들은 계절적, 순환적, 추세변동을 갖지 않는 시계열자료에 효과적이다. 그러나 추세예측은 추세변동을 갖는 시계열자료에 적절하다. 시계열자료가 어떤 예측방법에 적합한지를 결정하는 단순한 방법은 시계열자료를 도표로 그리는 것이다. 도표에 의해서 시계열자료의 대략적인 변동의 형태를 알아볼 수 있는데, 이는 [빠른 분석]를 통한 엑셀에서 수행할 수 있다.

서울에서 제과점을 운영해 온 몽쉘제과점을 고려해보자. 사장은 밀가루의 구매량을 결정하기 위해서 식빵의 주별 판매량의 예측을 원하고 있다. 그는 과거 20주 동안 판매량 자료를 가지고 있으며, 4주 이동평균법으로 예측하고자 한다. 이 자료는 [그림 11-1]과 같이 엑셀 워크시트에 입력되어 있으며, 판매량 자료의 차트도 보여주고 있다. 이 차트는 [빠른 분석]을 이용하여 얻을 수 있으며, 주요 절차는 다음과 같다.

① 마우스나 키보드를 사용하여 셀B3에서 B23까지 제목과 판매량 자료를 클릭한다.

② 오른쪽 마우스를 선택하고 메뉴에서 [빠른 분석]을 클릭하면 메뉴에서 [차트]를 선택할 수 있다.

③ 차트종류 중에서 [꺾은선형]을 선택하면 자료의 대략적인 추세를 볼 수 있다.

[그림 11-1]에서 보는 바와 같이 쉽게 선형차트를 얻을 수 있으며, *X*, *Y*축의 이름, 차트의 이름 등과 같은 다른 편집옵션은 구체적인 선택기능을 이용하여 나타낼 수 있다. 위의 시계열자료는 증감 추세를 나타내는 판매량 자료가 아니라는 결론을 내

| 그림 11-1 | 몽쉘제과점의 판매량

	A	B
1	몽쉘제과점의 수요예측	
2		
3	주	판매량
4	1	504
5	2	507
6	3	386
7	4	489
8	5	501
9	6	475
10	7	521
11	8	499
12	9	378
13	10	485
14	11	484
15	12	492
16	13	521
17	14	500
18	15	515
19	16	494
20	17	525
21	18	397
22	19	512
23	20	503

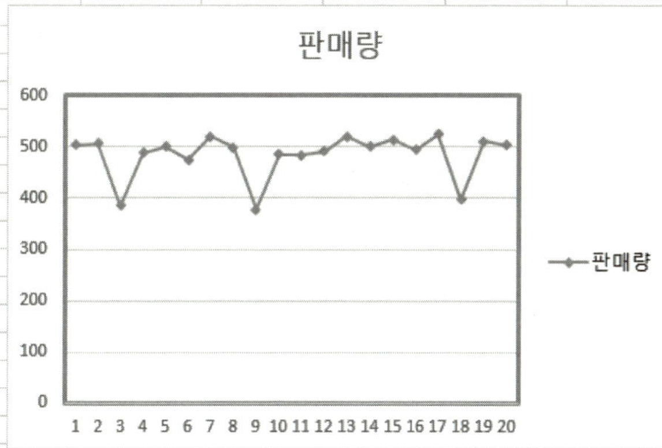

릴 수 있다. 따라서 이 자료는 이동평균법 또는 단순지수평활법을 적용하는 것이 적절하다고 볼 수 있다.

20주의 측정자료를 이용한 이동평균 예측의 절차는 다음과 같다.

① 메뉴에서 [데이터]를 선택하고, 다음에 [데이터분석]을 클릭하여 [통계데이터분석] 대화상자에서 [이동평균법]을 선택한다.

② [그림 11-2]와 같이 이동평균법의 대화상자에서 입력조건들을 기입한다. [입력범위]는 셀B3에서 B23까지를 포함한다. 구간은 이동평균에서 평균을 구하기 위한 기간수에 관련된다. 이 예를 위해서 3의 값을 입력하였다. [출력범위]는 C5이고, 실제치와 예측치의 그래프를 보기 위해서 [차트출력]에 체크하고 [표준오차]는 체크하지 않는다.

③ [확인]을 클릭하면 [그림 11-3]의 셀C에 예측치가 출력된다.

④ 셀C3에 [이동평균] 제목을 입력한다.

⑤ [그림 11-3]의 셀C3에 3개 자료를 이용한 예측치가 출력되었으며, 차트를 통해서 실제치와 예측치의 차이를 알 수 있다. 결과에서 알 수 있듯이 이동평균법에

의한 21번째 주의 예측치는 470.66이라는 것을 알 수 있다. 같은 방법으로 평균에 사용될 측정자료의 수를 이용하여 이동평균에 의한 예측을 할 수 있다.

| 그림 11-2 | 이동평균법의 대화상자

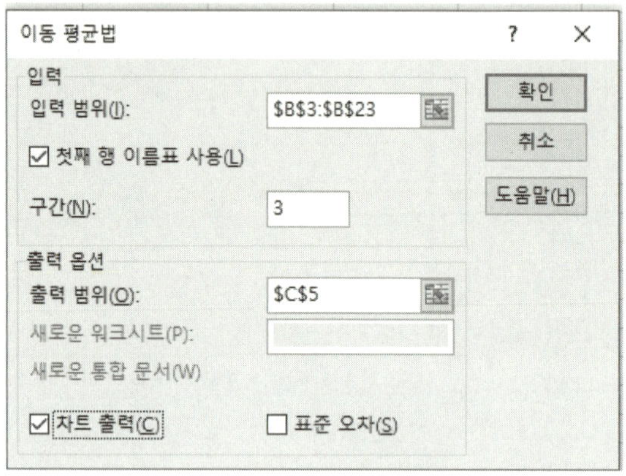

| 그림 11-3 | 이동평균법에 의한 예측결과

	A	B	C
1	몽쉘제과점의 수요예측		
2			
3	주	판매량	이동평균
4	1	504	
5	2	507	#N/A
6	3	386	#N/A
7	4	489	465.6667
8	5	501	460.6667
9	6	475	458.6667
10	7	521	488.3333
11	8	499	499
12	9	378	498.3333
13	10	485	466
14	11	484	454
15	12	492	449
16	13	521	487
17	14	500	499
18	15	515	504.3333
19	16	494	512
20	17	525	503
21	18	397	511.3333
22	19	512	472
23	20	503	478
24			470.6667

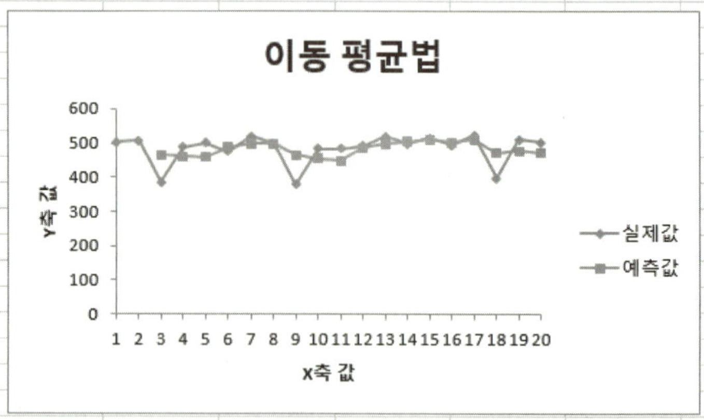

11.2.2 지수평활법

(1) 지수평활법의 개요

이동평균법의 경우 미래를 예측하기 위해 사용된 과거자료의 가중치가 모두 동일하다는 가정이었다. 하지만, 과거의 자료가 현시점에 가까울수록 비중을 크게 두고 과거로 올라갈수록 비중을 작게 두는 것이 현실적일 것이다. 이처럼 변화에 민감하게 반응하도록 개선한 방법이 가중치를 부여한 가중이동평균법이다. 이러한 가중이동평균법에서 가중치의 결정을 자동적으로 만들어주는 방법이 **지수평활법(exponential smoothing method)**이다. 즉, 지수평활법은 일종의 가중이동평균법으로써, 예측치는 다음 공식에 의하여 구할 수 있다.

$$f_t = f_{t-1} + \alpha(a_{t-1} - f_{t-1}) \qquad \text{(식 11.2)}$$

여기서, f_t : t기간의 예측값
f_{t-1} : $(t-1)$기간의 예측값
α : 평활상수, $0 \le \alpha \le 1$
a_{t-1} : $(t-1)$기간의 실제값

f_{t-1}과 a_{t-1}의 차이는 지난 기간의 예측오차를 가리킨다. 평활상수(α)는 0과 1 사이의 값을 가지며 지난 기간의 예측오차에 부가된 가중치를 의미한다. α를 명확히 이해하기 위해서 지수평활예측 공식을 다음과 같이 변형시켜 보자.

$$f_t = \alpha a_{t-1} + (1-\alpha) f_{t-1} \qquad \text{(식 11.3)}$$

일반화된 식은 $\alpha a_{t-1} + \alpha(1-\alpha) a_{t-2} + \alpha(1-\alpha)^2 a_{t-3} + \cdots + (1-\alpha)^{t-1} f_1$로 나타나는데,[1] α는 0과 1 사이의 값이므로 $\alpha \ge \alpha(1-\alpha) \ge \alpha(1-\alpha)^2 \ge \alpha(1-\alpha)^3 \ge \cdots$가 된

---

1) $f_t = \alpha a_{t-1} + (1-\alpha) f_{t-1}$
$= \alpha a_{t-1} + (1-\alpha)\{\alpha a_{t-2} + (1-\alpha) f_{t-2}\}$
$= \alpha a_{t-1} + \alpha(1-\alpha) a_{t-2} + (1-\alpha)^2 f_{t-2}$
$= \alpha a_{t-1} + \alpha(1-\alpha) a_{t-2} + (1-\alpha)^2 \{\alpha a_{t-3} + (1-\alpha) f_{t-3}\}$

다. 따라서 현재의 예측치는 과거자료에 대해 지수적으로 감소하는 가중치를 부여하여 계산하게 되는 것이다.

(식 11.3)에서 $\alpha = 1$이면 이때의 예측값은 지난 기간의 실제값에만 근거로 예측값을 구한 것이며, $\alpha = 0$이면 지난 기간의 실제값은 무시하고 예측값에만 근거하여 예측한다는 의미이다. 이와 같이 α값에 따라서 예측력에 다소 차이가 있기 때문에 α값은 신중을 고려하여 결정하여야 한다.

[예제 11-2] [예제 11-1]의 두산 베어스의 예에서 평활상수 $\alpha = 0.2$인 경우에 지수평활법으로 금년 관객수를 예측하라. 이때 8년 전 예상관객수는 34,000으로 가정한다.

|풀이|

7년 전 예측치 : $f_2 = 0.2 \times 34,211 + 0.8 \times 34,000 = 34,042$

6년 전 예측치 : $f_3 = 0.2 \times 37,634 + 0.8 \times 34,042 = 34,761$

5년 전 예측치 : $f_4 = 0.2 \times 38,643 + 0.8 \times 34,761 = 35,537$

⋮ ⋮

금년 예측치 : $f_9 = 0.2 \times 55,632 + 0.8 \times 42,698 = 45,285$

엑셀을 활용하여 [그림 11-1]의 몽쉘제과점의 판매량을 지수평활법으로 예측하여 보자. 평활상수 $\alpha = 0.2$로 가정한다.

(2) 엑셀에 의한 지수평활법

① 메뉴에서 [데이터]를 선택하고, 다음에 [데이터분석]을 클릭하여 [통계데이터분석] 대화상자에서 [지수평활법]을 선택한다.

② 지수평활법의 대화상자가 나오면, [입력자료]를 입력한다. 먼저 입력범위($B$3:$B$23)와 감쇠인수(0.8)를 입력한다. 여기서 감쇠인수값은 $(1-\alpha)$를

$$= \alpha a_{t-1} + \alpha(1-\alpha)a_{t-2} + \alpha(1-\alpha)^2 a_{t-3} + (1-\alpha)^3 f_{t-3}$$

⋮

$$= \alpha a_{t-1} + \alpha(1-\alpha)a_{t-2} + \alpha(1-\alpha)^2 a_{t-3} + \cdots + (1-\alpha)^{t-1} f_1$$

의미한다. 이 예제에서 α값은 0.2이기 때문에 감쇠인수는 0.8이 된다. 그리고 셀B3의 판매량 이름이 포함되었기 때문에 이름표에 체크하여야 한다.

③ [확인] 버튼을 클릭하면 [그림 11-5]의 지수평활 예측치를 얻게 된다.

| 그림 11-4 | 지수평활법의 대화상자

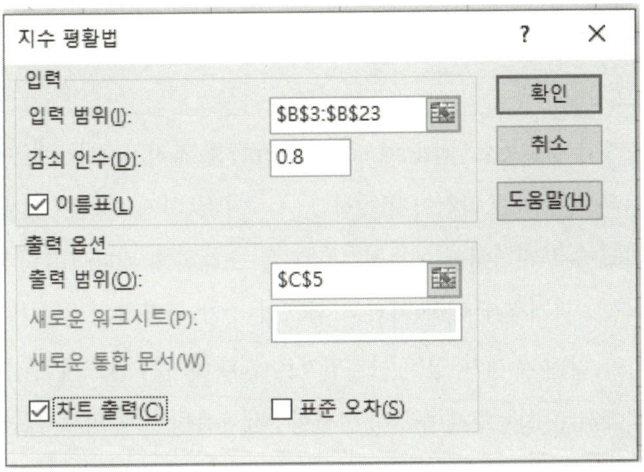

| 그림 11-5 | 지수평활법의 예측결과

	A	B	C
1	몽쉘제과점의 수요예측		
2			
3	주	판매량	지수수평활
4	1	504	
5	2	507	#N/A
6	3	386	504
7	4	489	504.6
8	5	501	480.88
9	6	475	482.504
10	7	521	486.2032
11	8	499	483.9626
12	9	378	491.37
13	10	485	492.896
14	11	484	469.9168
15	12	492	472.9335
16	13	521	475.1468
17	14	500	478.5174
18	15	515	487.0139
19	16	494	489.6111
20	17	525	494.6889
21	18	397	494.5511
22	19	512	500.6409
23	20	503	479.9127
24			486.3302

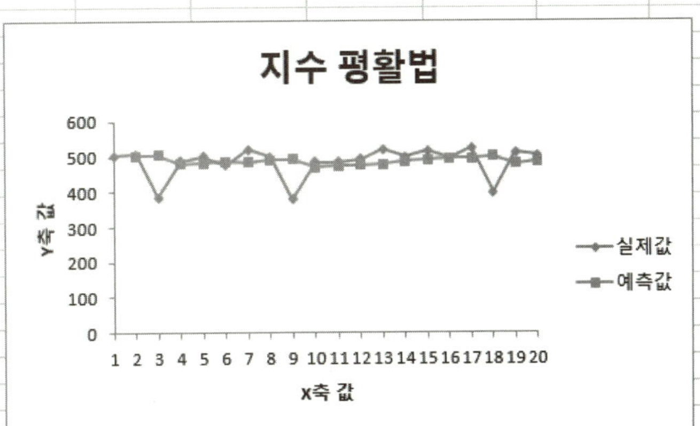

④ 셀C에 [지수평활법] 제목을 입력한다.

⑤ 셀D24에 지수평활법에 의한 예측치가 계산된다. 즉, 21번째 주의 판매량이 486.3302로 예측된 것이다.

11.2.3 추세예측

(1) 추세예측의 개요

시계열자료가 추세변동요인(trend component)을 가지고 있을 때, 이동평균법이나 지수평활법은 예측에 효과적이지 못하다. 즉, 이 두 가지 방법은 실제 추세변동이 있는 시계열자료를 부적합하게 예측하는 결과를 초래하게 된다. [그림 11-6]은 프로야구 두산 베어스 관객수에 대한 자료는 관객의 수가 증가하는 추세가 있음을 보여주고 있다. 이와 같이 추세가 있는 시계열자료에 대해서는 반드시 추세를 고려하여야 한다. 엑셀에서는 선형추세예측과 비선형추세예측방법에 의해서 쉽게 시계열자료를 이용한 예측을 할 수 있다.

선형추세예측방법은 단순선형회귀분석을 위한 기본적인 형태인 최소자승법(method of least squares)을 이용한다. 이는 모든 점에서의 오차의 제곱을 최소로 할 수 있는 하나의 직선을 수학적으로 구하여 회귀직선(regression line) 또는 추세

| 그림 11-6 | 이동평균법에 의한 예측결과

	A	B
1		
2		
3	년	관객수
4	1	34211
5	2	37634
6	3	38643
7	4	42567
8	5	44563
9	6	47843
10	7	52123
11	8	55632
12		
13		
14		

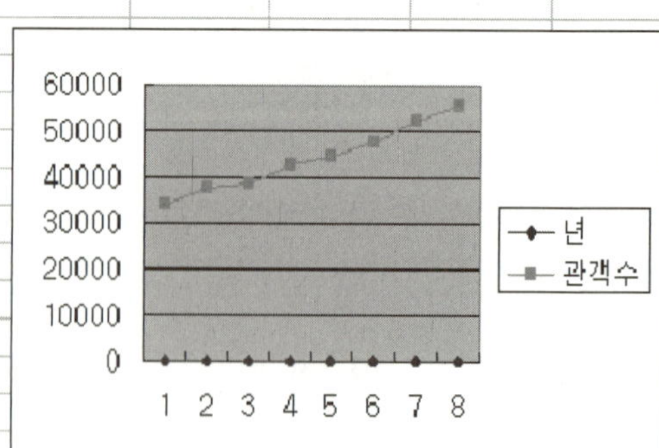

선(trend line)으로 활용하는 것이다.

[그림 11-7]에서 알 수 있듯이 관측치의 모든 점을 포함하는 직선을 구할 수 없기 때문에 모든 관측치들을 가장 가깝게 포함하는 직선을 구하는 것이 최적이다. 이는 관측치의 각 점에서 직선까지 수직으로 그은 거리의 제곱합을 최소로 하는 직선으로 $\hat{Y} = a + bx_i$로 표현된다. 이 수직거리를 잔차(residual) 또는 오차(error)라고 하며, i번째의 관측치가 y_i이고 이에 해당하는 추세선상의 점을 $\hat{y}_i$으로 나타내면 잔차 e_i는 $(y_i - \hat{y}_i)$이다. 관측치가 n개일 경우 잔차의 제곱의 합을 최소로 하는 추세선을 구하기 위해 다음과 같이 쓸 수 있다.

| 그림 11-7 | **산포도와 회귀직선**

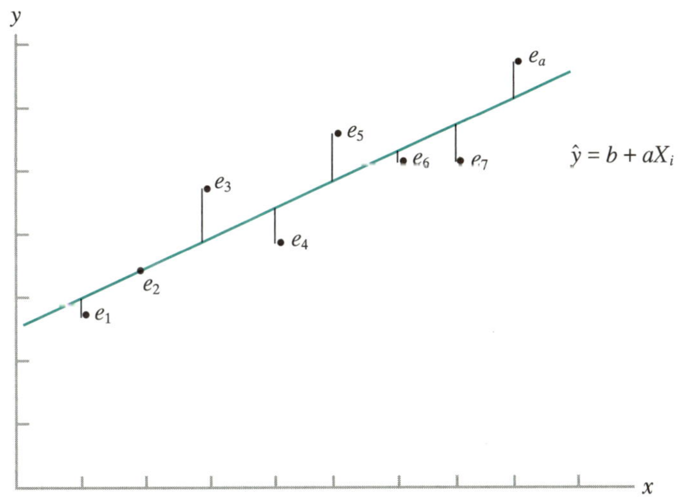

$$\sum_{i=1}^{n}[y_i - (a + bx_i)]^2 \quad \text{(식 11.4)}$$

이 식의 값을 최소로 하는 a, b는 제10장 회귀분석에서 살펴본 바와 같이 다음과 같이 구할 수 있다.

$$a = \frac{\sum_{i=1}^{n}(x_i - \bar{x})(y_i - \bar{y})}{\sum_{i=1}^{n}(x_i - \bar{x})^2} = \frac{\sum xy - n\bar{x}\,\bar{y}}{\sum x^2 - n(\bar{x})^2}, \qquad b = \bar{y} - a\bar{x} \qquad \text{(식 11.5)}$$

엑셀에서는 이와 같은 추세선을 쉽고 빠르게 구할 수 있을 뿐만 아니라 문제의 데이터가 변하면 추세선의 적합을 시각적으로 검사할 수 있으며 결과를 쉽게 확인할 수 있다.

시계열자료의 추세를 나타내는 추세선의 형태는 시계열의 값 y가 시간이 지남에 따라 모양이 변화됨으로써 결정된다. y가 일정하게 x의 단위당 평균변화량만큼 변화한다면 선형추세선(linear trend line)이 추세를 가장 잘 나타낼 것이며, x의 단위당 평균변화량이 일정하지 않다면 비선형추세선(non-linear trend line)이 추세를 가장 잘 나타낼 것이다. 대표적인 비선형추세선은 다항식(polynomial), 지수형(exponential), 로그형(logarithmic), 거듭제곱형(승수형 또는 멱형; power) 추세선 등이 있다.

$$\text{(다항추세선)} \quad \hat{Y} = b + a_1 x + a_2 x^2 + \cdots + a_n x^n \qquad \text{(식 11.6)}$$

$$\text{(지수형추세선)} \quad \hat{Y} = be^x \qquad \text{(식 11.7)}$$

$$\text{(로그형추세선)} \quad \hat{Y} = ln\ x,\ x > 0 \qquad \text{(식 11.8)}$$

$$\text{(거듭제곱형추세선)} \quad \hat{Y} = kx^a,\ a > 0,\ x > 0 \qquad \text{(식 11.9)}$$

(2) 엑셀에 의한 추세예측

선형추세예측을 설명하기 위해서 프로야구 두산 베어스의 관객수에 대한 예로 돌아가보자.

① [그림 11-6]의 두산 베어스 관객수가 자료로 주어졌다고 하자.

② A3:B11까지 제목을 포함한 데이터를 선택하고 오른쪽 마우스를 클릭하면 [빠른 분석] 메뉴를 선택할 수 있고 [차트] 메뉴에서 [꺾은선형]을 선택하여 차트가 표시된다.

③ 차트 위에서 왼쪽 마우스를 클릭하면 오른쪽 모서리에 [+]를 선택할 수 있다. [차트요소]에서 축, 차트제목, 눈금선, 범례, 추세선 등을 선택하면 원하는 차트를 완성할 수 있다.

④ 추세선을 선택하여 오른쪽 마우스를 클릭하면 [추세선 서식]을 선택할 수 있으며, [예측]에서 2기간 예측을 위해 앞쪽으로의 2구간을 입력하며 [수식을 차트에 표시]에 체크한다.

| 그림 11-8 | 최소제곱법에 의한 추세선

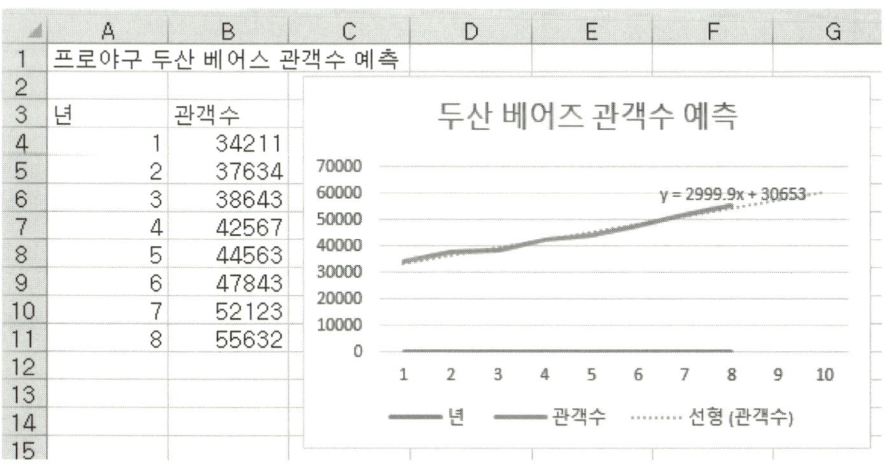

이와 같이 주어진 시계열자료를 이용하여 최소자승법에 의한 추세선을 쉽게 구할 수 있다. 이 추세선이 주어진 데이터를 얼마나 잘 적합했는지는 다음절에서 설명하기로 한다. 이제 [그림 11-8]에서 구해진 회귀직선이 다음 기간을 예측하기 위해서 어떻게 이용되는지 살펴보자.

① 셀C3에 제목 [예측]을, 셀A12에 예측연도 '9'를 입력한다.

② 셀C4에서 셀C12까지 추세식 '=2999.9X + 30653'의 X대신에 예측하고자 하는 연도(A4, A5, …, A11 등)를 입력하여 예측치를 구한다.

③ 그 결과, 다음 연도의 예측관객수 54652.2명을 포함한 9개 연도 동안의 추정치가 [그림 11-9]에 나타나 있다.

| 그림 11-9 | **선형추세식에 의한 예측결과**

	A	B	C
1	프로야구 두산 베어스 관객수 예측		
2			
3	년	관객수	예측
4	1	34211	
5	2	37634	33652.9
6	3	38643	36652.8
7	4	42567	39652.7
8	5	44563	42652.6
9	6	47843	45652.5
10	7	52123	48652.4
11	8	55632	51652.3
12	9		54652.2
13			
14			
15			

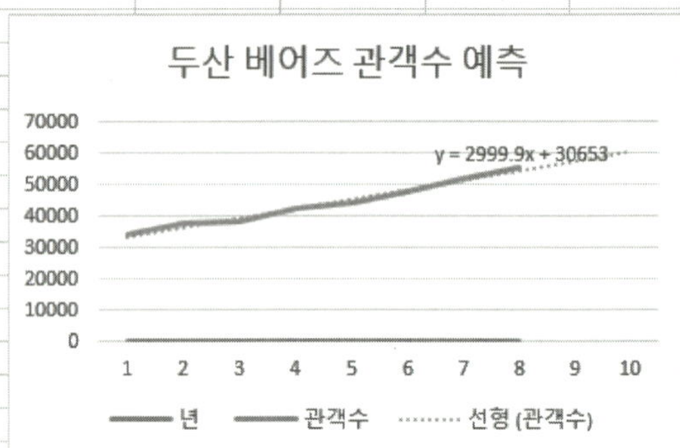

시계열자료가 선형의 형태가 아닌 추세요인을 가지는 경우가 종종 있다. 이러한 경우에 [추세선서식]의 [추세선 옵션]에서 [선형]을 포함한 [다항식], [로그], [거듭제곱)], [지수], [이동평균] 등의 특성을 쉽게 파악할 수 있다. 이러한 절차가 어떻게 수행되는지를 두산 베어스 관객수 예측을 예를 들어 살펴보자. 선형추세예측에서 적용한 바와 같이 주어진 시계열자료가 추세선에 잘 적합 되었다는 것을 보여주었다. 그렇지만 시계열자료가 더 잘 적합되는 어떤 유형을 찾기 위해서 추세선의 다른 추세/회귀 유형을 다음 절차에 의해서 평가할 수 있다.

① [그림 11-9]에 있는 차트에서 추세선을 한 번 클릭하면 [추세선서식]의 [추세선 옵션]에서 [로그]를 클릭한다.

② [예측]에서 2기간 예측을 위해 앞쪽으로의 2구간을 입력하며 [수식을 차트에 표시]에 체크한다.

③ 셀C4에 추세식 '=9785.4 LN(X) + 31181' 에서 X대신에 예측하고자 하는 연도(A4, A5, ⋯, A11 등)를 입력하여 예측치를 구한다.

④ 그 결과, 다음 연도의 예측관객수 51529.17명을 포함한 9개 연도 동안의 추정치가 [그림 11-10]에 나타나 있다.

| 그림 11-10 | **로그형추세식에 의한 예측결과**

	A	B	C
1	프로야구 두산 베어스 관객수 예측		
2			
3	년	관객수	예측
4	1	34211	
5	2	37634	31181
6	3	38643	37963.72
7	4	42567	41931.36
8	5	44563	44746.44
9	6	47843	46929.99
10	7	52123	48714.08
11	8	55632	50222.51
12	9		51529.17
13			
14			
15			

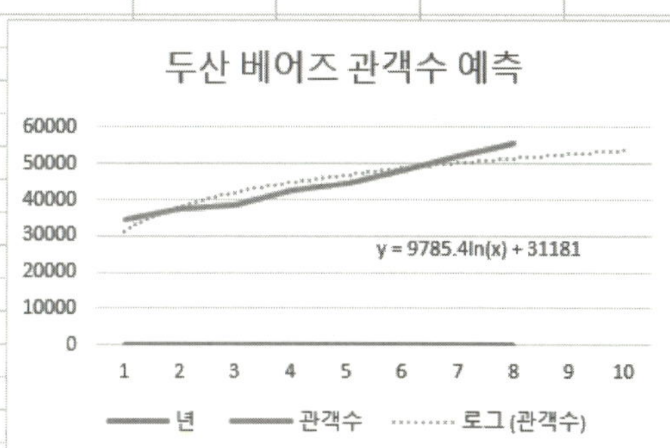

이외의 다른 추세/회귀 유형을 적용하기 위해서는 위의 4단계 과정을 반복하면 특정 추세식을 구할 수 있다.

(다항식) $y = 140.18x^2 + 1738.3x + 32755$

(거듭제곱) $y = 32301x^{0.2285}$

(지수) $y = 32106e^{0.0881x}$

11.3 예측방법의 선택

최적의 예측방법 선택을 위해서는 각 예측방법에 따른 예측오차를 계산하여 가장 작은 오차가 있는 방법을 선택하면 되는 것이다. 통계학자들에 의해서 개발된 측정방법들 중에 오차 측정에 관한 가장 일반적인 방법은 **평균절대편차(MAD : Mean**

Absolute Deviation)와 평균제곱오차(MSE : Mean Squared Error)가 있다. 이를 수식으로 나타내면 다음과 같다.

$$MAD = \frac{\sum_{t=1}^{n}|a_t - f_t|}{n} \qquad \text{(식 11.10)}$$

$$MSE = \frac{\sum_{t=1}^{n}(a_t - f_t)^2}{n} \qquad \text{(식 11.11)}$$

평균절대편차(*MAD*)는 시계열자료의 실제치와 예측치의 차이를 절대값으로 취하여 평균한 것이며, 평균제곱오차(*MSE*)는 실제치와 예측치와의 차이의 제곱값을 평균한 것이다. 실제치와 예측치의 큰 차이를 회피하는 것이 중요하다면 *MSE*를 이용하고, 예측오차가 작고 다소 극단적인 예측오차를 무시할 수 있다면 *MAD*를 이용한다.

한편, 실제치와 예측치의 단순한 차이를 이용하지 않고, 이 차이를 절대값으로 바꾸거나 제곱하여 이용하는 이유는 (+)오차와 (−)오차의 상쇄효과를 배제하기 위함이다.

가장 좋은 예측방법을 선택하기 위해서는 동일한 자료를 이용하는 다른 예측방법의 *MAD*와 *MSE*의 통계량을 비교하면 된다. 즉, *MAD*와 *MSE*의 통계량이 적은 예측방법이 보다 정확한 예측을 제공한다고 볼 수 있다. *MAD*와 *MSE*의 계산은 매우 유사하다.

지금까지 설명한 시계열자료의 예측방법들 중에서 어떤 것이 특정 데이터를 위해 적정한 예측방법인가를 알아보자. 예를 들어, [그림 11-1]의 몽쉘제과점의 판매량을 예측하기 위해서 이용한 시계열자료는 추세요인을 포함하고 있지 않다는 가정에서 예측을 실행하였다. 이때 이용한 이동평균법은 지수평활법보다 더 예측력이 우수하다고 말할 수는 없다. 더욱이 이동평균법에 대해서는 평균을 구하는 이동구간의 길이를 결정하여야 한다. 즉, 4구간을 평균하는 것이 3구간 또는 여타 구간보다 더 유리한지를 결정하여야 한다. 지수평활법에 대해서도 평활상수 0.2가 0.3 또는 여타 평활상수($0 \leq \alpha \leq 1$)보다 유리한지를 결정하여야 한다.

먼저 *MAD*는 몽쉘제과점의 판매량예측을 이용하여 설명하고, *MSE*는 두산 베어스 관객수 예측의 예를 이용하여 설명하기로 한다. *MAD*의 예를 설명하기 위해 [그림 11-5]를 이용하자.

① 몽쉘제과점 판매량에 대한 시계열자료를 이용하여 이동평균법, 지수평활법에 의한 예측결과가 [그림 11-4], [그림 11-6]과 같이 구해졌다고 보자.

② 셀F3에 'MA오차'(이동평균오차), 셀G3에 'ES오차'(지수평활오차), 셀E24에 'MAD='를 각각 입력한다.

③ 오차의 절대값을 계산하기 위해 셀F8에 공식 '=ABS(B8-C8)'을 입력하여 절대값을 계산하고, F9에서 F23까지 공식을 복사하여 계산한다. 같은 방법으로 셀G8에서 G23까지 계산한다.

④ 셀F24, G24에 공식 '=AVERAGE(F8:F23)', '=AVERAGE(G8:G23)' MAD의 평균값을 계산한다.

예측오차의 차이에 근거한 이동평균법과 지수평활법에 대한 *MAD*의 계산결과가 [그림 11-11]에서 보여주고 있다. 이동평균법은 16개, 지수평활법은 18개의 시계열 자료에 대한 예측오차의 평균이 계산되었다. 그 결과 이동평균법(MAD = 34.35938)이 지수평활법(MAD = 34.86074)보다 예측력이 약간 정확한 것으로 판명되었다. 물론 이동평균을 위한 최적의 구간의 결정, 지수평활을 위한 최적의 평활상수의 결정을 위해서 *MAD*를 이용할 수 있다.

이제 [그림 11-10]에서 보여준 두산 베어스의 관객수 예측의 예를 이용하여 예측오차의 측정을 '선형', '로그형' 추세예측방법에 대해서 비교해보자. [그림 11-9], [그림 11-10]에서 보여준 '선형'과 '로그형'에 의한 추세예측결과를 가지고 *MSE*를 비교해보자.

① 두산 베어스의 관객수에 대한 시계열자료를 이용하여 선형추세예측, 로그형추세예측에 의한 예측결과가 [그림 11-9], [그림 11-10]과 같이 구해졌다고 보자.

② 셀F3에 'Lin오차'(선형추세예측오차), 셀G3에 'Log오차'(로그형추세예측오

| 그림 11-11 | 몽쉘제과점의 수요예측에 대한 MAD의 계산결과

	A	B	C	D	E	F	G	H
1								
2								
3	주	판매량	이동평균법	지수평활법		MA오차	ES오차	
4	1	504						
5	2	507	#N/A	#N/A				
6	3	386	#N/A	504			118	
7	4	489	#N/A	504.6			15.6	
8	5	501	471.5	480.88		29.5	20.12	
9	6	475	470.75	482.504		4.25	7.504	
10	7	521	462.75	486.2032		58.25	34.7968	
11	8	499	496.5	483.9626		2.5	15.03744	
12	9	378	499	491.37		121	113.37	
13	10	485	468.25	492.896		16.75	7.896038	
14	11	484	470.75	469.9168		13.25	14.08317	
15	12	492	461.5	472.9335		30.5	19.06654	
16	13	521	459.75	475.1468		61.25	45.85323	
17	14	500	495.5	478.5174		4.5	21.48258	
18	15	515	499.25	487.0139		15.75	27.98607	
19	16	494	507	489.6111		13	4.388853	
20	17	525	507.5	494.6889		17.5	30.31108	
21	18	397	508.5	494.5511		111.5	97.55113	
22	19	512	482.75	500.6409		29.25	11.35909	
23	20	503	482	479.9127		21	23.08727	
24			484.25	486.3302	MAD=	34.35938	34.86074	
25								
26								

차), 셀D14에 'MSE =' 를 각각 입력한다.

③ MSE를 계산하기 위해 셀F4에 공식 '= ABS(B5-C5)' 을 입력하여 절대값을 계산하고, 셀F6에서 셀F11까지 공식을 복사하여 계산한다. 같은 방법으로 셀G5에서 셀G11까지 계산한다.

④ 셀F12, 셀G12에 공식 '= AVERAGE(F5:F11)', '= AVERAGE(G5:G11)'를 입력하여 MSE의 평균값을 계산한다.

그 결과 두 예측방법의 *MSE*를 비교하여 보면 선형추세예측이 로그형추세예측방법보다 더 우수하다는 것을 알 수 있다. 같은 방법으로 다른 추세예측(다항식, 거듭제곱, 지수) 방법을 *MSE*에 의해서 비교할 수 있다.

| 그림 11-12 | 선형추세예측과 로그형추세예측의 MSE 결과

	A	B	C	D	E	F	G
1							
2							
3	년	관객수	선형예측	로그예측		(Lin오차)^2	(Log오차)^2
4	1	34211					
5	2	37634	33652.9	31181		15849157.2	41641209
6	3	38643	36652.8	37963.72		3960896.04	461421.3
7	4	42567	39652.7	41931.36		8493144.49	404038.2
8	5	44563	42652.6	44746.44		3649628.16	33650.23
9	6	47843	45652.5	46929.99		4798290.25	833587.3
10	7	52123	48652.4	48714.08		12045064.4	11620736
11	8	55632	51652.3	50222.51		15838012.1	29262582
12			54652.2	51529.17	MSE=	9233456.09	12036746

연습문제

1. 시계열자료(time series data)는 어떤 특성을 가지고 있으며 이를 이용하는 이유는 무엇인가?

2. 시계열자료에서 발생할 수 있는 유형을 예를 들어 설명하라.

3. 다음 자료는 2011년부터 2021년까지 어떤 기업에 대한 수출액에 대하여 집계한 것이다.

(단위 : 억원)

기간	수출액	기간	수출액
2011	50	2017	150
2012	50	2018	180
2013	80	2019	200
2014	80	2020	220
2015	100	2021	250
2013	130		

(1) 선형회귀식을 추정하라.
(2) 2차형회귀식을 추정하라.

4. 다음 자료는 어떤 기업의 매출액 자료이다. 엑셀을 이용하여 예측치를 구하라.

(단위 : 억원)

기간	매출액	기간	매출액
1	120	6	200
2	125	7	221
3	130	8	225
4	132	9	250
5	150	10	300

(1) 이동평균법을 이용하여 예측치를 계산하고 이를 그래프로 나타내라($N=2$).
(2) 지수평활법에 의하여 예측치를 계산하고 이를 그래프로 나타내라($a=0.2$).
(3) 이동평균법과 지수평활법에 의한 MAD를 계산하고 적합한 예측방법을 선택하라.
(4) 선형회귀식에 의해서 예측하고 이를 그래프로 나타내라.
(5) 다항식 추세분석에 의해서 예측하고 이를 그래프로 나타내라.

(6) 선형과 다항식 추세분석에 의한 MSE를 계산하고 적합한 예측방법을 선택하라.

5. Dunkin도너츠 서울 강남점을 6년 동안 운영해온 사장은 밀가루의 구입량을 결정하기 위해서 주별 도너츠 판매량을 예측하고자 한다. 사장은 과거 20주 동안의 판매량 자료를 확보하였다. 다음 그림과 같은 워크시트를 이용하여 예측치를 구하라.

	A	B
1		DUNKINS 도넛츠 판매량
2	주(week)	판매량(sales)
3	1	406
4	2	409
5	3	389
6	4	396
7	5	400
8	6	377
9	7	392
10	8	411
11	9	388
12	10	387
13	11	382
14	12	390
15	13	419
16	14	398
17	15	396
18	16	404
19	17	404
20	18	407
21	19	386
22	20	396

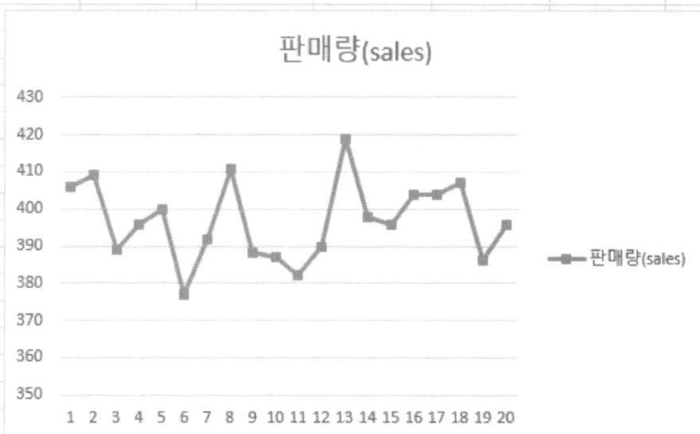

(1) 이동평균법을 이용하여 예측치를 계산하라($N=3$).

(2) 지수평활법에 의하여 예측치를 계산하라($a=0.3$).

(3) 이동평균법과 지수평활법에 의한 MAD를 계산하고 적합한 예측방법을 선택하라.

6. 삼성프로야구단은 올해의 홈경기 관중을 예측하고자 한다. 다음과 같은 과거 8년간의 연간 관중수에 대한 자료를 가지고 있다.

	A	B	C	D	E	F
1		삼성프로야구 관중 예측				
2	2005. 2.1				File: FORECAST.xls	
3	년도	관중				
4	1	88601				
5	2	90045				
6	3	91523				
7	4	90412				
8	5	90589				
9	6	92212				
10	7	90867				
11	8	92753				
12	9					

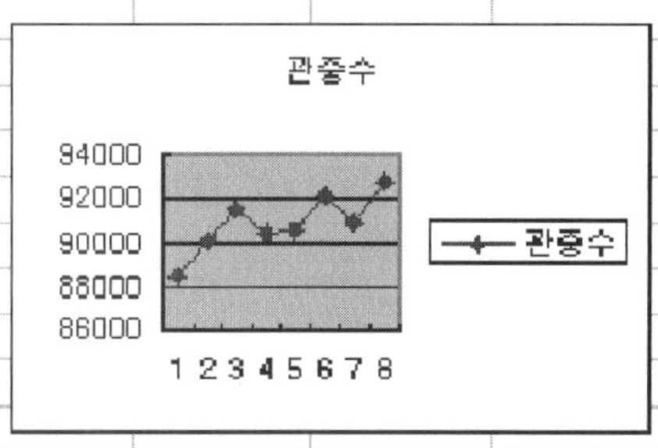

(1) 선형회귀식에 의해서 예측하라.

(2) 선형과 다항식 추세분석에 의한 MSE를 계산하고 적합한 예측방법을 선택하라.

용 어 정 리

시계열(time series)
시간의 경과에 따라 연속적으로 관측된 관측치의 나열을 말한다. 시계열은 일반적으로 추세, 계절, 순환, 불규칙성분으로 분해한다.

이동평균법(moving average method)
과거 일정한 기간의 자료를 평균해서 다음 기간의 예측치로 사용하는 예측방법이다.

지수평활법(exponential smoothing method)
최근의 자료일수록 가중치를 높게 부과하고 과거로 갈수록 가중치를 지수적으로 감소시켜 평균을 구하는 방법이다.

추세선(trend line)
시계열의 추세성분을 하나의 동적평균선으로 나타낸 것으로 선형(linear)을 포함한 다항식(polynomial), 로그형(logarithmic), 지수형(exponential), 거듭제곱형(power) 등의 비선형추세선이 있다.

평균절대편차(MAD : Mean Absolute Deviation)
시계열자료의 실제치와 예측치와의 차이를 절대값으로 취하여 평균한 것이다.

평균제곱오차(MSE : Mean Squared Error)
시계열자료의 실제치와 예측치와의 차이의 제곱을 평균한 것이다.

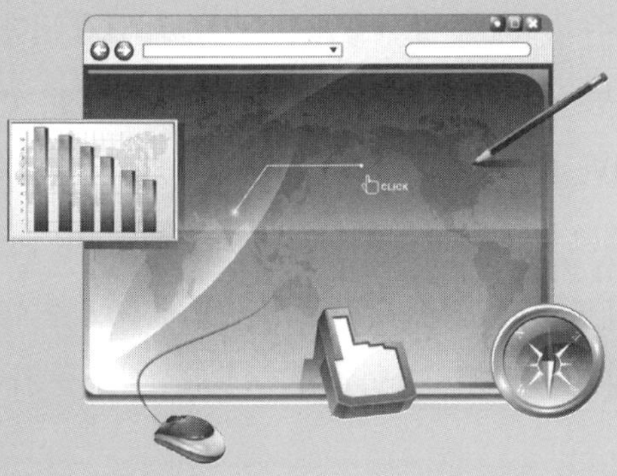

Chapter 12

카이제곱검정의 활용

개.요

지금까지의 분석기법은 모집단이 특정 분포를 따른다는 전제하고 있었는데, 그러나 현실적으로 모집단이 어떤 분포를 따르는지 알 수가 없는 경우가 적지 않다. 이런 경우는 모집단의 분포가 특정 분포를 따른다고 가정한 후 그 분포와 유사한 분포를 가지는지의 적합도를 검정하여야 할 것이다. 한편, 편의상 두 확률변수가 독립적이라고 가정하게 되면 평균과 분산 등의 통계량 계산이 용이하였는데, 과연 두 변수가 상호독립인지도 사전에 검정하여야 할 사항이다. 따라서 본 장에서는 카이제곱분포를 활용한 적합성 검정과 독립성 검정을 다룬다.

일반적으로 확률변수는 다양한 범주의 값들을 표본공간으로 가지고 있게 된다. 성별의 경우는 남자와 여자의 두 가지 범주가 되고, 대학생의 학년은 1학년부터 4학년까지의 네 가지 범주로 구성되어 있다. 두 가지 범주로 나타나는 경우는 이항분포(binomial distribution)를 따르게 되고, 세 가지 이상의 범주로 나타나는 경우는 다항분포(multinomial distribution)를 따르게 된다. 다항분포는 제5장 확률분포에서 이미 언급하였지만, 여기서는 독립성검정의 이해를 돕기 위하여 다항확률을 카이제곱검정과 관련하여 먼저 다룬다.

12.1 다항분포모형과 카이제곱분석

12.1.1 다항분포모형

변수가 취할 수 있는 값이 몇 가지의 범주로 구성될 때, 각 범주에 대한 확률값을 구하기 위해서는 범주형 자료분석을 이용하게 된다. 범주가 세 개 이상의 다항으로 이루어져 있을 때, 실험결과로 어떤 범주가 나타날 수 있을지에 관한 실험을 **다항실험(multinomial experiment)**이라 한다. 한편 다항실험은 다음과 같은 특성을 가지고 있다.

다항실험의 성격

① 실험은 n개의 시행(trial)으로 구성된다.

② 각 시행의 관측 가능한 결과(범주)가 k개 있다.

③ 각 시행에서 관측값이 i번째 범주에 속할 확률 p_i는 매 시행마다 일정하다.
단, $p_1 + \cdots + p_k = 1$이다.

④ 각 시행은 상호 독립적이다.

⑤ 관심의 대상인 확률변수는 k개의 결과와 이 결과에 속하는 관측도수 n_i이다.
단, $n_1 + \cdots + n_k = n$이다.
여기서 $n_1, n_2, \cdots, n_k$를 각 범주에 속하는 칸 도수(cell count)라고 한다.

주사위 던지기가 대표적인 다항실험에 속하는데, 이 실험에서는 가능한 범주(결과)의 수가 $k = 6$이다. 유전학자 멘델의 법칙에서의 완두콩을 색깔과 모양에 따라 4종류로 분류하는 것도 $k = 4$인 다항실험으로 간주할 수 있다. 주사위 던지기의 예를 보면, 이 실험을 위해 주사위를 n번 던질 경우, 각 시행의 결과는 여섯 가지의 가능한 결과 중의 한 가지가 독립적으로 나타난다. 그리고 각 시행의 결과가 여섯 가지의 가능한 결과 중의 각각의 수가 나타날 확률은 매 시행마다 일정하다. 그러므로 주사위 던지기는 다항실험의 성격을 만족하는 것이다.

앞에서 설명한 것처럼 총 n번의 시행에서 i범주에 속하는 횟수를 $n_1, n_2, \cdots, n_k$로 표시하면, $n_1 + \cdots + n_k = n$이며, 확률변수 $n_1, n_2, \cdots, n_k$의 결합확률분포를 다항분포라고 한다.

이항실험과 다항실험을 비교하면, $k = 2$인 것을 이항실험이라고 하며, $k \geq 3$인 것을 다항실험이라고 한다. 이항확률변수와 관련된 성공확률에 대한 추론에서는 표준정규분포를 사용하지만, 다항확률 $p_1, p_2, \cdots, p_k$에 대한 추론에서는 카이제곱(χ^2)분포를 이용하게 된다.

12.1.2 분할표

카이제곱분석에서 이용되는 자료로는 양적 혹은 수치(numeric)자료(등간척도 혹은 비율척도로 측정된 자료)가 아니고 정성적(질적) 혹은 범주 자료들(즉, 명목척도 또는 서열척도로 측정된 자료)이 사용된다. 그러므로 몇 개의 수준으로 구분되는 범주별로 자료들을 분류하여 측정치의 빈도들을 요약한 도수분포표(frequency table)를 작성하여야 한다. 이렇게 만들어진 표를 **분할표(contingency table)**라고 하며, 이 표를 통해서 범주형 변수들 사이에 어떤 관련성(association)이 존재하는지 알 수 있게 된다. 한편, 연속형의 수치자료에 있어서도 자료를 적절하게 구분하여 이해하기 쉽도록 범주화할 수도 있다.

K대학교에서 해외 인턴사원에 대한 재학생들의 태도를 알아보기 위해 임의로 뽑은 20명의 학생들을 대상으로 설문조사를 하였다. 설문조사의 목적은 학생들의 경영계 분야의 학생과 자연계 분야의 학생들 간에 해외 인턴사원으로 근무하는 것에 대

한 선호도가 동일한지(또는 차이가 나는지)에 대한 것을 파악하는 것이다. 즉, 대학생들의 전공분야와 해외인턴사원 근무의 선호도 간의 관련성을 조사하는 것이다.

표 12-1 ▮ 전공별 인턴사원 희망 여부

번호	전공분야	희망 여부	번호	전공분야	희망 여부
1	경영	희망	11	자연	희망 않음
2	자연	희망 않음	12	경영	희망
3	경영	희망	13	경영	희망
4	자연	희망 않음	14	경영	희망 않음
5	자연	희망	15	자연	희망
6	경영	희망	16	경영	희망 않음
7	경영	희망 않음	17	자연	희망
8	경영	희망	18	경영	희망 않음
9	자연	희망	19	경영	희망
10	경영	희망 않음	20	자연	희망 않음

[표 12-1]을 이용하여 분할표를 만든 과정을 소개하면 다음과 같다. 이 자료는 두 개의 변수로 구성되며, 두 변수 모두 두 가지의 속성을 가지고 있다. 전공분야라는 변수로 표본집단을 '경영'과 '자연'의 두 가지로 나눌 수 있다. 또한 인턴사원으로 근무하는 것을 희망하는지의 여부에 따라 이 두 집단을 각각 '희망함'과 '희망 않음'이라는 두 가지로 나눌 수 있다. 따라서 이와 같은 상황은 4가지의 칸(cell)을 갖는 분할표로 만들 수 있다.

표 12-2 ▮ 전공과 인턴사원 희망 여부에 따른 분류

구분	희망함	희망 않음
경영		
자연		

이제 20명의 응답자를 그들이 경영학분야 전공인지 자연분야 전공인지에 따라, 그리고 인턴사원 근무를 희망하는지 희망하지 않는지에 따라 [표 12-2]의 네 개의 빈칸에 해당되는 곳에 배정하면 [표 12-3]과 같은 분할표가 만들어진다.

표 12-3 ▮ 전공분야와 인턴사원 희망 여부에 따른 2×2 분할표

구분	희망함	희망 않음	합 계
경영	7	5	12
자연	4	4	8
합계	11	9	20

분할표인 [표 12-3]에 나타난 것처럼 조사된 20명의 학생들 중 경영분야 전공자는 총 12명이고, 그 가운데 인턴사원근무를 희망하는 학생은 7명이며 희망하지 않는 학생이 5명이다. 반면에 자연분야 전공자는 총 8명이며, 그 가운데 인턴사원근무를 희망하는 학생과 희망하지 않는 학생들은 각각 4명씩으로 동일한 것으로 밝혀졌다.

[표 12-3]처럼 각 범주가 각각 두 개의 속성만을 갖는 표를 2×2 분할표라고 한다. 이것을 일반화시켜 보면, 행(row)이 r개의 범주를 가지고, 열(column)이 c개의 범주를 가지는 $r \times c$ 분할표를 작성할 수 있게 된다.

12.1.3 카이제곱검정

앞에서 설명한 분할표는 범주형 척도인 명목척도로 측정된 변수들이 서로 관련 있는지를 알아보기 위한 분석을 할 때 주로 이용된다. 이론적인 빈도와 실제로 조사된 빈도의 차이를 이용하여 독립성 혹은 관련성 여부를 판단할 수 있는데, 이 분할표를 이용한 카이제곱(χ^2)분석을 통해 가능한 것이다.

즉, 두 변수가 갖는 빈도분포에 의하여 $(r \times c)$개의 각 셀에 두 변수가 결합된 기대빈도를 구하고 실제 측정된 빈도와 비교함으로써, 두 변수가 상호 독립적인지 아니면 관련성을 갖는지를 판단하게 되는 것이다.

예를 들어 동북아시아의 한국, 중국, 일본 사람들이 우리나라 자동차 중 선호브랜드가 관련이 있는가를 알아보고자 한다. 다시 말해 세 나라의 사람들에 따라 선호하는 브랜드에 차이가 있는지의 여부를 분석할 경우에 국가와 선호하는 상표 모두가 명목척도이며, 이때 분할표를 이용하여 연구목적을 달성할 수 있다.

국가별 마케팅전략을 수립하기 위하여 지역별로 소비자들이 이용하는 상표에 대한 조사를 한 결과 [표 12-4]와 같다고 하자. 지역이란 변수와 선호브랜드라는 명목척도로 측정되는 변수들 간에 연관성이 있는가를 알고자 하는 것으로, 이때의 귀무가설은 지역과 선호브랜드가 연관이 없다는 것이고, 대립가설은 지역과 구매상표가 연관이 있다는 것이다.

표 12-4 ▮ 동북아 3국의 우리나라 자동차 선호브랜드

제품(B) / 지역(A)	삼성(B1)	현대(B2)	기아(B3)	계
한국(A1)	30	55	15	100
중국(A2)	40	60	20	120
일본(A3)	30	35	15	80
계	100	150	50	300

카이제곱분석을 이용한 가설검정 절차는 다음과 같다.

① 절차 1 : 관측치와 기대빈도

사건들이 서로 독립적이라면, $P(\text{지역} \cap \text{브랜드}) = P(A \cap B) = P(A)P(B)$이고, 기대빈도 $E(n) = n \cdot P(A \cap B)$가 된다.

예를 들어, 중국지역(A2)에서 현대자동차(B2)가 구매될 빈도(기대빈도)는 다음과 같이 구해진다.

$$P(\text{중국}) = P(A_2) = \frac{120}{300} = \frac{2}{5}$$

$$P(\text{현대자동차}) = P(B_2) = \frac{150}{300} = \frac{1}{2}$$

$$P(\text{중국} \cap \text{현대자동차}) = P(A_2 \cap B_2) = \frac{2}{5} \cdot \frac{1}{2} = \frac{1}{5}$$

$$기대빈도 = 300 \cdot \frac{1}{5} = 60$$

즉, 두 변수가 상호 독립적이라면, 즉 지역별로 브랜드선호도가 동일하다면 중국지역에서 현대자동차가 구매될 빈도는 60이다. 이 방법에 따라 계산한 기대빈도는 [표 12-5]와 같다.

표 12-5 ▮ 지역별 구매상표가 동일하다는 가정하에서의 기대빈도

제품(B) / 지역(A)	삼성(B1)	현대(B2)	기아(B3)	계
한국(A1)	33.3	50	16.7	100
중국(A2)	40	60	20	120
일본(A3)	26.7	40	13.3	80
계	100	150	50	300

귀무가설이나 대립가설은 실제빈도와 기대빈도의 차이가 얼마나 큰가에 달려 있다. 이 정도를 판정하는 통계량이 바로 카이제곱(χ^2)통계량이다.

② 절차 2 : 가설의 설정

χ^2검정으로 분할표를 분석할 경우, 귀무가설과 대립가설은 다음과 같이 설정된다. 구체적으로 [표 12-4]의 동북아 3국의 우리나라 자동차 브랜드선호와 관련된 분할표 분석을 위한 가설은 다음과 같다.

귀무가설 H_0 : 지역(국가)과 우리나라 자동차 브랜드선호도는 관련성이 없다.
대립가설 H_1 : 지역(국가)과 우리나라 자동차 브랜드선호도는 관련성이 있다.

③ 절차 3 : 검정통계량 χ^2의 계산

χ^2검정에서는 귀무가설이 옳다는 가정하에 기대빈도를 계산하고 이 값과 실제로 관측한 빈도를 이용하여 다음과 같이 정의한 계산하는 공식을 이용하여 검정통계량 χ^2값을 계산한다.

$$\chi^2 = \Sigma \frac{(f_0 - f_e)^2}{f_e}$$

f_0 : 관측빈도
f_e : 기대빈도

검정통계량 χ^2값은 앞의 수식에 의해서 다음과 같이 구해진다.

$$\chi^2 = \frac{(30-33.3)^2}{33.3} + \frac{(55-50)^2}{50} + \cdots + \frac{(15-13.3)^2}{13.3} = 2.25$$

④ 절차 4 : 자유도의 계산

분할표의 칸(cell)의 수에 따라 χ^2분포의 자유도는 다음의 공식처럼 결정된다.

자유도 = (행의 수 − 1) (열의 수 − 1) = $(r-1)(c-1)$

이 공식에 의해서 [표 12-4]의 동북아 3국의 자동차 선호브랜드 문제에 대한 자유도는 (3−1)(3−1)=4가 된다.

⑤ 절차 5 : χ^2검정

판매지역인 한국, 중국, 일본의 지역적 특성은 우리나라 주요 자동차브랜드에 대한 선호도에 관련성이 있다는 가설을 유의수준 0.05로 검정하기 위하여 χ^2 통계표에서 자유도 4의 임계치를 구하면 9.49이다. 그러므로 앞에서 계산된 검정통계량 χ^2값 2.25가 임계치인(9.49)보다 작으므로 판매지역과 선호브랜드 간에는 관련성이 없다는 귀무가설을 기각할 수 없다. 따라서 판매지역에 따라 선호브랜드가 다르다는 주장을 할만한 통계적 근거가 없는 것이다.

만약 이와 반대로 검정통계량 χ^2값이 임계치인(9.49)보다 더 커서 귀무가설이 기각될 경우, 동북아 3국의 우리나라 자동차브랜드에 대한 선호도에는 브랜드와 지역간에 관계가 있다(즉, 국가별로 선호하는 브랜드가 다를 수 있다)는 대립가설을 채택하게 된다.

> χ^2검정에 의한 가설검정에서 한 칸(cell)의 기대빈도가 5 이하이면 올바른 검정이 이루어지지 않기 때문에 가설의 기각 및 채택시 객관적인 사실을 왜곡시킬 수 있음을 주목할 필요가 있다. 이때는 행이나 열의 수를 줄여 기대빈도가 5 이상 되도록 하거나 표본의 수를 증가시키는 방법을 찾아야 한다.

⑥ 절차 6 : 분할계수의 계산

분할표에 관한 두 범주변수들이 서로 독립적이지 않고 연관되어 있을 때, 그 연관정도가 어느 정도인지를 나타내는 지표가 있으면 좋을 것이다. 그런데 χ^2검정은 두 변수 간의 관계의 유무를 알려줄 뿐 관계의 강도는 보여주지 않는다. 위에서 얻은 자료를 이용하여 두 변수 간의 연관 정도를 알아보기 위해 분할계수를 간단히 계산할 수 있다.

행의 수와 열의 수가 동일할 때의 분할계수를 구하는 공식은 다음과 같고, 이를 이용하여 앞의 예제에 적용할 수 있다.

$$C = \sqrt{\frac{\chi^2 \text{ 계산값}}{\text{총표본수} + \chi^2 \text{ 계산값}}} = \sqrt{\frac{2.25}{300 + 2.25}} = 0.08628$$

이 수치를 비교하기 위한 기준으로 사용되는 분할계수의 하한값은 0이며(두 변수가 상호 독립적이면 χ^2의 값은 0이 되므로 C값은 0이 된다), 상한값은 $\sqrt{\frac{(r-1)}{r}}$이 되는데, 여기서 r은 행의 수를 의미한다. 이 수식은 열의 수와 행의 수가 같을 때만 성립하는 식이다. 앞의 예제의 경우에는 $\sqrt{\frac{(3-1)}{3}} = \sqrt{\frac{2}{3}} =$ 0.816이 된다. 이를 이용해서 앞의 수치를 비교하면 상한선 0.816에 비해 분할계수는 매우 작으므로 위의 문제에 관련된 사례의 두 변수들 간의 관련성은 매우 미약함을 알 수 있다. 다시 말해 동북아 3국의 우리나라 자동차 선호브랜드 문제의 경우, 분할계수 0.08628이 의미하는 바는, 판매지역(국가)과 국산 자동차 선호브랜드 간의 연관관계가 거의 없다는 것을 알 수 있다.

12.2 독립성검정

12.2.1 독립성검정의 이해

χ^2분포는 두 변수가 갖는 모집단에 있어서 두 변수가 상호 독립적이라는 귀무가설을 검정하는 데 가장 많이 사용된다. 두 변수가 있을 때, 한 변수가 다른 변수에 전혀 영향을 미치지 않을 때 이 두 변수는 **상호독립**이라고 한다. 만약 두 변수가 상호 독립적이지 않으면 이들 변수들 사이에 어떤 관련성이 있다고 볼 수 있는 것이다.

12.2.2 독립성검정의 절차

독립성검정의 절차는 다음과 같다.

① **절차 1** : 두 범주변수의 각 범주결합에 대한 발생빈도를 분할표로 자료를 정리한다.

② **절차 2** : 가설을 설정한다.

H_0 : 두 변수는 상호 독립적이다.

H_1 : 두 변수는 상호 독립적이 아니다. 즉, 관련성이 있다.

③ **절차 3** : 검정통계량(χ^2)을 계산한다.

$$\text{검정통계량}(\chi^2) = \Sigma\frac{(\text{관찰도수} - \text{기대도수})^2}{\text{기대도수}}$$

여기서 기대도수는 $\frac{\text{행의 합} \times \text{열의 합}}{\text{총표본의 크기}}$로 구한다. [표 12-4]를 예로 들면, 삼성 브랜드를 선호하는 사람은 100명, 중국인일 경우는 120명이 된다. 이 경우 중국인 이면서 삼성 브랜드를 선호하는 사람에 대한 기대도수는 40으로 계산되는데, 이 값은 [표 12-4]의 관찰도수 40과 우연하게도 동일하게 나타났다.

④ **절차 4** : 자유도를 계산한다.

자유도 = (행의 수 − 1)(열의 수 − 1)

여기서 행의 수는 한 변수의 범주의 수이며, 열의 수는 다른 변수의 범주의 수를 의미한다.

⑤ 절차 5 : 검정 및 결과의 해석을 한다.

절차 3에서 구한 검정통계량(χ^2)의 값이 임계치보다 더 크면 귀무가설을 기각하고 대립가설을 채택하게 된다. 그렇지 않으면 귀무가설을 기각할 수 없다. p값을 이용하여 검정하는 방법도 있다(제7장 참조).

12.2.3 엑셀에 의한 카이제곱분석(독립성검정)

① 독립성검정을 위해 실제빈도 자료를 워크시트에 입력하고, 기대빈도 계산을 위한 워크시트를 작성한다.

| 그림 12-1 | 분석을 위한 자료입력

	A	B	C	D	E	F
1	독립성검정					
2						
3	관찰도수표					
4		삼성	현대	기아	계	
5	한국	30	55	15	100	
6	중국	40	60	20	120	
7	일본	30	35	15	80	
8	계	100	150	50	300	
9						
10	기대도수표					
11		삼성	현대	기아	계	
12	한국				100	
13	중국				120	
14	일본				80	
15	계	100	150	50	300	
16						
17						

② 기대도수를 계산하기 위해 셀B12에 '=B$8*$E5/$E$8' 을 입력하고 셀D14까지 마우스로 끌어놓기(drag and drop)를 한다.

| 그림 12-2 | **기대도수 계산**

	A	B	C	D	E	F
1	**독립성검정**					
2						
3	**관찰도수표**					
4		삼성	현대	기아	계	
5	한국	30	55	15	100	
6	중국	40	60	20	120	
7	일본	30	35	15	80	
8	계	100	150	50	300	
9						
10	**기대도수표**					
11		삼성	현대	기아	계	
12	한국	33,33333	50	16,66667	100	
13	중국	40	60	20	120	
14	일본	26,66667	40	13,33333	80	
15	계	100	150	50	300	
16						
17						

③ 빈 셀(여기서는 셀B17)에 위치를 정하고 메뉴에서 [수식 > 함수삽입(fx)]을 선택하고 [함수 마법사]를 실행한다. 함수 마법사 대화창에서 통계를 선택한 후 [CHITEST] 함수를 선택한다.

| 그림 12-3 | **함수 마법사 대화창**

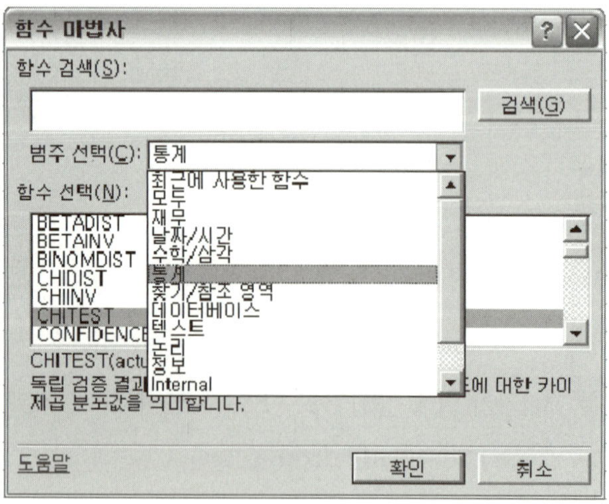

④ [CHITEST 함수인수] 대화창에서 필요한 데이터 범위를 입력한다. [Actual_range]에는 관찰도수 자료를 입력하고, [Expected_range]에는 앞에서 계산한 기대빈도 자료를 입력한다.

| 그림 1-4 | CHITEST 함수인수 대화창

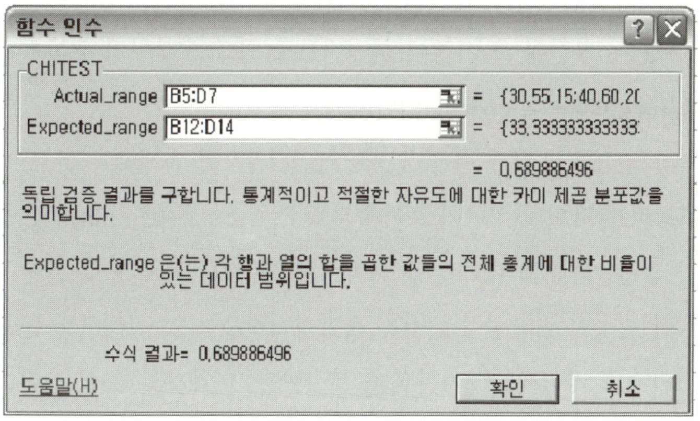

⑤ 카이제곱 p값을 보고 해석한다. 유의확률 $p = 0.689886$은 유의수준 $\alpha = 0.05$보다 크므로 귀무가설(H_0)을 기각할 수 없다. 즉 지역과 자동차 선호브랜드는 관련성이 있다고 할 수 없다.

| 그림 12-5 | 카이제곱 p값

	A	B	C	D	E	F
1	**독립성검정**					
2						
3	**관찰도수표**					
4		삼성	현대	기아	계	
5	한국	30	55	15	100	
6	중국	40	60	20	120	
7	일본	30	35	15	80	
8	계	100	150	50	300	
9						
10	**기대도수표**					
11		삼성	현대	기아	계	
12	한국	33.33333	50	16.66667	100	
13	중국	40	60	20	120	
14	일본	26.66667	40	13.33333	80	
15	계	100	150	50	300	
16						
17	p-값	0.689886				
18						
19						

12.3 적합성검정

12.3.1 적합성검정의 이해

통계분석을 할 경우 모집단이나 표본에 대해서 이론적으로 확률분포를 가정하는 경우가 흔히 있다. 그런데 그 가정이 현실적으로 타당한 것인지의 여부를 검정하는 것을 **적합성검정(goodness-of-fit test)**이라고 한다.

예를 들어 소규모의 표본을 뽑았을 경우에는 t분포를 가정해야 하고, 대기행렬이론을 연구하고자 한다면 모집단이 포아송분포(Poisson distribution)를 따르는 것으로 가정해야 한다. 이와 같이 가정한 것이 적합했는지를 표본으로 뽑힌 자료분석을 통해서 검정하는 것이 적합성검정이다. 적합성검정을 하기 위해서는 독립성의 검정에서와 마찬가지로 카이제곱(χ^2)분석을 실시한다. 이때 귀무가설은 단순히 "이 표본자료는 모집단이 정규분포 또는 포아송분포인 집단에서 뽑힌 것이다"와 같이 다소 일반적인 가정을 검정할 수도 있고, 필요성에 따라서는 "그 표본자료는 평균(즉, 기대빈도)이 50이고 표준편차가 3인 정규분포를 하는 모집단에서 임의로 뽑힌 것이다"와 같은 구체적인 가설검정을 할 수도 있다.

적합성검정의 대상은 이산형 분포(discrete probability distribution)와 연속형 분포(continuous probability distribution) 모두에 적용될 수 있다. 여기서는 이산형 분포의 하나인 이항분포와 연속형 분포 중에 가장 많이 이용되는 정규분포에 대한 적합성검정을 설명한다.

12.3.2 이항분포에 대한 적합성검정

연구조사를 위해 임의로 뽑은 표본자료(sample data)가 이항분포에서 뽑힌 것인지 여부에 대한 검정을 하기 위해 다음의 예를 살펴보자.

강원바이오(주)가 아침식사를 하지 않고 출근하는 직원이 어느 정도인지를 알아보기 위해 무작위로 뽑은 200명에 대한 표본조사를 한 결과가 [표 12-6]과 같다고 하

자. 아침결식의 수치는 한 주에 평균적으로 아침을 먹지 않고 출근하는 횟수를 의미한다.

연구자는 0.05의 유의수준(significance level)에서 직원당 한 주에 아침결식횟수에 대한 데이터가 모집단이 이항분포인 집단에서 뽑힌 것으로 볼 수 있는지에 대한 가설검정을 하고자 한다. 검정은 다음의 절차를 통해서 이루어진다.

표 12-6 ▮ 직원들의 주평균 아침결식출근횟수의 관찰치

아침결식횟수/주	관찰도수	아침결식횟수/주	관찰도수
0	31	4	9
1	51	5	5
2	70	6	2
3	32	계	200

① 절차 1 : 가실을 설정한다.

한 사람이 하루 결식할 확률 추정치($\hat{p}$)를 계산하자. [표 12-6]의 자료로부터 6일간 평균결식횟수, $n\hat{p} = 0 \times \frac{31}{200} + 1 \times \frac{51}{200} + \cdots + 6 \times \frac{2}{200} = 1.8$이므로 $\hat{p} = \frac{1.8}{6} = 0.3$

H_0 : 강원바이오(주)의 직원당 한 주 평균 아침결식횟수는 한 직원의 하루결식 확률(p) = 0.3인 이항분포를 하고 있다.

H_1 : 귀무가설은 옳지 않다.

② 절차 2 : 검정통계량을 선정한다.

$$\text{검정통계량}(\chi^2) = \Sigma \frac{(\text{관찰도수} - \text{기대도수})^2}{\text{기대도수}}$$

③ 절차 3 : 기대도수를 계산한다.

귀무가설이 사실일 것이라는 가정하에 직원들의 아침결식 정도에 대한 기대빈도수를 구한다. 6명의 직원을 관찰하였으므로 n = 6 및 $\hat{p}$ = 0.3에 관련된 이항

표 12-7 ▮ 직원들의 월평균 아침결식 출근에 대한 기대도수

아침결식횟수/(X)	이항확률(단, $n = 6$, $p = 0.3$) ${}_nC_x p^x(1-p)^{n-x}$	기대도수(= 200×이항확률)
0	0.118	23.60
1	0.302	60.40
2	0.324	64.80
3	0.185	37.00
4	0.060	12.00
5	0.010	2.00
6	0.001	0.20
계	1.000	200

확률을 찾아서 총 관찰된 수, 즉 200을 곱하여 기대도수를 구한다.

그런데 카이제곱검정에 필수적으로 요구되는 기대도수는 각 계급(class)의 도수는 5 이상이어야 한다. 이 사례에서는 아침결식 횟수가 5회와 6회인 경우의 도수가 각각 2.00과 0.20으로 나타나서 이들을 합산하여도 5 미만이다. 따라서 [표 12-8]의 계급에서 보듯이 계급 4, 5, 6을 합쳐서 (4~6)으로 조정하여야 할 것이다.

④ **절차 4** : 자유도를 구한다.

자유도 = (조정된) 계급의 수 − 1 − 추정된 모수(parameters)의 수

강원바이오(주)의 문제의 경우, 자유도 = 5 − 1 − 1 = 3이다. 왜냐하면 이 문제의 원래 계급은 7개이었으나, 계급의 값이 5 미만인 것들을 통합해서 5개로 조정하였으며, 한 개의 모수(즉, 모수 $\hat{p}$)가 추정되었기 때문이다.

⑤ **절차 5** : 검정 및 결과의 해석을 한다.

[표 12-8]에서 구한 검정통계량(χ^2)의 값이 임계치보다 더 크면 귀무가설이 기각되어 대립가설을 채택한다. 그렇지 않으면 귀무가설을 기각할 수 없다.

표 12-8 ▮ 직원들의 월평균 아침결식 출근에 대한 검정통계량

아침결식횟수/월	관찰도수 (f_o)	기대도수 (f_e)	$(f_o - f_e)$	$(f_o - f_e)^2$	$(f_o - f_e)^2 / f_e$
0	31	23.60	7.40	54.76	2.320
1	51	60.40	−9.40	88.36	1.463
2	70	64.80	5.20	27.04	0.417
3	32	37.00	−5.00	25.00	0.676
4~6	16	14.20	1.80	3.24	0.228
계	200	200	0.00		$\chi^2 = 5.104$

주어진 유의수준 $\alpha = 0.05$와 자유도 = 3인 카이제곱 임계치 $\chi^2_{(0.05,\,3)} = 7.815$이다. 표를 통해 계산되어진 검정통계량 값은 $\chi^2 = 5.104$인데, 이 값이 카이제곱 임계치 ($\chi^2_{(0.05,\,3)} = 7.815$)보다 작기 때문에 귀무가설을 기각할 수 없다.

따라서 아침결식 횟수는 이항분포를 따르고 있으며, 임의로 한 직원을 뽑았을 때 그 직원이 한 주에 결식을 하는 기대빈도가 유의수준 $\alpha = 0.05$에서 1.8(=6 ×0.3)회 이하라고 주장할 수 있다.

12.3.3 정규분포에 대한 적합성검정

연구조사를 위해 임의로 뽑은 표본자료(sample data)가 정규분포에서 뽑힌 것인지 여부에 대한 검정을 하기 위해 다음의 예를 살펴보자.

백령전자(주)가 직원 승진시험에 응시한 직원들의 성적에 대한 자료를 분석하였

표 12-9 ▮ 직원들의 승진시험 성적의 관찰치

점수	관찰도수(f_o)	점수	관찰도수(f_o)
40 이상 ~ 60 미만	2	140 이상 ~ 160 미만	14
60 이상 ~ 80 미만	3	160 이상 ~ 180 미만	9
80 이상 ~ 100 미만	10	180 이상 ~ 200 미만	3
100 이상 ~ 120 미만	23		
120 이상 ~ 140 미만	36	계	100

다. 연구자는 0.05의 유의수준(significance level)에서 승진시험 성적에 대한 데이터가 모집단이 정규분포인 집단에서 뽑힌 것으로 볼 수 있는지에 대한 가설검정을 하고자 한다. 검정은 다음의 절차를 통해서 이루어진다.

① **절차 1** : 가설을 설정한다.

H_0 : 승진시험의 성적은 정규분포를 따르고 있으며, 평균은 126.2점이고, 표준편차는 28점이다.

여기서 표본의 평균은 $\dfrac{50\times2+70\times3+\cdots+190\times3}{100}=126.2$이다. 여기서 50, 70, ⋯, 190은 각각 (40~60점), (60~80점), ⋯, (180~200점)의 중간점수를 나타낸다. 표본의 분산은 $S^2=\dfrac{\Sigma f_i(m_i-\bar{x})^2}{n-1}$로 계산되는데, 여기서 f_i와 m_i는 각각 i번째 계급의 빈도수와 중간점수를 나타내며, $\bar{x}$와 n은 각각 표본평균과 표본의 크기를 의미한다. 이 공식을 이용해서 표본 표준편차를 구하면 표준편차는 약 28임을 알 수 있다.

H_1 : 시험점수의 분포는 정규분포가 아니다.

② **절차 2** : 검정통계량을 선정한다.

$$\text{검정통계량}(\chi^2)=\Sigma\frac{(\text{관찰도수}-\text{기대도수})^2}{\text{기대도수}}$$

③ **절차 3** : 각 계급(구간)에 속하는 기대도수를 추정한다.

[표 12-10]에서 Z는 각 구간의 계급값을 표준화시킨 것이다. 예를 들면, 시험성적 구간이 60점 이상 80점 미만인 경우는 다음과 같이 계산된다.

$$Z=\frac{(60-126.2)}{28}=-2.36$$

$$Z=\frac{(80-126.2)}{28}=-1.65$$

귀무가설이 사실일 것이라는 가정하에 부록에 있는 표준정규분포표를 이용해서 각 계급의 확률값을 정규분포 면적으로 계산할 수 있다. 즉, $(-2.36\le Z\le-$

표 12-10 ▮ 정규분포를 가정한 승진시험 점수 구간의 검정통계량(χ^2)

점수	관찰도수 (f_o)	Z	$P(X)$	기대도수 (f_e)	$(f_o - f_e)^2 / f_e$
40 이상~ 60 미만	2	−3.08 ~ −2.36	0.0081	0.81	0.30
60 이상~ 80 미만	3	−2.36 ~ −1.65	0.0404	4.04	
80 이상~100 미만	10	−1.65 ~ −0.94	0.1241	12.41	
100 이상~120 미만	23	−0.94 ~ −0.22	0.2393	23.93	0.04
120 이상 ~140 미만	36	−0.22 ~ 0.49	0.2750	27.50	2.63
140 이상~160 미만	14	0.49 ~ 1.21	0.1990	19.90	1.75
160 이상~180 미만	9	1.21 ~ 1.92	0.0857	8.57	0.11
180 이상~200 미만	3	1.92 ~ 2.64	0.0233	2.33	
계	100				χ^2 = 4.83

1.65) 구간의 면적이 확률을 나타낸다. 이것을 $P(X)$로 표시하였으며, 시험성적 구간이 60점 이상 80점 미만인 경우는 다음과 같이 정리된다.

$$P(60 \leq X \leq 80) = P(-2.36 \leq Z \leq -1.65) = 0.4909 - 0.4505 = 0.0404$$

나머지 시험 계급구간의 확률도 동일한 방법으로 추정될 수 있다.

[표 12-10]의 맨 우측 열 아래에는 검정통계량(χ^2)의 값이 구해져 있다. 그런데 이 열의 위의 세 구간과 아래의 두 구간은 각각 한 구간으로 합쳐져 있다. 왜냐하면, 카이제곱검정에 필요조건으로 요구되는 기대도수는 각 계급(class)이 5 이상이어야 하기 때문이다.

④ 절차 4 : 자유도를 구한다.

자유도 = (조정된) 계급의 수 − 1 − 추정된 모수(parameters)의 수

= 5 − 1 − 2 = 2

직원들의 승진시험에 관련된 문제의 경우, 추정된 모수의 수가 2가 되는 이유는 표준정규분포로 처리하는 과정에서 두 모수인 모평균(μ)과 표준편차(σ)를 추정하였기 때문이다.

⑤ 절차 5 : 검정 및 결과의 해석을 한다.

[표 12-10]에서 구한 검정통계량(χ^2)의 값이 임계치보다 더 크면 귀무가설을 기각하고, 대립가설을 채택한다. 그렇지 않으면 귀무가설을 기각할 수 없다.

주어진 유의수준 α = 0.05와 자유도 = 2인 카이제곱 임계치 $\chi^2_{(0.05,\,2)}$ = 5.99147이다. 표를 통해 계산되어진 검정통계량값은 χ^2= 4.83이다. 이 검정통계량의 값(χ^2= 4.83)이 카이제곱 임계치($\chi^2_{(0.05,\,2)}$ = 5.99147)보다 작기 때문에 귀무가설을 기각할 수 없다. 즉, 검정통계량보다 크기 때문에 그 승진시험의 결과는 유의수준 α=0.05하에서 정규분포를 이루고 있다고 주장할 수 있다.

그런데 유의수준 α = 0.1에서는 카이제곱 임계치 $\chi^2_{(0.1,\,2)}$ = 4.60517이 되어 결과 해석이 반대가 된다. 즉, 검정통계량의 값(χ^2 = 4.83)이 카이제곱 임계치($\chi^2_{(0.1,\,2)}$ = 4.60517)보다 크기 때문에 귀무가설을 기각하고 대립가설을 채택하게 된다. 즉, 백령전자(주)의 직원 승진시험의 결과는 유의수준 α = 0.1하에서 정규분포를 이루는 것이 아니라고 판단하는 것이다.

12.3.4 엑셀에 의한 카이제곱분석(적합성검정)

(1) 이항분포에 대한 카이제곱검정

강원바이오(주)의 직원결식이 이항분포를 따르는지를 카이제곱분석으로 검정해 보자.

① 적합성검정을 위해 실제빈도 자료를 워크시트에 입력하고, 기대빈도 계산을 위한 워크시트를 작성한다. 이때 각 계급의 관찰도수는 5 이상이어야 하므로 5 이하로 나타난 구간은 다른 구간과 합쳐서 새로운 계급을 만들어야 한다.

② 기대도수와 검정통계량을 계산하기 위해 셀C4에 이항분포확률, 셀D4에 기대도수, 셀E4에 검정통계량을 입력한다. 그리고 각각의 값을 계산하기 위한 산식을 [그림 12-6]과 같이 입력한다. 셀C5에는 '=BINOMDIST(A5, 6, 0.3, 0)'이 입력되어 있는데, NORMDIST(계급, 시행횟수, 발생확률, 누적확률 이용 안함)을 의미한다.

| 그림 12-6 | 기대도수와 검정통계량 계산식

	A	B	C	D	E
1	이항분포검정				
2					
3					
4	결식횟수	관찰도수	이항분포확률	기대도수	검정통계량
5	0	31	=BINOMDIST(A5,6,0.3,0)	=$B$10*C5	=(B5-D5)^2/D5
6	1	51	=BINOMDIST(A6,6,0.3,0)	=$B$10*C6	=(B6-D6)^2/D6
7	2	70	=BINOMDIST(A7,6,0.3,0)	=$B$10*C7	=(B7-D7)^2/D7
8	3	32	=BINOMDIST(A8,6,0.3,0)	=$B$10*C8	=(B8-D8)^2/D8
9	4	16	=BINOMDIST(A9,6,0.3,0)	=$B$10*C9	=(B9-D9)^2/D9
10	합계	200	=SUM(C5:C9)	=SUM(D5:D9)	=SUM(E5:E9)
11					
12					

③ 셀F13의 카이제곱 통계량을 확인한다.

| 그림 12-7 | 기대도수와 검정통계량 계산결과

	A	B	C	D	E	F
1	이항분포검정					
2						
3						
4	결식횟수	관찰도수	이항분포확률	기대도수	검정통계량	
5	0	31	0.117649	23.5298	2.371626	
6	1	51	0.302526	60.5052	1.493241	
7	2	70	0.324135	64.827	0.41279	
8	3	32	0.18522	37.044	0.686803	
9	4	16	0.059535	11.907	1.406958	
10	합계	200	0.989065	197.813	6.371418	
11						
12						

④ 메뉴에서 수식 > 함수삽입을 선택하고 [함수 마법사]를 실행하여 [통계]를 선택한 후 [CHIDIST] 함수를 선택한다.

| 그림 12-8 | **함수 마법사 대화창**

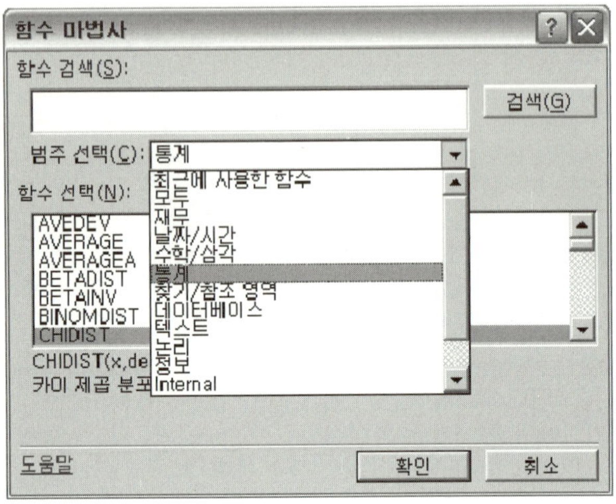

⑤ [CHIDIST] 함수에 필요한 데이터 범위를 입력한다. 검정통계량을 의미하는 X란에 셀E10을 선택하고, 자유도 = 계급의 수 − 추정된 모수의 수 − 1 = 3을 입력한다. 계급의 수는 5이고, 추정된 모수는 $\hat{p}$의 1개이므로 자유도는 3이다.

⑥ [그림 12-9]의 [수식결과] 값을 보고 해석한다. 유의확률 $p = 0.094873752$는 유의수준 $\alpha = 0.05$보다 크므로 귀무가설(H_0)을 기각할 수 없다. 즉, 강원바이오(주)의 직원결식은 이항분포라고 할 수 있는 것이다.

| 그림 12-9 | **CHIDIST 함수인수 대화창**

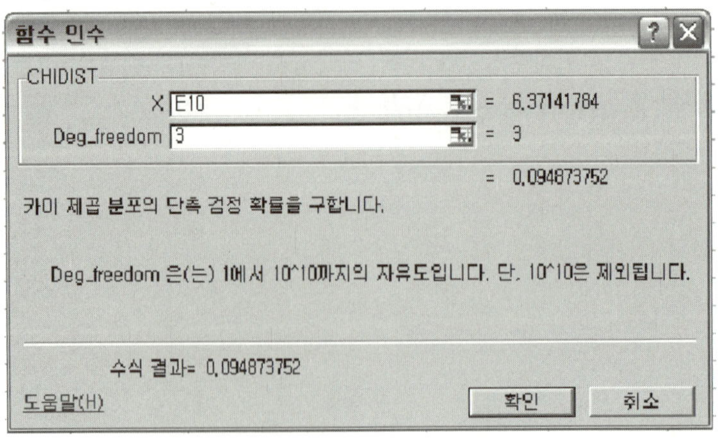

한편, [그림 12-7]에서 계산된 카이제곱 검정통계량과 카이제곱 임계치를 비교하여 검정할 수도 있다. 카이제곱 임계치의 계산은 [함수 마법사]를 실행하여 [통계]를 선택한 후 [CHIINV] 함수를 선택하면 된다. [그림 12-15]에서처럼 유의수준 0.05를 입력하고, 자유도 3을 입력하면 임계치가 7.814724703으로 나온다. [그림 12-7]의 검정통계량의 값 6.371428이 임계치보다 작으므로 귀무가설(H_0)을 기각할 수 없는 동일한 결론에 도달한다.

| 그림 12-10 | CHIINV 함수인수 대화창

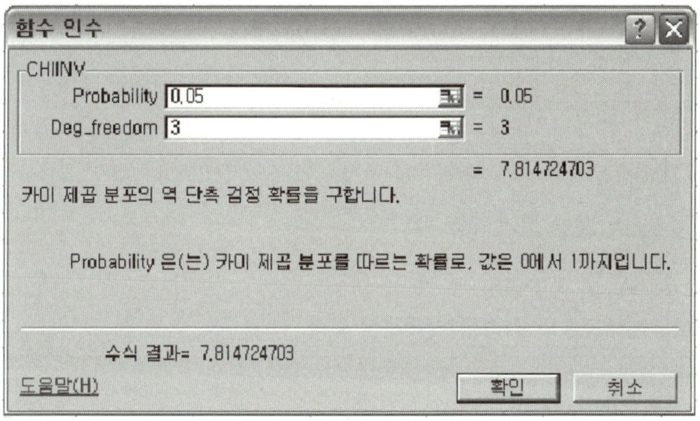

(2) 정규분포에 대한 카이제곱검정

백령전자(주)의 승진시험 성적이 정규분포를 따르는지를 카이제곱분석으로 검정해보자.

① 적합성검정을 위해 실제빈도 자료를 워크시트에 입력하고, 기대빈도 계산을 위한 워크시트를 작성한다. 이때 각 계급의 관찰도수는 5 이상이어야 하므로 5 이하로 나타난 구간은 다른 구간과 합쳐서 새로운 계급을 만들어야 한다. 한편, 정규분포에 대한 카이제곱검정을 하는 경우에는, [그림 12-11]에서 보듯이 각 계급은 최대값을 기준으로 입력하여야 한다.

② 기대도수와 검정통계량을 계산하기 위해 셀C4에 누적정규분포확률, 셀D4에 기대확률, 셀E4에 기대도수, 셀F4에 검정통계량을 입력한다. 그리고 각각의 값을 계산하기 위한 산식을 [그림 12-11]과 같이 입력한다. 셀C5에는 '=NOR-

MDIST(A5, 126, 28, 1)' 이 입력되어 있는데, NORMDIST(계급, 평균, 표준편차, 누적확률의 이용)을 의미한다.

| 그림 12-11 | 기대도수와 검정통계량 계산식

	A	B	C	D	E	F
1	정규성검정					
2						
3						
4	시험성적	관찰도수	누적정규분포확률	기대확률	기대도수	검정통계량
5	100	15	=NORMDIST(A5,126,28,1)	=C5	=$B$10*D5	=(B5-E5)^2/E5
6	120	23	=NORMDIST(A6,126,28,1)	=C6-C5	=$B$10*D6	=(B6-E6)^2/E6
7	140	36	=NORMDIST(A7,126,28,1)	=C7-C6	=$B$10*D7	=(B7-E7)^2/E7
8	160	14	=NORMDIST(A8,126,28,1)	=C8-C7	=$B$10*D8	=(B8-E8)^2/E8
9	200	12	1	=C9-C8	=$B$10*D9	=(B9-E9)^2/E9
10	합계	100		=SUM(D5:D9)	=SUM(E5:E9)	=SUM(F5:F9)
11						
12						

③ 셀F13의 카이제곱 통계량을 확인한다.

| 그림 12-12 | 기대도수와 검정통계량 계산 결과

	A	B	C	D	E	F	G
1	정규성검정						
2							
3							
4	시험성적	관찰도수	누적정규분포확률	기대확률	기대도수	검정통계량	
5	100	15	0.176555595	0.176556	17.65556	0.399421	
6	120	23	0.415162161	0.238607	23.86066	0.031044	
7	140	36	0.691462467	0.2763	27.63003	2.535516	
8	160	14	0.887680617	0.196218	19.62182	1.610697	
9	200	12	1	0.112319	11.23194	0.052522	
10	합계	100		1	100	4.6292	
11							
12							

④ [함수 마법사]를 실행하여 [통계]를 선택한 후 [CHIDIST] 함수를 선택한다.

| 그림 12-13 | 함수 마법사 대화창

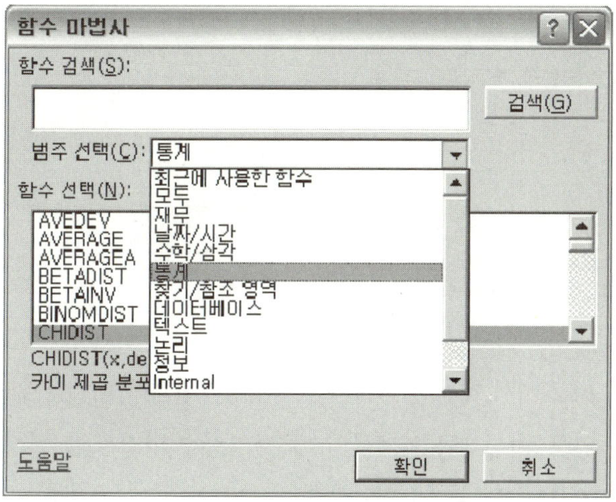

⑤ [CHIDIST] 함수에 필요한 데이터 범위를 입력한다. 검정통계량을 의미하는 X란에 셀F10을 선택하고, 자유도 = 계급의 수 − 추정된 모수의 수 − 1 = 2를 입력한다. 계급의 수는 5이고, 추정된 모수는 평균과 표준편차의 2개이므로 자유도는 2이다.

⑥ [그림 12-14]의 [수식결과] 값을 보고 해석한다. 유의확률 p = 0.098805717은 유의수준 α = 0.05보다 크므로 귀무가설(H_0)을 기각할 수 없다. 즉 백령전자(주)의 승진시험은 정규분포라고 할 수 있는 것이다.

| 그림 12-14 | CHIDIST 함수인수 대화창

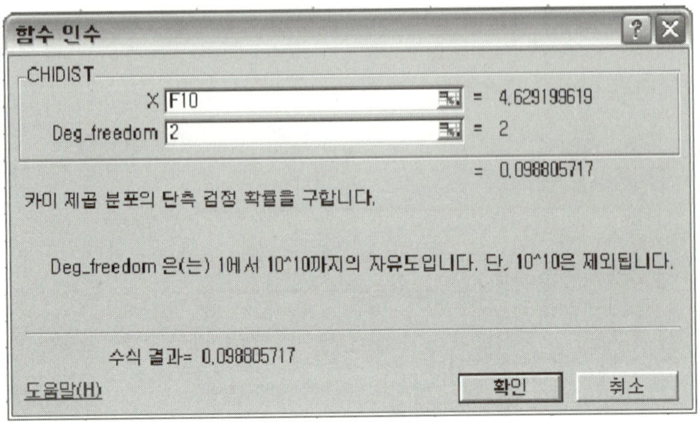

한편, [그림 12-12]에서 계산된 카이제곱 검정통계량과 카이제곱 임계치를 비교하여 검정할 수도 있다. 카이제곱 임계치의 계산은 [함수 마법사]를 실행하여 [통계]를 선택한 후 [CHIINV] 함수를 선택하면 된다. [그림 12-15]에서처럼 유의수준 0.05를 입력하고, 자유도 2를 입력하면 임계치가 5.991476357로 나온다. [그림 12-12]의 검정통계량의 값 4.6292가 임계치보다 작으므로 귀무가설(H_0)을 기각할 수 없는 동일한 결론에 도달한다.

| 그림 12-15 | CHIINV 함수인수 대화창

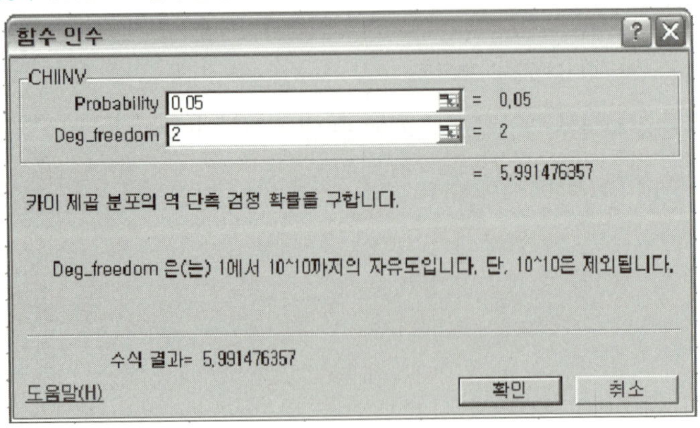

연습문제

1. 다음의 용어를 설명하시오.

(1) 독립성검정

(2) 적합성검정

2. 다음은 직장인 500명을 표본추출하여 학력과 소득을 조사한 결과이다. 학력과 소득이 관련성이 있는지를 5%의 유의수준으로 검정하라.

소득수준 \ 학력	고졸	대졸	대학원졸
고소득층	30	10	10
중소득층	90	60	50
저소득층	130	80	40

3. 대학생 100명을 대상으로 컴퓨터게임 시간을 조사한 결과는 다음과 같다. 이 표본의 평균은 120분, 표준편차는 40분으로 나타났을 때, 컴퓨터게임 시간이 정규분포를 이루고 있는지를 5% 유의수준으로 검정하라.

컴퓨터게임 시간	빈도
0분~30분 미만	2
30~60	5
60~90	15
90~120	30
120~150	25
150~180	15
180분 이상	8
합계	100

4. TV 시청자 750명을 표본추출하여 학력별로 선호하는 스포츠 중계의 종류를 조사한 결과가 다음과 같았다. TV 시청자의 학력과 선호하는 스포츠 중계의 종류가 연관성이 있다고 할 수 있는가를 1%의 유의수준으로 검정하여라.

종목 \ 학력	중졸	고졸	대졸 이상	합계
축구	11	16	4	31
테니스	21	26	4	51
권투	128	92	6	226
야구	162	234	46	442
합계	322	368	60	750

5. 1960년대부터 1990년대까지의 업종별 도산기업의 수가 다음의 분할표와 같다. 업종과 도산년도 간에 연관성이 있다고 할 수 있는가를 5% 의 유의수준으로 검정하라.

업종 \ 연대	1960	1970	1980	1990
제조업	25	21	26	20
도매업	13	10	15	10
소매업	85	44	74	47
건축업	8	9	26	17
서비스업	6	7	14	14

6. 신입생 100명을 대상으로 현재의 이성친구가 성형수술을 했는지의 유무가 앞으로의 만남에 영향을 미치는지를 조사하였다. 두 변수가 연관성이 있는지 1% 유의수준에서 검정하라.

성형 유무 \ 향후 만남	만남 지속	만남 중단
유	20	10
무	50	20

7. 백령대학의 경영학과에서는 경영통계 성적이 생산관리 성적에 미치는지를 조사하기 위해 200명의 학생을 표본으로 추출하여 조사하였다. 두 성적은 서로 독립성이 있는지를 5% 유의수준으로 검정하라.

생산관리 / 경영통계	A	B	C
A	10	20	10
B	30	40	20
C	20	30	20

8. 최근 65일간의 우리나라 종합주가지수의 변동에 관한 분포가 아래와 같았다. 이 자료가 정규분포를 이룬다고 할 수 있는가를 5% 의 유의수준으로 검정하여라. (단, $\bar{x} = -0.42$, $s = 9.03$)

종합주가지수의 변동	빈도
−20 이상 −15 미만	4
−15 이상 −10 미만	9
−10 이상 −5 미만	6
−5 이상 0 미만	12
0 이상 5 미만	15
5 이상 10 미만	11
10 이상 15 미만	6
15 이상 20 미만	2

9. 학생 100명에게 동전을 5회 던지게 한 결과는 다음과 같다. 앞면의 횟수가 이항분포를 따른다고 할 수 있는지를 5% 유의수준으로 검정하라.

앞면의 수	빈도
0	7
1	15
2	28
3	30
4	12
5	8

10. 강원(주)가 생산하는 전구 1,000개를 추출하여 수명을 조사한 결과는 다음과 같다. 전구의 수명이 정규분포를 이루는지를 1% 유의수준으로 검정하라.

전구의 수명 (단위 : 시간)	빈도
12,000 이상 ~ 13,000 미만	50
13,000 이상 ~ 14,000 미만	150
14,000 이상 ~ 15,000 미만	250
15,000 이상 ~ 16,000 미만	300
16,000 이상 ~ 17,000 미만	200
18,000 이상 ~ 19,000 미만	50

용 어 정 리

분할표(contingency table)

각 범주별로 자료들을 분류하여 측정치의 빈도를 요약한 일종의 도수분포표(frequency table)로써, 분류기준에 의하여 구분된 $(r \times c)$개의 칸(cell)으로 구성된다.

다항실험(multinomial experiment)

각 시행에서 가능한 결과가 셋 이상이 되는 실험을 다항실험이라 한다.

독립성검정(independence test)

두 변수가 상호 독립적이라는 귀무가설을 검정하는 방법이다.

적합성검정(goodness-of-fit test)

모집단이나 표본에 대해서 이론적으로 어떤 확률분포를 가질 것이라고 가정하는 경우가 많은데, 그 가정이 현실적으로 타당한 것인지의 여부를 검정하는 방법이다.

부 록

1. 누적이항분포표
2. 누적포아송분포표
3. 표준정규분포표
4. t분포표
5. F분포표
6. χ^2분포표

1. 누적이항분포표

$$P(X \le a) = \sum_{x=0}^{a} p(x)$$

n	x	0.01	0.05	0.1	0.2	0.3	0.4	0.5	0.6	0.7	0.8	0.9	0.95	0.99
5	0	0.951	0.774	0.590	0.328	0.168	0.078	0.031	0.010	0.002	0	0	0	0
	1	0.999	0.977	0.919	0.737	0.528	0.337	0.188	0.087	0.031	0.007	0	0	0
	2	1	0.999	0.991	0.942	0.837	0.683	0.500	0.317	0.163	0.058	0.009	0.001	0
	3	1	1	1	0.993	0.969	0.913	0.812	0.663	0.472	0.263	0.081	0.023	0.001
	4	1	1	1	1	0.998	0.99	0.969	0.922	0.832	0.672	0.410	0.226	0.049
6	0	0	0.941	0.735	0.531	0.262	0.118	0.047	0.016	0.004	0.001	0	0	0
	1	0.999	0.967	0.886	0.655	0.420	0.233	0.109	0.041	0.011	0.002	0	0	0
	2	1	0.998	0.984	0.901	0.744	0.544	0.344	0.179	0.070	0.017	0.001	0	0
	3	1	1	0.999	0.983	0.930	0.821	0.656	0.456	0.256	0.099	0.016	0.002	0
	4	1	1	1	0.998	0.989	0.959	0.891	0.767	0.580	0.345	0.114	0.033	0.001
	5	1	1	1	1	0.999	0.996	0.984	0.953	0.882	0.738	0.469	0.265	0.059
7	0	0.932	0.698	0.478	0.210	0.082	0.028	0.008	0.002	0	0	0	0	0
	1	0.998	0.956	0.850	0.577	0.329	0.159	0.063	0.019	0.004	0	0	0	0
	2	1	0.996	0.974	0.852	0.647	0.42	0.227	0.096	0.029	0.005	0	0	0
	3	1	1	0.997	0.967	0.874	0.710	0.500	0.290	0.126	0.033	0.003	0	0
	4	1	1	1	0.995	0.971	0.904	0.773	0.580	0.353	0.148	0.026	0.004	0
	5	1	1	1	1	0.996	0.981	0.937	0.841	0.671	0.423	0.150	0.044	0.002
	6	1	1	1	1	1	0.998	0.992	0.972	0.918	0.790	0.522	0.302	0.068
8	0	0.923	0.663	0.430	0.163	0.058	0.017	0.004	0.001	0	0	0	0	0
	1	0.997	0.943	0.813	0.503	0.255	0.106	0.035	0.009	0.001	0	0	0	0
	2	1	0.994	0.962	0.797	0.552	0.315	0.145	0.050	0.011	0.001	0	0	0
	3	1	1	0.995	0.944	0.806	0.594	0.363	0.174	0.058	0.010	0	0	0
	4	1	1	1	0.990	0.942	0.826	0.637	0.406	0.194	0.056	0.005	0	0
	5	1	1	1	0.999	0.989	0.95	0.885	0.685	0.448	0.203	0.038	0.006	0
	6	1	1	1	1	0.999	0.991	0.965	0.894	0.745	0.497	0.187	0.057	0.003
	7	1	1	1	1	1	0.999	0.996	0.983	0.942	0.832	0.57	0.337	0.077
9	0	0.914	0.630	0.387	0.134	0.040	0.010	0.002	0	0	0	0	0	0
	1	0.997	0.929	0.775	0.436	0.196	0.071	0.020	0.004	0	0	0	0	0
	2	1	0.992	0.947	0.738	0.463	0.232	0.090	0.025	0.004	0	0	0	0
	3	1	0.999	0.992	0.914	0.730	0.483	0.254	0.099	0.025	0.003	0	0	0
	4	1	1	0.999	0.980	0.901	0.733	0.500	0.267	0.099	0.020	0.001	0	0
	5	1	1	1	0.997	0.975	0.901	0.746	0.517	0.270	0.086	0.008	0.001	0
	6	1	1	1	1	0.996	0.975	0.910	0.768	0.537	0.262	0.053	0.008	0
	7	1	1	1	1	1	0.996	0.980	0.929	0.804	0.564	0.225	0.071	0.003
	8	1	1	1	1	1	1	0.998	0.99	0.960	0.866	0.613	0.370	0.086

n	x	0.01	0.05	0.1	0.2	0.3	0.4	0.5	0.6	0.7	0.8	0.9	0.95	0.99
10	0	0.904	0.599	0.349	0.107	0.028	0.006	0.001	0	0	0	0	0	0
	1	0.996	0.914	0.736	0.376	0.149	0.046	0.011	0.002	0	0	0	0	0
	2	1	0.988	0.930	0.678	0.383	0.167	0.055	0.012	0.002	0	0	0	0
	3	1	0.999	0.987	0.879	0.65	0.382	0.172	0.055	0.011	0.001	0	0	0
	4	1	1	0.998	0.967	0.85	0.633	0.377	0.166	0.047	0.006	0	0	0
	5	1	1	1	0.994	0.953	0.834	0.623	0.367	0.150	0.033	0.002	0	0
	6	1	1	1	0.999	0.989	0.945	0.828	0.618	0.350	0.121	0.013	0.001	0
	7	1	1	1	1	0.998	0.988	0.945	0.833	0.617	0.322	0.070	0.012	0
	8	1	1	1	1	1	0.998	0.989	0.954	0.851	0.624	0.264	0.086	0.004
	9	1	1	1	1	1	1	0.999	0.994	0.972	0.893	0.651	0.401	0.096
15	0	0.860	0.463	0.206	0.035	0.005	0	0	0	0	0	0	0	0
	1	0.990	0.829	0.549	0.167	0.035	0.005	0	0	0	0	0	0	0
	2	1	0.964	0.816	0.398	0.127	0.027	0.004	0	0	0	0	0	0
	3	1	0.995	0.944	0.648	0.297	0.091	0.018	0.002	0	0	0	0	0
	4	1	0.999	0.987	0.836	0.515	0.217	0.059	0.009	0.001	0	0	0	0
	5	1	1	0.998	0.939	0.722	0.403	0.151	0.034	0.004	0	0	0	0
	6	1	1	1	0.982	0.869	0.610	0.304	0.095	0.015	0.001	0	0	0
	7	1	1	1	0.996	0.950	0.787	0.500	0.213	0.050	0.004	0	0	0
	8	1	1	1	0.999	0.985	0.905	0.696	0.390	0.131	0.018	0	0	0
	9	1	1	1	1	0.996	0.966	0.849	0.597	0.278	0.061	0.002	0	0
	10	1	1	1	1	0.999	0.991	0.941	0.783	0.485	0.164	0.013	0.001	0
	11	1	1	1	1	1	0.998	0.982	0.909	0.703	0.352	0.056	0.005	0
	12	1	1	1	1	1	1	0.996	0.973	0.873	0.602	0.184	0.036	0
	13	1	1	1	1	1	1	1	0.995	0.965	0.833	0.451	0.171	0.010
	14	1	1	1	1	1	1	1	1	0.995	0.965	0.794	0.537	0.140

n	x	0.01	0.05	0.1	0.2	0.3	0.4	0.5	0.6	0.7	0.8	0.9	0.95	0.99
20	0	0.818	0.358	0.122	0.012	0.001	0	0	0	0	0	0	0	0
	1	0.983	0.736	0.392	0.069	0.008	0.001	0	0	0	0	0	0	0
	2	0.999	0.925	0.677	0.206	0.035	0.004	0	0	0	0	0	0	0
	3	1	0.984	0.867	0.411	0.107	0.016	0.001	0	0	0	0	0	0
	4	1	0.997	0.957	0.630	0.238	0.051	0.006	0	0	0	0	0	0
	5	1	1	0.989	0.804	0.416	0.126	0.021	0.002	0	0	0	0	0
	6	1	1	0.998	0.913	0.608	0.250	0.058	0.006	0	0	0	0	0
	7	1	1	1	0.968	0.772	0.416	0.132	0.021	0.001	0	0	0	0
	8	1	1	1	0.990	0.887	0.596	0.252	0.057	0.005	0	0	0	0
	9	1	1	1	0.997	0.952	0.755	0.412	0.128	0.017	0.001	0	0	0
	10	1	1	1	0.999	0.983	0.872	0.588	0.245	0.048	0.003	0	0	0
	11	1	1	1	1	0.995	0.943	0.748	0.404	0.113	0.010	0	0	0
	12	1	1	1	1	0.999	0.979	0.868	0.584	0.228	0.032	0	0	0
	13	1	1	1	1	1	0.994	0.942	0.750	0.392	0.087	0.002	0	0
	14	1	1	1	1	1	0.998	0.979	0.874	0.584	0.196	0.011	0	0
	15	1	1	1	1	1	1	0.994	0.949	0.762	0.370	0.043	0.003	0
	16	1	1	1	1	1	1	0.999	0.984	0.893	0.589	0.133	0.016	0
	17	1	1	1	1	1	1	1	0.996	0.965	0.794	0.323	0.075	0.001
	18	1	1	1	1	1	1	1	0.999	0.992	0.931	0.608	0.264	0.017
	19	1	1	1	1	1	1	1	1	0.999	0.998	0.878	0.642	0.182

n	x	0.01	0.05	0.1	0.2	0.3	0.4	0.5	0.6	0.7	0.8	0.9	0.95	0.99
25	0	0.778	0.277	0.072	0.004	0	0	0	0	0	0	0	0	0
	1	0.974	0.642	0.271	0.027	0.002	0	0	0	0	0	0	0	0
	2	0.998	0.873	0.537	0.098	0.009	0	0	0	0	0	0	0	0
	3	1	0.966	0.764	0.234	0.033	0.002	0	0	0	0	0	0	0
	4	1	0.993	0.902	0.421	0.090	0.009	0	0	0	0	0	0	0
	5	1	0.999	0.967	0.617	0.193	0.029	0.002	0	0	0	0	0	0
	6	1	1	0.991	0.780	0.341	0.074	0.007	0	0	0	0	0	0
	7	1	1	0.998	0.891	0.512	0.154	0.022	0.001	0	0	0	0	0
	8	1	1	1	0.953	0.677	0.274	0.054	0.004	0	0	0	0	0
	9	1	1	1	0.983	0.811	0.425	0.115	0.013	0	0	0	0	0
	10	1	1	1	0.994	0.902	0.586	0.212	0.034	0.002	0	0	0	0
	11	1	1	1	0.998	0.956	0.732	0.345	0.078	0.006	0	0	0	0
	12	1	1	1	1	0.983	0.846	0.500	0.154	0.017	0	0	0	0
	13	1	1	1	1	0.994	0.922	0.655	0.268	0.044	0.002	0	0	0
	14	1	1	1	1	0.998	0.966	0.788	0.414	0.098	0.006	0	0	0
	15	1	1	1	1	1	0.987	0.885	0.575	0.189	0.017	0	0	0
	16	1	1	1	1	1	0.996	0.946	0.726	0.323	0.047	0	0	0
	17	1	1	1	1	1	0.999	0.978	0.846	0.488	0.109	0.002	0	0
	18	1	1	1	1	1	1	0.993	0.926	0.659	0.220	0.009	0	0
	19	1	1	1	1	1	1	0.998	0.971	0.807	0.383	0.033	0.001	0
	20	1	1	1	1	1	1	1	0.991	0.910	0.579	0.098	0.007	0
	21	1	1	1	1	1	1	1	0.998	0.967	0.766	0.236	0.034	0
	22	1	1	1	1	1	1	1	1	0.991	0.902	0.463	0.127	0.002
	23	1	1	1	1	1	1	1	1	0.998	0.973	0.729	0.358	0.026
	24	1	1	1	1	1	1	1	1	1	0.996	0.928	0.723	0.222

2. 누적포아송분포표

$$P(X \leq a) = \sum_{x=0}^{a} \frac{e^{-\mu}\mu^{x}}{x!}$$

x	$\lambda = 0.1$	$\lambda = 0.2$	$\lambda = 0.3$	$\lambda = 0.4$	$\lambda = 0.5$	$\lambda = 0.6$	$\lambda = 0.7$	$\lambda = 0.8$	$\lambda = 0.9$	$\lambda = 1.0$
0	0.905	0.819	0.741	0.670	0.607	0.549	0.497	0.449	0.407	0.368
1	0.999	0.982	0.963	0.938	0.91	0.878	0.844	0.809	0.772	0.736
2	1	0.999	0.996	0.992	0.986	0.977	0.966	0.953	0.937	0.920
3		1	1	0.999	0.998	0.997	0.994	0.991	0.945	0.981
4				1	1	1	0.999	0.999	0.989	0.996
5							1	1	0.998	0.999
6									1	1

x	$\lambda = 1.1$	$\lambda = 1.2$	$\lambda = 1.3$	$\lambda = 1.4$	$\lambda = 1.5$	$\lambda = 1.6$	$\lambda = 1.7$	$\lambda = 1.8$	$\lambda = 1.9$	$\lambda = 2.0$
0	0.333	0.301	0.273	0.247	0.223	0.202	0.183	0.165	0.150	0.135
1	3699	0.663	0.627	0.592	0.558	0.525	0.493	0.463	0.434	0.406
2	0.900	0.879	0.857	0.833	0.809	0.783	0.757	0.731	0.704	0.677
3	0.974	0.966	0.957	0.946	0.934	0.921	0.907	0.891	0.875	0.857
4	0.995	0.992	0.989	0.986	0.981	0.976	0.970	0.964	0.956	0.947
5	0.999	0.998	0.998	0.997	0.996	0.994	0.992	0.990	0.987	0.983
6	1	1	1	0.999	0.999	0.999	0.998	0.997	0.997	0.995
7				1	1	1	1	0.999	0.999	0.999
8								1	1	1

x	$\lambda = 2.1$	$\lambda = 2.2$	$\lambda = 2.3$	$\lambda = 2.4$	$\lambda = 2.5$	$\lambda = 2.6$	$\lambda = 2.7$	$\lambda = 2.8$	$\lambda = 2.9$	$\lambda = 3.0$
0	0.122	0.111	0.100	0.091	0.082	0.074	0.067	0.061	0.055	0.050
1	0.380	0.355	0.331	0.308	0.287	0.267	0.249	0.231	0.215	0.199
2	0.650	0.623	0.596	0.570	0.544	0.518	0.494	0.469	0.446	0.423
3	0.839	0.819	0.799	0.779	0.758	0.736	0.714	0.962	0.670	0.647
4	0.938	0.928	0.916	0.904	0.891	0.877	0.863	0.848	0.832	0.815
5	0.980	0.975	0.970	0.964	0.958	0.951	0.943	0.935	0.926	0.916
6	0.994	0.993	0.991	0.988	0.986	0.983	0.979	0.976	0.971	0.966
7	0.999	0.998	0.997	0.997	0.996	0.995	0.993	0.992	0.990	0.988
8	1	1	0.999	0.999	0.999	0.999	0.998	0.998	0.997	0.996
9			1	1	1	1	0.999	0.999	0.999	0.999
10							1	1	1	1

x	$\lambda = 3.1$	$\lambda = 3.2$	$\lambda = 3.3$	$\lambda = 3.4$	$\lambda = 3.5$	$\lambda = 3.6$	$\lambda = 3.7$	$\lambda = 3.8$	$\lambda = 3.9$	$\lambda = 4.0$
0	0.045	0.041	0.037	0.033	0.030	0.027	0.025	0.022	0.020	0.018
1	0.185	0.171	0.159	0.147	0.136	0.126	0.116	0.107	0.099	0.092
2	0.401	0.380	0.359	0.340	0.321	0.303	0.285	0.269	0.253	0.238
3	0.625	0.603	0.580	0.558	0.537	0.515	0.494	0.473	0.453	0.433
4	0.798	0.781	0.763	0.744	0.725	0.706	0.687	0.668	0.648	0.629
5	0.906	0.895	0.883	0.871	0.858	0.844	0.830	0.816	0.801	0.785
6	0.961	0.955	0.949	0.942	0.935	0.927	0.918	0.909	0.899	0.889
7	0.986	0.983	0.980	0.977	0.973	0.969	0.965	0.960	0.955	0.944
8	0.995	0.994	0.993	0.992	0.990	0.988	0.986	0.984	0.981	0.979
9	0.999	0.998	0.998	0.997	0.997	0.996	0.995	0.994	0.993	0.992
10	1	1	0.999	0.999	0.999	0.999	0.998	0.998	0.998	0.997
11			1	1	1	1	1	0.999	0.999	0.999
12								1	1	1

x	$\lambda = 4.5$	$\lambda = 5.0$	$\lambda = 5.5$	$\lambda = 6.0$	$\lambda = 6.5$	$\lambda = 7.0$	$\lambda = 7.5$	$\lambda = 8.0$	$\lambda = 8.5$	$\lambda = 9.0$
0	0.011	0.007	0.004	0.002	0.002	0.001	0.001	0	0	0
1	0.061	0.040	0.027	0.017	0.011	0.007	0.005	0.003	0.002	0.001
2	0.174	0.125	0.088	0.062	0.043	0.030	0.020	0.014	0.009	0.006
3	0.342	0.265	0.202	0.151	0.112	0.082	0.059	0.042	0.030	0.021
4	0.532	0.440	0.358	0.285	0.224	0.173	0.132	0.100	0.074	0.055
5	0.703	0.616	0.529	0.446	0.369	0.301	0.241	0.191	0.150	0.116
6	0.831	0.762	0.686	0.606	0.527	0.45	0.378	0.313	0.256	0.207
7	0.913	0.867	0.809	0.744	0.673	0.599	0.525	0.453	0.386	0.324
8	0.960	0.932	0.894	0.847	0.792	0.729	0.662	0.593	0.523	0.456
9	0.983	0.968	0.946	0.916	0.877	0.83	0.776	0.717	0.653	0.857
10	0.993	0.986	0.975	0.957	0.933	0.901	0.862	0.816	0.763	0.706
11	0.998	0.995	0.989	0.98	0.966	0.947	0.921	0.883	0.849	0.803
12	0.999	0.998	0.996	0.991	0.984	0.973	0.957	0.936	0.909	0.876
13	1	0.999	0.998	0.996	0.993	0.987	0.978	0.966	0.949	0.926
14		1	0.999	0.999	0.997	0.994	0.99	0.983	0.973	0.959
15			1	0.999	0.999	0.998	0.995	0.992	0.986	0.978
16				1	1	0.999	0.998	0.996	0.993	0.989
17						1	0.999	0.998	0.997	0.995
18							1	0.999	0.999	0.998
19								1	0.999	0.999
20									1	1

3. 표준정규분포표

$$f(0 \le Z \le z) = \int_0^z \frac{1}{\sqrt{2\pi}} e^{-\frac{1}{2}z^2}$$

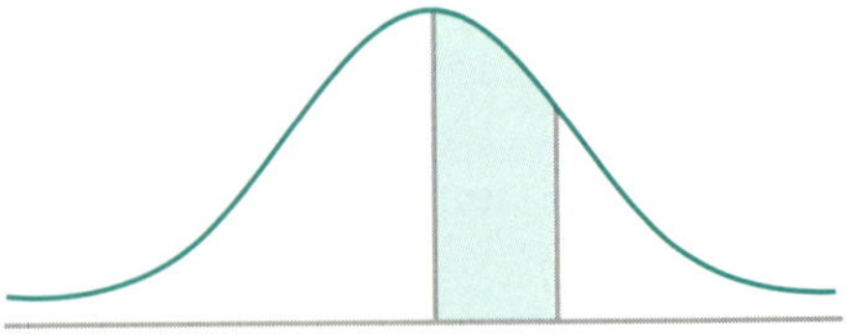

z	0.00	0.01	0.02	0.03	0.04	0.05	0.06	0.07	0.08	0.09
0.0	0.0000	0.0040	0.0080	0.0120	0.0160	0.0199	0.0239	0.0279	0.0319	0.0359
0.1	0.0398	0.0438	0.0478	0.0517	0.0557	0.0596	0.0636	0.0675	0.0714	0.0753
0.2	0.0793	0.0832	0.0871	0.0910	0.0948	0.0987	0.1026	0.1064	0.1103	0.1141
0.3	0.1179	0.1217	0.1255	0.1293	0.1331	0.1368	0.1406	0.1443	0.1480	0.1517
0.4	0.1554	0.1591	0.1628	0.1664	0.1700	0.1736	0.1772	0.1808	0.1844	0.1879
0.5	0.1915	0.1950	0.1985	0.2019	0.2054	0.2088	0.2123	0.2157	0.2190	0.2224
0.6	0.2257	0.2291	0.2324	0.2357	0.2389	0.2422	0.2454	0.2486	0.2517	0.2549
0.7	0.2580	0.2611	0.2642	0.2673	0.2704	0.2734	0.2764	0.2794	0.2823	0.2852
0.8	0.2881	0.2910	0.2939	0.2967	0.2995	0.3023	0.3051	0.3078	0.3106	0.3133
0.9	0.3159	0.3186	0.3212	0.3238	0.3264	0.3289	0.3315	0.3340	0.3365	0.3389
1.0	0.3413	0.3438	0.3461	0.3485	0.3508	0.3531	0.3554	0.3577	0.3599	0.3621
1.1	0.3643	0.3665	0.3686	0.3708	0.3729	0.3749	0.3770	0.3790	0.3810	0.3830
1.2	0.3849	0.3869	0.3888	0.3907	0.3925	0.3944	0.3962	0.3980	0.3997	0.4015
1.3	0.4032	0.4049	0.4066	0.4082	0.4099	0.4115	0.4131	0.4147	0.4162	0.4177
1.4	0.4192	0.4207	0.4222	0.4236	0.4251	0.4265	0.4279	0.4292	0.4306	0.4319
1.5	0.4332	0.4345	0.4357	0.4370	0.4382	0.4394	0.4406	0.4418	0.4429	0.4441
1.6	0.4452	0.4463	0.4474	0.4484	0.4495	0.4505	0.4515	0.4525	0.4535	0.4545
1.7	0.4554	0.4564	0.4573	0.4582	0.4591	0.4599	0.4608	0.4616	0.4625	0.4633
1.8	0.4641	0.4649	0.4656	0.4664	0.4671	0.4678	0.4686	0.4693	0.4699	0.4706
1.9	0.4713	0.4719	0.4726	0.4732	0.4738	0.4744	0.4750	0.4756	0.4761	0.4767
2.0	0.4772	0.4778	0.4783	0.4788	0.4793	0.4798	0.4803	0.4808	0.4812	0.4817
2.1	0.4821	0.4826	0.4830	0.4834	0.4838	0.4842	0.4846	0.4850	0.4854	0.4857
2.2	0.4861	0.4864	0.4868	0.4871	0.4875	0.4878	0.4881	0.4884	0.4887	0.4890
2.3	0.4893	0.4896	0.4898	0.4901	0.4904	0.4906	0.4909	0.4911	0.4913	0.4916
2.4	0.4918	0.4920	0.4922	0.4925	0.4927	0.4929	0.4931	0.4932	0.4934	0.4936
2.5	0.4938	0.4940	0.4941	0.4943	0.4945	0.4946	0.4948	0.4949	0.4951	0.4952
2.6	0.4953	0.4955	0.4956	0.4957	0.4959	0.4960	0.4961	0.4962	0.4963	0.4964
2.7	0.4965	0.4966	0.4967	0.4968	0.4969	0.4970	0.4971	0.4972	0.4973	0.4974
2.8	0.4974	0.4975	0.4976	0.4977	0.4977	0.4978	0.4979	0.4979	0.4980	0.4981
2.9	0.4981	0.4982	0.4982	0.4983	0.4984	0.4984	0.4985	0.4985	0.4986	0.4986
3.0	0.4987	0.4987	0.4987	0.4988	0.4988	0.4989	0.4989	0.4989	0.4990	0.4990
3.1	0.4990	0.4991	0.4991	0.4991	0.4992	0.4992	0.4992	0.4992	0.4993	0.4993
3.2	0.4993	0.4993	0.4994	0.4994	0.4994	0.4994	0.4994	0.4995	0.4995	0.4995
3.3	0.4995	0.4995	0.4995	0.4996	0.4996	0.4996	0.4996	0.4996	0.4996	0.4997
3.4	0.4997	0.4997	0.4997	0.4997	0.4997	0.4997	0.4997	0.4997	0.4997	0.4998

4. t분포표

$P(t \geq t_0) = \alpha$

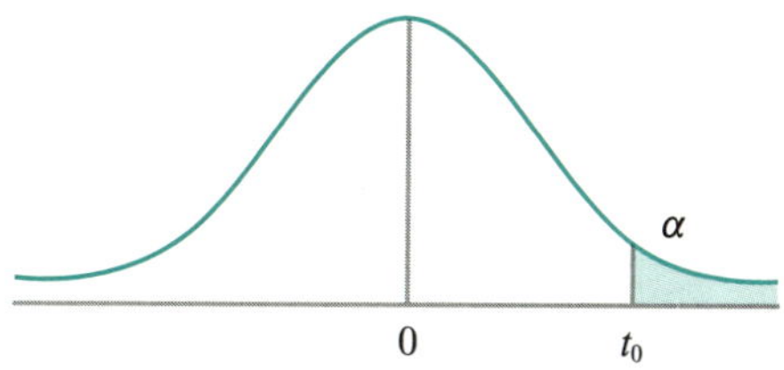

df \ α	0.4	0.25	0.1	0.05	0.025	0.01	0.005	0.0005
1	0.325	1.000	3.078	6.314	12.706	31.821	63.657	636.619
2	0.289	0.816	1.886	2.920	4.303	6.965	9.925	31.599
3	0.277	0.765	1.638	2.353	3.182	4.541	5.841	12.924
4	0.271	0.741	1.533	2.132	2.776	3.747	4.604	8.610
5	0.267	0.727	1.476	2.015	2.571	3.365	4.032	6.869
6	0.265	0.718	1.440	1.943	2.447	3.143	3.707	5.959
7	0.263	0.711	1.415	1.895	2.365	2.998	3.499	5.408
8	0.262	0.706	1.397	1.860	2.306	2.896	3.355	5.041
9	0.261	0.703	1.383	1.833	2.262	2.821	3.250	4.781
10	0.260	0.700	1.372	1.812	2.228	2.764	3.169	4.587
11	0.260	0.697	1.363	1.796	2.201	2.718	3.106	4.437
12	0.259	0.695	1.356	1.782	2.179	2.681	3.055	4.318
13	0.259	0.694	1.350	1.771	2.160	2.650	3.012	4.221
14	0.258	0.692	1.345	1.761	2.145	2.624	2.977	4.141
15	0.258	0.691	1.341	1.753	2.131	2.602	2.947	4.073
16	0.258	0.690	1.337	1.746	2.120	2.583	2.921	4.015
17	0.257	0.689	1.333	1.740	2.110	2.567	2.898	3.965
18	0.257	0.688	1.330	1.734	2.101	2.552	2.878	3.922
19	0.257	0.688	1.328	1.729	2.093	2.539	2.861	3.883
20	0.257	0.687	1.325	1.725	2.086	2.528	2.845	3.850
21	0.257	0.686	1.323	1.721	2.080	2.518	2.831	3.819
22	0.256	0.686	1.321	1.717	2.074	2.508	2.819	3.792
23	0.256	0.685	1.319	1.714	2.069	2.500	2.807	3.768
24	0.256	0.685	1.318	1.711	2.064	2.492	2.797	3.745
25	0.256	0.684	1.316	1.708	2.060	2.485	2.787	3.725
26	0.256	0.684	1.315	1.706	2.056	2.479	2.779	3.707
27	0.256	0.684	1.314	1.703	2.052	2.473	2.771	3.690
28	0.256	0.683	1.313	1.701	2.048	2.467	2.763	3.674
29	0.256	0.683	1.311	1.699	2.045	2.462	2.756	3.659
30	0.256	0.683	1.310	1.697	2.042	2.457	2.750	3.646
inf	0.253	0.674	1.282	1.645	1.960	2.326	2.576	3.291

5. F분포표

$P(F \geq F_\alpha) = \alpha$

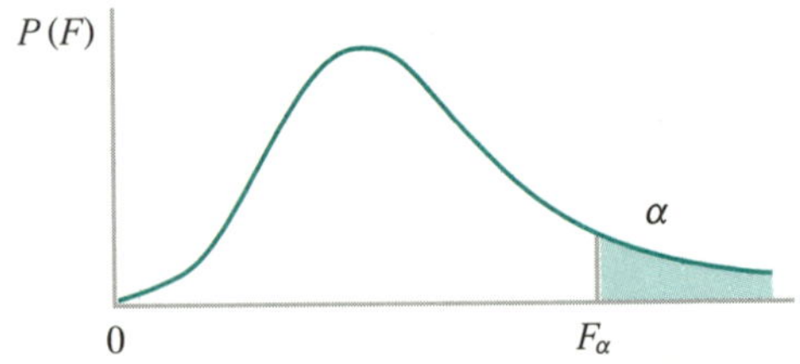

$\alpha = 0.1$ (df_1 = 분자의 자유도, df_2 = 분모의 자유도)

df_2 \ df_1	1	2	3	4	5	6	7	8	9
1	39.86	49.50	53.59	55.83	57.24	58.20	58.91	59.44	59.86
2	8.53	9.00	9.16	9.24	9.29	9.33	9.35	9.37	9.38
3	5.54	5.46	5.39	5.34	5.31	5.28	5.27	5.25	5.24
4	4.54	4.32	4.19	4.11	4.05	4.01	3.98	3.95	3.94
5	4.06	3.78	3.62	3.52	3.45	3.40	3.37	3.34	3.32
6	3.78	3.46	3.29	3.18	3.11	3.05	3.01	2.98	2.96
7	3.59	3.26	3.07	2.96	2.88	2.83	2.78	2.75	2.72
8	3.46	3.11	2.92	2.81	2.73	2.67	2.62	2.59	2.56
9	3.36	3.01	2.81	2.69	2.61	2.55	2.51	2.47	2.44
10	3.29	2.92	2.73	2.61	2.52	2.46	2.41	2.38	2.35
11	3.23	2.86	2.66	2.54	2.45	2.39	2.34	2.30	2.27
12	3.18	2.81	2.61	2.48	2.39	2.33	2.28	2.24	2.21
13	3.14	2.76	2.56	2.43	2.35	2.28	2.23	2.20	2.16
14	3.10	2.73	2.52	2.39	2.31	2.24	2.19	2.15	2.12
15	3.07	2.70	2.49	2.36	2.27	2.21	2.16	2.12	2.09
16	3.05	2.67	2.46	2.33	2.24	2.18	2.13	2.09	2.06
17	3.03	2.64	2.44	2.31	2.22	2.15	2.10	2.06	2.03
18	3.01	2.62	2.42	2.29	2.20	2.13	2.08	2.04	2.00
19	2.99	2.61	2.40	2.27	2.18	2.11	2.06	2.02	1.98
20	2.97	2.59	2.38	2.25	2.16	2.09	2.04	2.00	1.96
21	2.96	2.57	2.36	2.23	2.14	2.08	2.02	1.98	1.95
22	2.95	2.56	2.35	2.22	2.13	2.06	2.01	1.97	1.93
23	2.94	2.55	2.34	2.21	2.11	2.05	1.99	1.95	1.92
24	2.93	2.54	2.33	2.19	2.10	2.04	1.98	1.94	1.91
25	2.92	2.53	2.32	2.18	2.09	2.02	1.97	1.93	1.89
26	2.91	2.52	2.31	2.17	2.08	2.01	1.96	1.92	1.88
27	2.90	2.51	2.30	2.17	2.07	2.00	1.95	1.91	1.87
28	2.89	2.50	2.29	2.16	2.06	2.00	1.94	1.90	1.87
30	2.88	2.49	2.28	2.14	2.05	1.98	1.93	1.88	1.85
40	2.84	2.44	2.23	2.09	2.00	1.93	1.87	1.83	1.79
60	2.79	2.39	2.18	2.04	1.95	1.87	1.82	1.77	1.74
120	2.75	2.35	2.13	1.99	1.90	1.82	1.77	1.72	1.68
inf	2.71	2.30	2.08	1.94	1.85	1.77	1.72	1.67	1.63

df_2 \ df_1	10	12	15	20	24	30	40	60	120	INF
1	60.19	60.71	61.22	61.74	62.00	62.26	62.53	62.79	63.06	63.33
2	9.39	9.41	9.42	9.44	9.45	9.46	9.47	9.47	9.48	9.49
3	5.23	5.22	5.20	5.18	5.18	5.17	5.16	5.15	5.14	5.13
4	3.92	3.90	3.87	3.84	3.83	3.82	3.80	3.79	3.78	3.76
5	3.30	3.27	3.24	3.21	3.19	3.17	3.16	3.14	3.12	3.11
6	2.94	2.90	2.87	2.84	2.82	2.80	2.78	2.76	2.74	2.72
7	2.70	2.67	2.63	2.59	2.58	2.56	2.54	2.51	2.49	2.47
8	2.54	2.50	2.46	2.42	2.40	2.38	2.36	2.34	2.32	2.29
9	2.42	2.38	2.34	2.30	2.28	2.25	2.23	2.21	2.18	2.16
10	2.32	2.28	2.24	2.20	2.18	2.16	2.13	2.11	2.08	2.06
11	2.25	2.21	2.17	2.12	2.10	2.08	2.05	2.03	2.00	1.97
12	2.19	2.15	2.10	2.06	2.04	2.01	1.99	1.96	1.93	1.90
13	2.14	2.10	2.05	2.01	1.98	1.96	1.93	1.90	1.88	1.85
14	2.10	2.05	2.01	1.96	1.94	1.91	1.89	1.86	1.83	1.80
15	2.06	2.02	1.97	1.92	1.90	1.87	1.85	1.82	1.79	1.76
16	2.03	1.99	1.94	1.89	1.87	1.84	1.81	1.78	1.75	1.72
17	2.00	1.96	1.91	1.86	1.84	1.81	1.78	1.75	1.72	1.69
18	1.98	1.93	1.89	1.84	1.81	1.78	1.75	1.72	1.69	1.66
19	1.96	1.91	1.86	1.81	1.79	1.76	1.73	1.70	1.67	1.63
20	1.94	1.89	1.84	1.79	1.77	1.74	1.71	1.68	1.64	1.61
21	1.92	1.87	1.83	1.78	1.75	1.72	1.69	1.66	1.62	1.59
22	1.90	1.86	1.81	1.76	1.73	1.70	1.67	1.64	1.60	1.57
23	1.89	1.84	1.80	1.74	1.72	1.69	1.66	1.62	1.59	1.55
24	1.88	1.83	1.78	1.73	1.70	1.67	1.64	1.61	1.57	1.53
25	1.87	1.82	1.77	1.72	1.69	1.66	1.63	1.59	1.56	1.52
26	1.86	1.81	1.76	1.71	1.68	1.65	1.61	1.58	1.54	1.50
27	1.85	1.80	1.75	1.70	1.67	1.64	1.60	1.57	1.53	1.49
28	1.84	1.79	1.74	1.69	1.66	1.63	1.59	1.56	1.52	1.48
29	1.83	1.78	1.73	1.68	1.65	1.62	1.58	1.55	1.51	1.47
30	1.82	1.77	1.72	1.67	1.64	1.61	1.57	1.54	1.50	1.46
40	1.76	1.71	1.66	1.61	1.57	1.54	1.51	1.47	1.42	1.38
60	1.71	1.66	1.60	1.54	1.51	1.48	1.44	1.40	1.35	1.29
120	1.65	1.60	1.55	1.48	1.45	1.41	1.37	1.32	1.26	1.19
inf	1.60	1.55	1.49	1.42	1.38	1.34	1.30	1.24	1.17	1.00

$P(F \geq F_\alpha) = \alpha$

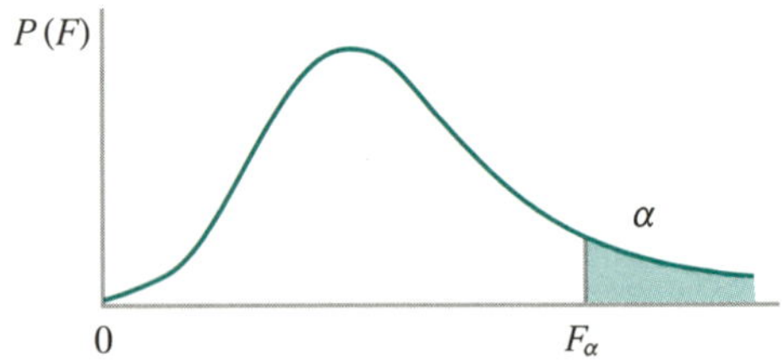

$\alpha = 0.05$ (df_1 = 분자의 자유도, df_2 = 분모의 자유도)

df_2 \ df_1	1	2	3	4	5	6	7	8	9
1	161.45	199.50	215.71	224.58	230.16	233.99	236.77	238.88	240.54
2	18.51	19.00	19.16	19.25	19.30	19.33	19.35	19.37	19.38
3	10.13	9.55	9.28	9.12	9.01	8.94	8.89	8.85	8.81
4	7.71	6.94	6.59	6.39	6.26	6.16	6.09	6.04	6.00
5	6.61	5.79	5.41	5.19	5.05	4.95	4.88	4.82	4.77
6	5.99	5.14	4.76	4.53	4.39	4.28	4.21	4.15	4.10
7	5.59	4.74	4.35	4.12	3.97	3.87	3.79	3.73	3.68
8	5.32	4.46	4.07	3.84	3.69	3.58	3.50	3.44	3.39
9	5.12	4.26	3.86	3.63	3.48	3.37	3.29	3.23	3.18
10	4.96	4.10	3.71	3.48	3.33	3.22	3.14	3.07	3.02
11	4.84	3.98	3.59	3.36	3.20	3.09	3.01	2.95	2.90
12	4.75	3.89	3.49	3.26	3.11	3.00	2.91	2.85	2.80
13	4.67	3.81	3.41	3.18	3.03	2.92	2.83	2.77	2.71
14	4.60	3.74	3.34	3.11	2.96	2.85	2.76	2.70	2.65
15	4.54	3.68	3.29	3.06	2.90	2.79	2.71	2.64	2.59
16	4.49	3.63	3.24	3.01	2.85	2.74	2.66	2.59	2.54
17	4.45	3.59	3.20	2.96	2.81	2.70	2.61	2.55	2.49
18	4.41	3.55	3.16	2.93	2.77	2.66	2.58	2.51	2.46
19	4.38	3.52	3.13	2.90	2.74	2.63	2.54	2.48	2.42
20	4.35	3.49	3.10	2.87	2.71	2.60	2.51	2.45	2.39
21	4.32	3.47	3.07	2.84	2.68	2.57	2.49	2.42	2.37
22	4.30	3.44	3.05	2.82	2.66	2.55	2.46	2.40	2.34
23	4.28	3.42	3.03	2.80	2.64	2.53	2.44	2.37	2.32
24	4.26	3.40	3.01	2.78	2.62	2.51	2.42	2.36	2.30
25	4.24	3.39	2.99	2.76	2.60	2.49	2.40	2.34	2.28
26	4.23	3.37	2.98	2.74	2.59	2.47	2.39	2.32	2.27
27	4.21	3.35	2.96	2.73	2.57	2.46	2.37	2.31	2.25
28	4.20	3.34	2.95	2.71	2.56	2.45	2.36	2.29	2.24
29	4.18	3.33	2.93	2.70	2.55	2.43	2.35	2.28	2.22
30	4.17	3.32	2.92	2.69	2.53	2.42	2.33	2.27	2.21
40	4.08	3.23	2.84	2.61	2.45	2.34	2.25	2.18	2.12
60	4.00	3.15	2.76	2.53	2.37	2.25	2.17	2.10	2.04
120	3.92	3.07	2.68	2.45	2.29	2.18	2.09	2.02	1.96
inf	3.84	3.00	2.60	2.37	2.21	2.10	2.01	1.94	1.88

df_2 \ df_1	10	12	15	20	24	30	40	60	120	INF
1	241.88	243.91	245.95	248.01	249.05	250.10	251.14	252.20	253.25	254.31
2	19.40	19.41	19.43	19.45	19.45	19.46	19.47	19.48	19.49	19.50
3	8.79	8.74	8.70	8.66	8.64	8.62	8.59	8.57	8.55	8.53
4	5.96	5.91	5.86	5.80	5.77	5.75	5.72	5.69	5.66	5.63
5	4.74	4.68	4.62	4.56	4.53	4.50	4.46	4.43	4.40	4.37
6	4.06	4.00	3.94	3.87	3.84	3.81	3.77	3.74	3.70	3.67
7	3.64	3.57	3.51	3.44	3.41	3.38	3.34	3.30	3.27	3.23
8	3.35	3.28	3.22	3.15	3.12	3.08	3.04	3.01	2.97	2.93
9	3.14	3.07	3.01	2.94	2.90	2.86	2.83	2.79	2.75	2.71
10	2.98	2.91	2.85	2.77	2.74	2.70	2.66	2.62	2.58	2.54
11	2.85	2.79	2.72	2.65	2.61	2.57	2.53	2.49	2.45	2.40
12	2.75	2.69	2.62	2.54	2.51	2.47	2.43	2.38	2.34	2.30
13	2.67	2.60	2.53	2.46	2.42	2.38	2.34	2.30	2.25	2.21
14	2.60	2.53	2.46	2.39	2.35	2.31	2.27	2.22	2.18	2.13
15	2.54	2.48	2.40	2.33	2.29	2.25	2.20	2.16	2.11	2.07
16	2.49	2.42	2.35	2.28	2.24	2.19	2.15	2.11	2.06	2.01
17	2.45	2.38	2.31	2.23	2.19	2.15	2.10	2.06	2.01	1.96
18	2.41	2.34	2.27	2.19	2.15	2.11	2.06	2.02	1.97	1.92
19	2.38	2.31	2.23	2.16	2.11	2.07	2.03	1.98	1.93	1.88
20	2.35	2.28	2.20	2.12	2.08	2.04	1.99	1.95	1.90	1.84
21	2.32	2.25	2.18	2.10	2.05	2.01	1.96	1.92	1.87	1.81
22	2.30	2.23	2.15	2.07	2.03	1.98	1.94	1.89	1.84	1.78
23	2.27	2.20	2.13	2.05	2.01	1.96	1.91	1.86	1.81	1.76
24	2.25	2.18	2.11	2.03	1.98	1.94	1.89	1.84	1.79	1.73
25	2.24	2.16	2.09	2.01	1.96	1.92	1.87	1.82	1.77	1.71
26	2.22	2.15	2.07	1.99	1.95	1.90	1.85	1.80	1.75	1.69
27	2.20	2.13	2.06	1.97	1.93	1.88	1.84	1.79	1.73	1.67
28	2.19	2.12	2.04	1.96	1.91	1.87	1.82	1.77	1.71	1.65
29	2.18	2.10	2.03	1.94	1.90	1.85	1.81	1.75	1.70	1.64
30	2.16	2.09	2.01	1.93	1.89	1.84	1.79	1.74	1.68	1.62
40	2.08	2.00	1.92	1.84	1.79	1.74	1.69	1.64	1.58	1.51
60	1.99	1.92	1.84	1.75	1.70	1.65	1.59	1.53	1.47	1.39
120	1.91	1.83	1.75	1.66	1.61	1.55	1.50	1.43	1.35	1.25
inf	1.83	1.75	1.67	1.57	1.52	1.46	1.39	1.32	1.22	1.00

$P(F \geq F_\alpha) = \alpha$

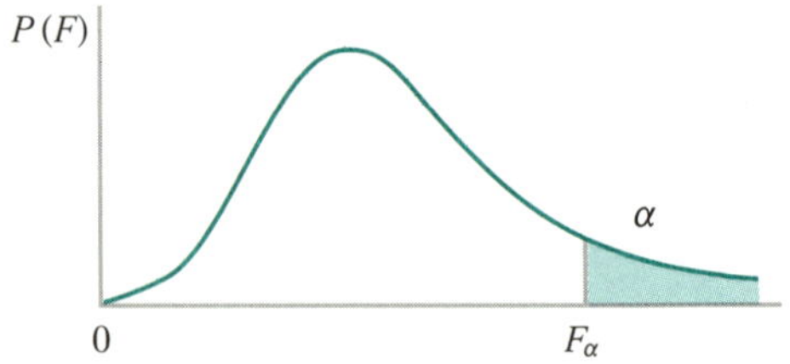

$\alpha = 0.01$ (df_1 = 분자의 자유도, df_2 = 분모의 자유도)

df_2 \ df_1	1	2	3	4	5	6	7	8	9
1	4052.2	4999.5	5403.4	5624.6	5763.7	5859.0	5928.4	5981.1	6022.5
2	98.50	99.00	99.17	99.25	99.30	99.33	99.36	99.37	99.39
3	34.12	30.82	29.46	28.71	28.24	27.91	27.67	27.49	27.35
4	21.20	18.00	16.69	15.98	15.52	15.21	14.98	14.80	14.66
5	16.26	13.27	12.06	11.39	10.97	10.67	10.46	10.29	10.16
6	13.75	10.93	9.78	9.15	8.75	8.47	8.26	8.10	7.98
7	12.25	9.55	8.45	7.85	7.46	7.19	6.99	6.84	6.72
8	11.26	8.65	7.59	7.01	6.63	6.37	6.18	6.03	5.91
9	10.56	8.02	6.99	6.42	6.06	5.80	5.61	5.47	5.35
10	10.04	7.56	6.55	5.99	5.64	5.39	5.20	5.06	4.94
11	9.65	7.21	6.22	5.67	5.32	5.07	4.89	4.74	4.63
12	9.33	6.93	5.95	5.41	5.06	4.82	4.64	4.50	4.39
13	9.07	6.70	5.74	5.21	4.86	4.62	4.44	4.30	4.19
14	8.86	6.52	5.56	5.04	4.70	4.46	4.28	4.14	4.03
15	8.68	6.36	5.42	4.89	4.56	4.32	4.14	4.00	3.90
16	8.53	6.23	5.29	4.77	4.44	4.20	4.03	3.89	3.78
17	8.40	6.11	5.19	4.67	4.34	4.10	3.93	3.79	3.68
18	8.29	6.01	5.09	4.58	4.25	4.02	3.84	3.71	3.60
19	8.19	5.93	5.01	4.50	4.17	3.94	3.77	3.63	3.52
20	8.10	5.85	4.94	4.43	4.10	3.87	3.70	3.56	3.46
21	8.02	5.78	4.87	4.37	4.04	3.81	3.64	3.51	3.40
22	7.95	5.72	4.82	4.31	3.99	3.76	3.59	3.45	3.35
23	7.88	5.66	4.77	4.26	3.94	3.71	3.54	3.41	3.30
24	7.82	5.61	4.72	4.22	3.90	3.67	3.50	3.36	3.26
25	7.77	5.57	4.68	4.18	3.86	3.63	3.46	3.32	3.22
26	7.72	5.53	4.64	4.14	3.82	3.59	3.42	3.29	3.18
27	7.68	5.49	4.60	4.11	3.79	3.56	3.39	3.26	3.15
28	7.64	5.45	4.57	4.07	3.75	3.53	3.36	3.23	3.12
29	7.60	5.42	4.54	4.05	3.73	3.50	3.33	3.20	3.09
30	7.56	5.39	4.51	4.02	3.70	3.47	3.30	3.17	3.07
40	7.31	5.18	4.31	3.83	3.51	3.29	3.12	2.99	2.89
60	7.08	4.98	4.13	3.65	3.34	3.12	2.95	2.82	2.72
120	6.85	4.79	3.95	3.48	3.17	2.96	2.79	2.66	2.56
inf	6.64	4.61	3.78	3.32	3.02	2.80	2.64	2.51	2.41

df_2 \ df_1	10	12	15	20	24	30	40	60	120	INF
1	6055.9	6106.3	6157.3	6208.7	6234.6	6260.7	6286.8	6313.0	6339.4	6365.9
2	99.40	99.42	99.43	99.45	99.46	99.47	99.47	99.48	99.49	99.50
3	27.23	27.05	26.87	26.69	26.60	26.51	26.41	26.32	26.22	26.13
4	14.55	14.37	14.20	14.02	13.93	13.84	13.75	13.65	13.56	13.46
5	10.05	9.89	9.72	9.55	9.47	9.38	9.29	9.20	9.11	9.02
6	7.87	7.72	7.56	7.40	7.31	7.23	7.14	7.06	6.97	6.88
7	6.62	6.47	6.31	6.16	6.07	5.99	5.91	5.82	5.74	5.65
8	5.81	5.67	5.52	5.36	5.28	5.20	5.12	5.03	4.95	4.86
9	5.26	5.11	4.96	4.81	4.73	4.65	4.57	4.48	4.40	4.31
10	4.85	4.71	4.56	4.41	4.33	4.25	4.17	4.08	4.00	3.91
11	4.54	4.40	4.25	4.10	4.02	3.94	3.86	3.78	3.69	3.60
12	4.30	4.16	4.01	3.86	3.78	3.70	3.62	3.54	3.45	3.36
13	4.10	3.96	3.82	3.67	3.59	3.51	3.43	3.34	3.26	3.17
14	3.94	3.80	3.66	3.51	3.43	3.35	3.27	3.18	3.09	3.00
15	3.81	3.67	3.52	3.37	3.29	3.21	3.13	3.05	2.96	2.87
16	3.69	3.55	3.41	3.26	3.18	3.10	3.02	2.93	2.85	2.75
17	3.59	3.46	3.31	3.16	3.08	3.00	2.92	2.84	2.75	2.65
18	3.51	3.37	3.23	3.08	3.00	2.92	2.84	2.75	2.66	2.57
19	3.43	3.30	3.15	3.00	2.93	2.84	2.76	2.67	2.58	2.49
20	3.37	3.23	3.09	2.94	2.86	2.78	2.70	2.61	2.52	2.42
21	3.31	3.17	3.03	2.88	2.80	2.72	2.64	2.55	2.46	2.36
22	3.26	3.12	2.98	2.83	2.75	2.67	2.58	2.50	2.40	2.31
23	3.21	3.07	2.93	2.78	2.70	2.62	2.54	2.45	2.35	2.26
24	3.17	3.03	2.89	2.74	2.66	2.58	2.49	2.40	2.31	2.21
25	3.13	2.99	2.85	2.70	2.62	2.54	2.45	2.36	2.27	2.17
26	3.09	2.96	2.82	2.66	2.59	2.50	2.42	2.33	2.23	2.13
27	3.06	2.93	2.78	2.63	2.55	2.47	2.38	2.29	2.20	2.10
28	3.03	2.90	2.75	2.60	2.52	2.44	2.35	2.26	2.17	2.06
29	3.01	2.87	2.73	2.57	2.50	2.41	2.33	2.23	2.14	2.03
30	2.98	2.84	2.70	2.55	2.47	2.39	2.30	2.21	2.11	2.01
40	2.80	2.67	2.52	2.37	2.29	2.20	2.11	2.02	1.92	1.81
60	2.63	2.50	2.35	2.20	2.12	2.03	1.94	1.84	1.73	1.60
120	2.47	2.34	2.19	2.04	1.95	1.86	1.76	1.66	1.53	1.38
inf	2.32	2.19	2.04	1.88	1.79	1.70	1.59	1.47	1.33	1.00

6. χ^2분포표

$P(\chi^2 \geq \chi^2_\alpha)$

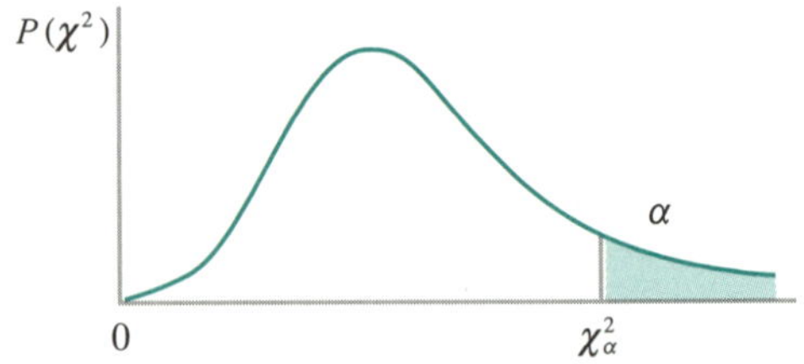

df \ α	0.995	0.99	0.975	0.95	0.9	0.75	0.5	0.25	0.1	0.05	0.025	0.01	0.005
1	0.00	0.00	0.00	0.00	0.02	0.10	0.45	1.32	2.71	3.84	5.02	6.63	7.88
2	0.01	0.02	0.05	0.10	0.21	0.58	1.39	2.77	4.61	5.99	7.38	9.21	10.60
3	0.07	0.11	0.22	0.35	0.58	1.21	2.37	4.11	6.25	7.81	9.35	11.34	12.84
4	0.21	0.30	0.48	0.71	1.06	1.92	3.36	5.39	7.78	9.49	11.14	13.28	14.86
5	0.41	0.55	0.83	1.15	1.61	2.67	4.35	6.63	9.24	11.07	12.83	15.09	16.75
6	0.68	0.87	1.24	1.64	2.20	3.45	5.35	7.84	10.64	12.59	14.45	16.81	18.55
7	0.99	1.24	1.69	2.17	2.83	4.25	6.35	9.04	12.02	14.07	16.01	18.48	20.28
8	1.34	1.65	2.18	2.73	3.49	5.07	7.34	10.22	13.36	15.51	17.53	20.09	21.95
9	1.73	2.09	2.70	3.33	4.17	5.90	8.34	11.39	14.68	16.92	19.02	21.67	23.59
10	2.16	2.56	3.25	3.94	4.87	6.74	9.34	12.55	15.99	18.31	20.48	23.21	25.19
11	2.60	3.05	3.82	4.57	5.58	7.58	10.34	13.70	17.28	19.68	21.92	24.72	26.76
12	3.07	3.57	4.40	5.23	6.30	8.44	11.34	14.85	18.55	21.03	23.34	26.22	28.30
13	3.57	4.11	5.01	5.89	7.04	9.30	12.34	15.98	19.81	22.36	24.74	27.69	29.82
14	4.07	4.66	5.63	6.57	7.79	10.17	13.34	17.12	21.06	23.68	26.12	29.14	31.32
15	4.60	5.23	6.26	7.26	8.55	11.04	14.34	18.25	22.31	25.00	27.49	30.58	32.80
16	5.14	5.81	6.91	7.96	9.31	11.91	15.34	19.37	23.54	26.30	28.85	32.00	34.27
17	5.70	6.41	7.56	8.67	10.09	12.79	16.34	20.49	24.77	27.59	30.19	33.41	35.72
18	6.26	7.01	8.23	9.39	10.86	13.68	17.34	21.60	25.99	28.87	31.53	34.81	37.16
19	6.84	7.63	8.91	10.12	11.65	14.56	18.34	22.72	27.20	30.14	32.85	36.19	38.58
20	7.43	8.26	9.59	10.85	12.44	15.45	19.34	23.83	28.41	31.41	34.17	37.57	40.00
21	8.03	8.90	10.28	11.59	13.24	16.34	20.34	24.93	29.62	32.67	35.48	38.93	41.40
22	8.64	9.54	10.98	12.34	14.04	17.24	21.34	26.04	30.81	33.92	36.78	40.29	42.80
23	9.26	10.20	11.69	13.09	14.85	18.14	22.34	27.14	32.01	35.17	38.08	41.64	44.18
24	9.89	10.86	12.40	13.85	15.66	19.04	23.34	28.24	33.20	36.42	39.36	42.98	45.56
25	10.52	11.52	13.12	14.61	16.47	19.94	24.34	29.34	34.38	37.65	40.65	44.31	46.93
26	11.16	12.20	13.84	15.38	17.29	20.84	25.34	30.43	35.56	38.89	41.92	45.64	48.29
27	11.81	12.88	14.57	16.15	18.11	21.75	26.34	31.53	36.74	40.11	43.19	46.96	49.64
28	12.46	13.56	15.31	16.93	18.94	22.66	27.34	32.62	37.92	41.34	44.46	48.28	50.99
29	13.12	14.26	16.05	17.71	19.77	23.57	28.34	33.71	39.09	42.56	45.72	49.59	52.34
30	13.79	14.95	16.79	18.49	20.60	24.48	29.34	34.80	40.26	43.77	46.98	50.89	53.67

| 찾아보기 |

| 저자약력 |

이상석

현) 강남대학교 글로벌경영학부 교수
전) 강남대학교 경영대학장, 대학원장
플로리다주립대 JMI 연구교수
캘리포니아 주립대(Freson) Lyles Center 교환교수
한국기업경영학회 부회장
한국여성벤처협회 자문위원
용인시 출자 · 출연기관 운영심의위원
고려대학교 경영학 박사

김신중

현) 대진대학교 경영학과 교수
전) 대진대학교 경영대학원장
고려대학교 경영학 박사

윤민석

현) 전남대학교 전자상거래전공 교수
전) 전남대학교 문화사회과학대학장
한국정보전략학회장
한국경영정보시스템학회 등 다수학회 부회장
University of Pittsburgh 교환교수
日本 名城大 초청교수
Carnegie Mellon University 국비 연수
KSPICE 선임심사위원
고려대학교 경영학 박사

엑셀을 활용한 통계학의 이해(제3판)

2006년 3월 5일 1판 1쇄 발행
2022년 2월 20일 3판 1쇄 발행

저 자 | 이상석 · 김신중 · 윤민석
발 행 인 | 이수영
발 행 처 | 도서출판 청람
서울시 마포구 독막로 288(대흥동, 세양상가 109호)
전 화 | 02)3272-2601~2
팩 스 | 02)3272-2603
이 메 일 | crbooks@daum.net
홈페이지 | www.crbooks.co.kr
등 록 | 2000년 8월 26일 제6-0509호

ISBN 978-89-5972-853-4 93320 정가 26,000원